崛起

朴正熙 經濟强國 崛起18年

8 새마을운동

심융택

동서문화사

박정희 대통령이 쓴 메모와 비망록을 싣는다. 박정희 대통령은 1972년 4월 26일 광주에서 열린 새마을 소득경진대회 치사를 손수 정리했다. 그의 새마을운동 철학을 한눈에 알 수 있고, 그 필력과 서체의 유려함이 잘 드러나 있다.

새마을運動

1972. 4. 26. (光州)

1 (1) 지금 全國方々谷々에서 새마을운동이 活潑이 展開되고 있다 (지금은 大体로 매듭지을 段階)

나도 그동안 여러部落을 찾아가보고 報告를 通하여 듣고, 우리農民들이 우리도 한번 잘살아보겠다고 몸부림치는 그모습을 보고 깊은 感銘을 받았다.

(2) 道知事 以下 市長 郡守 其他 모든 一般 公務員들이 土曜日도 日曜日도 없이 잔바바람에 밤낮을 가리지 않고 뛰어다니면서 이들을 指導하고 激勵하면서도 지칠술 모르고 보람을 느끼는것도 우리農民들의 그부지런 모습에 感動되었기 때문이라고 생각한다

(3) 確實히 이운동은 우리 農村社会에서 일어나고 있는 새바람이요, 曙光이요 希望이라고 본다.

우리歷史上 過去에도 이런 일은 찾아볼수 없던 일이다.

確實히 우리民族은 潛在的으로 無限한 底力을 가진 民族이다.

(4) 왜 이러한 底力을 가지고 있으면서도 底力을 發揮하지 못했느냐

亦是 여기에는 어떠한 契機가 마련되어야 하고 刺戟이 있어야 된다고 본다.

지난 10年동안 1.2次 5個年計画을 通해서 우리國民들이 땀흘려 이룩한 建設의 成果가 우리 農民들로 하여금 큰 刺戟을 주었고 오랜 沈滞속에서 잠을깨고 눈을 뜰수있는 契機를 만들어 주었다고 봐야 할것이다.

우리도 하면 된다 하는 自信이 생겼다.

2. (1) 한民族이 沈滞에서 벗어나서 一大飛躍을 할때 가장 重要한 것이 自信이다

自信이 있으면 意欲이 생긴다.

意欲과 自信이 없는 民族은 아무리 좋은 機会가 있더라도 이것을 利用할줄 모른다. (機会捕捉 不可)

反対로 意欲과 自信이 旺盛한 民族은 逆境에 處해서도 이에 屈하지 않고 오히려 이를 轉禍爲福으로 삼을줄 아는 슬기를 發揮할줄 안다.

(2) 우리도 그동안 數없이 많은 苦難과 試鍊을 겪어 왔다.

外敵으로 부터 侵略도 받아 왔고. 共產党의 數없이 많은 挑戰도 받아 왔고. 旱害다 水害다 하고 數많은 天災도 받아 왔고.

祖上으로 부터 물려 받은 가난이란 서름을 뼈에 사무칠 程度로 겪어 왔다

(3) 그러나 우리는 이러한 逆境에 屈하지 않았다

侵略者에 對해서는 對決해서 싸워서 이길수 있는 힘을 길러야 하고

天災는 하늘을 쳐다 보고 怨望할것이 아니라 人力으로, 이것을 克服하는 方法을 모색해야 하고

가난은 부지런히 일하면 잘 살수 있다는 것을 깨달았다

(4) 過去에는 이러한 逆境을 우리 힘으로는 到底히 克服할수 없는 일이라고 만 생각하고 할 생각도 않았는데, 이제는 우리 힘으로 해 볼수 있다는 自信을 가지게 되었다.

우리가 奮發하고 勤勉하고 協同하고 团结하면 能히 克服할수 있다는 自信을 얻게 되었다

이것이 새마을 운동이 蔚然히 일어나게 한
動機가 되고 原動力 이 되었다.

偶然한 일이 아니다.

3. 새마을 運動 이란 뭐냐. (意義. 概念)

(1) 俗談에 論語를 읽고도 論語의 뜻을
모른다 는말이 있다.

(2) 시멘트 와 鐵筋 가지고 農路닦고
다리놓는 것이다 云云....

(3) 쉽게말하자면 잘살기운동 이다

(4) 어떻게 사는것이 잘사는 거냐?

○ 貧困脫皮

○ 所得이 增大 되어 農村이 富裕해지고.
보다더 餘裕 있고 品位있고
文化的인 生活

○ 이웃끼리 서로사랑하고 相扶相助 하고.

○ 알뜰하고 아름답고 살기좋은 내마을.

◎ 當場 오늘의 우리가 잘살겠다는 것도
重要하지만...... 來日을 爲해서
우리의 사랑하는 後孫들을 爲해서
잘사는 내고장 을 만들겠다는 데
보다더 큰 뜻이 있다. (새마을운동에
대한 哲學的인 意義 發見하자)

4. 어떻게 해야 잘살수 있느냐?

(1) 方法은 다 알고 있다.
問題는 實踐이다.

(2) 부지런 해야 잘산다.
(3) 自助精神이 强해야.
(4) 온마을 사람이 協同精神이 强해야

혼자 부지런 해도 안된다. — 온집안 食口 全部가 부지런해야 한다

한집만 부지런 해도 안된다.
온洞里사람이 全部 부지런 해야한다.

온洞里사람이 全部 부지런하면 協同도 잘된다.

5. 協同의 原理.

(1) 協同의 必要性

$1+1=2+\alpha$

- 能率이 오른다
例: 農路作業 堆肥, 지붕개량
- 團結心이 强해진다.
- 自信이 생긴다

協同하면 어마어마한 힘이 생기므로 自信이 생김

能率 — 團結心 — 自信
안되는 일이 없다

6. 勤勉. 自助. 協同精神

이것이 새마을 精神이다

이 精神이 있어야만 새마을운동은 成功한다 → 即 잘살수 있다.

이렇게 볼때 '새마을운동 이란

精神啓発 運動이오
精神革命 運動이다

同時에 이 運動은 말만가지고 하는 것이 아니라 行動과 実践이 반드시 随伴해야 한다. 行動哲学이다

이렇게 되면 우리 農村은 반드시 잘사는 農村 이될수 있다

7. 어떻게 行動에 옮기느냐 (実践段階)

가. 事業選定을 잘 하라 (5大考慮事項)

(1) 部落民의 總意에依하여決定

(2) 部落共同利益에 寄與

(3) 部落 特殊性考慮 (他部落模倣

一辺倒 不可)

例: 마을会館부터....
農路부터 ....
橋梁부터.....
마을안길부터....
簡易上水道부터....
有実樹共同造林부터...等

(4) 部落民의 自体能力 考慮,
人口와 労働力
資金負担 能力....等

(5) 直接, 間接으로 部落民 所得増大
와 直結.

4. 事業의 推進과 部落指導者

(1) 計画을 누가 짜느냐
(2) 部落民을 누가 説得하느냐
(3) 여기에 指導者가 必要
(4) 이事業은 앞장서서 推進할
推進核心体 (推進委員会)

다. 有能한 部落 指導者가 있고 없고는
事業成敗 의 関鍵 이다.
信望이 두텁고. 説得力이 있고
部落発展을 為해서 献身的이고
犠牲的 精神 旺盛.
推進力이 있는 者.

라. 始動이 걸렸다 點火가 됐다.

(事業選定이 되고
훌륭한 指導者가 있고
部落民의 說得이 됐고) 始動 點火

※ 計画은 緻密을 세워서 能率的으로 推進.

— 이와 같이 하면 반드시 成功한다 —

— 이와 같이 한 部落은 반드시 成功했다 —

— 이와 같이 해서 成功한 部落은 勤勉과 協同이 얼마나 所重하다는 것을 깨닫게 되고
自己들이 이룩한 일이 엄청나게 巨創한 일을 했구나 하고
스스로 놀라게 된다.

8. 이제부터는 이 事業을 어디로 이끌어 갈 것이냐?

가. 直接的인 所得增大 事業으로 이끌어 가야 한다.

(1) 이제까지 한 事業도 直接 间接으로 所得增大에 寄與하는 事業이다
그러나 本格的인 事業으로 이끌어가기 爲한 始動作業이요 點火作業이다

(2) 앞으로 所增에 直接的으로 寄與하지 못하면 이 運動은 熱이 식어버린다.

(3) 새마을 운동의 窮極的目標는

農漁民의 所得을 增大하여 잘사는 農村을 만드는 데 있다……
(잘살기 운동)

(4) 農繁期에 접어드는 지금부터 할일

새마을事業 今年度 前半期事業은 大体完了
未完了 分野는 后半期 農閑期로 돌리고
農事에 全力傾注 할것 (本農事)

農事일에도 協同을 할수있는 것은
協同으로 하면 더 能率이 오른다.

(모내기. 김매기. 농약살포 等)

(5) 今年后半期에 할일도 이제부터 研究하라

后半期事業에도 政府는 約 億
程度의 財源을 마련할 予定이다

(6) 前半期事業의 成果를 分析하여
成果가 좋은 部落에 集中投資
할 予定

可及的이면 環境整理事業 보다
는 所得增大에 直接寄與하는
事業들을 檢討하라.

9. 今日討議하는 所得增大 特別事業도 따지고 보면 우리가 하는 "새마을 운동"의 一環이다

가. 成功한 事例 不成功한 事例있으나

◎ 成功한 事業은 部落

勤勉하고 自助精神 强하고
協同精神이 旺盛한데는 成功

◎ 不成功은 그렇지 못했는데다.

나. 勤勉하고 協同을 잘 했는데도
成功하지 못한 例가 있다면

두가지 原因이 있을꺼다

하나는 ……(農民側)

營農에 있어서 科学的인 知識과 技術이 不足했거나

또하나는 ……(政府側)

政府의 支援이 잘못됐다.

資金支援이 適期放出不履行
計画生產 不履行

農產物価格保障 不实施
販路開拓 不斡旋 等

다. 앞으로 는

農民도 營農에 対한 科学的 知識
(머리를 써야) 이 必要하고

政府는 適切한 支援対策이
必히 隨伴 되어야 한다.

10. 새마을 운동을 成功的으로 発展
시켜 나가기 為하여 留意할 事項

(1) 成果에 対한 性急한 생각을
버려라 (政府官吏나 農民들)

最少限 5年 동안을 熱心히 耕
해야 成果가 난다

造林事業은 40年 50年도 걸린다
(우리들 子孫에게 물려 준다고 생각)

우리 子孫들에게 遺産으로 물
려주기 為한 보람있는 사업이
라고 생각하라.

(2) 새마을 운동은 반드시 農民들의
自発的 인 運動으로 誘導되어야 한다.

스스로 部落民, 마음속에서 우러난
自発的 운동이라야 成功

官에서 이것하라 저것 하라 強要
해서 하는 事業은 成功못한다

例: 部落民들의 總意에 依하여
農路를 만들기로 決定을 했
다면

郡이나 面에서는 測量設計를
도와주고 技術指導를 하고

行政支援을 해주고 技術合
務員들을 자주 出張시켜 서
指導를 하는 等

(3) 반드시 生産과 直結되고, 所得增大가
結果되어야 한다.

科學的인 營農技術과 知識이 必要하다
이를 爲하여 一線合務員이나. 農村指
導機關이나 地域社會에 있는 學校가
指導와 協調를 해야 한다.

(4) 政府는 勤勉하고 自助精神이 强하고
協同精神이 旺盛한 優秀部落을

優先的으로 支援한다는 方針을 繼
續 밀고 나간다.

(5) 政府는 이 운동을 强力히 뒷받침
하기 爲하여 必要한 資金의 支援
技術指導. 計劃生産 農産物의
價格保障. 流通對策을 세워서

農民들이 땀흘려 일한것이 決코 헛
되지 않고 失望하지 않도록 더욱
增産意欲을 북돋아 주도록 한다

(6) 部落의 婦女会員들을 積極的으로
參與시키고 그들의 參與意識을
높여 줘야 한다.

成功한 部落은 반드시 例外없이 部落
婦女会員들의 役割이 大端히 컸다는
것을 알고 있다.

大体로 婦女들은 男子보다 더 알뜰하고 誠實
하고 積極的이다.

(7) 훌륭한 部落指導者의 発掘과 養成에
政府는 継續 努力해야 한다.

한사람의 훌륭한 部落指導者가 한마을
을 完全이 일어나도록 만든 例를 많이 보고
있다

이들이 이룩한 業績을 記録에 남기고
后世歷史에 남겨야 한다.
이들이 바로 우리 農村의 英雄이다.

(8) 이 運動은 民族의 大躍進運動이다
農村에만 該当하는 運動은 決코 아니다.
汎國民運動이다. 都市民들도 參與하고
積極的으로 協調해야 한다.

아무도 傍觀者가 될수 없다
그렇다고 나는 都市사람도 全部農村에 가서 農路를 닦고 지붕改良事業을 直接해달라는 것은 아니다
都市民들은 都市民들로서 뭣인가 이운동을 도우는 길이 있을 것이다.
最少限 도우지 못한다면 訓妨을 놓지 않아야 하겠고. 妨害는 하지 않아야 하겠다. 一部都市民들의 知覺없는 生活態度는 이 運動에 찬 물을 끼어 얹는 結果를 가져올 수도 있다. 一最少限 이런 일은 하지 않아야 하지 않겠는가?

(9) 이 운동에는 勿論여러가지 問題點도 있고 一部 副作用도 있다. 勿論처음부터 失手가 없도록 最善을 다 해야 하겠으나 一部 副作用이 있다 해서 誹謗만 할것은 못된다 是正해 나가면 된다.

(10) 모든 事業은 처음부터 緻密한計画을 세워서 着手하고 하나 하나의 工事는 야무락지게 堅固하게 着實히 해야 한다 (다리를 놓았더니 비 한번 오니 내려앉는 例는 없도록)

(11) 모든 公務員들은 이 運動에 앞장서고 이 運動을 指導하고 그들 農民을 도와 주는 일에 無限한 矜持와 보람을 느낄줄 알아야 한다.

끝

박정희 경제강국 굴기18년

8 새마을운동

차례

역사를 위하여

심융택

한국근대화의 시대를 이끌어 나간 박정희 대통령이 우리 곁을 떠난지도 어언 40여 년이 지났다. 대통령의 운명이 도무지 믿어지지가 않던 충격과 슬픔의 시간도 흐르는 강물처럼 지나갔고, 무심한 세월만 흐르고 또 흘러 그가 역사에 남긴 지대한 발자취만이 사람들의 입에 회자되면서 때로는 그의 업적이 높이 평가되기도 하고, 때로는 그의 천려일실(千慮一失)이 비판되기도 한다.

박정희 대통령은 20세기 후반의 한국과 한국인에게 어떤 존재였나? 과연 누가 어떤 말과 글로 이 물음에 완전하고 극명하게 해답할 수 있을까? 앞으로 두고 두고 역사가들의 연구가 필요할 것이다. 나는 앞으로 국내외 역사가들의 연구에 필요한 자료를 정리해 두어야겠다는 생각으로 대통령의 사상과 정책에 대해 내가 알고 있는 사실들을 기록으로 남겨두는 작업에 착수했다.

우리는 공화국 수립 뒤 이 나라를 통치한 역대 대통령들에 대해서 별로 아는 것이 없다. 대통령 자신들이나 또는 역사가들이 그들의 업적과 실책, 공적과 과오를 모두 담은 전체 모습을 오랜 시간이 지난 먼 뒷날까지 남아 있게 할 수 있는 역사적 자료와 기록을 보존해 놓은 것이 거의 없기 때문이다.

우리는 우리의 후손들이 우리나라 대통령들에 대해서 알기를 원할 때 그들이 읽고 연구할 수 있는 많은 자료와 기록을 남겨두어야 한다. 그런 자료와 기록이 많으면 많을수록 역대 대통령에 대한 부분적 지식도 그만큼 많아질 것이며, 여러 사람이 여러 각도에서 본 부분적 지식이 많으면 많을수록 대통령들의 전체 모습을 알 수 있는 지식도 그만큼 축적될 수 있을 것이다.

1961년부터 1979년까지 18년여 동안 한국인의 생활에는 혁명적 변화가 일어났고, 한국의 민족사에는 획기적 전환점이 마련되었다는 것은 세계적으로 공인된 역사적 사실이다. 그 역사적 시기에 나는 대통령을 보필할 수 있는 영광된 기회를 얻었다. 그리고 그 귀중한 기회에 나는 대통령의 국정운영에 대해 많은 것을 보고 들었으며, 또 많은 것을 기록해 두었다.

박정희 대통령이 어떤 여건과 상황 아래서 이 나라, 이 민족을 이끌어 왔으며, 대통령을 괴롭히고, 고통스럽게 한 것이 무엇이었고, 대통령을 고무하고 용기를 준 것이 누구인지를 지켜 보았다. 대통령이 국가가 직면하였던 문제상황을 어떻게 규정했고, 그 문제상황을 극복하기 위해서 어떤 정책을 결정했는가를 보았다. 또, 정책을 추진하는 과정에서 정치인과 공무원, 기업인과 근로자, 농어민과 교육자, 학생과 언론인, 과학자와 문화인 등 우리 사회 각계각층 국민을 상대로 때로는 설명하고 설득하며, 때로는 교육하고 계몽하며, 때로는 칭찬하고 격려하고, 때로는 따지고 나무라며 그들이 분발하고 피눈물나는 노력을 하는 국가건설의 역군으로 거듭나게 만들 때 대통령이 그들에게 어떤 말을 했고, 어떤 글을 남겼는가를 주의 깊게 지켜보았다.

박정희 대통령이 남긴 이런 말과 글 속에는 한국근대화와 부국강병 등에 대한 대통령의 신념과 소신이 살아 숨쉬고 있다. 대통령의 이런 말과 글은 대통령이 여러 행사장에서 행한 연설문, 여러 공식, 비공식 회의에서 천명한 유시와 지시, 여러 분야 인사들에게 보낸 공한과 사신, 국내외 인사들과 나눈 대화, 외국 국가원수와의 정상회담, 대통령의 저서, 그리고 대통령의 일기 등에 온전히 보존되어 있다.

1972년 2월 22일, 닉슨 대통령이 베이징에서 마오쩌둥 주석과 회담할 때 '마오 주석의 글들은 한 나라를 움직였고, 세계를 바꿔놓았다'고 찬사를 보내자 마오쩌둥은 '나는 그렇게 하지 못했다. 나는 다만 베이징 근처의 몇 군데를 바꿔놓을 수 있었을 뿐이다'라고 대답했다고 한다. 이 말은 중국인 특유의 겸양이었고, 사실은 닉슨의 말 그대로였다. 대통령도 그랬다. 18년 동안의 통치기간 동안 대통령의 말과 글은 서울 근처 몇 군데만을 바꿔놓은 것은 아니다. 대한민국 전체의 모습을 새롭게 창조했고, 우리 민족 역사의 방향을 바꾸어 놓았으며, 세계사 흐름에도 영향을 미쳤다. 그 시대 대통령의 말과 행동은 한국 현대사에서 가장 역동적이고 생산적이었던 시대에 열심히 일한 우리 국민의 말이었고 행동이었다.

박정희 대통령의 말과 글들은 대통령이 추진한 국가정책과 함께 그의 시대에 이 나라의 정치·경제·사회·문화 등 모든 분야에서 이루어진 발전과 변화의 경로를 밝혀 주고 있다. 국가정책은 우리나라가 놓여 있는 특수한 상황에서 우리 국민들이 가장 먼저 풀어야 할 국가적 과제를 위해 대통령에 의해 결정되고 추진되었다. 따라서 국가정책을 올바로 이해하고 평가하기 위해서는 그것이 결정되고 추진된 그 무렵 특수상황을 정확하게 숙지하고 있어야 한다. 그래야만 국민들이 가장 시급히 해결해야 할 국가적 과제가 무엇이었고, 그 과제를 해결하기 위해 어떤 정책이 필요했던 가를 올바로 이해할 수 있다.

정책을 결정할 무렵에 우리가 직면해 있던 국내외 상황을 잘 검토해 보면 대통령이 왜 그 상황에서 그 정책을 결정했는지를 이해할 수 있을 것이다. 예컨대, 대통령은 왜 5·16군사혁명을 일으켰는가? 왜 공업화에 국운을 걸었는가? 왜 대국토종합개발과 경부고속도로 건설을 추진했는가? 왜 향토예비군을 창설했으며 방위산업 육성을 서둘렀는가? 왜 주한미군 철수를 반대했는가? 왜 새마을운동을 전개했는가? 왜 남북한 간의 체제경쟁을 제의했는가? 왜 국가비상사태를 선언했는가? 왜 남북대화를 시작했는가? 왜 중화학공업과 과학기술혁신, 농촌근대화와 수출증대에 총력을 기울였는가? 왜 10월유신을 단행했는가? 왜 생명의 위험을 무릅쓰고 핵무기개발을 강행했는가? 등의 의문에 대한 올바른 해답을 얻으려면 그런 정책들이 결정된 그 무렵의 국내외 상황을 정확하게 알고 있어야 한다.

이 정책들은 우리 민족사의 진로를 바꾼 발전전략의 핵심사업들이었으며, 또한 대통령의 통치기간 내내 야당이 반정부 극한투쟁의 쟁점으로 삼았던 정책들이었다. 이런 정책들은 대통령이 그 정책들을 결정할 무렵의 국내외 상황에 정통해야만 올바로 이해될 수 있는 것이다. 정책 결정 때 상황을 정확하게 알고 있지 못한 사람들로서는 왜 그런 정책이 필요했으며, 또 불가피했는지를 이해하기가 어렵다. 시간의 흐름에 따라 어떤 정책이 어떻게 바뀌었으며, 새로운 정책은 어떤 시대적 연관성 속에서 결정되었는가를 올바로 파악하기 위해서는 그 시대 상황의 특수성에 대해 올바로 알고 있어야 한다.

루소는 《에밀》 제2권에서 역사적 사실에 대해 이렇게 말했다. '역사 서술은 결코 우리에게 현실의 여러 가지 사실들을 충실히 모사(模寫)해주지 않는다. 현실의 사실들은 역사를 서술하는 사람의 머리 속에서 그 형태를 바꾸고, 그의 관심에 맞도록 변화하며, 그의 선입견에 의해서 특수한 색채를 띠게 된다. 발생 무렵 사건의 모습을 관찰하기 위해, 그 무대가 되는 장소에 정확히 다시 가 볼 수 있게 하는 기술에 도대체 누가 정통할 수 있겠는가?

박정희 대통령이 추진한 국가정책은 그것이 결정된 무렵의 상황에서 정통하지 못한 사람들에 의해서 올바로 이해되지 못하고, 그들의 선입견에 의해서 또는 그들의 관심과 목적에 맞도록 황당하게 왜곡되었다. 대통령이 정책을 결정할 무렵의 상황에 가장 정통한 사람은 말할 것도 없이 대통령 자신이다. 그러나 통탄스럽게도 80년도 초에 은퇴 예정으로 자서전을 집필하기 위해 기본자료를 수집하고 정리하던 중에 작고했다.

박정희 대통령 말고도 그 무렵 상황에 정통한 사람들은 대통령 비서실과 특별보좌관실, 행정부 장차관, 국책연구기관, 여당간부 등 대통령의 정책결정에 직간접적으로 참여했거나 자문에 응한 사람 등 많이 있다. 그러나 이런 사람들이 그때 상황에 대해 알고 있는 것은 아주 일부분에 지나지 않는다. 왜냐하면 그 무렵 국내외 상황은 복잡하고 많은 요소로 구성되어 있어서 모든 국가정보망을 장악하고 있는 대통령 이외의 사람들은 상황의 모든 요소를 알 수 없었기 때문이다.

1963년 중반부터 1978년 말까지 거의 16년 동안 국가재건최고회의와 대통령 비서실에 근무하면서 대통령의 연설문, 저술, 공한, 각종 회의록 등을 정리하는 실무자의 한 사람으로서 나는 대통령의 정책이 결정되고 추진된 그 무렵 상황에 가장 가까운 위치에서 대통령이 추진한 정책의 전후 인과와 맥락, 그리고 정책성과 등을 기록해 두었다. 물론 대통령의 통치철학과 대통령이 추진한 국가정책과 관련된 역사적 사실들 가운데 내가 기록해 둔 것은 부분적인 것이다. 그러나 부분적인 사실이나마 기록으로 남겨둔다면 후세 역사가들의 연구에 다소나마 보탬이 되지 않을까. 또 내가 알고 있는 부분적인 역사적 사실들이 다른 분들이 알고 있는 부분적인 역사적 사실들과 종합적으로 연구된다면 대통령의 정치사상과 국가정책에 대해 보다 폭넓고 깊이 있게, 그리고 보다 자세하고 정확하게 이해하는 데 하나의 길잡이가 되지 않을까 생각했다.

박정희 대통령은 우리나라가 나아가야 할 미래의 방향과 목표에 대해 많은 지침을 남겨 놓았다. 다음 세대들은 그들 세대의 새로운 국가적 목표와 그 목표를 이룰 수 있는 새로운 실험과 창조적인 모험을 하는 과정에서 대통령의 정치사상과 국가정책, 그리고 그 지도력에서 귀중한 교훈을 얻을 수 있으리라고 믿는 마음에서, 비록 부분적이고 불완전한 내용이나마 세상에 내놓기로 했다.

사람들은 박정희 대통령 시대를 우리 민족사에서 획기적인 분수령을 이룬 시기라고 말한다. 한 시대를 다른 시대와 구분하는 기준을 '변화'라고 한다면 그의 시대는 분명히 역사적 전환기였다고 할 수 있다. 확실히 대통령의 시대는 비생산적인 정치적 불안과 사회적 혼란에 종언을 고하고, 정치안정과 사회질서 속에 생산과 건설의 기풍이 진작되고, 국가발전의 목표와 방향이 뚜렷하여 국민들이 희망과 자신을 가지고 분발함으로써 조국의 근대화를 이룩한 변화의 시대였다.

박정희 대통령 시대에 우리 국민들이 이 땅에서 목격한 거대한 변화의 충격은 마치 육지와 해양의 모습을 바꿔놓은 대화산의 폭발과 같이 한반도의 남반부를 전혀 '딴 세상', '다른 나라'로 완전하게 탈바꿈시켜 놓았다. 그래서 절대다수의 국민들, 그중에서도 시골 마을의 어르신들과 농민들은 천지가 개벽했다고 놀라워하고 감탄했다.

대통령이 이 나라를 통치한 1960년대와 1970년대에 과거 선진국들이 100년 또는 200년에 걸쳐 이룩한 근대화가 20년도 채 안 되는 짧은 기간에 압축되어 이루어졌다. 그것은 전 세계의 경탄을 자아내게한 위대한 실험이었고 모험이었다. 정녕 대통령은 세계에서 가장 가난한 약소국가였던 이 나라를 세계의 경제강국 수준으로 끌어올려 놓음으로써 '기적의 나라'로 만들어 놓았다. 그리하여 우리 국민들은 선진국 국민들이 여러 세대에 걸쳐 단계적으로 겪었던 변화들을 한 세대 동안에 한꺼번에 겪었다.

우리 역사상 그토록 많은 국민들이 그토록 짧은 기간 동안에 그토록 다양한 변화를 겪은 시대는 일찍이 없었다. 그러나 대통령이 기적적인 변화를 지속시켜 나간 그 역정은 결코 순탄한 것이 아니었다. 그것은 실로 격동과 시련, 고통이 중첩된 가시밭길이었다. 대통령은 그 형극의 길을 뚫고 나와 국가건설에 몰입하여 심신을 불살랐다. 국가건설의 길은 온 국민이 함께 가는 길이었고, 이 땅에서 근대화를 태동시킨 창조적 시대로 통하는 길이었다.

확실히 대통령은 1961년 5월 16일부터 1979년 10월 26일에 이르는 18여 년 동안 자립경제와 자주국방의 과제를 해결하기 위해 개방과 개혁 등 혁신적인 정책을 추진하여 세계인들이 감탄하는 '한강의 기적'을 이룩하였다. 그러나 대통령은 한강의 기적이란 결코 기적이 아니라고 생각했다. 그것은 대통령 자신과 우리 국민 모두가 한 덩어리가 되어 흘린 피와 땀과 눈물의 결정이라고 생각했다. 대통령과 우리 국민들이 자립경제와 자주국방 건설을 위해 피땀을 흘린 그 끈질기고 지속적인 노력의 과정은 한두 마디의 수사나 한두 줄의 단문으로 설명될 수 있는 것이 아니다. 불신과 체념, 좌절과 절망 속에서 시작되어 각성과 용기, 희망과 자신으로 이어져 마침내 우리 민족의 무한한 저력이 분출되고, 그 저력이 가난하고 힘이 없는 이 나라를 번영되고 힘이 있는 부국강병의 나라로 탈바꿈시킨 18여 년의 전 과정은 실로 끝없이 이어지는 장대한 서사시(敍事詩)라고 해도 과언이 아니다.

나는 1979년 대통령이 서거한 직후부터 박정희 대통령이 국민들과 함께 자립경제와 자주국방건설 완성을 위해 뼈가 가루가 되고 몸이 부서지도록 최선의 노력을 다한 헌신 봉공의 18년 기록을 정리해 둔 사실그대로 30년 세월바쳐 써 나아갔다. 이제《박정희 경제강국 굴기18년》으로 편찬하여 10권으로 역사에 남기기로 한다.

서장

새마을운동은 한국농업근대화의 원동력인 정신혁명운동이다

5·16혁명 후 혁명정부는 제1차 경제개발 5개년계획을 수립하면서 우리 경제의 급속한 성장과 발전을 위해서 공업화의 길을 선택했다.

그러나 공업화를 한다고 해서 농업을 등한히 할 수는 없었다. 공업과 농업은 상호의존 관계에 있으며 상호보완의 관계에 있기 때문이다. 공업이 성장하려면 농업이 발전해야 하고 농업이 성장하려면 공업이 발전해야 한다. 그래서 대통령은 공업화와 함께 중농정책으로 농촌근대화를 추진했다.

그러나 농업은 공업에 비해서 투자효과가 나타나는 기간이 길기 때문에 농업보다는 공업의 성장과 발전이 훨씬 빠르게 이루어졌다. 급속한 공업화를 통한 경제발전이 도시를 중심으로 촉진되었고, 이러한 공업화와 도시화는 도시와 농촌간 소득과 발전상의 격차를 가져왔다.

도시 중에도 서울은 국가 공공기관의 소재지요 예술과 과학의 온상이며 상업의 중심지였고, 제조공장의 소재지였다. 서울을 비롯한 전국 도시에는 새로운 경제활동, 새로운 문화, 새로운 교육이 집중되어 있고 이러한 요인들이 도시와 농촌의 격차를 더욱 선명하게 부각시켰다. 도시민의 생활수준은 농민의 그것보다 훨씬 높았다. 도시민 대부분은 문자해독자였지만 농민 대다수는 문맹사였다. 도시민의 경제활동과 기회는 농민의 그것에 비해 무한정할 정도로 다양했다. 도시와 농촌의 차이는 한 국가 내의 가장 근대화된 부분과 가장 전통적인 부분의 차이였다. 도시와 농촌은 전혀 별개의 세계였고, 전혀 다른 생활방식으로 살고 있었다.

우리나라의 급속한 경제성장 과정에서 공업에 비해 농업발전이 뒤떨어진 것은 사실이다. 여기에는 여러 가지 원인이 있었다. 무엇보다 농업이라는 산업 자체의 구조적인 문제가 있었다. 농업생산은 자연조건의 변화와 그 충격에 매우 민감하다. 농업의 생산속도는 근본적으로 생물학적인 주기에 제약을 받는다. 농업은 작업과정이 연속적인 것도 아니고 표준화하기가 힘들어 기계화가 어렵다. 소득 증대에 비해서 농산물에 대한 시장수요가 정체적이다, 이런 사실들이 그 원인으로 지적되고 있다. 이것은 어느 나라에서나 일반적으로 볼 수 있는 보편적인 현상으로서 우리나라도 예외일 수가 없었다. 문제는 우리나라는 이러한 일반적인 현상에다가 또 다른 문제점이 있다는 데 있었다. 무엇보다도 우리나라 농업의 주류는 영세 가족농이었기 때문에 국제경쟁력이 너무 취약해서 값싼 외국농산물과 맞서 견디어 낼 수가 없었다. 또 우리나라에는 농촌공업이 없었다.

우리 농민들은 도시와 농촌의 발전상 격차에 대해 커다란 불만을 느끼고 있었다. 그리하여 농민들은 농촌의 초가집을 떠나 도시로 이주하는 이농현상이 일어났다.

그 당시 우리 농촌에는 엄청난 수의 잠재실업이 상존하고 있어서 농업 생산성이 저하되고 농가소득이 증가되지 못하고 있는 실정이었다, 따라서 농촌의 실업인구가 도시로 진출하여 공장에서 직장을 얻는 것은 공업발전을 위해서나 농촌발전을 위해서 바람직한 일이라고 인식되고 있었다. 그러나 공업화의 초기단계를 지나서 도약단계에서부터 농촌 실업인구의 수용능력이 축소됨에 따라 이농민들은

創造 協同 繁榮

大統領 朴正熙

도시의 실업자로 전락했다. 이러한 현상은 도시와, 공업과, 농업발전에 심각한 저해요인으로 작용할 가능성이 있었다.

따라서 공업과 농업과 도시의 지속적인 성장과 발전을 위해서는 이농현상을 막을 필요가 있었고, 이농현상을 막기 위해서는 그것의 근본원인이 되고 있는 농촌과 도시의 소득과 발전상의 격차를 없애거나 크게 완화시킬 필요가 있었다.

대통령은 이러한 도농 간의 소득과 발전상 격차를 없앨 수 있는 최선의 길은 농가소득을 증대시키는 데 있고 농가소득 증대는 농촌 근대화의 길로 통한다고 생각했다. 즉, 우리 농촌의 가가호호마다 소득이 증대하면 농촌의 근대화는 이룩될 수 있다는 것이다. 따라서 대통령은 모든 정책의 초점을 농가의 소득 증대에 맞추어 추진했다.

1960년대 초 우리나라 농가의 주된 소득원은 쌀, 보리 등 주곡생산이었다. 그래서 대통령은 식량증산을 위한 제반시책을 시행했다.

그러나 대통령은 쌀, 보리 등 식량작물 위주의 영농만으로는 우리나라 농가의 소득이 증가하는 데는 한계가 있다고 보았으며, 따라서 식량작물 외에 수익성이 높은 경제작물이나 특용작물이나 공업용원류를 생산하는 방향으로 영농방법을 근본적으로 전환해야만 농가소득을 증대시킬 수 있고 농촌근대화를 이룩할 수 있다고 믿고 있었다. 이것이 농어민 소득증대사업이었다.

대통령은 또한 경제작물이나 특용작물이나, 공업원료를 생산하더라도 그것을 원료로 그대로 팔면 큰 소득을 얻지 못하며, 이것을 가공처리하고 공업제품화하여 국내시장에서 팔거나 해외시장에 수출해서 공업도 발전시키고 그와 관련된 원료를 생산하는 농어민 소득도 올려서 농업과 공업이 함께 발전할 수 있도록 해야 한다고 생각하고 있었다. 다시 말해서, 농어민 소득증대사업을 농산물을 원료로 사용하는 공장과 연결해 주고, 이러한 농촌의 중소공업을 육성해야 한다는 것이다.

대통령은 이러한 사업을 농가마다 개별적으로 하거나, 여기저기 분산해서 하면 기업화되기도 어렵고, 효과가 적기 때문에 이 사업을 집단적으로 할 수 있는 주산지를 조성하고, 주산지 내에 농수산물 가공처리공장 건설을 권장했다. 즉, 주산지에 농수산물 가공처리공장이 들어갈 경우 그 공장이 그 주산지에서 생산되는 농수산물을 원료로 해서 일 년 내내 가동할 수 있는 경제단위 규모의 농수산물을 생산하면서 공장을 유치하도록 한 것이다.

그렇게 해서 농어민들은 자기들이 생산한 농수산물을 그 공장에 원료로 팔고, 공장은 농어민들이 생산하는 농수산물을 원료로 사 가지고 그것을 가공처리하여 국내시장에 팔고, 또 해외시장에 수출함으로써 농어민들은 그들이 생산한 농수산물 가격에 대한 안정감을 가지고 공장에 팔아서 소득을 올리고 공장은 공장대로 농어민들이 생산한 원료를 가지고 제품을 만들어 팔아 수지를 맞추어 나가도록 한 것이다.

정부는 주산지 조성을 적극 지원했고, 전국 여러 곳에서 조성된 주산단지에는 일련번호가 매겨졌으며 대통령은 일련번호별로 주산지 조성사업을 하나하나 점검하였다. 이것은 농업과 공업을 연결시켜 농가의 소득을 증대시키고 농업과 공업이 함께 발전할 수 있게 한 것이다.

이것이 바로 대통령이 추진한 농공병진정책이며, 이 농공병진정책은 농어민 소득증대를 위한 제반시책들을 집약적으로 표현한 것이다.

이러한 계획들이 성공적으로 추진되자 정부는 1968년부터는 '농어민 소득증대 특별사업'을 선정하여 이것을 전국의 주요 주산단지에서 추진하도록 지원하였다.

우리 농민들은 자연을 자연의 법칙과 논리에 따라 변경할 수 있고 이용할 수 있는 대상으로 생각하지 않고 자연에 순종하고 살았기 때문에 인간의 편익을 위해 자연에 도전하고 자연을 극복하고 자연을 이용하려는 의지와 노력이 없었다. 그들은 산을 깎아 밭을 만들고 바다를 메워 논을 만들며, 농촌에 공장을 세워 가공된 농수산물을 해외로 수출한다는 것은 생각조차 할 수 없는 일이라고 믿고 있었다. 한 마디로, 그들은 변화를 추구하기보다는 조상 대대로 해온 쌀과 보리농사를 짓고 겨우 먹고 사는 생활에 만족하고 있었다.

대통령은 이처럼 생계농업에 안주하고 있는 우리 농민들에게 우리나라의 농업도 앞으로는 돈벌이를 하는 상업농이나 기업농으로 발전시켜야 한다고 설득하고, 정부에서 권장하는 농어민 소득증대사업에 적극 참여할 것을 당부했다.

조상 대대로 해 온 쌀과 보리 등 주곡 위주의 생계 영농만으로는 우리 농촌이 발전하고 농가소득이 늘어나는 데 한계가 있다. 우리 농촌을 근대화하고 우리 농가소득을 증대시키려면 주곡 위주의 영농을 지양하고, 수익성 높은 경제작물이나 공업원료를 생산하고 이것들을 원료로 쓰는 중소공업을 많이 육성하여 우리의 농수산물을 가공처리하고 제품화해서 국내시장과 해외시장에다 내다팔아 돈을 버는 기업농과 상업농을 육성해 나가야 한다. 농수산물을 그대로 원료로 파는 것보다는 그것을 가공 처리하여 가치를 부가시켜서 팔면 훨씬 더 많은 소득을 얻을 수 있고, 또 가공처리공장을 농촌에 건설하면 그 지역에 새로운 고용이 창출되어 농가소득도 증대되고 농업이 공업화되고 농업과 공업이 병진해서 발전해 나간다는 것이다.

대통령은 농공병진정책이 성공적으로 추진되면 어떤 단계에 가서는 농업과 공업의 한계를 구분할 수 없는 상태에 도달하게 될 것이며, 우리나라의 농업이 그러한 수준에 올라서게 될 때, 우리 농촌의 근대화는 이루어지게 될 것이라고 확신하고 있었다.

대통령은 농공병진정책의 성공적인 추진을 위해서 한편으로는 지방행정의 일선공무원들에게, 다른 한편으로는 농민들에게 이 정책의 필요성과 그 추진방법에 관해서 계몽적인 노력을 기울였다.

대통령의 지속적인 권장과 설득에 귀를 기울이고, 경제작물과 특용작물을 재배하는 농가가 하나둘씩 늘어나기 시작했으며, 60년대 중반부터는 전국에서 이러한 사업들이 의욕적으로 추진되었다. 예컨대, 서울시 주변에 있는 농촌에서는 고등원예(高等園藝)나 고등소채(高等蔬菜)를 많이 재배하고 있었으며, 다른 농촌지역에서는 잠업(蠶業)이라든지 양송이라든지, 엽연초 재배라든지 아스파라거스라든지, 앙고라 토끼기르기라든지, 양계나 기타 낙농 등 여러 가지 사업들이 전개되고 있었다.

젖소 세 마리를 길러 알뜰한 살림을 이룩한 경북 달성군의 우왈경 씨의 경우, 양송이 재배로 부흥을 꾀한 전북 김제군의 경우, 밤나무를 가꿔 한 해 수익 900만 원을 올린 전남 광양군 다압면의 김

오천 씨의 경우, 남해의 한 낙도에 선착장을 쌓고 모든 섬사람들을 한 덩어리로 묶어 교육과 생활을 함께하면서 새 희망을 불어넣은 전남 장도의 부부 교사의 경우, 충남의 '충무정신교육', 전남 고흥군의 '전촌교육' 전개 등 우리 농어촌을 잘사는 마을로 만들기 위한 여러 가지 노력과 그 성과는 전국의 많은 농촌마을에서 늘어났다. 그런데 이런 농촌마을에는 한 가지 공통점이 있었다. 마을사람들이 부지런하고 자조적이며 협동적인 정신으로 피나는 노력을 했다는 사실이다. 우리 농민들의 이러한 근면·자조·협동정신은 농촌근대화의 정신적인 동력이 되고 있었던 것이다.

대통령은 정부와 우리 농민들의 이러한 노력은 앞으로 정부가 농어촌에 집중투자를 할 때, 그 투자효과를 극대화하는 데 필요한 공무원과 농민들의 경험과 능력을 축적하고, 특히 우리 농민들의 근면·자조·협동의 정신을 고취할 수 있는 하나의 사회적 훈련과정이라고 보고 있었다.

즉, 제3차 경제개발 5개년계획 기간 중에는 그동안 급속히 이루어진 공업발전의 여력을 농촌에 집중적으로 투자하여 농촌근대화를 촉진할 계획인데, 이 계획의 성공을 위해서는 그러한 사회적 훈련이 필요하다는 것이다. 이러한 훈련이 안 된 상태에서는 농촌에 아무리 많은 돈을 투입한다고 해도 농촌근대화는 될 수 없고 농민들의 안일과 의타심만 조장하는 결과를 가져오게 된다는 것이다.

그래서 대통령은 농어민소득증대 특별사업을 추진하고 있는 전국 농촌의 주산단지와 농수산물 가공처리공장을 자주 찾아다니며 우리 농민들에게 근면·자조·협동정신을 발휘해 줄 것을 역설했고, 이것이 우리 농촌이 근대화되고, 우리 농민이 잘살게 되는 길이라는 점을 귀가 닳도록 강조해 왔다.

다시 말해서, 농촌근대화작업을 성공적으로 추진하는 데 있어서 가장 중요한 것은 우리 농민들의 정신자세며, 따라서 우리 농촌에 정신혁명을 일으켜야 한다는 것이다. 이것이 바로 70년대 초부터 우리 농촌에서 전개된 새마을운동이다. 새마을운동이 추진되면서 식량증산, 농가소득 증대, 농공병진 등 농촌근대화를 위한 모든 사업은 새마을사업에 통합되어 근면·자조·협동의 새마을정신으로 더 욱더 줄기차게 촉진되었다. 그리하여 대통령이 60년대 후반에 예단한 대로 근대화된 잘사는 농촌마을이 70년대 중반에 전국 도처에서 그 아담하고 윤기 나는 모습을 드러내기 시작했다.

제1장 자조정신 왕성한 농민과 농촌에 우선 투자해야 한다

농민들은 우리나라에도 축산이 된다는 자신을 가져야 축산이 발전한다

1969년 9월 5일, 정부는 이 날을 '목초의 날'로 정하고 국립성환 목장에서 기념식을 거행했다.

이 날은 대통령이 축산개발의 시동을 건 날이었고, 동시에 우리나라 벌거숭이 산에 수종개량의 막을 올린 날이기도 했다.

대통령은 이날 행사에서 우리나라의 산을 활용하면 우리나라에서도 축산이 가능하다고 믿는다는 확신을 피력하고 축산발전 구상을 밝혔다.

대통령은 먼저 우리나라 사람들은 산지활용에 대한 연구와 노력이 부족해서 산이 개발되지 못했고 축산이 되지 않았다는 사실을 지적했다.

과거에 우리는 우리나라에는 강우량이 적고 한발이 자주 들어서 산에 목초를 심어도 잘살지 못하기 때문에 축산이 되지 않는다는 이야기를 해왔다. 그러나 1년에 4, 5개월 이상 비가 오지 않는다는 미국 서부 샌프란시스코나 로스앤젤레스의 들과 산은 푸른 목초와 농장으로 물들어 있다.

순전히 인력으로 수백 마일 떨어진 곳에 있는 하천이나 계곡의 물을 파이프로 끌어다가 농경지 관개도 하고 목장이나 식목에도 쓰고 있다는 것이다. 또 이스라엘에서는 수백 리 거리에 있는 요르단

강 강물을 직경 3.5m되는 파이프로 물을 끌어다가 농사를 짓고 식목을 하고 있으며 그 농촌이 우리 농촌보다 더 잘 개발되어 있다. 이런 나라들에 비하면 우리나라는 1년에 적당한 강우량도 있고 지하수도 풍부해서 영농에 적합한 기후조건의 혜택을 누리고 있다. 그런데도 우리나라 산은 개발되지 않았고, 축산이 안 되고 있다. 이것은 결국 우리가 산의 개발이나 축산발전에 대한 연구와 노력이 부족했기 때문이라는 것이다.

"친애하는 농민, 농촌지도자, 또 우리나라 농업에 대해서 관심이 많으신 내빈 여러분들!

정부가 이번에 '목초의 날'을 제정한 이유는 조금 전에 충남도지사 치사에도 있는 바와 마찬가지로, 우리나라 전면적의 3분지 2 이상을 점령하고 있는, 오히려 그보다 더 많은 4분지 3 가까운 면적을 점하고 있는 우리나라의 산을 앞으로 우리가 어떻게 잘 활용을 해야 되느냐, 우리 농민이 보다 더 잘살기 위해서는 현재 우리가 하고 있는 여러 가지 영농, 여기에 대한 기술발전이라든지 또는 경영개선이라든지 여러 가지 노력할 점이 많지만, 또 일보 더 나가서 우리가 보다 더 잘살기 위해서는 우리나라의 4분지 3에 해당하는 산야를 잘 개발해서 이용을 해야 하겠다는 것을 우리는 항시 느끼고 있는 것입니다.

흔히 우리나라 사람들은 우리나라에는 강우량이 적고 또는 자주 한발이 들어서 산에 목초를 심어도 잘살지 않는다, 따라서 우리나라는 축산이 잘되지 않는다, 이런 이야기를 과거에 해 왔습니다. 그동안 나도 외국에 여러 번 나가서 남의 나라의 형편을 여러 곳 봤습니다만, 내가 보고 느낀 종합적인 소감은 자연적인 여건이 우리나라처럼 이렇게 많은 천연적인 혜택을 입고 있는 나라도 이 지구상에는 별반 없다고 생각합니다.

흔히 우리가 말하는 이스라엘이라든지, 이런 사막을 개발해서 잘 사는 나라가 됐다는 미국 서부 캘리포니아 주의 광막한 평야를 비행기로 지나오면서 죽 공중에서 봤습니다. 샌프란시스코라든지 로스앤젤레스라든지는 보통 1년에 비가 지금은 거의 오지 않습니다. 4, 5개월씩 어떤 때는 근 반 년 동안 비가 오지 않고 가운데, 그래도 거기는 들과 산에는 전부 푸른 목초, 푸른 농장으로서 공중에서 볼 때는 전부 푸르게 물들어 있습니다.

이것은 순전히 인력으로서 그 지방에서 수백 마일 떨어진 먼 거리에 있는 하천이라든지, 또는 계곡물을 인력으로 파이프로 끌어와서 농경지에도 관개하고, 또한 이런 목장을 경영하는 데도 그런 물을 쓰고 나무를 가꾸는 데도 인력으로 끌어온 물을 쓰고 있습니다.

그런 데에 비할 것 같으면, 우리나라와 같이 인력으로 무엇을 하지 않더라도 여러분들이 주변에 있는 모든 풍경을 보시다시피 산이 저렇게 푸르고 풀들이 저렇게 잘 자라고, 1년에 비도 가끔 한 달은 안 온다고 하지만, 그래도 1년에 적당한 강우량이 있어 가지고, 모든 식목이 살 수 있는 영농에 알맞는 이러한 좋은 기후 조건의 혜택을 입고 있는 나라는 별반 없습니다.

그런데도 왜 우리나라 산이 개발되지 않느냐, 이것은 결국 우리나라 사람들이 산을 개발한다든지 또는 축산을 장려한다든지 하는 면에 있어서, 지금까지 우리의 연구가 부족했고 노력이 부족했다는 결론밖에는 나올 것이 없는 것입니다. 지금 오늘 이 자리에 와 있는 농림장관이 불과 며칠 전에 이스라엘을 시찰하고 돌아왔습니다.

그 나라엔 거의 1년내 비가 오질 않습니다. 저 먼 요르단 강이란 수백 마일 떨어진 곳에서 직경 3m, 5m 되는 이러한 파이프를 가지고 수백 리 물을 끌어와서, 그 사막에다 물을 뿌려 풀을 심고, 목장을 만들고, 또는 거기다가 경작을 하고, 나무를 심어서 순전히 인공으로 가꾸고 있는데, 벌써 개발이 된 지역은 우리나라보다 훨씬 더 수목이 잘 자라 있고, 모든 농촌이 우리보다 더 잘 개발이 되어 있습니다.

지하수를 파더라도 작년, 금년 여러분들이 지하수개발에 많은 애를 썼는데 우리가 얻은 경험으로서는 보통 한 7, 8m, 충청남도 같은 데는 5, 6m, 충북 같은 데는 며칠 전에 가보니까 평균 한 4, 5m만 파면, 어지간한 데는 전부 풍부한 물이 나온다는 겁니다. 그런데 이스라엘 같은 데는 어떠냐, 그것도 일부 특수한 지방, 해변가 일부 지방에 적어도 60m, 70m를 지하수를 파야만, 겨우 우리나라의 4, 5m 또는 5, 6m 파는 정도의 수량이 겨우 나올까 말까 하다는 것입니다.

우리는 이렇게 지하수가 풍부하고 매년 강우량이 풍부하고 모든 여건이 그들보다도 훨씬 더 앞서고 있는데도, 우리나라의 산림이 그렇게 잘 자라지 않는다든지 축산이 발전되지 않는다든지 무슨 목초를 심어도 잘살지 않는다든지, 그런 이야기가 나오는 원인은 결국 우리가 연구를 잘 하지 않았다는 겁니다."

대통령은 이어서 정부는 축산을 단계적으로 서서히 작은 규모부터 장려해서 이를 점차 확장해 나간다는 기본방침을 밝혔다.

"지금 여러분들이 서 있는 그 장소 그 뒤의 광경을 여러분들이 보십시오. 푸른 초원에 우뚝 서 있는 나무라든지 저기서 풀을 뜯어 먹고 있는 저 젖소, 이거야말로 도시사람들은 상상도 못할 정서에 넘치는 아름다운 전원풍경입니다. 물론 성환목장을 우리는 국립목장으로서 그동안에 여러 가지 많은 투자도 하고 노력도 했지만, 그러나 이 부근에 자라고 있는 목초라든지 사료작물이라든지 하는 것은 대부분 자연적인 강우로서 전부 된 것입니다.

우리가 여기 조금만 더 노력을 하면, 어느 나라 목장보다도 더 좋은 조건을 가지고 있습니다, 그래서 최근에 정부에서는 우리나라에도 축산을 장려해야 되겠다, 지금까지 우리가 하지 않았던 일을 갑자기 하는 데는, 반드시 단계적으로 서서히 작은 규모로부터 점차 확장해 나가겠다는 것이 정부의 기본방침입니다.

흔히 우리가 과거에 어떤 사업을 벌릴 때에는, 어떤 구상만 하나 나오면 앞으로 그런 사업을 추진하는 데 대한 구체적인 여러 가지 계획과, 또 거기 따르는 여러 가지 기술문제, 거기 종사할 사람에 대한 훈련문제, 그 사업을 추진하는 데 필요한 여러 가지 예산이라든지, 자금 지원이라든지, 또는 거기서 생산한 물건을 앞으로 어디다가 소비를 하고 파느냐 하는 시장문제, 판로문제, 이런 등등 여러 가지 갖추어야 될 조건을 충분히 검토함이 없이 덮어놓고 사업만 확장을 했다가 실패를 해서, 하다가 얼마 가지 않아서 그 사업은 완전히 자취를 감추어 버립니다.

이런 예가 많았기 때문에, 이런 종전의 우리의 실패를 감안을 해서, 지금부터 우리가 하는 축산은 처음에는 아주 작은 규모에 범위를 작게 해서, 가장 적기에, 이런 사업에 대한 의욕과 경험이 풍부한 이런 사람들을 선택을 해서, 정부가 여기에 대한 충분한 자금 뒷받침이나 지원 등 이런 것을 해가면서 점차 키우자는 이런 방침에 따라 금년에도 민간기업적인 축산을 몇 군데 시작을 해봤고, 기타 각 농가에서 부업이나 겸업으로 하는 것도 일부 착수하고 있고, 또 정부가 직접 하는 이런 국립 시범적인 종축장도 우리가 다시 한 번 힘을 들여서, 앞으로 우리나라 축산을 위해 하나의 지도적인 그런 역할을 해보자 해서 지금 착수를 한 것입니다."

대통령은 이어서 우리나라 축산이 발전하기 위해서는 무엇보다도 먼저 우리 농민들이 우리나라에서도 축산이 된다는 자신을 가져야 한다는 점을 강조했다.

"그런데 우리가 축산을 하는 데 여러 가지 문제들이 많지만, 가장 중요한 것은 동물들이 먹을 이 사료 목초입니다. 이것이 과연 우리나라 토질에 우리나라 기후에서 잘 자라겠느냐 하는 문제, 작년에 내가 뉴질랜드와 호주를 방문하고 돌아와서, 그 나라의 여러 가지 여건과 또 그 나라가 오늘날 이같은 세계적으로 이름난 축산국가로 발전하는 과정에 있어서, 그 나라 국민들이 노력한 지금까지의 걸어온 길을 검토를 해봐서, 우리도 노력을 하면 그 나라 못잖게 여러 가지 자연조건은 충분히 갖추어 있다, 나는 이렇게 생각합니다.

물론 한 가지 우리가 불리한 점이 있다면, 겨울에 기온이 너무 내려가기 때문에, 이 부근에 영하 10°, 20° 이렇게 내려가기 때문에, 그런 어떤 기간만은 목초가 말라 죽는다든지, 자라지 않는다든지 하는 결함이 있기는 하지만, 그런 어떤 일정 기간의 사료만 우리가 해결할 수 있는 방법을 연구한다면 여러 가지 방법이 있는 것입니다.

'사일로'를 만들어 거기에다 사료작물을 재배해서 미리 저장을 해둔다든지, 목초를 많이 심어서 초가을에 이를 베어서 사일로에 저장을 했다가 겨울에 사료로 준다든지 몇 가지 문제만 해결된다면, 충분히 우리가 가진 장애라 그럴까 이것은 충분히 보완할 수 있다고 생각합니다.

특히 여름철 봄철부터 가을철까지의 목초의 성장률이라든지 속도라든지 이런 것은 다른 나라보다 훨씬 더 좋은 것입니다.

그래서 이것을 앞으로 점차 우리 국민들도 우리나라 산이나 들이나 이런 데 조금만 더 연구하고 노력하면 목초가 훌륭히 자랄 수 있다, 따라서 우리나라에도 축산이 얼마든지 발전할 수 있다, 이런 자

제주도 성읍목장 전경

신을 우리 농민들이 가져야 되겠습니다.

물론 여기에는 정부가 앞장을 서서 지도를 하고, 여러분들 하는 일을 뒤에서 지원을 하고 도와줘야 할 그런 일도 많지만, 첫째 우리 농민들 자신들이 축산이 된다, 가능하다는 이런 자신을 가져야지, 한국땅에서는 목초는 자라지 않는다, 한국에는 축산이 안 된다는 이런 결론부터 먼저 내어 놓으면, 한국의 축산은 영원히 발전하지 못하는 것입니다.

우리가 현실적으로 이 성환목장을 보더라도 충분히 된다는 자신을 가지게 되는 것입니다.

지금 지방에 가보면 여기 저기 소규모의 민간이 하고 있는 목장이 많습니다. 전부가 대부분이 성공을 하고 있습니다. 특히 경남지방에 가봤는데 양산 어디에 있는 그 목장은 3, 4년 전에 시작한 목장인데, 작년 재작년과 같은 혹심한 한발에도 그 목장에서 자라고 있는 목초가 하나도 말라 죽지 않고 그대로 자랐다 이겁니다.

그 목장은 규모는 작습니다. 불과 20정보 미만의 그런 목장인데 거기다가 자기들이 무슨 지하수를 개발했다든지 딴 데서 수원을 끌어온다든지 그런 시설도 되어 있지 않습니다.

산기슭에 있는 조그마한 목장인데 목초를 심어서 그 목초가 자라서 벌써 목초의 크기가 사람 키 절반 정도 이렇게 자라고 나니까, 그 다음에는 어지간한 한발이 오더라도, 그 풀 밑에 숨어 있는 습기라든지 수분 때문에 그 목초가 죽지 않는다는 것입니다. 적어도 한 달 이상 견뎌난다, 그런 동안에 비가 조금씩 온다, 그러면 그 목초는 충분히 그대로 살 수 있습니다.

거기다가 우리가 지하수를 개발한다든지, 가능하면 가까운 곳에 있는 물을 끌어와서 한발이 심할 때 목초에다 물을 뿌릴 수 있다면 더군다나 문제가 없을 것입니다.

그런 사업을 하자면 여기에 투자를 해야 되고 돈이 들기 때문에, 적당한 그런 장소를 선정을 해서 잘 연구를 해서 할 것 같으면, 그런 수원을 끌어오지 않더라도 목초가 자랍니다. 물론 거기는 장차 우리가 투자를 해서 지하수를 개발한다든지, 다른 데서 물을 끌어오는 이런 것도 우리가 장차 발전시켜 나가야 되겠지만, 우선 그러지 않더라도 할 수 있습니다."

대통령은 이어서 아무 쓸모없이 방치되어 있는 우리나라의 산은 단돈 1전의 가치도 없다는 사실을 지적했다.

일부 식자들 중에는 우리나라는 인구도 많고, 국토는 작고, 농경지가 부족하다는 말을 하는 사람도 있지만, 우리나라의 놀고 있는 산야 중에는 개발할 수 있는 땅이 많이 있으며 우리가 연구 노력해서 이것을 잘 개발만 한다면 인구가 현재보다 몇 배 더 증가해도 땅이 비좁아 살지 못하는 일은 절대로 생기지 않는다. 성환목장도 개발을 하지 않았다면 쓰지 못하는 재래종 소나무나 잡목이나 볼 수 있는 쓸모없는 땅으로 남아 있었을 것이나, 개발을 하니까 목장이 생기고, 생산을 하고, 땅을 활용할 수 있게 되었다는 것이다. 국토가 방대한 미국에도 우리나라 산처럼 아무것도 없이 버려진 땅은 거의 없으며, 개간을 해서 농사를 짓거나 또는 돈이 될 수 있는 경제림을 심어 둔다는 것이다.

그런데 아무 쓸모없이 방치되어 있는 우리나라의 산은 축산용 사료도 안 되고, 서 있는 나무는 대부분 10년, 20년이 지나도 돈도 안 되고, 베다가 장작으로나 쓸 수 있는 손가락 같은 재래종 소나무다. 이러한 산은 1전의 경제성도 없다. 같은 땅 1정보도 이것을 잘 개발하면 1년에 수십만 원씩 나올 수 있지만 그냥 버려두면 10년이 지나도 단돈 1전도 나오지 않는다. 우리 국민들은 그만큼 국토와 산을 이용할 줄 모른다는 것이다.

"지금 우리나라에 인구가 많고 국토는 작고 농경지가 부족하다는 이런 소리를 소위 뭐 상당히 아는 사람들이 하는데, 내가 볼 때 우리나라의 저 놀고 있는 저 산들, 개발할 것이 무진장으로 많이 있다고 생각합니다.

오늘 아침에도 서울서 여기까지 고속도로를 거쳐서 오산으로 해서 내려왔는데, 우리 국민들이 좀 머리를 써서 놀고 있는 산야를 개발만 하면, 인구가 현재보다 몇배나 더 늘더라도 한국에 인구가 많아 비좁아 살지 못한다는 그런 일은 절대 없다고 생각합니다.

땅이 전부 놀고 있는 것 아닙니까. 여기도 목장을 만들어 개발해서 이렇지, 그렇지 않으면 전부 쓰지 못하는 재래종 소나무나 산솔이나 잡목이나 이런 것을 가지고 아무 쓸모없는 그런 땅이 됐을 겁니다. 이렇게 개발하니까 훌륭한 목장이 되고 여기서 생산을 하고 여러 가지 이 땅을 활용할 수 있게 되었습니다. 물론 단계적으로 산을 개발하는 데 있어서 개발계획이 있어야 될 것이고, 그것을 할 수 있는 여러 가지 기술을 알아야 할 것이고, 또 그것을 하는 데 필요한 자금이 따라야 할 것이고 이러한 여러 가지 불리한 조건이 따르는 것입니다.

그러나 앞으로 우리가 산을 개발하는 데 있어서는 조금 전에 말씀드린 바와 같이 우리가 작은 데서부터 점차 확대를 해 나간다, 우리 농민들에게, 우리 국민들에게 이러한 기술이 아직 완전히 보급이 안 되었고, 기술을 알더라도 이것을 개발할 수 있는 재원이, 자금이 부족하기 때문에, 우선 그런 기술을 아는, 그런 의욕이 있는 이런 사람들에게 소규모로 이를 착수시켜, 정부가 여기에 대한 충분한 뒷받침을 해 가지고 하나 둘 하나 둘 이렇게 발전을 시켜 나갑니다.

이것이 점차 앞으로 성공을 해나가면 옆으로 파급이 되고 확대되어 나가도록 하면, 우리나라 산은 앞으로 아주 유용하게 개발을 해서 이용할 수 있습니다.

미국같이 땅덩어리가 넓은 나라에 가더라도, 우리나라 산 모양으로 아무것도 없이 버린 땅이라곤 거의 없습니다. 물론 개간을 해서 농사를 짓는 땅도 있고, 그대로 두는 산도 있는데, 산도 그대로 두는 것이 아니라 반드시 돈이 될 수 있는 좋은 나무가 서 있어서, 앞으로 그 나무가 자라면 그 나무가 순전히 경제적인 역할을 할 수 있는 그런 땅으로서 남겨 둔 것입니다. 아무 쓸모 없이 방치되어 있는 우리나라 산은 풀도 무슨 축산을 하는 데 필요한 사료도 안 되고, 나무가 서 있다 그래 봤자 손가락 같은 저 재래종 소나무여서 10년, 20년 두어 봤자 돈도 안 되고, 기껏 해봐야 베다가 장작으로나 쓸 수 있는 그런 정도밖에 안됩니다.

이런 산이란 1전의 경제성이 없는 겁니다. 같은 땅 1정보라 하더라도 이것을 잘 개발하면 1년에 몇십만 원씩 수입이 나올 수 있는데, 우리나라 땅처럼 저렇게 버려두면, 거기는 1년뿐 아니라 10년을 두어도 단돈 1전도 나오지 않습니다. 그만큼 우리는 국토를 이용할 줄 모른다 이겁니다."

대통령은 이어서 우리 국토를 가장 효과적으로 유용하게 개발하기 위한 국토개발 종합계획에 관해 설명했다.

"정부에서는 지금 국토개발 종합계획이란 것을 금년부터 착수를 해서, 앞으로 몇 년이 걸려야만 이것이 완성이 될 것이라고 보고 지금 추진을 하고 있습니다. 이 국토개발 종합계획이란 것은 무엇이냐, 우리 국토를 앞으로 어떻게 하면 가장 효과적으로 유용하게 개발을 해서, 이것을 이용할 수 있느냐 하는 그런 계획을 우선 세워보자 이겁니다. 계획부터라도 있어야 되겠다 이겁니다.

과거에 우리나라에는 그런 계획이 전혀 없었습니다. 물론 거기에는 국가의 가장 근간이 될 수 있는 그런 도로를 어떻게 뚫어야 한다, 철도를 어떻게 놔야 되겠다, 또 해안가에 있어서는 어디 어디 항구를 개발해야 되겠다, 항구와 기간 도로와 도시를 어떻게 연결을 해야 되겠다, 어느 지역에 있는 우리나라의 지하자원을 개발하기 위해서 산업도로를 어떻게 해야 되고, 또 거기서 생산한 물건을 해외로 수출하는 데 항구를 어디를 개발해야 되느냐, 이러한 여러 가지 문제가 있습니다. 또 농촌은 어떻게 하느냐, 현재 있는 농촌은 전부 지역별로 조사해가지고, 현재는 산으로 되어 있지만 가령 여기다가 경제림을 심어서 몇십 년 후에는 여기서 돈이 될 수 있는 그런 좋은 나무를 심는 조림지대로 한다, 이 지대는 지금 산으로 되어 있지만 앞으로 목장이 아니면 다른 어떤 경작지로 개발한다, 이 지역은 연재 어떻게 되어 있지만 이것은 앞으로 가령 공장을 짓는 공장지대로 한다, 여기는 어떻게 한다, 이런 전국적인 종합계획을 만들어 보자 이겁니다. 이것을 만드는 데 몇 년 걸릴 것입니다. 그렇게 만들어서 아주 이것을 법제화해 그 다음에는 정부가 재원은 있는대로 연차적으로 우선순위에 따라서 매년매년 이렇게 투자를 해야 합니다. 또 어떤 민간인들이 정부계획에 따라서 목장을 할 수 있는 그런 지역에서 목장을 하겠다고 하고 그 사람이 경험이 있고 기술이 있고 능력이 있는 사람이라면 정부가 목장을 개발하는 데 허가를 해주어서 민간에서 투자를 해서 목장을 만들고 또 어떤 공장지대는 공장을 만듭니다. 그리고 가령 목장을 만들게 되어 있는 그런 땅에 앞으로 무슨 집을 만든다든지, 공장을 한다든지 이런 것은 정부가 허가를 하지 않는다, 이렇게 해두면 상당한 시일이 걸릴 것입니다.

앞으로 5년, 10년, 20년, 30년 정부투자, 민간투자, 이런 것이 어떤 종합계획 아래서 하나 하나 실천이 되어 나가면, 먼 장래에 나가면 모든 것이 우리가 계획했던 그런 방향으로 하나 둘 이루어져 나가서, 국토가 가장 짜임새 있는 규모있는 개발이 된다, 이렇게 하려고 하는 국토개발 종합계획을 지금 만들고 있습니다.

이것이 되어서 우리나라 산을, 또는 쓰지 않고 있는 소위 비산비야(非山非野)라는 쓸모없는 산들, 저런 데 앞으로 나무를 심더라도 쓸모 있는 나무, 이것이 앞으로 10년, 20년 후에 재목이 될 수 있다 하더라도, 그러한 수종으로 하나씩 둘씩 바꾸어 나가고, 또 어떤 데는 목장으로 개발하고, 어떤 데는 또 개간을 해서 농작물을 심고, 어떤 데는 또 공장으로 개발하고, 또 어떤 데는 뭘한다, 이런 계획을 하고 있습니다."

대통령은 이어서 우리 농민들도 국토개발 종합계획에 맞추어 자기의 농토나 산을 방치해 두지 말고 같은 면적에서 보다 많은 경제성을 높일 수 있고 수익을 올릴 수 있는 방법을 연구해야 한다는 점을 강조했다.

돈이 없어서 연구 못한다는 사람이 있을지 모르나, 돈보다도 먼저 연구를 하고 계획을 세워야 한다. 그런 계획이 국토 종합개발 계획에 맞아들어가는 것이면 정부는 그 계획을 지원해서 개발하겠다. 산에 나무를 심지 못하면 목초라도 심어야지 잡초가 우거진 쓸모없는 땅을 버려두어서는 안 된다. 계단식 사방공사를 할 때에도 싸리나 잔디를 심어둘 것이 아니라 목초씨를 뿌려서 이것이 자라면 축산농가에서 베다가 사료로 쓰면, 그 산을 아주 유용하게 쓸 수 있다. 또 나무를 심더라도 경제성이 있는 나무를 심어야 되겠다는 것이다.

"따라서 우리 농민 여러분들도 자기가 지금 경영하고 있는 그런 농토, 또 자기가 가지고 있는 그런 산, 이런 것을 그냥 방치만 해두고 있을 것이 아니라, 앞으로 어떻게 하면 같은 면적에서 보다 많은 경제성을 발휘할 수 있고 거기서, 수익을 올릴 수 있는 그런 방법이 무엇이겠는가 연구를 해야 됩니다.

아무리 연구해도 돈이 없어 못한다, 이런 이야기 할 사람이 있을는지 모르지만, 여러분들이 우선 연구를 해야 됩니다. 돈보다도 먼저 연구를 해야 됩니다. 연구를 하고 계획을 세워야 됩니다. 그렇게 해서 여러분들이 구상하는 그 계획이 과연 착실하고 건실한 그런 계획이 되고, 또 정부가 국가가 생각하고 있는 그런 종합계획에 그것이 맞아 들어가는 그런 계획이라면, 정부는 점차 하나 둘 그런 사업을 지원을 해서 이것을 개발해 나가겠습니다. 그런 계획이 있다는 것을 여러분들이 아시고, 오늘이 '목초의 날'이란 것을 계기로 해서, 우리 국민들도 우리나라 땅에 산에 나무를 심지 못하면 목초라도 심자, 그냥 잡초가 우거져 가지고 아무 쓸모 없는 그런 땅을 버려두어서는 안 되겠습니다.

최근에 여기저기 사방공사를 하는데, 조림사방공사의 일환으로서 사방공사를 하는데, 사방공사를 종전식으로 계단식으로 줄만 쭉쭉 그어서, 그 위에다 싸리나 쓰지 못할 잔디 같은 것을 심어둘 것이 아니라, 거기다 나는 가능하면 목초씨를 뿌려서 거기서 목초가 자라면, 그 목초를 베다가 부근에 사는 농가 또는 이런 축산을 하는 농가에서 사료로 쓰면 그대로 두는 것보다 얼마나 더 유용하게 그 산을 쓸 수 있습니까, 그냥 과거식으로 해두면 지금 여러분들이 지방에 다니시며 보겠지만, 붉은 산에다가 과거 몇년 동안 우리 정부가 사방공사를 상당히 힘을 들여 했는데, 한 것은 좋습니다.

줄을 먼데서 보면 까만 줄이 쭉쭉 처 있는데, 그놈이 뻘건 게 안 보이고 줄이 없어지려면 적어도 한 5, 6년 지나 7, 8년 걸린다 이겁니다. 7, 8년 걸려서 푸르러진 건 좋은데 거기서 자라난 게 무어냐, 기껏해서 가보면 쓰지 못하는 소나무, 무슨 싸리나무, 무슨 오리나무, 쓰지 못하는 풀들이 자라 있습니다.

물론 그것도 벌건 상태로 있는 것보다는 훨씬 좋지만, 같은 값이면 거기다가 우리가 보다 더 가치가 있는 그런 목초를 심는다든지, 또는 나무를 심더라도 경제성이 있는 나무를 심어야 되겠다는 것입니다."

대통령은 끝으로, 목초를 가꾸는 데 있어서도 다른 작물을 재배할 때와 마찬가지로 정성을 들여야 한다는 점을 강조했다.

"앞으로는 반드시 목장이라고 해서 이렇게 성환목장 모양으로 몇백 정보나 되는 이런 대규모의 이것만이 목장이 아닌 겁니다.

자기 마을 근처에 또는 자기 소유 산에 알맞는 그런 땅에라도, 점차 하나 둘 개발을 해서 목초를 심어 잘 가꾸면, 그런 것이 도처에 많이 늘면 우리나라의 축산이 그만큼 발전이 되는 겁니다. 그리고 이 목초를 우리가 가꾸는 데 정성을 들여야 되겠다 이겁니다. 우리 한국사람들이 다른 재주는 비상한 국민이라 생각하는데, 풀을 가꾸거나 나무 가꾸는 재주는 세계에서 제일 뒤떨어져 있습니다. 이것은 확실히 우리가 인정을 해야 됩니다.

서양사람들 가정에 가보십시오. 집 앞에 나무 한 포기 가꾸고, 마을 옆에 어떻게 사람의 정성이 저렇게 들었을까 하는 이런 감탄을 하고 지나갈 만큼 나무라든지 풀을 아끼는데, 한국사람들은 아낄 줄 모르고 키울 줄도 모르고 그에 대한 기술도 모른다 이겁니다. 결국은 여러 가지 기술도 필요하겠지만 정성이 들어야 되는 겁니다.

올봄에 어느 시골 출장 중에 산을 훌떡 갈아 가지고 목초를 심어 놓은 데를 가본 일이 있습니다. 목초가 꽤 많이 자랐습니다. 불과 한두 달밖에 안 되는데 목초도 자랐는데 잡초가 목초보다도 더 자라 있더라 이겁니다. 그런 목초를 심을 때는 우리가 보리농사를 한다든지 콩농사를 하다든지 딴 작물을 재배하는 것과 마찬가지로, 잡초도 뽑아 주고 수시로 비료도 뿌려 주고 한발이 좀 심할 때는 사람이 물을 져다가도 좀 뿌리고 그런 정성을 들여야 목초가 잘 자라지, 한국사람의 관념이란 풀이란 것은 그저 그대로 내버려두면 그대로 잘 자라는 거다, 안 자라는 것은 이건 비가 오지 않아서 안 자라기 때문에, 사람의 잘못이 아니라 하늘의 잘못이다, 이런 사고방식을 가졌기 때문에 우리나라 목초가 발전이 되지 않았다고 생각합니다.

따라서 오늘이 '목초의 날'이란 것을 계기로 해서, 우리나라 국민들도 좀 더 풀과 나무를 가꾸는 데 대해서 관심을 가지고, 거기에 대해서 좀 더 지식을 많이 가지고 있어야 하겠습니다. 반드시 축산을 한다 또는 산림에 대해 기업적으로 사업을 하는 사람뿐만 아니라, 누구든지 이런 데 대해서 관심과 일반지식을 가지고 보다 더 연구를 하고 노력을 하면, 우리나라 산도 지금과 같은 쓸모없는 나무라든지 별반 쓸모없는 잡초가 우거져 있는 저런 산이 되지 않고, 훌륭한 목초가 자라서 도처에 축산이 발전이 되고, 또 나무도 쓸모 있는 나무들이 도처에 우거져서, 우리나라 산에도 훌륭한 좋은 나무들이 울창하게 될 때가 머지 않아서 올 수 있다, 이런 것을 오늘 여러분들에게 특별히 당부를 하는 바입니다."

농어민 소득증대 특별사업이 전국 지방마다 실행되고 있다

1969년 11월 13일, 제4회 지방장관회의에서 대통령은 먼저 우리나라 농촌근대화에 대한 평소 소신을 소상하게 밝혔다.

대통령은 먼저 지방행정과 농촌행정의 책임을 지고 있는 도지사·시장·군수 등 모든 기관장들은 농촌개발에 대한 비전, 즉 미래상을 가지고 있어야 한다는 점을 강조했다.

농촌행정이나 농업정책에 있어서는 사람마다 일가견을 제시하고 있고, 정책 목표와 방향을 정립하여 여기에 노력을 집중하지 못하고 있으며, 정책의 일관성이 없이 정책의 목표와 방향을 바꾸고 있다. 이래가지고는 농촌근대화를 이룰 수 없다는 것이다.

…(중략)… "다음에 여러분들에게 말씀드리고자 하는 것은 일선 지방행정과 농촌행정에 대해 책임을 지고 있는 지방장관 여러분께서는, 물론 자기 나름의 어떤 소신과 포부를 가지고 일을 하고 있다고 생각하지만, 내가 한 번 더 강조하고 싶은 것은 앞으로 우리나라 농촌을 어떠한 농촌으로 만들어 나가야 하겠다는 미래상, 즉 비전을 확실하게 가져야 되겠습니다.

종전에는 우리 농촌행정이나 농업정책에 대해서 사람마다 여러 가지 제 나름의 일가견을 가지고 여러 말을 하고 있는데, 정책에 일관성이 없고 정책 목표나 방향, 미래상을 정립해 놓고 노력을 집중해 나가는 면이 좀 부족하지 않느냐 하는 것입니다.

지사나 시장의 지방행정에 대한 방향이 전에는 이랬는데, 그 다음에 물어보면 이것을 완전히 바꾸어 가지고 다른 방향으로 추진하고 있는 경우는 그 좋은 예가 될 것입니다.

현재 우리가 노리고 있는 농촌근대화에 있어, 여러분들은 물론 그 밑에 있는 중요한 참모와 시장·군수 등 모든 기관장들이 위에서부터 아래까지 똑같은 공통된 생각과 미래상 그리고 뚜렷한 목표와 방향을 가지고 꾸준히 밀고 나간다면 시간이 경과함에 따라서 성과가 나타나는 것이지, 그때그때 해마다 이것을 바꾸어 가지고 농촌근대화를 크게 부르짖는다면 우리가 노리는 농촌근대화는 이루어질 수 없는 것입니다.

근대화된 농촌이라고 하면 흔히 서유럽 선진국가의 농촌과 같은 것을 우리 머리 속에 그리는데, 물론 우리가 서유럽 농촌에서 본받을 점도 대단히 많다고 생각합니다만, 근대화된 농촌이 서유럽 선진국가의 농촌과 똑같은 것이라고 생각할 필요는 없다고 생각합니다.

우리가 선진국가에 가보더라도, 뉴질랜드 같은 나라는 선진국가의 농촌이지만, 그것은 완전히 축산업과 목축업으로 뒤덮여 있는 농촌으로서 그 나름대로 근대화된 농촌입니다. 유럽 농촌은 그와 다릅니다. 이웃에 있는 일본과 같은 나라는 농업과 공업이 완전히 일치되어 있는, 즉 농공이 완전히 유대를 맺고 있는 농촌인 것입니다.

이러한 여러 가지 형태의 농촌이 있는데, 우리나라 농촌은 무엇보다 우리나라 여건에 맞는 농촌을 구상해야 할 것입니다. 이것도 또 획일적으로 생각할 것이 아니라, 곡창지대인 호남지방 농촌과 산악이 많은 강원도의 농촌은 또 달라야 한다는 것입니다. 또 해안을 끼고 있는 어촌과 서울과 같은 대도시를 싸고 있는 근교 농촌은 그런대로 각각 특색이 있어야 하겠다는 것입니다.

따라서 여러분은 여러분 지방의 특수성에 알맞은 구상을 가지고 있을 줄 압니다만, 뚜렷한 비전과 미래상을 세워 놓고 거기다가 일관된 정책과 방향을 설정하여, 이에 맞는 사업을 하나 하나 착실히 추진해 나간다면, 몇 년 후에 가서는 완전히 향상된 모습이 부각되어 갈 것입니다."

대통령은 이어서 농촌근대화에 접근해 나가는 데 있어서 우리의 정책목표는 도시와 농촌의 격차가 별반 없는 농촌이며, 이것이 우리나라 농촌근대화일 것이라고 천명했다.

"우리가 농촌근대화에 접근해 들어가는 데 있어서 정책목표는 무엇이겠느냐, 이는 바로 도시와 농촌의 격차가 별반 없는 농촌을 만들어 보자는 것입니다. 다시 말하면 도시와 농촌의 격차가 벌어져 있는 농촌이 아니고, 도시와 농촌의 격차가 별반 없는 농촌을 만든다는 것이, 우리가 구상하고 있는 우리나라의 농촌근대화일 것입니다.

그렇게 하기 위해서는 어떻게 해야 하느냐, 결국은 농촌과 도시의 격차의 근본원인은 농민들의 소득이 적기 때문이므로, 농민의 소득을 증대시켜야 되겠다는 것입니다.

그러므로 우리는 모든 행정의 중점을 농민들의 소득증대에 집중시켜 우리나라의 농업과 공업이 밀접한 유대를 가지게 만들고, 정부가 누차 강조한 농공병진, 즉 농업과 공업이 동시에 발전하는 그런 상태로 이끌어 나가야 하겠습니다.

그러기 위해서 정부는 될 수만 있으면 공장도 도시에 너무 집중시키지 않고, 지방에 많이 나가도록 하는 공장의 지방분산정책을 추진하고, 방대한 예산을 투입해서 고속도로를 만들어 농촌과 도시의 거리와 시간을 단축시켜, 농업과 공업이 동시에 발전되도록 하는 것을 정책목표로 정하고 있는 것입니다.

여러분들도 이와 같은 정부의 정책방향을 확실히 인식하는 동시에, 다른 모든 분야에 있어서도 이러한 방향으로 나가야 되겠다는 것입니다.

그리고 또 우리 농촌문제에 있어서 가장 큰 비중을 차지하는 것은 식량증산인 것입니다.

어떻게 하든지 우리가 소비하는 식량은 자급자족할 수 있도록 식량증산에 노력해야 되겠습니다. 정부로서 볼 때는 식량자족이라고 할지 모르지만, 농민들로 볼 때는 역시 이것은 소득증대사업의 일환이 되는 것입니다. 지금 우리는 아직까지 농민들의 부업이라든지 다른 겸업이 그다지 발달하지 못하고 있기 때문에, 대부분의 농민들의 경우 쌀과 보리 등 식량작물에서의 소득이 농가소득의 거의 7~8할을 차지하고 있는 것입니다. 따라서 식량자족이라고 하는 것은 정부로서 볼 때는 식량을 외국에 의존하지 않는 자급자족 정책이라고 볼지 모르지만 농민들로 볼 때는 중요한 소득증대사업의 하나인 것입니다."

대통령은 이어서 농어민 소득증대에 모든 행정력을 집중시켜 줄 것을 거듭 당부했다.

"그러므로 여러분들은 모든 농촌행정의 방향과 중점이 우리 농어민들의 소득증대에 있다는 것을 명심하고, 모든 행정력을 이에 집중시켜 주기를 당부하는 바입니다.

왜 내가 여기서 여러분들이 잘 아는 이런 말을 다시 되풀이하느냐 하면, 흔히 지방에 나가보면 지방장관들이 이와 같은 정책목표와 방향을 투철하게 인식하고 있느냐 없느냐에 대해 가끔 회의를 느낄 때가 있기 때문인 것입니다.

지방에 나가보면 여기는 무슨 여러 가지 자연조건이 좋기 때문에 무슨 국립공원을 만들고, 정부가 여기 관광호텔을 짓고, 도로를 확장 포장하면 여기에 관광객이 모여 그 관광객들의 돈이 떨어져서 이 지방 주민들의 소득도 늘고 외화를 벌어들이게 된다는 것입니다. 물론 그 사업 하나만 보면 타당한 사업도 있는 것입니다. 단 정부가 그만한 재원적인 여유가 있을 때 할 만한 사업인 것입니다.

그러나 이와 같은 사업은 이 사업을 하면 그 사업 자체는 경제성이 있어 수지가 맞는 사업이라고 볼지 모르지만, 지방장관으로서 또 행정 자체를 볼 때에, 우리가 지상목표로 내걸고 있는 농촌근대화에서 볼 때, 많은 돈을 들여 호텔을 만드는 것이 과연 도민에게 도움이 되겠는지, 그렇지 않으면 호텔 건축이나 도로포장 같은 사업은 장차 계획으로 유보하고, 우선 농어민들의 소득증대사업에 쓰는 것이 더 도움이 되겠는지, 이 두 가지 사업의 경중과 우선순위를 확실히 검토를 해보고 나한테 건의를 하는지 의심이 가기 때문에 이런 이야기를 하는 것입니다.

지금 우리가 노리고 있는 농어민 소득증대사업에 최대의 중점을 집중해야지, 이것저것 다른 것을 노려보다가는 이 사업을 성공시킬 수 없을 것입니다.

흔히 우리들은 어떤 공장을 지어 사업하는 여러 가지 형태의 기업가들을 봅니다.

어떤 기업가는 공장을 짓기는 짓는데 공장이 되기도 전에 사장 사무실과 손님들 접대 응접실을 으리으리하게 지어놓고, 실제 공장은 자금이 부족해서 올라가다가 중단되어 있다든지, 되어 있더라도 여러 가지 시설이 부족하여 거기 종사하는 종업원들의 기숙사나 휴양시설은 전혀 엉망으로 되어 있는 타입이 하나가 있는가 하면, 그와는 반대로 어떤 기업가는 사장이 있는 사무실이라는 게 겨우 무슨 베니어판으로 임시건물처럼 지어놓고, 사장이 직접 작업복을 입고 뛰어다니며 일하는 대신 공장은 예정대로 쑥쑥 올라가고, 또 거기서 일하는 직공들이 쉬는 휴양시설과 복지시설에 굉장히 열의를 내서 성의껏 해주고 있는 실업가가 있습니다.

우리가 행정을 하는 데 있어서도 마찬가지로 이와 같은 두 가지 형태가 있다고 생각합니다.

우리가 농촌을 돌아다닐 때 가장 서글프게 보이는 초가집도 문화주택으로 고치고, 좁은 길을 넓혀서 포장을 하면, 아마 겉으로는 농촌과 도시의 차이가 없게 보일는지 모르지만, 우리 행정은 그런 알맹이 없는 행정이 되어서는 안 되겠다는 것입니다.

물론 우리 농민들의 주택도 점차적으로 해결하고 도로도 확장해야 하며 포장도 해야 합니다.

그러나 문제는 어느 사업이 더 중요하고 우선순위가 더 높으냐, 또 제한된 재원으로 어느 사업에 더 많이 투자할 것이냐 하는 문제에 대한 선택을 현명하게 하지 않으면, 그런 정책이라는 것은 언제든지 실효를 거두지 못한다는 것입니다. 그러기 때문에 우리는 여러 가지 주민들의 숙원사업과 건의 중에서도 어디까지든지 기본방향은 주민들의 소득증대사업에 보다 많은 재원을 투입하고 거기에다 더 많은 투자를 해서 농촌에 알이 차도록 하는 것입니다.

농촌의 집은 초가로서 허수룩하고 길은 좀 나쁘지만 그 전에 속이 텅텅 빈 이런 농가들이 차곡차곡 알이 차 들어가는 농촌이 될 때, 어느 단계에 가면 이런 초가라든가 도로 등은 자연적으로 해결될 것으로 나는 봅니다.

나도 행정부에 들어올 때는 농업문제나 농촌문제에 대한 전문지식이 없기에 그동안 여러 가지 연구도 해보고, 여러 사람들로부터 의견도 들어서, 그것을 시정면에 반영하여 그 가운데 실패한 예노 있어서 최근에 와서는 어느 정도 전문가가 되었습니다.

전에도 언젠가 말을 하였지만, 여러분들이 지방장관으로서 하고 싶은 일은 산더미처럼 많으냐 이것을 할 수 있는 능력에 제한이 있다는 것을 항시 잊어서는 안 되겠다는 것을 명심해야 되겠다는 것입니다. 이것은 아마 정부도 마찬가지일 것입니다.

특히 국가재정면에서 제한이 많으므로, 여러 가지 사업 하나하나에 대한 경제성을 엄밀히 검토 분석하여 확실히 투자에 대한 효과에 자신이 섰을 때 사업을 착수하고 투자를 해야 한다는 것입니다.

이것은 늘 말하는 하나의 평범한 상식입니다만, 일단 시작한 사업은 반드시 성공을 시켜야 되므로, 우리는 너무나 지나친 욕심을 안 가지는 게 좋겠다는 것입니다.

우리가 긴 안목으로 볼 때, 처음부터 그런 뚜렷한 자신이나 경험 없이 크게 사업을 벌여 놓는 것보다는, 처음에는 작게 시작해서 완전히 자신과 경험을 얻은 뒤에 점차적으로 사업을 확대해 나가는 것이 효과적이며, 특히 농촌시책에 있어서는 이 방법이 더 속도가 빠르다는 것을 여러분들은 명심해야 되겠습니다."

대통령은 이어서 한국농업은 이제 근대화되기 위한 그 기초가 섰으며, 그래서 전국 지방마다 농어민 소득증대 특별사업을 작년부터 시작했다는 사실을 설명했다.

"우리나라 농촌에 대해서 조상 때부터 수천 년 동안 내려오는 아주 묵은 농업국가라고 말하는 학자를 보았습니다.

우리나라는 다른 농업국가와는 달리 새로운 미개지를 기계화된 장비를 가지고, 인공적으로 개척을 하고 개간을 해서, 새로 시작한 그런 농업국가가 아니라, 우리 조상 대대로 수천 년 동안 손으로 가꾸어 가고 있는 묵은 농업국가인데, 이것을 근대화하는 방법에 대하여 농업학자와 전문가들이 여러 가지 말을 하고 있습니다.

모두 일리 있고 근사한 말들입니다만, 문제는 우리나라 농촌의 현실과 여러 가지 여건을 보아서 어떠한 과정을 밟아 가야 하느냐는 것입니다.

이것도 역시 근대화의 기초적인 과정을 밟아야 된다고 봅니다.

우리 한국농업은 지난 60년대 10년 동안에 근대화되기 위한 그 기초가 섰다고 나는 생각합니다.

여러분들이 아시다시피 농사를 짓는 데 있어서 가장 중요한 것은 역시 비료가 아니겠습니까? 우리는 지난 60년대에 들어와서 비료문제를 거의 자급자족할 수 있도록 해결했습니다.

또 농사를 짓는 데 가장 중요한 것은 농업용수 문제인데, 그것도 최근에 우리가 중점사업으로 채택하여 앞으로 2~3년 내에는, 우리나라의 논은 90% 이상을 수리안전답으로 만들 수 있는 그런 전망이 보이고, 그것이 끝나고 나면 그 다음에는 밭작물에 대해서도 계속 이 사업을 전개하여, 비가 오지 않더라도 농사를 지을 수 있도록 물 문제를 해결할 수 있는 단계에 이르렀습니다.

또 농사에 있어서 중요한 문제는 농약문제인데, 과거에 우리 농민들이 농약에 대해서 전혀 관심이 없었으나, 최근에 와서 농민들이 여기에 대해서 많이 인식을 하여, 1년에 병충해 때문에 우리가 수백만 석씩 추수에 감량을 가져왔던 것을 해결할 수 있는 그런 단계에 왔다는 것입니다.

또 우리 농민들에 대해서 영농기술이 그동안에 상당히 보급이 되었으며, 종자개량에 있어서도 상당히 진전을 가져 왔고, 또 일선에서 농민을 지도하고 일선행정을 맡고 있는 우리 공무원들이, 농촌개발을 위해서 자기들이 할 일들이 무엇인가에 대한 인식과 자세가 상당히 좋아졌다는 것입니다.

이런 여건이 갖추어진 뒤에 투자를 하고 무엇을 해 나가야 농촌 개발 효과가 나는 것인지, 이러한 여건과 기초가 갖추어지기도 전에 아무리 투자를 한다 하더라도 그것은 모래사장에 물 붓기와 마찬가지인 것입니다.

그래서 우리는 작년도부터 이런 여러 가지 모든 기초여건이 갖추어져 가기 때문에, 소득증대 특별사업을 착안해서 지방마다 사업을 시작한 것입니다.

물론 우리가 아직도 이 사업에 대한 경험과 자신을 확실히 가지고 있는 것은 아니지만, 또 그런 자신이 설사 있다 하더라도 농촌에 투자할 수 있는 재원에 재한이 있어 한목에 투자를 할 수 없기 때문에 우선 지금 시범적으로 각 시·도에서 몇 개 사업씩 전국의 90여 개 주산단지에서 실시하고 있는데, 나는 이 사업에 대해 지대한 관심을 가지고 있는 것입니다.

이 소득증대의 중요한 정책목표는 수출을 증대하는 것이고, 이를 달성하기 위해서 지금부터 수출산업에 대한 기반을 빨리 육성해야 되겠다는 것입니다.

동시에 도시와 농촌의 격차를 없애고, 농어민의 소득을 증대시키기 위해서 농촌에 대해 집중투자를 하고 있으며, 그것을 하기 위해서 지난 60년대에는 여러 가지 농업에 대한 기초적인 부문을 하나하나 닦아 상당한 성과를 거두었고, 또한 점차 투자를 집중적으로 할 수 있는 여건이 갖추어진 것입니다. 우리 농촌을 여러분들은 이렇게 봐야 될 것입니다.

따라서 여러분들이 아시고 여러분들이 하고 있는 사업이 다음 단계를 위한 하나의 기초단계가 된다는 것을 잘 인식한다면, 지금 착수한 사업 또는 내년부터 새로 착수할 모든 사업에 대해서 여러분들이 어떠한 자세로 사업 하나하나를 다루어야 되겠고, 또 이것을 성공적으로 추진해 나가야 될 것인가를 잘 아실 수 있으리라고 생각합니다. 역시 농촌이라는 것은 과정이 중요한 것입니다.

그냥 흔히 무슨 전문가들처럼 농촌에 무엇을 어떻게 해야 되고, 또 그렇게 해서는 안 된다는 등의 즉흥적인 시책을 가지고는, 우리 농촌은 절대로 근대화될 수 없다는 것을 나는 확신합니다. 우리는 이미 많은 사업을 해 보았고, 그런 속에서 실패와 성공을 위한 경험도 해 보았습니다.

그러기 때문에 나는 근 10년 동안 농촌문제에 대해서 기초를 닦아 왔으며, 이제부터는 어느 정도 자신이 생겼다는 것입니다.

물론 지금 우리가 추진하고 있는 사업들이 전부 다 성공적으로 이루어진다고 전제한다면, 제3차 5개년계획부터는 농촌에 상당한 부분의 투자를 할 수 있고, 또 이를 성공적으로 추진해 나가면 우리 국내에서 조달되는 재원뿐만 아니라, 해외로부터 많은 재원을 끌어올 수 있는 전망도 상당히 밝다고 봅니다."

대통령은 이어서 농촌에 대한 투자에 있어서는 최소한의 투자로 최대한의 효과를 거둘 수 있도록 사업선정을 잘 하고 사업계획을 치밀하게 세워야 한다는 점을 강조했다.

"이상은 농촌에 대한 문제고, 다음에 또 한 가지는 지금 말씀드린 거와 관련 있는 이야기입니다만 투자에 대한 효과문제입니다.

우리가 앞으로 농촌에 많은 투자를 할 수 있는 재원이 설령 마련되었다 하더라도 이 투자에 있어서는 적은 투자로서 될 수 있으면 많은 효과를 올려야 된다는 것입니다.

최소한의 투자로서 최대한의 효과를 거두기 위해서는 사업선정이 잘 되어야 되겠다는 것이고, 그 다음 사업 하나하나에 대한 계획이 아주 치밀하게 잘 되어야 되겠다는 것입니다.

과거 우리 농촌사업이라는 것은 흔히 주먹구구식이었던 게 많았습니다. 내가 지방에 나가서 군수니 시장 또는 실무자를 불러가지고 직접 하나하나 따져 보면, 사업성이나 구체적인 계획이 전혀 없이 그저 즉흥적으로 '여기에 돈 몇백만 원만 있으면 몇 년 후에 소득이 납니다' 하는 식의 계획이 많았으며, 어떠한 방법으로 그러한 소득이 나게 되는지 그 과정을 설명해 보라고 할 것 같으면, 꽉 막혀 답변을 못 하는 사례가 많았습니다.

결국 이것은 주먹구구식으로 즉흥적인 사업계획을 수립해 놓고, 어떻게 하든지 중앙에서 예산만 많이 따겠다 하는 그런 사고방식으로, 사업 하나하나에 대하여 과학적으로 검토하지 않았다는 것입니다. 그런 사업은 투자를 해봤자 거의 90% 이상은 실패하는 것이라고 봐야 되겠습니다.

최근에 우리가 하고 있는 농민 소득증대사업이라 하는 것은 밑에서부터 중앙심사위원회까지 여러 단계를 거칩니다. 마치 우리가 외국에서 국제개발처 차관이나 세계은행 차관 등을 받을 때에는 금액다과를 막론하고, 그 사업에 대한 일반적인 검토와 타당성을 분석해 본 뒤, 그 다음에 실무자들이 직접 와서 여러 가지 기술적인 문제와 또 우리가 받아들일 수 있는 수원태세, 경제성 또 한국의 기술문제 등 모든 여건을 검토해서 할 만하다 하는 결론이 나왔을 때 해주는 것과 마찬가지로, 우리도 앞으로 이에 대해서는 철저하게 검토를 하여야 하겠습니다.

'우리 돈으로 하는 것이니까 적당히 해도 괜찮다. 실패해도 밑져야 본전이다' 하는 그런 생각은 절대로 가져서는 안 된다는 것입니다. 이제부터는 사업 하나하나를 전부 이런 식으로 검토해 나가면서, 거기에서 뚜렷한 결론이 나왔을 때 투자를 하고 또 많은 투자를 해서 효과를 별반 얻지 못하는 투자보다는, 적은 투자로써 많은 효과를 거둘 수 있는 그런 사업들을 우리는 선정하여야 되겠다는 것입니다."

대통령은 이어서 농촌개발사업에 있어서는 농민들의 자조정신을 불러일으켜야 하며, 이를 위해 자조정신이 강한 농민들에게 우선 투자해야 한다는 점을 강조했다.

"농촌에 대한 사업에 있어서는 농민들의 자조정신을 좀 더 불러일으켜야 되겠다는 것을 또한 강조해 두는 바입니다.

정부가 농촌에 투자를 하는 데 있어서 특별히 경계해야 할 것은, 돈만 많이 농촌에 투자했다고 해서 곧 그만큼 성과가 난다고 생각해서는 위험하다는 것입니다.

예산만 가지고 모든 문제를 다 해결하겠다는 생각을 고치고, 농민들 자력으로써 할 수 있는 일은 최대한 이것을 자력으로 해야 되겠습니다.

앞으로 우리가 사업을 선정한다든지, 중점적으로 어떤 시범사업을 한다든지 할 때도 외형적, 지리적인 여러 가지 여건만 고려할 것이 아니라 현지 주민들이 얼마만큼 그 사업에 대해서 호응을 하고, 의욕이 왕성하고, 또 자조정신이 강하냐 하는 것을 충분히 검토해야 하겠습니다.

가령 사업을 끝까지 하는 데 100이란 예산이 든다고 할 것 같으면, 거기서 농민들이 돈 안 들이고 자력으로 할 수 있는 부분이 얼마냐 하는 것을 검토를 해보고, 농민의 자력부담이 가능한 부분에 대하여 가령 100 중에 20 정도는 자력으로 노력을 하겠다고 하는 농민과, 우리는 20보다 더 30까지도 우리 돈을 내고 모자라는 것은 우리 노력으로써 이걸 메꾸겠다고 하는 농민이 있을 때에는, 자조정신이 강하고 자립정신이 강한 그런 농민들에게 정부는 우선투자를 하여야 하겠으며, 그렇게 해야 그 사업은 반드시 성공하는 것입니다.

자력으로 일을 하겠다는 의욕이 왕성한 농민들에게 정부가 지원해 주어야 그 사업은 반드시 성공하는 것이지, 전부를 정부지원에 의존하려는 그런 농민들한테는 투자를 한다 하더라도 이것은 낭비되기 쉽고, 잘못하면 부정이 생기기 쉽고, 성공 못하는 예가 많은 것입니다."

농어민 소득증대 특별사업은 우리나라 농촌을 근대화하기 위한 전략사업이었다. 그것은 정부가 우리 농민들로 하여금 단순히 먹고 살기 위한 농업이 아니라 돈벌이가 되는 농업을 스스로 개척하고 추진하도록 권장하고 지원해 줌으로써 농가소득을 획기적으로 증대시키고, 그 과정에서 농민들의 자조정신을 고취하려는, 하나의 사회적 훈련사업이었다. 소득증대 특별사업에는 전체 농가 중 일부가 참여하였는데, 실패한 사례도 있었고 성공한 사례도 있었다.

정부가 권장한 소득증대 특별사업에 적극 참여하여 자조적인 노력으로 부지런히 일한 농민들은 쌀·보리 등 주곡을 생산하여 겨우 먹고사는 전통적인 영농에서 탈피하여 수익성 높은 경제작물이나 특용작물을 생산하고 이것을 가공처리하여 국내외 시장에 내다팔아 돈을 벌어 소득을 올리는 상업영농을 하는 데 성공하였다. 그러나 이 사업에 참여하였으나 자조 노력보다는 정부의 지원에만 의존하려는 농민들은 모두 실패했다.

그 결과 이 사업에 성공한 농촌과 농가는 실패한 농촌과 농가, 이 사업에 참여하지 않은 농촌과 농가에 비해 눈에 띄게 발전하고 있다는 사실이 분명하게 드러났다.

이 사업의 성패를 좌우한 요인 중에는 농민들의 자조정신 이외에 또 다른 요인이 있었다. 일선공무원과 농촌지도자들의 헌신적인 지

농어민 소득증대 특별사업 일환으로 공동 바지락 양식장에서 바지락을 수확하는 어민들

도와 봉사였다. 즉, 일선공무원과 농촌지도자들이 의욕과 열의를 가지고 새로운 경영기법으로 농민을 잘 지도한 곳에서는 큰 성과를 거두었으나, 그렇지 못한 곳에서는 별 성과를 거두지 못한 것이다.

농어민 소득증대 특별사업의 성공사례와 실패사례의 원인을 분석한 대통령은 자신이 60년대부터 일관성 있게 강조해 온 소신이 옳다는 확신을 더욱 굳혔다.

그 하나는, 농촌근대화를 위해서 정부가 추진하는 어떠한 사업도 그것이 소기의 성과를 거둘 수 있으려면 농민들이 잘살아보겠다는 의욕을 가지고 근면·자조·협동의 정신으로 피나는 노력을 해야 한다는 것이었다.

또 다른 하나는, 농민들의 이러한 정신을 계발하기 위해서는 일선 공무원들과 농촌지도자들이 우리 농촌을 반드시 근대화시키고야 말겠다는 사명감과 의욕을 가지고 헌신적으로 농민을 지도하고 지원해 주어야 한다는 것이었다.

대통령은 일선공무원과 농촌지도자, 그리고 자조자립정신이 투철한 농민이 삼위일체가 되어 노력한다면 큰 힘을 발휘할 수 있게 되고, 그 힘은 바로 농촌근대화를 촉진하는 역동적인 원동력이 될 수 있다는 확신을 가지고 있었으며, 여기서 그 확신을 재천명한 것이다.

농어민 소득증대 특별사업이 농촌 모습을 일신시켰다

정부는 1968년부터 71년까지 4년 동안 474억 원의 투융자 지원으로 전국 각지에 90개 주산단지를 조성하고, 일차적으로 90개 단지에 45만호 농가와 어민을 대상으로 47개 농어민 소득증대 특별사업을 전개하였고, 그 중에서 성공적인 사업을 전국 각지의 전 농어가에 파급시키기로 했다. 그리고 농어촌개발공사를 잘 활용해서 농산물 가공처리 공장을 적기에 많이 세워서 농업과 공업을 같이 연결시키고 병진해 나갈 수 있는 시책을 지속적으로 확대해 나갔다. 이 사업 중 일부는 69년에 끝나는 것도 있었고, 70년에 끝나는 것도 있었으며, 71년에 가서 완성되는 것도 있었다. 이 사업이 각 지방에서 순조롭게 추진됨에 따라 지역별로 그 성과를 겨루어 보고 앞으로의 사업계획과 추진방법 등을 검토하려는 취지에서 69년부터 농어민 소득증대 특별사업 경진대회가 개최되었다.

1969년 11월 29일, 제1회 대회에서 대통령은 농어민 소득증대 특별사업은 우리 농업을 쌀·보리 등 주곡생산 위주의 전통적인 농업에서 수출작물과 공업원료 작물을 생산하는 상업적 농업으로 전환시켜서 농가소득을 급속히 향상시키려는 데 그 목적이 있다는 점을 설명했다.

쌀·보리 이외에 수익성이 높고 국내시장 판매나 해외수출 전망이 좋은 경제작물을 골라서, 지역별로 농업입지 조건에 따라 가장 알맞은 작물을 산야를 개발하여 재배하고 풀밭을 가꾸어 가축을 사육하며, 쓸모없는 간석지(干潟地)에 조위시설(潮位施設)을 하여 백합을 양식하고, 놀고 있는 해안에 굴·홍합의 수하식 시설을 하여 양식하는 주산단지를 조성해 주고 농수산물 가공처리공장을 주산단지 내에 건설하여 상업적 영농이 이루어질 수 있는 기틀이 마련될 수 있도록 정부가 자금과 기술 지원을 해준다는 것이다.

"영예의 수상자, 내외 귀빈, 그리고 전국 농어민 여러분!

오늘 제1회 농어민 소득증대 특별사업 경진대회에 즈음하여, 지난 2년 동안 우리가 추진해 온 여러 가지 소득증대사업의 실적을 지구별로 서로 비교하여 그 우열과 장단을 겨루어 보고, 앞으로 우리가 어떻게 노력해야 할 것인가를 검토하여, 가일층의 분발을 다짐하게 된 것을 매우 기쁘게 생각합니다.

농어민 소득증대 특별사업은 한 마디로 주곡생산 위주의 전통적 농업에서 탈피하여, 수출품과 공업원료 작물 등을 생산하는 상업성 농업으로 발전시켜, 농가소득을 급속히 향상시키자는 데 그 근본취지가 있었던 것입니다.

과거 우리나라 농업은 조상으로부터 물려받은 호당 1헥타 미만의 좁은 농토에, 쌀·보리 등 식량작물을 주로 하는 단순한 영농을 하여 왔습니다.

봄에 씨를 뿌리고, 여름에 피땀 흘려 가꾸고, 가을에 추수를 끝내고 나면, 다음 봄까지는 하는 일 없이 놀고 지냈습니다. 그러고 수확한 미맥만이 유일한 소득이므로, 얼마 되지 않는 소득으로 낙을 모르고 초가삼간에서 겨우 먹고만 살아가는 가난한 생활은 숙명적으로 불가피했던 것입니다.

이러한 농어민에게 삶의 터전을 마련해 주기 위하여, 미맥 재배 이외에 수익성이 높고 국내시장이나 해외수출 전망이 좋은 경제작물을 골라서, 지역별로 농업입지 여건에 따라 가장 알맞은 작물을 산야를 개발하여 재배하고, 풀밭을 가꾸어 가축을 사양하고, 쓸모없는 간석지에 조위시설을 하여 백합을 양식하고, 놀고 있는 해안에 굴·홍합의 수하식 시설을 하여 양식하는 주산단지를 만들어 줄 것을 계획하였던 것입니다.

정부는 이에 필요한 자금과 기술을 지원하고, 생산된 물품이 합리적으로 유통되도록 단지 내에 처리가공시설을 설치하는 등 상업적 영농이 이루어질 수 있는 기틀을 마련해 줌으로써, 농어민의 소득증대에 이바지하겠다고 생각하여 시작한 사업이 농어민 소득증대 특별사업 계획이었던 것입니다."

대통령은 이어서 농어민 소득증대 특별사업 2년 성과를 평가했다.

이 사업은 농가소득을 크게 증대시킴으로써 우리 농민들에게 새로운 의욕과 희망을 안겨 주었고, 농업생산의 내용이나 규모에 획기적인 전환점을 마련했으며 농공병진, 수출진흥, 산지개발 등 산업 각 분야의 균형발전에 기여했고, 농촌의 모습을 일신시켰다는 것이다.

"우리가 착수한 지는 불과 2년밖에 안 되었습니다만, 이 사업은 농어민 소득증대에 크게 기여하여, 우리 농어민에게 새로운 의욕과 희망을 주었을 뿐만 아니라 농업생산의 내용과 규모에 획기적인 전기를 마련하였고, 농공병진·수출진흥·산지개발 등 산업 각 분야의 균형발전에 지대한 공헌을 해 왔다고 봅니다.

이 사업의 추진으로 우리 농촌의 모습을 크게 달라졌습니다. 방금 슬라이드를 통해서 보았습니다만, 지금은 우리 농촌에도 근대적인 사일로가 여기저기 섰고, 구릉지나 들땅에는 푸른 목초와 뽕나무가 덮여 있으며, 삼면 해안에는 백합 조위망과 굴 수하식 시설 및 해태 발로 뒤덮여 있고, 험준한 산턱마저도 밤나무 등 과수가 들어 서 있어, 일견하여 우리 농어촌이 활발하게 변모해 가고 있구나 하는 것을 누구나 느낄 수 있게 되었다고 봅니다.

앞으로 우리가 이 추세로 계속 몇 년만 더 이 사업을 추진해 나간다면, 우리 농어촌이나 농어민의 생활도 도시민의 생활에 육박해 갈 수 있다고 믿습니다."

대통령은 이어서 농어민 소득증대 특별사업의 성패는 농어민 자신들과 농어촌 지도자들의 스스로 돕는 자조적인 노력에 달려 있다는 점을 역설했다.

"정부는 제3차 5개년계획에서 수출증대와 농어촌개발에 집중투자할 방침이며, 특히 소득증대사업의 성공을 위해서 가능한 모든 지원을 계속 강화해 나갈 생각입니다.

그러나 정부의 계획이 아무리 훌륭하고 또 많은 자금이 이에 투입된다고 하더라도, 이 사업의 성패는 전혀 농어민 자신들, 특히 전국의 농어촌지도자 여러분의 자조적 노력에 달려 있다는 것을 나는 강조하지 않을 수 없습니다. 왜냐하면, 비록 계획이 완벽하고 자금이 충분하다 하더라도, 농어민 자신들의 자세가 충실지 못하고 노력이 남다르지 못한 경우에는 사업성과를 별로 올리지 못하는 반면에, 자세와 신념이 확고하고 비상한 노력을 한 경우는, 설사 계획이나 자금면에 다소 미흡한 점이 있더라도, 타의 모범이 될 만한 성과를 거둔 미담이나 실례가 하나 둘이 아니기 때문입니다.

오늘 이 자리에서 수상의 영광을 차지한 여러분들은, 바로 강렬한 자조정신과 열화 같은 정성과 남다른 노력으로 사업을 확대시켜 농가의 생산기반을 공고히 하고, 소득향상에 크게 이바지한 의지의 실천가들이라 믿습니다.

이분들은 신념 없고 용기 없고 희망을 등진 주위 사람들에게 신념과 용기와 희망을 안겨다 준 헌신적인 농촌의 개척자요 과묵한 생산적 행동인으로서, 우리 모두가 이 분들의 노고에 감사하고, 그 업적과 교훈을 본받아야 하겠습니다.

나는 이 자리를 빌려, 수상자 여러분의 그 간의 남다른 노고를 높이 치하하고 오늘의 영광을 충심으로 축하하는 바입니다.

아울러 한 가지 당부하고 싶은 것은, 결코 현재의 소성에 만족하지 말고 가일층 분발하여, 자립·전진하는 선도농어민으로서 그 빛을 더욱 밝혀 달라는 것입니다.

그리하여 여러분들과 같이 의욕과 자신이 충만하고 자조적인 농어민이 전국 농어촌에서 활약하게 되는 날, 우리 농촌의 부흥과 농어민의 소득향상은 그만큼 촉진될 수 있다고 믿습니다.

끝으로 그동안 이 사업의 지구별 계획을 수립하고 추진해 온 지방장관·시장·군수 및 관계공무원과 이 사업을 측면 지원해 온 농협·수협을 비롯한 관계단체의 각급 임직원, 그리고 이 사업에 직접 참여하여 훌륭한 성과를 거둔 헌신적인 농어민 여러분들의 노고를 치하하는 바입니다."

농어민 소득증대 특별사업을 확대하기 위해 공장의 지방분산정책을 추진한다

1970년 1월 1일, 연두기자회견에서 대통령은 정부가 재작년부터 추진하고 있는 농가 소득증대 특별사업을 정부의 재원이 허용하는 범위 내에서 점차 확대하고, 이를 위해 공장의 지방분산정책을 추진해 나간다는 점을 설명했다.

…(중략)… "다음에는 소득증대사업인데, 물론 식량증산을 많이 해서 정부가 고미가 정책을 써주고 값을 제대로 주면, 이 자체가 벌써 농가의 큰 소득증대의 하나가 됩니다만 정부가 재작년부터 강력하게 추진하고 있는 농가 소득증대 특별사업도 정부의 재원이 허용하는 범위 내에서 점차 확대해 나가려고 하고 있습니다.

또 하나, 이 자리에서 말씀드릴 것은 농공병진정책과 관련이 되는 문제인데, 정부는 이번에 공장을 어떻게 하든지 분산시켜 농촌지역에 공장이 나가도록 하자 하는, 즉 공장의 지방분산정책을 세우고, 그동안 여러 가지 연구를 해왔고, 지난 72회 국회에서 여기에 대한 법률도 통과가 되었으니, 장차 공장들이 농촌으로 많이 진출하리라고 기대를 합니다.

요즈음 도시에 너무 인구나 공장이 집중되기 때문에 이 도시집중을 방지하는 의미에 있어서도 공장을 지방으로 보내야 되겠지만, 또 하나는 공장이 지방에 나감으로써 소위 지방발전에도 크게 기여할 수 있기 때문에, 앞으로 같은 공장이라도 도시에 짓지 않고 시골에 짓는 공장은 정부가 여러 가지 보조를 해준다, 지원을 해준다, 또 공장이 되고 나면 앞으로 몇 년 동안 세금을 완전히 면제해 준다 하는 등의 특혜를 줄 작정입니다.

그리하면, 공장을 짓는 사람이 시골에 삼으로써 땅도 싸게 살 수 있고, 세금도 면제가 되고, 정부지원도 받고, 노동자도 구하지 쉽고, 노동자의 임금도 싸고 해서 공장이 점차 시골로 나가게 되면, 그 지방에서 나는 여러 가지 농산물의 가공처리도 더 촉진이 될 것이고, 농촌에 있는 청소년들이 또 이 공장에 취업을 할 수 있는 고용의 기회가 늘어날 것이고, 나아가서는 농가 소득증대에도 기여하는 이중삼중의 효과가 나타나게 될 것입니다.

이와 같이 해서, 우리가 70년대 말에 가서는 수출이 50억 불이 넘고 국제수지에 있어서 크게 개선을 가져오고, 또 식량도 자급자족이 되고 농가소득이 늘고 농촌에 공장이 많이 들어가고, 또 지금 하고 있는 고속도로가 점차 농촌으로 뻗어 나가고, 이렇게 됨으로써 그야말로 도시와 농촌의 거리가 점차 좁아져가고 도시문화가 농촌으로 흘러들어가고, 그리해서 도시와 농촌의 소위 격차라는 것이 점차 좁아들어 가서 우리나라 경제가 완전히 자립상태에 들어간다, 이런 것이 우리가 내다보는 70년대 말에 있어서의 우리 경제에 대한 하나의 미래상입니다."

제1차 경제개발 5개년계획 때부터 제2차, 제3차 5개년 기간 동안 정부는 식량증산 시책을 뒷받침하기 위하여 농업용수 개발, 경지정리 등 농업생산 기반을 꾸준히 확충하는 동시에 농가소득증대를 위하여 농어민 소득증대 특별사업을 전개하는 데 많은 투자를 해 왔고, 이와 병행하여 농산물 유통시책면에서도 고미가 정책과 이중맥가제를 근간으로 한 농산물가격 지지정책을 견지하여 식량증산과 농어민 소득증대에 있어서 많은 성과를 거두었다.

우리나라와 같이 영세한 영농규모하에서는 농업소득 이외에 농외소득의 획기적 증대 없이는 농가소득의 급속한 신장이 어려웠다. 따라서 농가소득을 증대시키기 위해서는 농가소득 중 농외소득 비중

농촌의 새마을공장 농촌 젊은이들에게 많은 일자리를 제공했고, 농가 소득증대에도 직접적으로 기여했다.

을 높여야 할 필요가 있었고, 농외소득 비중을 높이기 위해서는 노동력이 집중적으로 소요되는 모내기나 수확기간 등 농번기를 제외하고는 많은 농촌주민들이 주변 공장에 취업하여 출퇴근을 할 수 있도록 농촌에 많은 공장을 건설할 필요가 있었다. 그래서 정부는 69년 12월 제72회 국회에서 공장의 지방분산에 관한 법률안을 제출했고, 이것이 통과되었다.

대통령은 이어서 다섯가지 중점시책에 대해 설명했다.

첫째, 식량작물 증산에 힘써야 되겠다. 작년에 한발 때문에 흉년이 들었다고는 하나, 금년에 1억 달러 이상의 양곡을 도입하는 사태는 시정해 나가야 한다. 종자개량, 비배관리, 병충해 방지, 냉해예방, 이앙시기 조절 등의 연구과제에 계속 힘써야 한다는 것이다.

둘째, 식량작물 이외의 농가 소득증대사업을 보다 강력히 추진해 나가야 되겠다는 것이다. 금년에 47개 사업에 200억 원 정도 투입할 것이다.

셋째, 농어촌개발공사를 활용해 농산물 가공처리공장을 세워 농공병진 정책을 추진해 나가야 되겠다는 것이다.

넷째, 작년 말부터 추진하고 있는 축산을 더 많이 권장하겠다는 것이다. 금년에 몇 개 시범사업을 지원, 육성하고 점차 확대해 나갈 것이다.

다섯째, 작년부터 시작한 항구적인 한해(寒害)대책, 농업용수 개발 등은 영·호남지방의 한해상습지대에 대해 우선 착수하고, 그 뒤에 추풍령 이북지방에 대해서도 추진한다는 것이다. 이 사업에 약 500억 원을 연차적으로 투입해서 몇 년 후에는 한발이라는 말이 없어지도록 전천후농토를 만들겠다는 것이다.

"농정에 대해서는 몇 가지를 말씀드릴 수 있습니다.

첫째는 식량작물 증산에 힘을 써야 되겠습니다.

금년에도 여러분이 아시는 바와 같이 외곡을 약 1억 달러 이상이나 우리가 도입을 했습니다.

농업국가라는 우리나라에 있어서 비록 작년에 한발이 있고 흉년이 있다고는 하지만 이러한 많은 식량을 외국에서 도입을 하고 외곡에 의존하지 않으면 안 된다는 이러한 사태는 점차 우리가 시정해 나가야 하겠습니다. 그 방법은 식량작물 증산을 꾀해야 되겠다는 것입니다.

지금 정부에서 여러 가지 노력을 하고 있습니다만, 물론 여기에는 종자개량사업이라든지, 비배관리라든지, 비료를 보다 더 많이 시비해야 된다든지, 현재 우리 농토가 산성화되어 있는 것을 고치기 위한 여러 가지 석회질 비료를 많이 시비해야 된다든지, 병충해를 어떻게 방지하느냐, 또 가끔 있는 냉해 같은 피해를 어떻게 방지하고 모든 작물의 이양 시기 등, 이런 것을 어떻게 조절하느냐 하는 등 여러 가지 연구과제가 있기는 합니다만, 여기에 대해서 우리는 앞으로 계속적인 노력을 해야 되겠다는 것입니다.

둘째는 이러한 식량작물 외에 우리 농가수입에 증대를 가져올 수 있는 소득증대사업을 보다 더 강력히 추진해 나가야 되겠다는 것입니다.

금년에도 아까 말씀드린 바와 같이 47개 사업을 착수해서 정부가 지금 성공적으로 추진되고 있는데 올해에도 2백억 정도를 소득증대 사업 부분에 투입할 생각입니다.

셋째는 이것도 소득증대사업의 하나라고 볼 수 있겠습니다만, 농어촌개발공사를 잘 활용해서 지금 농산물에 대한 가공처리공장을 적기에 많이 세워서 농업과 공업을 같이 연결시키고 병진해 나갈 수 있는 그러한 시책을 강력히 추진해 나가겠습니다.

넷째는 작년말부터 추진하고 있는 축산을 보다 더 많이 권장할 생각입니다. 축산을 금년에는 우선 시범적으로 몇개 사업을 지원해서 육성을 하고 점차 이것을 확대해 나가려고 합니다.

왜 그러느냐 하면 축산에 대해서 우리나라 사람들이 아직 경험이 부족하기 때문에 우리 땅에다 축산을 대대적으로 해본 경험이 적고 처음부터 사업을 너무 많이 벌리기보다는 보다 더 건실하게 하기 위해서 시범적으로 몇 개 추진해 보려고 하는 것입니다.

또 민간에서도 축산을 하겠다고 정부에 신청해 들어온 것이 많이 있습니다. 이것을 무원칙하게 허가해 줄 것이 아니라 하나하나 그 기업성을 엄밀히 검토해서 건실한 것부터 정부가 밀어주고 지원을 해서 우리나라 축산을 크게 일으켜 보려고 하는 것입니다.

다섯째 농작면에 있어서 이것도 아까 말씀드렸지만 작년부터 시작한 항구적인 한해대책, 농업용수 개발 등 정부가 지금 힘을 들여서 하고 있는 것은 호남지방과 영남지방의 한해 상습지대에 대해서 우선적으로 착수하고 있습니다.

물론 기타 도에 있어서도 금년도에 자체 지방예산을 가지고 이것을 많이 하고 있습니다만 정부의 우선순위는 추풍령 이남에 있는 호남지방, 영남지방이 우리나라의 한해 상습지대가 가장 많기 때문에 우선적으로 이 지방의 문제를 해결하고, 이것이 끝난 뒤에 추풍령 이북지방에 대해서도 이 사업을 추진해 나갈 생각입니다.

이것이 소위 말하는 2차 계획, 2단계 계획, 3단계 계획인 것입니다. 이 사업을 우리가 완성하는 데는 약 500억 원이라는 재원이 필요합니다.

이것을 연차적으로 해서 앞으로 몇 년 후에 가서는 우리나라에 한발이라는 이야기가 없게끔 전천후 농토를 한번 만들어 보자는 계획입니다."

대통령은 이어서 우리 농민들도 새로운 영농방법을 연구하고 머리를 쓰고 농사도 하나의 기업이라고 생각해야 하며, 정부에 대한 의뢰심 또한 버려야 한다는 점을 강조했다.

"그렇게 해서 금년에 정부가 농어촌에 특히 직접 간접으로 투자하는 이 재원은 방대한 것입니다. 약 1천 7백 50억 정도의 재원이 농어촌부문으로 나가게 되는데, 그 중에 있어서도 간접적인 부문 즉 농민 여러분이 생산한 하곡을 정부가 매상해야 된다, 추곡을 매상해야 된다, 또는 고구마를 사준다, 또는 비료 외상대금을 정부가 어떻게 선불을 해준다, 이런 간접적인 부문을 제외하고 직접적인 부문만 하더라도 약 900억이라는 재원이 농촌부문에 투자가 되는 것입니다. 특히 이 자리에서 농민들에게 하고 싶은 말은 정부는 지금 뒤떨어진 농촌을 어떻게 하든지 빨리 끌어올려야 되겠고, 농업과 공업의 격차가 심하다는 이야기가 많습니다.

농촌과 도시의 차이가 심하다는 이야기가 많은데 이것은 개발도상국에 있어서 특히 공업건설을 추진하고 있는 과정에 있어서는 다른 나라에서도 있을 수 있는 그러한 현상이지만 그러나 정부로서는 농촌을 빨리 끌어올려서 도시와 농촌, 공업과 농업, 이러한 산업 간 격차를 줄여 보려고 지금 전력을 다하고 있습니다.

그렇게 해서 이러한 방대한 재원을 농어촌 부문에다 투자를 하고 있는데, 우리 농민들도 이제는 보다 더 각성을 하고 분발을 해야 될 단계가 왔다고 생각합니다.

농사 짓는 그 방법이 몇백 년 전, 몇천 년 전 우리 조상들이 하던 그 원시적인 농사방법, 그런 방법을 가지고 농민이 부자되기를 바란다는 것은 도저히 안 되는 이야기인 것입니다. 더군다나 모든 것을 정부에 의존하려는 지나친 의뢰심도 버리고 좀 더 새로운 연구방법을 연구하고, 농민도 머리를 쓰고 농사라는 것도 하나의 기업이라고 생각해서 좀 더 연구를 해서 분발을 하고, 그렇게 하는 농민에 대해서는 정부가 적극 지원을 해서 농민이 올라와야 되는 것이지, 전부 구태의연한 그런 사고방식과 또 몇백 년 뒤떨어진 이런 영농방식을 가지고 농민들이 농촌이 못산다고 아우성을 쳐봤자, 이것은 정부도 별 도리가 없는 것입니다.

지금 우리 국내에서도 정부시책에 대해서 농촌이 뒤떨어진 것을 신랄하게 비판하고 있는데, 물론 이것은 정부가 앞으로 더 농촌에 관심을 가지고 힘을 쓰라 하는 편단이라고 생각을 하고 이것은 달게 받아들이겠습니다.

그러나 실제 볼 것 같으면 아까 말씀드린 것과 같이 정부가 1년에 농촌에 투자하는 이러한 방대한 자원에 비해서 농민들이 부담하는 국가에 내안 세금은 얼마냐 하면 68년만 하더라도 우리 농민이 납세한 농지세가 불과 27억밖에 되지 않습니다.

정부는 1천억 이상의 재원을 농촌에다 뿌렸는데 이런 걸 보더라도 정부가 절대 농촌을 등한히 하거나 농촌에 대한 관심이 없거나 하는 것이 아니라 농촌이라는 것이 원래 일어나는 데 시간이 걸리고 어려운 점이 많기 때문에 서서히 이러한 효과가 나리라고 생각은 합니다만, 조금 전에 말씀드린 바와 같이 문제는 정부가 아무리 애를 쓰더라도 농민 스스로가 일어나겠다는 그러한 자주의식, 이것이 왕성하지 못할 것 같으면 이러한 노력에도 불구하고 성과를 거둘 수 없다, 이렇게 생각이 되는 것입니다."

20세기 전반기에 우리 민족이 겪은 연이은 시련과 고난 속에서 우리 농민들은 자포자기와 체념에 빠져 있었다.

농사를 천하의 대본(大本)이라고 하면서도 천재(天災)는 불가항력이라고 생각하고 농토를 자연의 변덕 앞에 거의 무방비 상태로 내버려두고 있었고, 끊임없는 천재와 가난을 숙명으로 알고 살아왔다.

더구나 우리 농민들은 쌀과 보리가 거의 유일한 농작물인 것처럼 생각했고 조상 대대로 이어온 원시적인 영농방식을 그대로 답습하고 있었으며, 새로운 작물이나 종자나 기술에 대해 너무 소극적이고 회의적인 태도마저 갖고 있었다.

한마디로 자연과 환경을 극복하고 스스로의 힘으로 잘살아보겠다는 의욕이 없었고, 자조자립정신이 부족했으며, 외국원조나 정부지원이나 보조만을 기대하는 의타심이 많았다. 대통령은 이러한 우리 농민의 사고방식과 정신자세를 고쳐야만 농촌이 일어날 수 있고 농민이 잘살 수 있다는 것을 새삼 강조한 것이다.

농촌근대화를 위해서는 자조정신이 왕성한 농민과 농촌에 우선적으로 투자해야 한다

1970년 3월 12일, 제5회 전국 시장·군수 대회에서 대통령은 먼저 지방 초도순시 때 느낀 소감을 피력했다.

지난 2월 9일부터 일주일 간 각 지방시도에서 작년에 추진한 사업성과와 금년도에 추진할 계획사업에 대한 보고를 받는 자리에서 행정일선의 공무원들이 맡은 일에 열성적이고, 중앙의 시정방침이 말단 행정기관까지 침투되어 있었으며, 행정의 기술과 능률면에서 많이 발전되었다고 느꼈다, 그러나 세부적인 실제에 있어서는 보다 더 연구해야 할 점, 시정·개선해야 할 점도 많다고 보고 그 자리에서 필요한 사항을 지적한 바 있다. 앞으로 시정해야 할 점은《대통령 지방 초도순시시의 지시》라는 인쇄물에 수록하여 일선 읍·면장 단위까지 배부된 것으로 안다. 이것을 자세히 숙독하고 자기 분야의 해당사항은 즉시 시정하고, 더욱 발전시켜야 되겠다는 것이다.

"전국의 지방장관·시장·군수·구청장 여러분!

지난 2월 9일부터 약 1주일 동안 지방 각 시·도를 방문했습니다. 이 기회에 각 지방 시·도가 지난 일 년 동안 추진해 온 모든 사업들에 대한 성과를 보고 받았고, 또한 금년도에 여러분들이 추진하고자 하는 중요한 사업에 대한 보고도 들었습니다.

연초 지방 각 기관을 방문한 종합적인 소감을 간단히 말한다면, 행정일선에서 일하고 있는 공무원들이, 자기 맡은 일에 대해서 대단히 열성적이고 중앙에서 하달된 시정방침이 말단 행정지기관까지 비교적 잘 침투되어 있었습니다.

동시에 우리나라 일선행정이 그 행정기술면이나 능률면에 있어서 과거에 비해 많이 발전되고 향상되어 있다는 것을 느꼈습니다.

이렇게 대체적으로 잘 하고는 있으나, 그렇다고 해서 모든 것이

다 만족스러운 상태에 있다는 것은 아닙니다.

좀 더 세부적인 문제로 들어가면 앞으로 우리가 보다 더 연구 발전시켜야 될 부문이 허다하게 많고, 또 시정해야 될 점, 앞으로 우리가 개선해 나가야 될 점도 많다는 것을 아울러 말씀드립니다.

일선 시·도를 방문하고 그때그때 필요한 사항을 지적했고, 또한 앞으로 시정해야 할 점은《대통령 지방 초도순시시의 지시》라는 인쇄물로 되어, 일선 읍·면장 단위까지 배부가 되었으리라 생각합니다.

앞으로 여러분이 이 인쇄물을 한 번 자세히 읽어보고, 자기 분야에 해당되는 사항은 즉각 시정하고 앞으로 더욱 발전시키는 데 노력을 해주기 바랍니다."

대통령은 이어서《대통령 지방 초도순시시의 지시》책자에 지적된 사항 중에서 중요한 부분을 요약해서 거듭 강조했다.

첫째는 예산을 효율적으로 사용해야 되겠다는 것이다.

"오늘 이 자리에서는 여기에서 지적한 사항 중에 몇 가지 중요한 부분만 요약을 해서 다시 한 번 강조하고자 합니다.

첫째는, 예산을 효율적으로 사용해야 되겠다는 문제입니다. 우리나라 정부예산도 매년매년 늘어나고 있지만, 지방예산도 지난 수 년 동안 급격히 늘어나고 있습니다. 지금부터 8년 전인 62년도 지방예산의 총합계는 165억이었고 이것은 서울특별시를 포함한 숫자입니다.

그런데 금년도 우리나라 지방예산은 1,742억, 그러니까 62년에 비해서 10배 이상 늘어나고 있는 것입니다. 물론, 그동안 물가가 상당히 올랐다는 점도 감안해야 되겠지만, 대체로 이러한 숫자를 볼 때, 우리나라 지방예산이 매년 얼마나 급속히 신장하고 있는가를 알 수 있을 것입니다.

한 가지를 더 비교를 해 본다면, 62년에 우리 정부 총예산이 880억이었는데, 금년도에는 지방예산만 1,742억이 되니, 금년도 지방예산 총숫자는 62년도 정부 총예산의 배가 훨씬 넘는다는 이야기가 되겠습니다. 또 한 가지 예를 들면, 경기도의 금년도 예산이 154억인데 이것은 62년도 서울특별시를 뺀 전국 지방예산보다 훨씬 많은 것입니다.

금년도의 각 시·도 예산규모를 볼 것 같으면, 강원도와 충청북도와 제주도를 제외한 나머지 도는 전부 예산규모가 100억대를 넘고, 경상북도 같은 데는 지금 200억대를 상회하고 있는 실정입니다. 앞으로 금년도 추가경정예산이 통과되면 이 숫자는 더욱 늘어나리라 생각됩니다.

각 지방에 나가면 흔히 예산이 부족하다, 예산을 더 주었으면 좋겠다는 이야기가 많이 나오는데, 물론 우리가 충분한 예산을 확보할 수 없지만, 위에 든 숫자를 보더라도 우리 예산은 매년 급속히 늘어가고 있는 게 사실이며, 문제는 이 늘어가는 예산을 우리가 어떻게 효율적으로 사용하느냐 하는 것입니다.

예산이 적다고 타령을 할 게 아니라, 우리에게 주어진 이 예산을 어떻게 하면 가장 효율적으로 사용할 수 있느냐 하는 문제를 연구해야 하겠고, 아무리 예산이 많더라도 이것을 효율적으로 사용하지 못하면 아무리 막대한 재원을 투입해 봤자 아무 성과가 없는 것입니다.

적은 예산이라도 사전에 충분히 검토해서 효과 있게 사용할 것 같으면, 매년매년 눈에 띌 정도로 여러 가지 발전된 모습이 나타나게 될 것입니다.

지금 우리 농어촌에 대해서 일부에서 시비가 있는 것도 사실입니다. 정부가 농촌부문에 대해서는 등한히 하고 있지 않느냐고 이야기하는 사람이 있는데, 우리 정부가 농어촌에 대해서 1년 동안에 얼마만한 자원을 투입하고 있느냐 하면, 작년에도 직접, 간접투자를 합해서 1,700억이 훨씬 넘었습니다. 금년도에는 1,970억, 이것도 추가경정예산이 가산되면 농어촌 부문에 투자되는 재원은 2,000억대가 훨씬 넘으리라고 보고 있습니다. 이 중에는 직접투자만 해도 800억이 넘는 811억이 됩니다.

조금 전에도 말씀드린 바와 같이, 이러한 방대한 예산을 지금 우리가 농어촌에 투입하고 있는데, 이 예산을 가장 효율적으로 사용해야 되겠고, 효율적으로 사용하자면 여러분들이 하고자 하는 사업에 우선순위를 확정해야 되겠다는 것입니다.

순위를 정함에 있어서는 농어민 소득증대에 직결될 수 있는 사업을 가장 우선적으로 책정하고, 그러한 분야에 가장 우선적으로 예산을 배정해야 되겠으며, 동시에 그 사업 하나하나에는 덮어놓고 주먹구구식으로 예산을 투입할 게 아니라, 사전에 충분한 연구와 계획과 준비가 있어야 되겠습니다. 즉, 그 사업에 대한 타당성 조사를 철저히 하고 예산을 투입하면 최대한의 성과가 날 수 있다는 확신을 얻었을 때 예산을 배정하고, 사업에 착수하고 난 다음에는 계속 사업관리를 잘 하고 지속적인 지도를 해서 사업 하나하나가 반드시 성공할 수 있게끔 노력을 해야 되겠습니다. 이렇게, 적은 투자라도 최대의 성과를 올리자는 것이 우리의 목적인 것입니다.

그리고, 지방예산을 편성하는 방법에도 역시 일부 잘못된 점이 있다고 나는 느끼고 있습니다. 도나 시나 군에 있어서 금년도 중점사업이 무엇이라는 것이 책정이 되어 있으면 여러분들이 가지고 있는 예산은 그 중점사업에 우선 배정되어야 되는 것입니다. 그리고 우선순위가 낮은 사업은 예산이 있으면 배정을 하고, 없으면 뒤로 미뤄야 합니다. 그런데 일부 도에서는 자기 도에서 가장 우선순위가 높은 사업이라고 하면서 그 사업에 예산배정은 하지 않고, 오히려 중요한 사업은 이 다음에 중앙에서 나오리라고 예측되는 특별교부세에 의존하겠다는 생각을 가지고 있는 경우가 있습니다.

이러한 예산편성 방법은 잘못되었다고 생각합니다. 물론, 이번에도 중앙에서 특별교부세를 각도에 일부 배정했습니다만, 특별교부세 액수가 어느 정도 된다는 것은 여러분들이 다 알고 있습니다. 전부해서 한 30억쯤 될 것입니다. 이 특별교부세라는 것은 여러분들이 예산을 다 짜고 우선순위에 따라서 예산을 전부 배정하고 난 뒤에, 꼭 금년도에 더 했으면 좋겠는데 예산이 부족해서 못하는 몇 가지 사업이 있을 때, 이것을 보완해 주기 위해서 정부가 가지고 있는 것입니다.

그러나, 이것이 없을 때에는 그 순위가 낮은 사업은 금년도 사업으로 할 수 없는 것입니다. 그런데, 우선순위가 높은 사업에는 예산을 배정하지 않고 낮은 데 전부 배정해 버리고, 우선순위가 가장 높은 사업은 남겨 둔 채, 중앙에 대해서 이 사업은 가장 순위가 높으니까 특별교부세를 많이 줘야 되겠다는 식의 예산편성 방법은 잘못되었다는 것입니다.

여러분들이 아시다시피, 30억을 전국 11개 시도에 나누어 봤자 많이 나가야 한 3억 정도밖에 되지 않는데, 중앙의 특별교부세에 의존하는 액수를 10억이다, 20억이다 하고 남겨 둔다는 것은 예산편성이 잘못되었다고 보는 것입니다.

예산을 아껴서 쓴다는 것은 우리 공무원으로서 갖추어야 할 가장 기본자세라고 생각합니다. 예산이란 국민들이 낸 세금으로 이루어진 것이기 때문에, 이것을 가장 효율적으로 써서 성과를 극대화해야 되겠고, 그렇게 하기 위해서는 여러분들이 하고 싶어 하는 많은 사업이 도저히 한꺼번에 할 수 없는 일이기 때문에, 그 사업에 대한 우선순위와 중점사업을 책정해야 되겠습니다.

그래서 우선순위가 높은 사업에 우선 배정하고 모자라는 것은 뒤로 미룬 다음, 만약 추가적으로 중앙에서 특별교부세, 기타 별도의 보조재원이 있으면 한다는 식으로 예산을 짜고 집행하는 것이 예산을 가장 효율적으로 사용하는 방법이라는 것을 강조하는 바입니다."

둘째는, 농어촌 소득증대 특별사업과 식량증산사업, 그리고 농업용수 개발사업 등 농촌부문 3대 중점사업에 힘써야 되겠다는 것이다.

①소득증대 특별사업은 정부가 70년대에 농촌근대화를 위해 방대한 예산을 투입하기 전에 먼저 일선공무원과 농민들이 경험을 얻을 수 있도록 훈련시키는 훈련사업이며 선도사업이라고 생각해야 한다는 것이다.

"그 다음에는, 작년도에 우리가 추진한 농어촌에 대한 세 가지 중점사업, 즉 소득증대 특별사업과 농업용수개발사업, 식량증산 사업에 대해 몇 가지 강조하고자 합니다.

지금 중앙에서 관장하고 있는 소득증대 특별사업은 약 90개 주산단지의 47개 사업인데, 그 중에 일부는 벌써 작년도에 완성되고, 나머지 사업도 대부분 순조롭게 추진되고 있다고 보고 있습니다. 그러나 일부 사업은 사전 타당성검토와 사후관리가 잘못되어 실패한 것도 있습니다.

예를 들면, 밤나무를 심었는데 작년에 기후가 너무 추워서 묘목이 태반 얼어 죽었다든지, 상묘를 심었는데 역시 기후가 너무 추워서 얼어 죽었다든지, 또는 농산물 가공처리공장을 세웠는데 여기에 대한 사업을 충분히 검토하지 않고 세웠기 때문에 과잉투자가 돼서 공장 자체는 움직이고 있지만 은행이자 기타 대외부채가 너무 많아서 도저히 그 공장의 수지가 맞지 않는다든지, 축산을 하느라고 사일로를 세웠는데 기술이 부족해서 거기에 들어 있는 사료나 엔시레이지가 전부 썩어서 실패했다든지 하는 등등의 예가 있습니다.

항시, 내가 여러분들에게 강조하는 바와 마찬가지로, 우리가 어떤 사업을 하는 데 있어서는 사전에 그 사업에 대한 경제성, 종합적인 타당성을 검토하고 경제적으로 수지가 맞는 사업이냐, 수지가 맞더라도 기술적으로 이것이 가능하느냐, 또 이러한 물건을 만들었을 때 이것을 갖다 팔 수 있는 판로가 있느냐, 모든 여건이 다 구비되어 있지만 이 자금을 계속적으로 지원해 줄 수 있는 지속적인 지원능력이 있느냐, 또 사업에 참여하는 농민들이 그만큼 참여의식이 있느냐, 이러한 여러 가지 문제를 충분히 검토해서 확실한 자신이 있을 때 그런 사업에 착수를 하고, 그 다음부터는 계속적으로 여기에 대한 사후관리를 철저히 해서 이 사업을 성공시켜야 되는 것입니다.

예를 들면, 밤나무나 뽕나무를 심었는데 얼어 죽었다, 기후가 갑자기 추워서 얼어 죽은 것을 인력으로 어떻게 하느냐? 이런 변명을 하는 농민은 아무리 정부가 도와 주어 봤자 잘살 수 없는 농민이고 정부가 도울 수도 없는 농민이라고 나는 단정을 합니다.

모든 사업을 지도하는 일선공무원 여러분들에게도 그러한 책임이 있다고 생각해야 될 것입니다.

가령, 우리나라 겨울철에 가장 추울 때에는 영하 몇 도까지 내려간다는 것은 과거의 오랜 통계조사로써 다 알고 있는 것입니다. 그렇다면 뽕나무와 밤나무 묘목 기타 과수 묘목이 이러한 정도의 기온에 견딜 수 있느냐 없느냐 하는 것은 사전에 충분히 검토를 해야 되겠고, 또 과거 경험에 비추어 심으면 절반은 죽고 절반은 겨우 산다는 그런 통계가 나왔다면 이 나무가 전부 얼어죽지 않도록 흙을 더 많이 덮어씌운다든지, 짚으로 나무 하나를 전부 싸매는 등 무슨 대책을 세워 첫해만은 마치 어린아기를 보호하듯이 우리가 잘 가려서 월동을 해야 되겠습니다.

말하자면, 농어민 소득증대사업은 덮어놓고 정부에서 예산만 많이 지원해 주면 다 잘 된다 하는 식의 사고방식을 근본적으로 고쳐야 되겠다는 것입니다.

돈만 있어 가지고 문제가 해결되는 것은 결코 아닙니다. 지금 말한 여러 가지 노력이 같이 따라야만 이런 사업들이 성공할 수 있는 것입니다. 지금, 내가 여기서 지적하는 것은 중앙에서 직접 관심을 갖고 있는 코드 넘버가 붙어 있는 소득증대 특별사업에 대한 것이지만, 여러분들 각 도나 시·군에서 하고 있는 소득증대사업들도 여러분이 직접 하나하나 분석하고 검토를 해서 만약 작년에 실패한 점이 있다면 두 번 다시 실패해서는 안 되겠고, 작년에 얻은 경험을 살려서 금년에는 반드시 성공을 할 수 있게끔 노력을 해 주어야 하겠습니다.

지금 우리가 이런 사업에 특별한 관심을 기울이고 역점을 두어 밀고 있는 이유는, 앞으로 우리가 농촌에다 방대한 예산을 투자하여 여러 가지 사업들을 추진하려 하고 있는데, 이러한 경험과 훈련이 되어 있지 않아 가지고는 돈을 집어넣어 봤자 농촌이 잘 될 리가 없기 때문입니다.

소득증대 특별사업이라는 것은 앞으로 우리 농촌을 근대화하기 위해서 정부가 70년대에 농어촌에 방대한 예산을 투입하기 위한 하나의 훈련사업이며 선도사업이라고 생각해야 될 것입니다.

전국에 불과 90여 개 주산단지의 47개 사업밖에 안되지만 이것이 반드시 성공해야 되겠고, 그래서 여기에 관해서는 공무원들이나 농민들이 어떻게 하면 이러한 사업을 우리가 기업적으로 잘 할 수 있는가 하는 경험과 훈련을 얻어야 되겠습니다.

그리하여, 이 사업들이 성공되면 그것은 주변에 급속히 파급될 수 있는 것입니다. 성공만 되면 다른 농민들도 모두 너도나도 하고 훈련에 참여할 것입니다.

그런 시기에 정부가 많은 자금을 뒷받침해 주고 지원을 해 주어야 이러한 농촌사업이 급속히 파급되고 성과를 올릴 수 있지, 이러한 문제가 해결되지 않고는 농촌에다 아무리 돈을 갖다 뿌려봤자 우리가 성과를 기대할 수 없다고 생각합니다."

② 식량증산을 위해서 냉해문제를 해결해야 되겠다는 것이다.

"그 다음에 식량증산 문제인데, 작년은 삼남지방에 수해가 있어서 목표량을 달성하지는 못했지만 평년작은 훨씬 상회했다고 봅니다.

그동안에 우리 농민들의 영농기술이 많이 향상되었고 여러 가지 노력을 하고 있기 때문에, 우리나라 식량은 점차 증산되리라고 보지만, 한 가지 우리가 연구해야 될 문제가 있다고 생각합니다. 즉, 병충해에 대해서는 농민들이 농약을 많이 쓰고 있어 다행으로 생각하는데, 냉해에 대한 대책이 아직도 안 되어 있다는 점입니다. 냉해도 한발과 마찬가지로 과거 통계를 보면 냉해 상습지대가 있는 것입니다.

여기는 작년에 서리가 며칠 빨리 와서 식량 감수를 가져왔다는 등의 보고를 많이 듣고 있는데, 이것은 우리 농촌진흥청이나 각 도에 있는 농촌진흥원 또는 농촌문제에 종사하고 있는 일선 공무원들이 조금만 더 노력을 해서 종자를 앞으로 조생종으로 바꾼다든지, 묘포를 만들고 이앙하는 시기를 당겨서 조기재배를 하는 방법도 생각할 수 있고, 서리 때문에 입는 피해가 통상 열흘 내외가 된다면 우리가 열흘만 묘를 빨리 심어 이를 면하는 방법도 있다고 봅니다.

우리 이웃에 있는 일본의 농민들도 과거에는 9월 초하루에 소위 210일이라는 남방에서 올라오는 태풍 때문에 매년 큰 피해를 보았는데, 과거 몇 년 동안 연구해서 태풍이 오기 전에 벼가 전부 익어서 추수를 하도록 종자개량을 했습니다. 일본은 지금 매년 태풍이 오더라도 조금도 미곡에 피해를 입고 있지 않다는 것입니다.

우리도 좀 더 연구를 하면 이런 문제는 없어지지 않겠는가, 이렇게 생각합니다.

정부는 농민들의 생산의욕을 고취하기 위해서, 작년부터 소위 고미가정책을 채택하여 미가의 가격을 현실적으로 올릴 수 있는 수준보다 좀 무리해서 높은 수준으로 유지하려고 노력하고 있는데, 앞으로도 이런 정책을 그대로 밀고 나가려고 합니다. 따라서, 여러분들은 농민들을 잘 지도하고 금년에도 식량증산에 보다 더 많은 노력을 해 주어야겠습니다.

우리가 지금 공업입국을 목표로 여러 가지 노력을 하고 있지만, 역시 식량 자급자족이 되지 않고는 공업이 클 수 없다는 결론을 내리고 있습니다.

아무리 공업을 발전시키고 수출을 많이 해서 외화를 많이 번다고 하더라도, 식량이 부족해서 외곡을 1년에 몇억 달러어치씩 들여와 가지고는 우리나라 경제가 발전하기 어려울 것입니다."

③금년에 한발이 들면 우리가 추진하는 지하수개발사업이 과연 성과를 거둘 수 있는지 없는지를 시험해봐야 하겠다는 것이다.

"다음에 농업용수 개발문제인데, 이것은 대체로 성공적이라고 보고 있습니다.

그러나 작년에 여러분들이 만든 관정이나 집수암거 등 지하수개발사업들을 3, 4월경에 전부 하나하나 점검을 해서, 과연 물이 그만큼 나오느냐 안 나오느냐, 금년에 만약 한발이 들었을 때 우리가 실시하는 지하수개발사업이 과연 성과를 거두겠는가 하는 것을 여러분들이 시험해야 되겠습니다.

영남과 호남지방은 대략 금년 사업이 끝나면 논에 대한 문제는 거의 해결이 된다고 합니다.

물론, 앞으로 밭과 목장에 대해서도 지하수개발을 하려고 하지만, 영호남지방은 금년 후반기에 할 사업을 가급적이면 상반기에 당겨서 빨리 하도록 하라고 지시를 했는데, 지금 잘 추진되고 있으리라고 생각합니다.

이상으로 우리 농업부문의 3대 중점사업에 대한 나의 견해를 대충 말씀드렸습니다.

이를 다시 한 번 총괄적으로 말한다면, 식량증산 문제는 작년에 삼남지방 수해로 말미암아 목표량을 달성하지 못했지만 평년작은 넘었고, 지하수개발사업과 소득증대사업은 대체로 성공적으로 되고 있다고 보지만, 금년에도 이 부문에 대해서 여러분들이 지금까지의 경험을 살려서 보다 좋은 성과를 올려 주기를 바랍니다."

대통령은 이어서 농민들에게 농한기 부업을 권장해야 되겠다는 점을 강조했다.

"이 외에 내가 강조하는 사업이 몇 가지 있습니다.

먼저, 우리 농가에서 농한기 유휴노동력을 어떻게 하면 최대한으로 활용하느냐 하는 문제입니다.

우리나라 농민들은 기후관계도 있지만 벼농사를 하는 데 불과 6개월 내지 7개월 일하고 나면 나머지 근 반 년은 아무것도 하지 않고 놉니다.

우리 농민의 대다수가 농사가 잘 되었다 하더라도 식량을 자급자족하기에 겨우 급급한 상태인데, 반 년 동안 농사를 해서 나머지 반 년 동안은 순전히 소비만 하고 아무 생산도 하지 않는다고 해서는 우리 농촌이 일어날 수 없는 것입니다.

일년의 절반이나 되는 농한기를 어떻게 유용하게 활용하느냐 하는 것이 우리 농가소득을 증대시키고 농촌을 부흥시키는 중대한 문제의 하나라고 생각합니다.

전국 각 지방에서 그 지방에서 적합한 부업이나 가내공업 등 여러 가지 사업들을 많이 하고 있지만, 일부 농촌에서는 종전과 마찬가지로 반 년 동안을 아무것도 하는 것 없이 그냥 보내고 있는데, 그 점에 대해서는 여러분들이 보다 더 연구를 많이 해서 농가소득을 올릴 수 있는 방법을 강구해야 되겠습니다.

이웃에 있는 일본농촌은 여러분들이 아시는 바와 같이, 대략 1년 농가소득이 우리 돈으로 평균 100만 원 정도라고 합니다만, 우리는 지금 18만 원 내지는 19만 원 정도입니다. 그러나, 일본사람들의 농가수입 100만 원을 분석해 보면 순전히 농사를 지어서 얻는 소득은 불과 20% 내지 3%도 안 되고, 나머지 70%는 다른 부업이나 겸업으로 올리는 소득입니다.

물론, 우리 농촌이 그런 상태로 당장 따라가기는 여러 가지 여건이 어렵지만, 우리도 농민들이 잘 이용하고 평소에도 다른 부업이나 겸업을 권장해서 농사에서 얻는 소득 외에 다른 부수입을 올릴 수 있도록 여러분들이 앞으로 더욱 노력해 주어야 되겠습니다."

1967년 11월초에 농한기를 이용하여 농가소득 300억 확보운동을 전개하라는 대통령의 친서를 받은 지방장과들은 그때부터 자기 지방의 실정에 적합한 농가부업을 권장하고 나섰다, 그리하여 여름 장마 때 무너진 제방을 다시 쌓거나 농로를 넓히거나 새로 만들고, 농기구를 수리·정비하고, 가마니를 짜고, 홀치기를 치고, 온실을 만들어 고등소채를 재배하는 등 여러 가지 일들이 겨울철 농촌에 새로운 활기를 불어넣었고, 농가소득도 크게 늘어나기 시작했다.

그러나 일부 지방에서는 농한기 부업을 하지 않고 옛날처럼 놀고 지내는 곳도 있었다. 대통령은 이러한 사실을 지적하고 농한기 활용을 강조한 것이다.

④다음은, 도시종합계획을 수립하여 그 계획에 따라 연차적으로 도시를 개발해 나가야 되겠다는 것이다.

"다음, 도시행정 문제입니다. 우리나라 도시는 대도시나 중소도시를 막론하고 일제강점기에 일본사람들의 도시계획에 의해서 이루어졌는데, 이것이 원래 규모가 작은데다가, 그동안 우리나라 인구가 급격히 늘어났는데도 불구하고, 일본사람들이 세운 도시계획을 그동안 수정하거나 교정함이 없이, 그대로 거의 방치해 두다시피 했기 때문에 지금 와서는 아주 무질서한 도시가 되어 버렸습니다.

그래서 지금부터라도 좀 더 장기적인 안목에서 본 도시종합개발계획을 작성해 계획성 있게 도시개발을 연차적으로 해 나가야겠다는 것입니다. 그 도시의 지리적인 여러 가지 여건을 고려해서 도로라든지 주택이라든지 상하수도 문제를 잘 감안하고, 이 도시는 앞으로 인구 얼마 정도를 포용하는 것이 알맞은가 하는 것을 잘 검토해서 종합계획을 수립한 다음, 그 종합계획에 따라서 여러 가지 시설이라든지 건축이라든지 하는 것을 강력히 통제해 나가면서 우선순위에 따라서 연차적으로 투자를 더해 가면, 그 도시가 지금은 대단히 무질서하고 서글픈 도시로 보일지 모르지만, 몇 년 후가 되면 점차 그 모습이 짜임새 있는 도시로 바뀌고 살기 좋은 도시가 되리라고 생각합니다.

이런 것은 지금부터 우리가 서둘러야지 그렇지 않고 장기계획도 없이 그때그때 즉흥적이고 너무 근시안적인 시책을 쓴다면 앞으로 시일이 경과하면 할수록 무질서해지고, 어느 시기에 가서는 전연 손댈 수 없는 하나의 기형적인 도시가 될 염려가 있는 것입니다. 이 점에 대해서 지방순시 때도 여러분에게 강조를 했지만, 빨리 이런 도시종합계획을 수립하고 계획에 따라서 연차적으로 도시를 개발해 나가야 되겠습니다."

대통령은 이어서 60년대에는 농촌근대화의 장기목표를 설정하고, 주로 기초적인 사업을 완료했으며, 앞으로는 농어민 소득증대 특별사업, 경지정리, 야산개발, 농산물 가공처리공장의 지방분산 등 농공병진정책을 계속 추진할 것이라고 천명했다.

정부가 농촌을 등한히 했다는 비판이 있으나 공업과 달리 농업은 그 투자효과가 나타나는 데 상당한 시일이 걸린다.

농업근대화는 돈을 집어넣는다고 1년이나 2년 후에 그 효과가 나타난다는 조급한 생각을 해서는 안 된다, 그래서 정부는 농촌근대화의 장기적인 목표를 책정하고 하나하나 단계적으로 일관성있게 추진해 왔고, 지난 60년대에는 주로 기초적인 사업을 완료했다. 농사에 꼭 필요한 비료·농약·물 문제 등을 해결하고, 재작년부터는 농어민 소득증대 특별사업을 추진하고 있다. 정부는 또한 농업기계화를 위해 농토를 바둑판처럼 경지정리를 하고 금년부터 농촌에 투입할 장비를 연차적으로 대량도입을 할 계획이며, 또 놀고 있는 야산을 개발할 것이고, 농산물 가공처리공장을 농촌에 분산시켜 농공병진정책을 계속 추진하며, 농산물에 대한 적정가격을 보장하기 위한 농산물안정기금을 마련할 방침이다. 이처럼 우리가 지금 추진하고 있는 사업들을 단계적으로 착실하게 꾸준히 밀고 나가면 농촌이 점차 발전하고 근대화될 수 있다는 것이다.

"다음에는 우리 농촌의 근대화 문제에 대하여 앞의 말과 다소 중복되는 점이 있겠지만, 나의 일반적인 생각을 말씀드릴까 합니다. 70년대에 있어서 정부의 중점시책 목표는 연초에도 이야기한 바와 같이, 수출을 급격히 증대시키는 것과 우리 농어촌을 근대화시키는 것입니다. 정부가 손질하고 있는 제3차 5개년계획도 이러한 방침과 목표에 따라서 계획이 이루어지고 있습니다. 조금 전에 말씀드린 바와 같이, 어떤 사람들은 정부가 농촌을 등한히 했다든지, 농촌과 도시의 소득격차가 너무 심하다든지 하는 비판을 하고 있는 것도 잘 알고 있습니다.

그러나, 정부는 우리 농촌을 근대화하는 장기적인 목표 아래 하나하나 단계적으로 일관성 있게 지난 수 년 동안 이 시책을 밀고 왔던 것입니다. 이 농촌근대화라는 것은 말로는 하기 쉽지만 일조일석에 되는 것은 결코 아닙니다. 여러분들이 아시는 바와 같이, 농업이란 그 사업 자체가 투자를 하더라도 당장에 그 효과가 나타나는 것이 아니고 상당한 시일을 경과해야 나타납니다.

공업 같으면 어디다가 공장을 세우고 기계를 설치하고 원료를 갖다가 기계를 돌리면 그날부터 생산이 되어서 수입이 오릅니다. 그러나, 농업이라는 것은 그렇게 되는 것이 아니라, 가령 우리가 뽕나무를 심어서 적어도 3년 후에야 잠업을 할 수 있고, 과수를 심더라도 빨라서 5, 6년, 어떤 것은 한 10년이나 가야만 소득을 기대할 수 있습니다. 또, 벼종자를 개량하려 하더라도 몇 년은 걸려야만 됩니다. 이러한 농업의 특수성에 비추어 볼 때 농촌근대화다, 농업근대화다 하는 것은 돈을 집어넣는다고 당장 1년이나 2년 후에 그 효과가 나타난다는 조급한 생각을 해서는 안 되는 것입니다.

따라서, 정부로서는 지금까지 농촌개발이나 농촌근대화를 위해서 이런 장기적인 안목에서 단계적으로 모든 시책을 밀고 나온 것이며, 지난 60년대에 있어서는 우리나라의 농업근대화를 위해서 주로 기초적인 사업을 추진해 왔던 것입니다.

우리가 농사를 짓자면 몇 가지 꼭 갖추어야 할 요건이 있습니다.

첫째는, 비료가 있어야 합니다. 그러기 때문에, 지난 60년대에 우리는 이 비료공장을 많이 건설해서 지금 비료는 거의 자급자족할 수 있는 단계에 온 것입니다. 또, 농약문제도 과거에는 공무원이나 농민이나 농약을 쓰는 데 대해서 거의 관심이 없었으나, 병충해가 한 번 휩쓸고 지나가면 여기에서 오는 감량이라는 것은 수백만 석에 도달한다는 것을 알아야 합니다.

이 점에 대해 우리 농민들도 작금 깨닫기 시작하였고, 정부에서도 농약을 많이 보급해서 농민들이 농약을 쓰는 기술도 거의 습득했을 뿐만 아니라, 양도 국내에서 확보할 수 있게 되었습니다.

또 한 가지, 우리가 농사를 짓는 데 가장 중요한 것은 물 문제입니다. 특히, 우리나라와 같이 벼농사를 짓는 데 있어서 물이 없어서는 농사를 할 수 없습니다. 과거에는 그저 한발이 들면 하늘만 쳐다보고 한탄을 했습니다. 그러나 지난 몇 년 전부터 우리도 자연에 도전해서 인력으로써 극복을 해야 되겠다는 시도로 농업용수 개발에 착수하여 67년부터 68, 69년 금년 내년까지 추진하는데, 논에 대한 문제는 대략 내년 말이면 거의 해결이 되고 앞으로는 밭에 대한 용수 문제도 계속 추진해 나가야 되겠습니다. 이러한 것이 전부 농업을 근대화하기 위한 하나의 기초적인 사업들이라 생각합니다.

그동안 우리 농민들의 영농기술도 많이 향상되었고 여기에 종사하는 공무원들도 많은 경험을 얻었고 훈련을 쌓았기 때문에, 재작년부터 이 정도면 소득증대사업, 즉 농업을 기업적으로 하는 그러한 선도적인 사업을 전국 도처에 전개해서 그 인근에 있는 농민들이

영농의 기계화 앞으로 농촌인구가 줄고 노임이 올라가게 되므로 경지정리와 아울러 기계화는 필연적이다.

이것을 보고 앞으로 따라올 수 있게끔 추진하고 있는 것입니다. 이것은 조금 전에도 말씀드린 바와 마찬가지로, 앞으로 우리나라의 농업을 근대화하기 위해서 또 우리 농업을 기업화하고 보다 더 생산성을 올리기 위해서, 우리 농민들과 여기에 참여하는 공무원들에 대한 하나의 훈련이라고 생각해도 될 것입니다. 이 사업을 통해서 우리가 확실히 경험을 얻고 이제부터는 돈만 많이 지원해 주면 얼마든지 이런 사업을 벌일 수 있다는 자신을 얻게 된다면 정부는 이 농촌에 대해서 보다 많은 자금을 투입할 것입니다.

그 다음 우리가 앞으로 해야 될 문제가 농업의 기계화문제입니다. 과거에는 우리 농촌인구가 많아서 걱정이라고 했지만, 실제는 우리 농촌인구는 매년매년 줄어들고 있는 실정입니다. 농촌인구가 줄고 농촌 노임이 올라가면 어느 시기에 가서는 우리가 종전과 같은 재래식 영농법으로는 농사를 해서 수지를 맞출 도리가 없고, 결국은 기계화하는 수밖에 없습니다. 농촌기계화를 위해서는 우리가 먼저 해야 할 일이 하나 있습니다. 우리가 농토를 바둑판처럼 경지정리를 해서 기계를 집어 넣을 수 있는 여건을 갖추는 것입니다. 그래서, 정부는 금년부터 농촌에 투입할 장비를 연차적으로 대량 도입할 계획을 추진하고 있지만, 그와 함께 논을 전부 경지정리하고 밭도 앞으로 그렇게 한 다음에는 놀고 있는 야산도 개발해야겠습니다. 이렇게 해서 우리 농업을 보다 더 기업화된 농업으로 발전시켜 나가고 또한, 농촌에서 생산되는 농산물을 가공처리할 수 있는 공장을 앞으로 농촌에다 자꾸 분산시켜 나가야겠다는 것이, 정부가 추진해 나가고 있는 소위 농공병진정책의 일환인 것입니다.

동시에 정부는 앞으로 농민들이 안심하고 보다 의욕을 가지고 이런 생산을 할 수 있게끔 농산물에 대한 적정가격을 보장해야 겠다는 생각을 하고 있습니다. 금년도 추경예산도 농수산물에 대한 안정기금을 중점적으로 반영하려고 예산당국에서 추진하고 있는 것으로 알고 있습니다.

이렇게, 현재 우리가 추진하고 있는 사업을 단계적으로 착실하게 꾸준히 밀고 나감으로써, 우리 농촌이 점차 발전되고 근대화될 수 있는 것입니다.”

대통령은 이어서 농촌근대화를 위해서는 농촌행정에 종사하는 공무원의 정열이 필요하다는 점과 자조정신이 왕성한 농민과 농촌에 우선 투자해야 한다는 점을 강조했다.

“일선행정을 담당하고 있는 책임자 여러분들은 농촌에 대해서 무슨 노력을 해봐도 별반 효과가 나지 않지 않느냐는 조급한 생각을 가지지 말아야 합니다. 농촌이란 원래 이러한 특수성을 가지고 있는 것이기 때문에, 문제는 우리가 하고 있는 시책과 노력의 방향이 옳으냐, 옳지 않느냐에 있으며, 방향이 옳고 여기에 대한 노력을 꾸준히 밀고 나가지 못하고 중단을 한다거나, 하다가 이리저리 자꾸 바꾸거나 하면 농촌이 절대 부흥이 될 수 없다는 것을 여러분들은 확실히 알아야 되겠습니다.

이 자리에서 여러분들에게 또 한 번 강조하고자 하는 것은 우리가 농촌근대화의 목표와 방향을 설정하고 또한, 정부가 많은 자원을 농촌에 투입하려고 하고 있지만, 몇 가지 우리가 관심을 가져야 할 문제가 있다는 것입니다.

첫째, 농촌행정에 종사하는 우리들의 자세가 바로 서야 되겠습니다. 즉, 우리나라 농촌을 기어코 서구 선진국가의 농촌과 같이 근대화된 농촌으로 만들어 보겠다는 전공무원의 정열이 없어서는 다른 모든 문제가 갖추어지더라도 우리의 농촌문제는 해결이 안 됩니다. 또한, 이것은 우리가 기어코 해야 되겠고, 하면 반드시 된다 하는 자신과 여러분들의 열성이 따라야 합니다.

그러한 정신자세를 갖추기만 한다면, 우리 모든 공무원들이 보다 더 성실한 공무원이 될 수 있고, 정직하고 보다 더 봉사정신이 왕성한 공무원들이 될 것이며, 이러한 공무원들이 일선에 많이 침투되어서 농민들과 더불어 같이 노력을 하고 협력을 하면, 우리 농촌은 보다 빠른 시일에 부흥이 될 수 있다는 것을 나는 특별히 강조하고 싶습니다.

또 하나는, 우리 농민들의 자조정신이 보다 더 강해져야 되겠다는 것입니다. 관이나 정부에만 의존하는 의타심이나 의뢰심을 버리고 보다 더 자조정신, 자립정신을 가져야 되겠습니다. 앞으로 정부가 농촌에다가 투자를 하는 데 있어서도 주민들의 자조정신, 참여의식, 협동심, 단결심, 근로정신이 왕성한 농민들에게 우선적으로 투자해야 되겠습니다. 왜냐하면, 그런 농민들에게 투자해야 성과가 나타나기 때문입니다. 모든 것을 남에게만 의지하고 정부에만 의존하는 자조정신이 박약한 농민들에게는 투자를 해봤자 성과가 나타나지 않는 것입니다.

위의 이야기를 한 마디로 마무린다면, 보다 더 성실하고 정직하고 봉사정신이 왕성한 공무원들이 농민들의 선두에 서서 농민들과 같이 노력을 해야 되겠는데, 동시에 농민들도 자조정신을 가지고 이러한 사업에 참여해야 되겠다는 이야기입니다."

제2장 새마을운동에는 반드시 그 마을 지도자가 있어야 한다

새마을가꾸기운동의 시동

1970년 4월 22일, 한해(旱害)대책을 위한 지방장관 회의가 있었다. 이 회의는 '새마을가꾸기운동'의 원년으로 기록될 주요한 계기가 되었다.

대통령은 먼저 보리농사에 대한 한해대책을 세우지 않고 손을 놓고 있는 지방장관들과 농촌행정 책임자들의 타성적인 사고방식과 자세를 비판했다.

"시장·도지사, 그리고 농촌행정의 일선 책임자 여러분!

이제껏 우리는 한해대책이라 하면 벼농사에 대한 대책만을 생각하는 경향이 있었고, 농민이나 공무원들도 대부분 한해란 비가 와야지 비가 오지 않으면 사람의 인력으로는 도리가 없다는 숙명론적인 관념을 갖고 농사를 지어 왔기 때문에, 이를 극복하지 못한 폐단이 있었으므로 금년에는 정부가 서둘러서 여러 가지 대책을 세우게 되었습니다.

지난 몇 해 동안 정부와 농민들이 비가 오지 않더라도 우리 사람의 힘으로써 한발을 극복해 보려는 노력으로 지하수 개발 등 여러 가지 한해대책에 힘을 기울였고 상당한 성과도 올렸습니다.

금년에도 한발로 인한 보리농사 피해가 많을 것 같았는데, 다행히도 경기도와 강원도 일부 지역을 제외하고는 비가 와서 우선 해갈은 됐습니다.

그러나 앞으로도 계속 날씨가 가물지 어떨지는 알 수 없고 기상의 장기전망이 금년에 한발이 올 가능성이 많다는 얘기도 있느니만큼, 벼농사에 대해서도 미리미리 충분한 대책을 세워 67, 68년과 같은 한발이 오더라도 그 피해를 최소한으로 막도록 노력해야겠습니다.

얼마 전에 지방에 출장갔을 때에, 마침 각 도마다 '비가 오지 않아서 맥작이 아주 나쁘다, 보리가 몇 % 감수될 것이다' 하는 걱정만 하고 있을 무렵, 헬리콥터로 농촌 일부를 둘러보니까, 우리 농민들이나 일선에서 농촌지도에 임하고 있는 공무원들이나 생각을 고쳐야 할 점이 있다고 느꼈습니다.

수분이 부족해서 피해를 본다면 물을 주면 되는데, 어떤 경우에는 바로 옆에 하천이 있고 저수지가 있는데 그 주변 보리밭들이 하얗게 말라서 보리가 크지 못하는 곳이 있어도 누가 나와서 물을 대준다든지 무슨 대책을 쓰고 있는 것은 거의 한 건도 보이지 않았습니다.

농민들이 수천 년 동안 농사를 짓고 공무원들이 한해대책이다 무어다 하고 지금까지 벼농사에 대해선 관심을 가지고 있으면서도 왜 이런 데 착안을 못하는지 이해가 가지 않습니다.

보리농사도 마찬가지입니다. 옆에 하천물이 있으면 벼농사에 하는 것과 마찬가지로 그 하천밭을 파서 물이 나오도록 해서 그 물을 가지고 동네사람들이 나와 몇 시간 동안만 협력하면 보리에 대한 한해 같은 건 충분히 이겨낼 수 있다고 생각됩니다.

일선에 있는 지사나 군수나 시장이나 면장이나 읍장들이 왜 이런 데 착안을 못하고 지도를 안 하면서 비 안 오는 것만 걱정하고 있는지 이해를 못하겠습니다.

농촌진흥원이나 농어촌개발공사에 있는 사람들도 마찬가집니다.

벼농사, 보리농사뿐만 아니라, 어려운 문제에 부딪치면 언제나 그 해결방법을 연구하고 노력을 기울여 난관을 극복하고 자연의 어떤 피해에도 도전하겠다는 정신을 갖고 문제를 해결해 나가야지, 과거와 같이 타성적인 사고방식을 갖고는 농업이고 공업이고 발전할 수 없는 것입니다.

이번에 농림부에서 보리물주기운동을 전개하려는 모양인데, 각 지사는 자기 도내에서도 특히 한발이 심한 지역에는 군민들을 동원해서 한해를 이겨내야 하겠습니다. 필요하면 공무원이나 학생들도 동원할 수 있고, 저녁때는 직장에 있는 사람들도 나올 수 있을 것입니다.

그 고장에 있는 사람이 총동원되어 양수기든지 쓸 수 있는 그릇을 갖고 몇 시간만 협력하여 물을 주면 물 문제는 충분히 해결될 수 있다고 봅니다.

요즘같이 기온이 높지 않고 또 벼농사와 달리 보리라는 것이 그렇게 물을 많이 먹는 식물이 아니기 때문에, 이렇게 물을 한 번만 주면 적어도 한 주일이나 열흘은 충분히 견딜 수 있을 겁니다.

그동안에 비가 오면 다행이고 비가 안 오면 일주일이고 10여일 동안에 한 번 더 한다는 식으로 몇 번 하면 보리가 그동안에 성장해서 이삭이 터지고 어느 시기만 지나면 비가 필요 없는 것입니다.

보리는 언제든지 비가 많이 와서 습기 때문에 피해를 보았지, 한발로 피해를 보는 일은 적습니다. 5월 중순경까지만 노력을 하면 보리농사는 걱정이 없을 것입니다. 일선지방장관이나 농촌지도에 임하는 여러분들이 농민들의 앞장에 서서 지도하고 독려해야 할 줄 압니다."

그 후 보리밭물주기운동은 전국적으로 전개되어 한발로 말라 죽어가던 보리들이 살아나 그해의 보리농사는 평년작을 웃돌 정도로 잘 되었다.

대통령은 이어서 지하수 개발사업의 하나인 관정(管井)과 양수기 등에 대한 사후관리가 부실하다는 사실을 적시하고, 사후관리를 소홀히 한 시장이나 군수는 문책하라고 지시했다.

"그 다음에 지하수 개발을 재작년부터 금년까지 하고 있습니다만 관정에 대한 사후관리가 지극히 나쁩니다.

통계가 나와 있습니다만, 어떤 지방에 폭우가 오고 홍수가 나서 관정이 파묻혔다든지 그 일대가 물에 빠졌다든지 하는 사례도 있고, 또 어떤 곳에는 사람이 고의적으로 관정에 돌을 집어넣어서 쓰지 못하게 망가뜨려 놓거나, 뚜껑을 망치로 부숴놓은 일도 있습니다. 누가 그랬는지는 몰라도 어린애들이 장난으로 했다고 생각되는데, 농림장관이 문교부에다 요청하여 학교 아동들한테 교육을 하도록 하는 것은 한 가지 좋은 방법이라고 생각합니다.

문제는 내가 지방에 다니면서 늘 강조하는 것이지만 우리가 막대한 국가예산을 들여 전력을 경주하여서 관정을 파고, 집수암거를 만들어 놓았는데 사후관리를 잘 해야겠다는 것입니다.

관정마다 코드 넘버가 붙어 있을 테니까 작년에 홍수가 났다거나 파괴가 되었다 하더라도 농한기 같은 때에 군수나 면장이 코드 넘버에 의해 체크해서 잘못된 건 그때 보수를 했으면 지금 그런 상태에 있지 않았을 것입니다.

비가 안 와서 한발이 닥치면 그때 가서 야단 법석을 부리다가 그 시기만 넘어가면 다 잊어버리는 일이 있어서는 안 되겠습니다. 한발이 들어 쓸모가 있든, 비가 잘 와서 쓸모가 없든 간에 어느 시기에 가

지하수 개발사업의 하나로 농업진흥공사에서 지하수 굴착작업(관정)을 하고 있는 광경
지하에서 엄청난 힘으로 용솟음쳐 오르는 물기둥

선 각 면·군·도마다 전부 점검을 하고 관리상태가 어떤가 보아서 나쁜 것이 있으면 그 시·군의 예산이나, 조금 많은 건 도의 예산으로 보수해서 100% 완전한 상태에 이르게 해서, 또 한발이 닥치면 쓴다는 사후관리 대책을 철저히 해야 합니다. 양수기도 마찬가지입니다.

한발이 들면 자기 도에 있는 것뿐 아니라, 타도에 있는 것, 심지어는 군에 있는 것까지 동원해 쓰는데, 쓰고 나서는 정비를 잘 하고 보관을 잘 해야 됩니다.

심지어 어떤 도에는 쓰지 못하는 것이 48%라니, 그럼 절반은 못 쓴다는 얘기가 아닙니까? 도지사가 만일 관심이 있었다면 적어도 작년 가을쯤 전군수에게 지시해서 점검을 했을 것입니다. 기술자를 보내서 현장에서 간단히 정비할 수 있는 건 하고, 그래도 안 되는 건 도 예산을 갖고라도 완전 정비해서 해를 넘기고 다시 한발이 들면 언제든지 쓸 수 있는 상태로 만들어 놓아야지, 바쁠 때만 쓰고 그 다음엔 어디다 보관을 해 놓았는지 정비를 했는지 안 했는지 전연 관심이 없으니 유지될 리가 없는 것입니다.

유실된 관정 복구나 보수에는 중앙에서는 예산을 지원해서는 안되고 도비나 시·군비를 가지고 해야 합니다.

만약 관정에 꽂아 놓은 파이프가 수명이 5년이나 10년인데 그 수명을 넘어서 바꾸어야 할 시기가 된다면 중앙예산을 가지고 지원하되, 그 수명기간 내에서 잘못된 건 전부 도비나 시·군비를 가지고 보수를 하라는 말입니다. 양수기도 마찬가지입니다.

중앙에서 지원해서 사준 것을 관리를 잘못해서 파손됐는 데도 언제나 지원해 주는 중앙정부가 어디 있습니까?

한 가정에서 부모와 자식 간에 있어서도 살림을 나누어가지고 살 때는 네것 내것을 확실히 하는 것이 건전한 가정입니다.

물론, 지방정부의 예산이 모자라는 건 중앙에서 도와주지만 지방에서 책임져야 할 건 지방에서 책임지고, 중앙에서 책임져야 할 건 중앙에서 책임져야 하지, 자기들이 관리를 못했다든지 평소에 유지를 못해 가지고 손실된 것을 중앙에서 지원해 줄 수는 없습니다.

이와 같이, 파손이나 유실이 많은 군의 군수이름까지 나와 있는데, 지사 여러분은 돌아가서 다시 한 번 검사를 해서 불가항력으로 유실 또는 파손된 경우와 그렇지 않은 경우를 구분하고 군에서 몇 번 나가서 점검을 했느냐, 또 그런데 대한 기록이 있느냐를 가려내서 전연 한 번도 검사한 일도 없거나 체크한 일도 없는 군수는 전부 인사조치하시기 바랍니다.

그렇게 국가예산에 대하여 책임이 없다든지 알뜰하지 못한 공무원은 중요한 직책을 감당할 수 없다고 생각합니다.

양수기 보관을 잘 해라, 한발이 지나고 나면 사후관리도 잘 해야 된다, 자주 점검을 해야 된다, 위에는 열쇠를 가지고 채워 놓아야 한다, 그렇지 않으면 쓸데없는 사람이 들여다보고 돌을 던져 보고 하니까 잘 관리해야 한다고 내가 구두로 지시를 한 것 만해도 여러 번이고, 공문지시도 몇 번이나 나갔는지 모릅니다. 그런데도 이행 안하는 시장 군수들에게 시·군의 중요한 행정을 맡길 수 있습니까?

그 다음에 전(田)전환 계획도 마찬가지입니다. 지금 보니까 대단히 부진한 것 같은데 금년에는 여하한 일이 있더라도 2만 5천 정보의 전전환, 즉 과거의 천수답이나 시골서 말하는 산마루에 있는 논다랑이는 완전한 밭으로 바꾸어야 되겠습니다.

정부에서도 앞으로 5년 동안 장려금을 줄 테니까 여러분이 가서 농민들에게 잘 지도하고 그대신 열심히 하도록 독려하기 바랍니다.

그러나, 전혀 노력도 하지 않는 농민들에게도 벼농사의 평년작만큼 보상해 준다는 것은 아닙니다.

농민들이 최대한의 노력을 했는데도 원래 토질이 좋지 않기 때문에 벼농사의 수확이 평년작보다는 좀 떨어지는 경우에는 앞으로 정부에서 5년 동안 보상해 주지만, 전연 노력을 안하고 수확이 하나도 안 나왔는데도 평년작에 대한 100% 보상을 해준다는 뜻은 아닙니다. 정부가 보상을 해주려는 뜻은 그런 논을 가지고 있는 농민들은 소위 가장 영세한 농민들이고, 이 사람들이 어떻게 하면 살 수 있는가 그 방안을 마련해 주기 위한 것입니다.

따라서, 농민들도 같이 노력해서 벼농사 수확을 평년작보다 더 많이 올리기를 정부는 원하고 있습니다."

1967년의 혹심한 한발 때 정부는 국내생산량이 부족한 양수기를 비행기로 일본에서 수입하여 전국의 한해 지역에 나눠 주었고, 69년에는 관정을 파수고 집수암거를 설지하는 능 시하수 개발사입을 대대적으로 전개하였다.

대통령은 1970년 3월 12일에 있었던 전국 시장·군수 대회 때 각 시와 군에서 만든 관정이나 집수암거 등 지하수 개발사업들을 3, 4월경에 전부 하나하나 점검을 해서, 과연 물이 그만큼 나오느냐 안 나오느냐, 금년에 만약 한발이 들었을 때 우리가 실시하는 지하수 개발사업이 과연 성과를 거두겠는가 하는 것을 시험해 보고, 특히 해마다 한발이 심한 영·호남 지방은 금년 후반기에 할 사업을 가급적이면 상반기에 당겨서 빨리 하도록 하라고 지시한 바 있었다.

그로부터 40여 일이 지난 4월 22일의 지방장관회의에서 내무부는 전국의 지하수 개발사업의 사후관리 실태를 보고했는데, 관정이나 양수기가 파손되거나 유실된 것이 많다는 사실이 드러났고, 관리가 허술한 시와 군의 시장과 군수 이름도 밝혀졌다.

이 문제와 관련하여 이날 대통령은 이러한 무책임하고 태만한 시장·군수들은 인사조치하라고 지시한 것이다.

대통령은 이어서 농촌을 다녀보면 정반대의 모습을 보여 주는 두 가지 형태의 마을이 있다는 사실을 설명했다.

"그 다음, 지방을 다니면서 보면 어떤 부락, 어떤 농촌은 몇 년 전에는 기와집이 한 채도 없던 동네에 최근에 보면 거의 기와로 다 이어졌거나 기와를 이지 못한 집도 작년 가을에 추수한 볏짚을 가지고 깨끗하게 이어서 처마를 하고, 담장도 깨끗이 하고 담 위에도 짚으로 담 지붕을 이고 퇴비장도 알맞은 장소에 알뜰히 해 놓았고, 동네 전체를 보면 부락 앞에 있는 논은 대부분이 경지정리를 해 놓았고, 또 농로가 자로 쭉 그어 놓은 것처럼 곳곳하게 되어 있어 그 정도면 자동차도 충분히 들어갈 수 있게 되어 있습니다. 또, 산에도 산림이 잘 되어 있고 부락 앞을 지나가는 하천에도 작년에 홍수가 났지만 특별히 정부가 예산을 주어서 했는지 부락 자체에서 했는지 모르만 전부 보수를 해서 깨끗이 해놓고, 보리밭에는 잡초가 거의 없도록 잘 되었고, 비닐하우스에서는 고등소채 등이 자라고 여기저기 논에 농민들이 나와서 일하고 있는 부락이 있습니다.

이런 농촌은 앞으로 몇 년 안 가서 다른 나라 농촌에 지지 않는 잘사는 농촌, 희망에 찬 농촌이 되리라고 확신하며 대단히 흐뭇하게 보아왔습니다.

그러나 그런 농촌은 몇 군데 안 되고 대부분은 그와 반대입니다.

지붕은 언제 이었는지 썩어서 한쪽이 허물어져 내려오고 담이 무너져 흙과 돌이 마당에 뒹굴고, 퇴비장이 바로 방 앞에 아무렇게나 엉성하게 쌓여 있고, 동네에 들어가면 어디가 길이고 어디가 논두렁인지 알 수 없을 정도로 전혀 경지정리가 되어 있지 않습니다.

뒷산에 보면 나무 하나도 없이 벌겋게 벗겨져 있고, 그것마저 무엇 때문에 팠는지 모르지만 여기저기 흙을 파서 빨건 황토가 길에 나와 있어 마치 사람몸 같으면 부스럼이 나서 헐어 있는 것 같습니다. 이런 상태에 있는 농촌을 보면 그 농촌은 정부가 도와 주는 것만으로는 100년 해봤자 되지 않는 농촌이다, 나는 그렇게 생각이 듭니다.

내용은 농가 안에 들어가서 하나하나 따져 보지 않았기 때문에 잘 알 수 없으나 겉으로만 보더라도 벌써 틀렸습니다. 산에 나무 한 포기 가꿀 줄 모르고 부락 주변에 하천이나 제방이 허물어져 있어도 그 지방 주민 자체가 보수를 하고 내 고장을 알뜰하게 다듬는다는 정신도 없고, 자기 집 담이 허물어져도 고칠 생각도 없고, 그렇다고 들에 나가서 일을 하느라고 바빠서 미쳐 손이 안 돌아가서 그런 것도 아닐 것입니다. 들에 나가 일하는 농민이 한 사람도 없다면 필경 집에 들어앉아 있을 게 아닙니까?

들에 나가 할 일이 없으면 농민들은 집을 고친다는지, 남을 고친나든지, 마당을 가꾼다든지, 퇴비장을 만든다든지, 그래도 여유가 생기면 나무라도 한 포기 심고 새로운 정서를 가꾸기 위한 꽃을 심는다든지, 이런 일을 해야 될 텐데, 전연 침체 상태에 빠져 있습니다."

대통령은 이어서 농촌지역에 있는 일선 행정책임자들이 마을주민들로 하여금 자조적으로 함께 일할 수 있는 분위기를 만들어 주어야 한다는 점을 강조했다.

"나는 농민만 나무랄 수 없다고 생각합니다. 농촌지도원·면장·면직원·군수·군직원, 그뿐 아니라 농촌진흥원·농어촌개발공사·외국에서 나와 있는 기관, 초등학교 교사 등 수없이 많은 기관과 사람들이 있고, 그 부락만 하더라도 고등학교·대학을 나온 청년이 얼마든지 있는데, 이런 사람들은 무얼 하고 있느냐 말입니다.

오늘날 우리가 말하는 지역사회 개발이 여기저기서 벌어지고 있기는 합니다만, 문제는 그 부락, 그 고장에 사는 사람이 자발적으로 우리 고장을 어떻게 하면 살기 좋은 고장을 만들까 하는 노력이나 열성이 없다는 것입니다. 살기 좋다는 건 산에 나무가 많고, 꽃나무가 많고 경치가 좋다는 것만으로는 안 될 것입니다. 우선 먹어야 되고 입어야 되겠지만, 좀 더 부지런히 일해서 사는 집도 깨끗이 하고, 결국 거기서 소득도 더 많이 올리도록 하고, 동시에 산이나 하천의 환경도 정리하고, 경지도 정리하고, 도로도 닦고, 더 여유가 생기면 부락 공동의 오락이나 교양시설을 만든다든지 이런 걸 그 고장 사람들이 자발적으로 모여 연구하고, 찬반의 의견이 있겠지만 모두 같이 일을 하자고 이끌어 나가며, 사람들의 의욕을 북돋우어 이러이러하면 우리 고장도 잘살 수 있다, 이웃의 어느 부락은 벌써 이렇게 하고 있지 않느냐, 이 정도는 우리가 하고, 이 정도는 우리 부락의 힘만으로는 안 되니까 정부에 도와 달라고 요청을 하자, 이런 의욕이 밑에서 끓어오르면 그 농촌은 불과 2, 3년 이내에 전부 일어설 수 있습니다.

현지 주민들의 그런 자발적인 의욕이 우러나지 않는 농촌은 5천 년이 가도 일어나지 못하고 현상태와 같은 생활을 반복할 것입니다.

의욕이 밑에서 용솟음치고 지도자 특히 젊은 사람들이 해 보겠다는 의욕을 갖고 나서면 정부에서 조금만 도와 줘도 2, 3년이면 다 일어납니다.

부락민들끼리 협력해서 훌륭한 업적을 쌓아 올린 농촌이 여기저기 많이 있기는 합니다만, 한국농촌이 전반적으로 못 사는 것은 그런 지도자가 없기 때문입니다.

현지에 있는 일선 행정책임자들이 이런 분위기를 만들어 주어야 합니다. 즉, 그 지방에서 지도급에 속하는 사람들을 모아서 지도하고 권장해서, 그 사람들이 눈을 뜨고 자기들이 모여 앉아서 계획을 짜내고 연구를 하고 자기들이 할 일, 또 국가에서 도움받을 일을 구분해서 일해 나가도록 분위기를 만들어 주는 것은 역시 우리 공무원들의 할 일이라고 생각합니다."

대통령은 이어서 '새마을가꾸기운동'의 구체적인 추진방법을 제시했다.

"지금 농촌에 들어가면 부락마다 향토예비군이 조직되어 있습니다. 이 향토예비군을 중심으로 이런 일을 해 보는 것이 좋겠는데, 그것도 처음부터 큰 단위로 시작해서는 안 된다고 생각합니다.

앞으로 이런 사업은 한 동네 힘으로는 안 되니까 근처에 있는 몇 개 부락이 같이 협조해서 하자는 분위기가 자연적으로 조성되면 모르되, 처음 시작은 부락 단위가 좋겠습니다.

농사를 짓는 사람, 공무원, 공장에서 일하는 사람, 회사에 나가는 사람, 서비스 업계에서 일하는 사람 등등이 모여서 조직되어 있는 것이 예비군인데, 그 사람들이 바쁜 시기를 피해서 가을이나 봄 같은 때에, 우리 고장에 들어가자면 자동차가 들어올 길도 없어 마을 십 리 밖에서 짐을 나르자면 지게로 져야 하는 이런 고장이 발전하겠느냐, 내년에는 우리 힘으로 길을 닦자, 들어오는 데 다리를 하나 놓아야 하는데, 이것은 우리 힘으로 할 수 없으니 군이나 도에다 지원요청을 해 보자, 나머지는 우리 힘으로 하자, 뒷산이 나무 하나 없이 벌건데 내년 봄에 식수주간에 마을사람을 동원해서 이러이러한 나무를 심어서 몇 년 내에 우리 마을을 푸른 마을로 만들어 보자, 그런 계획을 가지고 군을 거치고 도에 올려 도지사가 심사를 하여보니 그 사업 자체가 대단히 좋고 현지 주민이나 향토예비군의 의욕이 대단히 왕성하고 또 자기들 부담이 대부분이고 지방정부나 중앙정부에 대해서 도와 달라는 부분이 비교적 적은 사업이면 국가가 점차 이걸 도와 주었으면 좋겠다는 말입니다.

노임이나 재료비 등을 합쳐서 100만 원이 드는 사업인데 80만 원 내지 90만 원은 우리 노력으로 하겠다, 20만 원만 도와달라, 20만 원은 다리를 놓는 데 드는 시멘트 몇 부대 값이니 그것만 도와 달라, 그러면 나머지는 우리가 하겠다든지, 혹은 산에 나무를 심겠는데 다른 건 우리가 전부 할테니, 묘목 값이나 배수로를 만드는 데 드는 공작돌 같은 것만 도와달라는 경우에, 중앙에서 자꾸 도와 주면 도처에 모범부락이 생기지 않겠는가 생각됩니다. 그것도 겉치레만 하는 것이 아니라, 가급적이면 생산과 직결되는 일을 권장하는 게 좋겠습니다. 정부가 금년 예산에서 특별교부금으로 한 30억 원을 각 도에다 나누어 주었는데, 내년쯤 가면 특별교부금도 더 많아질 겁니다. 도지사는 그 중에서 몇천만 원 정도는 그런 사업에 쓸 수 있도록 하되, 그 대신 심사를 철저히 해 가지고 가장 의욕적이고 가장 효과가 큰 부락을 몇 개만 골라서 지원육성하고, 한 1년 후에 가서 다시 심사를 해서 그 중에서 가장 성공적으로 잘 한 부락에는 도지사가 상금을 한 100만 원씩 주는 방법도 좋겠습니다. 그러면, 그 부락은 그 돈을 가지고또 다른 사업을 해 나가도록 해서 이런 부락을 점차 늘려가는 운동을 우리가 앞으로 추진해 볼 필요가 있지 않느냐 생각합니다.

그 운동을 '새마을가꾸기운동'이라고 해도 좋고, '알뜰한 마을 만들기'라고 해도 좋을 것입니다.

정부에서 이런 안이 나오지 않더라도 지사나 군수들이 시·군 자체 예산 범위 내에서 할 수 있는 일이 있다면 중앙과 직접 관련 없더라도 권장해 나가면 우리 농촌이 앞으로 몇 년 내에는 산에 나무도 푸르러지고 부락이 전부 아담하게 가꾸어지고 농사를 지어도 보다 더 알뜰히 농사를 짓고 같은 농사를 지어도 동네사람들이 모여 앉아 보다 수익성이 높은 것을 심도록 하자, 또 우리 마을 근처로 고속도로가 나니까 어떻게 이용하면 되겠느냐, 금년부터는 고등소채를 하자, 이런 식으로 자기들이 연구하고 아이디어를 짜내고 계획을 세우고 하는 분위기를 점차 불어넣어야겠습니다. 이런 것이 제대로 잘되는 농촌은 빠른 시일 내에 일어납니다. 그저 앉아서 못 사는 게 팔자소관이라고 한탄하고, 나아가서는 정부가 우리를 도와 주지 않아서 못 산다고 원망이나 하고 자기가 못 사는 게 남에게 책임이 있는 것처럼 불평이나 하는 농민들은 몇백 년 가도 일어날 수 없는 것입니다.

의욕이 없는 사람한테 도와줘 보았자 돈만 낭비될 뿐입니다. 아주 의욕이 왕성한 부락이 도처에 자꾸 늘어나고 처음에는 숫자가 적다가 몇 해 후에 가면 대부분 그런 동네가 되고 아주 게으른 사람들만 모여 사는 동네만이 낙후되어 보기 싫은 동네가 가끔 보일 정도로 거꾸로 이런 현상이 나타나야 하지 않겠느냐 하는 것입니다. 중앙에서도 지금 이런 연구를 하고 있지만 지사들도 한 번 연구를 해보는 게 좋겠습니다.

모범부락도 여러 군데 있는데 특히 경산·청도 같은 데를 한 번 보십시오. 그리고 천안·대전 부근에 있는 빨간 농촌하고 비교를 해 보십시오. 같은 농촌인데 왜 이렇게 달라지겠습니까?"

대통령은 이어서 각종 건설공사에 잡음이 있다고 지적하고, 건설공사에 대한 사전·사후감독을 철저히 해야 되겠다는 점을 강조했다.

"그 다음 또 한 가지 이 기회에 이야기하고 싶은 것은 여러분들이 예산을 써서 하는 건설공사에 대한 사전·사후 감독을 좀 더 철저히 해야 되겠다는 것입니다. 최근에 서울시의 시민아파트 붕괴사건이 일어났기 때문에 하는 얘기가 아니라 건설공사에 대해서는 잡음이 있었습니다.

도로공사라든지 교량, 농업용수개발, 저수지, 집수암거, 양수장 시설, 기타 지방 공공시설, 시민아파트, 이런 여러 가지 사업들을 많이 하고 있는데, 이 사업들을 아주 말단의 계급이 낮은 공무원들이 다루고 있지 않은가 생각됩니다. 그러나 사전설계나 시공, 시공이 끝난 뒤 준공검사 등에 대해서 책임질 만한 공무원에게 책임을 지워 철저히 감독해서 절대 그 공사가 부실해지거나, 또 정당히 써야 할 자재가 안 들어가고 유용이 된다거나, 설계가 엉터리가 되어서 얼마 가지 못하고 허물어져 버린다거나, 이런 일이 없게끔 각별히 유의하고, 특히 모든 사업이 마찬가지입니다만 각 지방도시에 도시민들 주택난 해결을 위해서 아파트를 짓고 있는데, 이 아파트만은 이에 대한 감독을 더욱 철저히 해야 하겠습니다. 왜냐하면, 교량 같은 건 다리 한쪽이 떨어졌다 하더라도 교통제한을 하고 보수를 하면 되지만 아파트 같은 건 사람이 수백 명 들어 살고 있는데, 만약에 한쪽이 잘못되어 허물어져 버린다, 사람이 죽는다 하면 중대한 문제입니다.

서민아파트 건립에 대해서 지사나 시장들이, 집은 많이 지어야겠고 예산은 적기도 하지만 지나치게 예산을 아끼느라고 부실한 업자들한테 맡겼다가는 사고가 나기 쉽다는 것을 여러분이 명심하시고 잘 감독해 주기 바랍니다."

70년의 새마을운동은 62년 '아담한 농촌가꾸기운동'이 그 시발점이었다

오랜 세월에 걸쳐 우리 국민의 10명 중 7명은 농촌에서 살았다. 농촌은 세월의 흐름과는 무관한 듯 끊임없이 씨를 뿌리며 추수를 해왔고, 조상 때부터 내려오는 전설과 방언과 지방색을 유지해 왔다. 농촌의 농토는 우리에게 필요한 식량을 생산했으며, 군인도 거의 대부분이 농촌 출신이었다. 한마디로 우리에게 있어서 농촌은 삶의 근원이었고, 국민의 모체였으며, 모든 제도의 기초였다. 그러나 5·16혁명 후 경제개발이 추진되면서 근대화라는 역사적 변화기에 처하여 우리 농촌의 사회적 중요성과 경제적 역할은 축소되었다.

1960년대에 공업화와 도시화가 급속하게 이룩됨에 따라 도시와 농촌 간에 여러 면에서 격차가 나타나기 시작했으며, 이러한 격차는 농촌주민과 도시주민 간의 소득격차뿐만 아니라 도시와 농촌의 생활환경에 있어서도 두드러지게 나타났다. 예컨대 대도시에 새로 건립되는 현대식 빌딩의 모습과 천년 묵은 농촌의 초가집은 너무나 대조적인 것으로 보였고, 전등불이 찬란하게 빛을 발하는 도시와 호롱불이 바람에 팔락이는 농촌, 그리고 도시의 아스팔트 도로와 농촌의 먼지나는 흙길 등 생활환경에서 도시와 농촌의 격차는 너무나 크고 뚜렷했다. 이러한 생활환경의 격차는 소득격차 못지않게 농촌의 젊은 일꾼들이 고향을 떠나 도시로 이주하는 이농현상의 또 하나의 원인이 되고 있었다.

뿐만 아니라, 농촌의 이러한 전근대적인 생활환경은 농업의 기계화를 저해하는 요인이 되고 있었다. 한 가지 예로, 60년대 중반부터 도입되기 시작한 동력경운기는 마을 안길과 농로가 너무 비좁고 꼬불꼬불하여 통과할 수 없었다. 따라서 마을 주변의 진입로와 마을 안길과 농로를 확장하는 등의 생활환경을 개선하는 것은 마을주민의 생활 편리를 위해서뿐만 아니라 농업의 기계화를 촉진하여 그 생산성을 높이기 위해서도 필요했다. 특히 급속한 공업발전과 중농정책으로 농민들의 영농지식이 크게 향상되었고, 또 새로운 농산물에 대한 수요도 증가하고, 농촌에 새롭고 현대적인 생산기자재 공급도 계속 늘어나는 추세에 있었기 때문에 마을과 그 주변환경의 개선은 절실한 문제였다.

그 당시 농촌마을의 생활환경을 개선하는 일은 우리나라 농촌에 있는 약 3만 5천여 개 자연부락이 공통적으로 직면하고 있는 과제였다.

물론 이런 일은 정부가 할 수도 있었다. 그러나 그 당시의 우리 경제현실에서는 전국에 산재해 있는 3만 5천여 개 마을의 생활환경을 개선하는 데 투입할 수 있는 정부의 재원이 극히 제한되어 있었고, 또 지방재정은 더욱 빈약한 형편이었다,

설사, 정부의 재원과 지방재정에 여유가 있다고 하더라도 농촌마을의 생활환경 개선사업까지 정부가 해준다면 농민들의 자조·자립·협동 정신은 약화되고 정부에 의존하려는 의타심만 크게 조장하게 되리라는 것은 뻔한 일이었다.

그렇다고 이러한 작업을 농촌마을의 주민들이 전부 알아서 하게

할 수도 없는 형편이었다. 그동안 소득증대 특별사업을 통해서 농가소득도 증대하였으나 생활환경 개선 작업을 마을주민들이 독자적으로 할 수 있는 자금력은 없었다. 따라서 정부와 마을주민들이 서로 힘을 합쳐 환경개선 사업을 추진하는 것이 가장 합리적이고 효과적인 방법이라는 것이 대통령의 생각이었다.

즉, 정부가 사업비용의 일부를 마을주민들에게 지원하고 마을주민들이 노력봉사와 사업자금 일부를 부담한다면 정부로서는 적은 예산으로 많은 사업을 할 수 있게 되고, 마을주민들로서는 소득도 증대되고 근면·자조·협동의 정신도 강화될 수 있다고 확신하고 있었다. 대통령이 이러한 확신을 가지게 된 데에는 충분한 근거가 있었다.

대통령은 68년부터 농어민 소득증대 특별사업과 농공병진정책을 추진하고 농한기 활용을 농민들에게 권장하면서 불과 1, 2년 사이에 나타난 성과를 확인하고 그러한 확신을 굳힌 것이다. 특히 겨울철 농한기에 활용하도록 정부가 지원해 준 시멘트를 가지고 일부 농촌에서는 주민들이 자기들이 노동력으로 농로개설이라든가 마을진입로 건설 등 마을의 생활환경 개선사업을 잘 해냈다. 이러한 사업은 다른 사업에 비해서 마을주민들이 평소에 많은 관심을 가지고 있는 일이었기 때문에 쉽게 참여할 수 있는 공동사업이었다.

주민들은 이 사업을 서로 협동해서 추진하는 과정에서 근면·자조·협동의 정신을 발휘했고, 그 사업에 성공하자 우리도 하면 된다는 자신감을 가지게 되었다. 그리하여 주민들의 정신계발, 정신혁명의 싹이 움트고 있는 모습이 뚜렷하게 드러났다, 바로 여기에서 대통령은 농촌개발의 역동적인 추진력을 보았고, 우리나라 농촌근대화의 길을 확인했다. 그래서 농촌마을 중에서 주민들이 노력봉사나 일부 자금부담으로 환경개선을 하겠다고 정부에 사업비용의 일부를 지원해 달라고 요청해 오는 마을에 대해서 사업에 필요한 자재나 비용 일부를 지원해 줌으로써 이 사업을 점차 전국의 농촌마을로 확대해 나가야 되겠다는 생각을 하고 있었다. 앞으로 제3차 5개년 계획에서는 농어촌근대화사업에 집중적인 투자를 하기로 되어 있는데, 이 방대한 투자가 소기의 성과를 거두기 위해서는 일부 농촌에서 움트고 있는 정신혁명운동을 전국의 모든 농촌마을에서 일으킬 필요가 있다고 대통령은 생각하고 있었던 것이다.

대통령이 진작시키려 했던 우리 농민들의 근면·자조·협동의 정신은 전혀 새로운 것이 아니었다. 그것은 농경민족인 우리 겨레가 일찍부터 실천해 온 미덕이었다. 옛날부터 마을을 이루고 벼농사를 본업으로 해왔던 우리 농민들의 촌락생활에 있어서는 자조·근면·성실·검소·협동의 정신이 생활화되어 있었고 마을의 평화와 화목을 위해서 내 가정을 지키고 내 고장을 아끼며 나라에 충성하는 것은 하나의 미덕으로 지켜왔다. 그러나 36년 간의 일제의 침략과 수탈, 해방 후 국토분단, 6·25전쟁 등 미증유 수난을 겪으면서 우리 농민들은 근면·자조·협동 등 전래의 미덕을 생활화할 수 없는 어려운 처지로 내몰리고 있었다. 특히 6·25전쟁 후 미국의 원조물자로 연명을 하게 되면서 농민들은 나태와 의타심에 젖어 근면과 자조, 자립의 의욕을 상실했다. 게다가 각종 선거 때마다 입후보자들이 농민의 표를 얻기 위해 대중영합적인 허망한 공약을 남발하여 농민들로 하여금 이제부터는 가만히 앉아서 일을 안 해도 정치인들이 모든 것을 해결해 주겠구나 하는 환상적인 기대와 의타심을 갖도록 부추겼다.

대통령은 5·16혁명 직후 우리 농촌을 일으키기 위해서는 이러한 우리 농민들의 정신자세를 바로잡는 것이 무엇보다도 가장 시급한 일이라고 생각했다. 그래서 대통령은 그 당시 식량증산을 위한 개간과 간척사업이나 치산치수 사업현장에 나가서 농민들을 만날 때마다 똑같은 당부와 똑같은 호소를 되풀이했다. '하늘은 스스로 돕는 자를 돕는다', '가난은 나라도 구하지 못한다', '농촌이 잘살 수 있게 되려면 잘살아보겠다는 의욕이 있어야 하고, 자조·자립정신이 왕성해야 하며, 마을주민들이 단결해서 협동적인 노력을 해야 한다'는 등이었다.

대통령의 이러한 당부와 농민들의 호응으로 소득증대사업과 농한기 이용사업 추진 과정에서 과거 한때 상실했던 농민들의 의욕이 살아나고 근면·자조·협동의 미덕이 실천되고 있음을 보면서 대통령은 이러한 생산적인 기풍을 확산시키기로 결심한 것이다.

대통령은 그동안 식량증산을 위해서 다수확 신품종 통일벼 개발, 농업용수원 개발, 비료공장 건설, 4대강유역 종합개발 등 눈에 보이는 외형적 조건을 개선하고, 고미가정책을 실시했다. 그러나 대통령은 이것만으로는 충분하지 않다고 생각했다. 이보다는 정신적인 조건이 개발되어야 한다고 생각했다. 그것은 바로 우리 농민들의 정신자세, 즉 식량을 증산하겠다는 의욕과 의지, 증산을 위해 스스로 돕고 서로 협동하는 자조와 협동의 자세, 이러한 눈에 보이지 않는 정신자원의 개발 없이는 물리적 조건이 아무리 완비되어 있어도 식량증산은 될 수 없다는 것이다.

그래서 대통령은 식량증산과 농어민 소득증대를 위한 의욕과 의지, 근면과 자조와 협동 등 한때 상실했던 우리 민족 고유의 정신자세와 생활윤리를 오늘에 되살려야 한다고 생각한 것이다. 그것은 이 나라의 녹색혁명의 동력이 된다고 내다본 것이다.

대통령은 세상에는 철리(哲理)라는 것이 있고, 농사일도 사람이 하는 일이니 이러한 철리의 테두리 안에서 이루어진다고 믿고 있었다. 철리를 따르는 농민은 농사일에 성공하고 철리를 무시하는 농민은 농사에 실패한다, 이것은 영원불변의 진리라는 것이다. 농사일에 성공한 농민의 사례를 보면 다른 사람보다 더 비옥한 농토를 가지고 있는 것도 아니고, 다른 농민보다 신체조건이 더 좋은 것도 아니며, 다른 농민보다 더 최신식 농기구를 가지고 있는 것도 아니다.

다른 농민들처럼 쉽게 좌절하지 않고 농사일에서 남다른 성과를 거두고 말겠다는 의욕과 의지를 가지고 노력하는 사람은 다른 사람을 능가하는 힘을 발휘하기 때문에 다른 사람이 거두지 못한 성과를 거두고 있다, 따라서 우리나라의 농어촌 근대화를 위해서, 특히 식량증산과 농어민 소득증대를 위해서는 농어민의 의욕과 의지, 근면·자조·협동의 정신혁명이 무엇보다도 먼저 이루어져야 한다는 것이다.

물론 농민들의 의욕과 의지·근면·자조·협동의 정신만으로는 도저히 어떻게 할 수 없는 것들이 있었다. 이를테면, 사계절의 변화와 날씨, 밤과 낮의 교차, 더위와 추위 등 농사에 큰 영향을 미치는 자연조건이 그것이다. 이것을 농민들의 정신만으로 '변화'시키는 것은 불가능한 일이다, 그러나 농민들이 의욕과 의지를 가지고 근면·자조·협동의 정신을 발휘한다면 자연조건을 농사에 '이용'하는 일은 얼마든지 가능한 일이다, 농민들이 부지런히 서로 협동하여 자조적인 노력으로 저수지를 만들어 농사지을 물을 모아 두는 것도 자연조건을 이용하는 하나의 방법이라는 것이다.

대통령은 오랫동안 우리 농민들이 농사일과 자연에 대해 가지고 있던 숙명론적이고 소극적인 생각을 버리고 어떻게 할 수 없는 것이라고 체념해 버렸던 그 자연조건을 농사일에 '이용'하겠다는 의욕과 의지를 가지고 적극적으로 그 이용방법을 연구하고 고안해 낸다면 비단 주곡생산뿐만 아니라 다른 농산물 생산도 크게 늘릴 수 있다고 믿고 있었다. 하늘만 쳐다보며 농사를 짓는 원시농업에서 벗어나 과학과 기술로 농사를 짓는 근대농업의 시대를 열겠다는 의욕과 의지를 가지고 우리 농민들이 근면·자조·협동한다면 식량증산과 소득증대는 반드시 이루어 낼 수 있을 뿐 아니라 수천 년 해묵은 열악한 농촌의 생활환경도 도시 못지 않게 편리하고 생산적이며 아름답게 가꾸어 나갈 수 있다는 것이다. 이것이 기회 있을 때마다 대통령이 우리 농민들과 농민을 지도하는 일선공무원들에게 강조한 농촌 근대화를 위한 철리였다.

그래서 대통령은 이날의 회의에서 지방장관들에게 농촌환경 개선사업을 새마을가꾸기운동이라고 해도 좋고, 알뜰한 마을 만들기 운동이라 해도 좋으니 잘 연구해 보라고 당부한 것이다. 그러나 이러한 운동은 이번이 처음이 아니었다.

이것은 혁명정부 때인 1962년 5월 1일 재건국민운동의 일환으로 대통령이 농민들에게 권장했던 '아담한 농촌가꾸기운동'이 별다른 성과를 거두지 못하고 끝난 지 8년여만의 일이었다. 이 두 개의 운동은 그 이름만 조금 바뀌었을 뿐이며, 그 정신과 내용은 똑같은 것이었다.

재건국민운동은 농촌에서 농한기 유휴노동력 활용을 통해서 농민들의 저축운동, 농촌의 생활환경 개선 등을 통해서 농민들의 근면과 자조와 자립의 정신을 진작시키려고 했던 정신계발운동의 하나였다. 그러나 이 운동은 농민들의 자조, 자립정신을 진작시키려던 당초의 목표를 달성하는 데 실패했다. 대통령은 재건국민운동이 성공하지 못한 원인은 세 가지 요인에 있다고 보았다.

그 하나는, 1960년대 초의 우리나라 경제실정과 정부의 한정된 재원으로는 이 운동에 참여한 전국의 농촌마을과 농민들에게 물자지원이나 자금지원을 해 줄 수 없었다는 점이었다.

다른 하나는, 농민들이 먹고 살기도 어려운데 무슨 환경개선을 하느냐고 하면서 정부가 권장한 각종 자조사업에 적극적으로 참여하려는 의욕을 보이지 않았고, 또 그런 일을 할 수 있다는 자신감이 부족했다는 점이었다.

또 한 가지는, 정치활동이 다시 허용된 후 정치인들이 이 운동을 정치적으로 이용하려 함에 따라 정신계발운동이라는 이 운동의 순수한 목적이 퇴색해 버렸다는 점이었다.

이러한 요인들 때문에 별다른 사업성과가 나타나지 않자 농민들은 흥미를 잃고 이탈하였고, 그 결과 이 운동은 유종의 미를 거두지 못한 것이라고 본 것이다.

그러나 이러한 요인들이 70년대 초에는 해소되었다고 대통령은 판단했다.

지속적인 공업발전으로 농촌에 집중적으로 투자할 수 있는 재원도 마련되었고, 소득증대사업과 농공병진사업을 추진하는 과정에서 농민들의 의욕과 자신감도 생겼고, 또 농촌의 잘살기운동을 정치적으로 이용하려는 정치인들에게 쉽게 이용당하지 않을 만큼 우리 농민들의 의식수준도 향상되었다고 본 것이다.

따라서 대통령은 재건국민운동의 실패경험을 잘살려 나간다면 새마을운동은 반드시 성공할 수 있다고 확신했다.

정부는 새마을가꾸기운동을 70년 가을부터 전국에 있는 3만 5천여 개 자연부락에서 동시에 추진했다. 정부가 이처럼 전국의 모든 농촌마을에서 환경개선사업을 일률적으로 한꺼번에 시행할 수 있었던 것은 1960년대 초 '아담한 농촌가꾸기' 운동을 할 때에는 농민들에게 지원해줄 수 없었던 물적자원이 충분히 있었기 때문이다. 시멘트가 그것이다. 우리나라는 1960년대 초에는 시멘트가 모자라서 수입해왔다. 그러나 제1차 경제개발 5개년계획 때부터 대규모 시멘트 공장을 건설하여 70년대 초에는 시멘트를 자급자족할 수 있게 되었고, 일부는 수출도 할 수 있게 되었다.

정부는 새마을가꾸기사업을 추진하기 위해서 제1차연도에 전국 3만 5천여 개 부락에 지역조건이나 규모와는 관계없이 균일하게 마을단위당 300여 포대의 시멘트를 지원하고, 이것을 농가마다 나누어 가지지 말고, 마을주민들의 총의에 따라 마을공동사업을 하는데 사용해야 한다는 것을 강조하면서 10여 개 종류의 마을공동사업을 예시해 주었다.

마을 진입로 넓히기, 교량건설, 배수시설 건설, 지붕개량, 마을 우물 고치기, 마을 주변 미화작업 등 생활환경 개선 사업이 그 대부분이었다. 이러한 새마을가꾸기운동이 바로 새마을운동의 시발점이었다.

옛날부터 지방도로를 유지하거나 보수하는 데 있어서는 그 지방 주민들이 노력을 제공하는 것이 하나의 관행이 되어 있다. 봄과 가을의 농한기에 한 농가에서 성인 한 사람씩 나와서 도로 위에 자갈을 깔고, 도로 양쪽의 배수로를 정리하는 작업을 해 온 것이다.

그래서 새마을가꾸기운동 초기에는 이러한 농촌의 관행을 활용하여 마을 진입로 건설을 권장했다. 1970년대 초에는 도로건설용 중장비가 그렇게 많지 않았고, 또 주민들은 건설중장비를 이용할 만큼 자금력도 없었다. 따라서 마을 진입로를 바로잡고 넓히는 작업을 할 때는 농사지을 때 쓰는 삽·괭이·호미·손수레·우마차 등을 이용할 수밖에 없었다. 추운 겨울에 어린이와 노인과 주부들까지 나와 작업을 했다.

마을 진입로를 건설하는 데 있어서는 다리를 새로 건설하고 배수시설을 다시 해야만 했다. 왜냐하면 그전부터 있던 다리는 대부분 중량이 무거운 동력경운기나 자동차나 트럭이 통과하게 되면 무너지기 쉬운 것들이었기 때문이다. 콘크리트 교량을 가설하고 홍수 때도 견딜 수 있는 배수시설을 하는 데는 시멘트와 철근이 필요했다. 그래서 정부는 부락 단위로 시멘트와 철근을 지원하기로 했고, 모래와 자갈은 주민들이 마을 주변에서 마련하도록 했다. 교량건설에 필요한 토목기술도 주민들 중에서 군복무 중에 토목기술을 배우고 온 사람이 지도하도록 하고, 마을에 그러한 기술자가 없는 경우에는 면이나 군의 기술자가 나와서 지도하였다.

새마을사업 초기 단계에 있어서 읍면 사무소에 근무하는 공직자들의 열성과 개인적인 지도역량은 마을 단위에서 자조사업을 불러일으키는 데 중요한 영향을 미쳤다. 한 면에는 20~30명의 면직원이 있었으며, 이들은 면 행정구역 내에 있는 20여 개 마을 단위를 통괄할 수 있었다.

대부분의 면직원들은 그 면내의 출신들이었기 때문에 면민들에게 잘 알려져 있었다. 새마을운동 초기에 면직원 한 사람이 한 개 마을을 담당하여 마을주민들에게 새마을사업의 취지를 설명하고 사업계획을 수립하는 데 조언하였다. 면직원 중에서도 평소에 새마을정신에 투철한 사람은 자기가 맡은 마을의 주민들을 설득하여 마을길을 넓히고 교량을 건설하는 등 자조사업을 불러일으키는 데 뛰어난 지도역량을 발휘하였다.

지방행정의 일선공무원들은 그 지역사회에서 새마을사업을 돕고 지원하는 과정에서 농어촌개발을 위한 새로운 행정풍토를 조성해가고 있었다. 과거에 주민 위에 군림하고 호령하던 공무원들이나 관존민비라는 전근대적인 그릇된 관념은 사라지고 모든 일선공무원들이 헌신적이고 자발적인 봉사의 정신과 자세로 생산과 건설과 조림의 현장에서 주민들과 함께 연구하고, 함께 일하며, 함께 성과를 일구어내는 '생산하는 행정'의 전통을 새로 세워나갔다. 한마디로 농촌사회에 있어서 일선공무원들은 혹은 교사로서, 혹은 계몽가로서,

혹은 기술자로서 농어촌 근대화작업을 지도하는 데 밤낮없이 분투해온 농민들의 일꾼이었다.

남한에 있는 250만 농가들은 3만 5천여 개 마을에 거주하고 있었으며, 한 마을의 농가수는 30호에서 100호에 이르는 경우가 많았다. 농가들이 한 곳에 모여 이웃과 서로 인접해서 살고 있다는 것은 농민들이 마을에 관한 일을 토의하기 위하여 자주 모이는 데 편리한 점이 되기도 하였다. 1945년~1955년 간에 시행된 농지개혁으로 마을에 거주하는 농가들의 대다수는 자작농들이었고 호당 경지면적은 1정보 남짓하며, 3정보 이상을 경작하는 농가는 극히 적은 편이었다. 따라서 마을에 있는 농가들은 경제적으로나 사회적으로나 동질적이었으며, 이것은 마을주민 모두가 새마을가꾸기사업에 함께 참여할 수 있는 바탕이 되었다. 물론 마을 진입로와 다리를 건설할 때 불평하는 사람도 있었다.

그러나 자동차가 마을까지 들어오는 것을 본 주민들은 그동안의 불만이나 노고는 잊고, 주민들의 자조적이며 협동적인 노력으로 생각하지 못했던 큰 일을 해냈다는 뿌듯한 성취감과 기쁨을 함께 나누었다. 그리고 마을주민들의 구릿빛 얼굴은 그들이 근면·자조·협동의 정신으로 단결하여 함께 노력한다면 무엇이든지 해낼 수 있다는 자신과 의욕으로 빛나고 있었다.

만약 마을 진입로 건설에 건설용 중장비를 이용했다면 주민들은 힘겨운 노동을 하지 않았을 것이다. 그러나 주민들은 근면·자조·협동의 가치를 알 수 없었을 것이고, 자기들의 힘으로 일을 해냈다는 성취감도 못 얻었을 것이며, 또 무엇인가 새로운 일을 해낼 수 있다는 자신과 의욕도 가질 수 없게 되었을 것이다.

농촌마을의 진입로 건설은 보는 사람에 따라서는 그것이 뭐 그렇게 대단한 일이냐고 할 수도 있을 것이다. 그러나 그 작은 일이 수리 농촌에 정신혁명의 불길을 당기는 데 있어서 실로 혁명적인 역할을 하였다.

70년대 초에 농촌의 전근대적인 생활환경 개선사업에 있어서 가장 인기 있는 것은 농민들이 평소에 늘 고치고 싶어하면서도 손을 못대고 있던 초가집 지붕개량이었다. 그 당시 농가의 7할 정도는 볏집지붕이었다. 볏집지붕은 해마다 갈아주지 않으면 다음해 여름 장마철에 비가 스미게 되고 집안이 불결해진다. 지붕을 갈아 입히는 작업에는 많은 노동력이 소요되어 지붕갈이는 노임이 싼 겨울철에 한다. 그러나 농촌에 노동력이 부족해지고 노임이 상승하는 반면에 시멘트 기와와 슬레이트가 많이 생산되기 시작하자 볏집지붕 개량의 경제성이 높아졌다.

게다가, 1960년대 후반기에는 시멘트 기와를 인력으로 만드는 간단한 기계가 농촌에 보급되었다. 이렇게 되자 마을주민들은 공동으로 기와 만드는 기계를 구입하여 마을에서 협동해서 기와를 만들고 지붕개량을 하기 시작했다. 하나의 농가만이 짚지붕을 기와로 갈려면 기와를 마을까지 운반하고 지붕을 개량하는 데 많은 비용이 들었지만, 마을 농가들이 공동으로 지붕개량을 할 경우에는 농가 호당 비용이 크게 절감되었다. 따라서 새마을가꾸기운동의 초기에 있어서 주민들은 마을 진입로 건설 다음으로 지붕개량을 선호했다.

농촌에서 기와집은 잘사는 부잣집을 상징하고 있었다. 따라서 지붕 개량운동은 급속하게 전국 250만 농가로 퍼져 나가 1971년부터 1975년 사이에 우리 농촌에서 초가지붕은 그 모습을 감추었다. 이것은 60년대 말에 대통령이 공언한 예언이 그대로 실현되었음을 뜻한다.

해방 후 국군창설 때부터 주한미군 군사고문관으로 일해 온 하우스만은 그의 회고록에서 1948년 10월에 대통령으로부터 초가집을 없애야 한다는 말을 들었다고 말하고 있다.

'나는 한국에서 33년이 넘도록 있었다. 1946년 8월 내가 한국에 처음 왔을 때는 내가 태어난 미국이나 전쟁에 참여했던 유럽에 비해 볼 때는 아무것도 없는 상태였다.

군인은 배급받을 의복도, 신발도, 심지어 식량도 없는 상태였고 창설부대를 보러 다닌 이곳저곳의 한국 풍경은 질척거리는 좁은 길과 나지막하게 깔린 초가집 마을의 전근대적 농업국가일뿐이었다.

박정희 대통령 집권 18년동안 엄청난 변화가 있었다. 박 대통령으로부터는 1948년 10월의 여순반란사건 진압작전 때 '초가집을 없애야 한다'는 말을 내가 직접 우연히 들은 바 있지만, 그의 대통령 재직중 이 초가집을 없애고 경제성장을 이룩한 것은 실로 놀랄 만한 일이 아닐 수 없었다.'

새마을가꾸기운동 초기에 마을 진입로와 다리 건설, 배수로 시설 보수, 지붕개량을 마을주민들이 공동으로 추진하여 성공을 거두자 주민들은 보다 어려운 사업에 도전했다. 마을 안길 넓히기 사업이 그것이었다. 우리나라 농촌마을은 안길은 좁고 꼬불꼬불 굴곡이 심하여 이것을 동력경운기나 소형자동차가 집앞까지 드나들 수 있을 정도로 넓히고 곧게 바로잡으려면 마을 안길 주변의 울타리를 헐어야 하고 때로는 건물도 헐어야 했으며, 일부 지역에서는 마을 안길의 모퉁이에 있는 여러 채의 농가를 완전 딴 곳으로 이주시켜야 했다. 따라서 마을 안길을 넓히기 위해서는 길가에 있는 농가들은 택지 일부를 제공하거나 딴 곳으로 이사해야 했다. 그러나 누구 집의 울타리를 헐어야 하고 모퉁이에 있는 농가를 몇 채 정도 헐어야 할 것인가를 결정하는 일은 결코 쉬운 일이 아니었다.

이를 위하여 마을 전주민들은 많은 회의와 토론을 했다. 따라서 마을 안길을 넓히는 데 있어서는 일 자체를 위해 소요된 시간보다 주민들의 합의를 이끌어내는 데 더 많은 시간이 소요되었다. 이렇게 어려운 과정을 거쳐 대부분의 마을에서는 마을 안길 넓히기 사업이 마을의 공동이익이 된다는 마을지도자나 주민들의 간곡한 설득에 따라 집주인들은 집터 일부나 집 자체를 내놓았고, 마을주민들은 이에 보답하기 위해 필요한 보상금을 분담하고 노동력을 제공하여 새 집을 지어주고 마을 안길도 넓혔다. 그리고 행정기관에서는 택지제공이나 주택이전에 따르는 행정수속을 신속하게 처리해 주었다. 이렇게 해서 거의 불가능한 일인 것처럼 보였던 마을 안길 넓히기 사업도 성공적으로 이루어졌다.

만약 마을 안길 넓히기 사업을 위해서 토지를 제공하는 지주와 노동을 제공하는 주민들에게 정부가 보상금과 임금을 주기로 했다면 이 사업은 전국 마을에서 동시에 추진할 수 없었을 뿐 아니라, 사업추진이 지연되거나, 경우에 따라서는 전혀 추진되지 못하는 경우도 있었을 것이다. 왜냐하면, 정부가 재원이 부족하여 전국의 모든 마을을 한꺼번에 지원해 줄 형편이 못되었고, 또 땅주인들은 땅값 상승을 기다리면서 땅을 거저 내놓으려 하지 않았을 것이기 때문이다.

1970년대 초만 하더라도 농촌에는 값싼 노동력이 비교적 많았고 지가상승 현상도 적었던 때라서 농촌의 노동과 토지의 기회비용이 낮았다. 따라서 마을의 생활환경 개선사업이 1980년대 이후에 실시되었다면 농촌의 노동력이 부족하여 노임이 상승하고 땅값이 크게 올라서 3만 5천여 개 농촌부락의 생활환경을 개선하는 데는 엄청난 자금이 소요되게 되어 사업이 지연되거나 또는 중단될 수도 있었을 것이다. 따라서 대통령이 농촌부락의 생활환경 개선사업을 70년대 초에 추진하여 가장 적은 자금으로 가장 빠른 시일 내에, 가장 큰 규모로 완성시켰다는 것은 그 실시 시기 선택에 있어서 대통령의 결정이 가장 적절한 것이었고, 또 선견지명이 있었던 것이라고도 할 수 있다.

대통령은 농촌근대화의 궁극적인 목적은 우리 농민들의 소득을 증대시켜 가난에 시달려 온 우리 농촌을 번영의 꽃이 피는 잘사는 농촌으로 만드는 데 있으며. 이 목적을 달성하기 위해서는 무엇보다도 먼저 우리 농민들의 정신계발이 이루어져야 한다고 믿고, 이를 위해서 심혈을 기울여 왔다.

60년대 초부터 대통령이 우리 농민들에게 가장 자주, 가장 많이 인용한 말은 '하늘은 스스로 돕는 자를 돕는다'는 말이었다. 부지런하고 스스로 돕는 자조적인 농민들은 하늘도 돕고, 정부도 도울 수 있으며, 이웃도 도울 수 있지만, 게으르고 스스로 돕는 자조정신이 없는 농민은 아무도 도와 줄 사람이 없고, 또 도와줄 수도 없다는 것을 대통령은 기회 있을 때마다 역설해 왔다.

그리고 잘살아 보겠다고 부지런히 노력하고 자조·자립의 정신이 강한 농민들에 대해서는 정부가 우선적으로 지원하고 돕겠다고 말하고, 이 방침은 농민들의 정신계발과 농촌근대화작업을 추진하는 데 있어서 하나의 원칙으로 삼았다. 이것이 '자조농가 우선지원 원칙'이었다.

대통령은 60년대 초반 식량증산을 위한 개간과 간척과 한수해 복구사업을 할 때 또 소득증대사업을 할 때, 이 원칙을 강조해 왔으며, 그 시행과정에서 농어민들의 자조·협동정신을 일깨우고, 식량증산과 소득증대사업의 성과를 올리고, 잘사는 마을을 만드는 데 있어서 매우 효과적이라는 사실을 확인했다.

일반적으로 농민들은 보수적이고 변화에 소극적이다. 농민들은 지금보다 더 잘살 수 있다는 가능성을 다른 사람의 경험과 성과를 보고 직접 확인하지 않는 한 급격한 변화의 과정에 내재된 위험과 고통을 참고 이겨내려는 모험을 하지 않으려는 성향이 강하다. 특히 우리 농민들을 작은 마을 공동체에서 너무나 오랫동안 가난을 숙명으로 알고 살아왔고 그 가난을 극복하겠다는 자각과 노력이 부족했다. 그러나 식량증산 운동과 소득증대사업을 통해 근면하고 자조·자립정신이 왕성한 농민들과 마을이 눈에 띄게 잘살게 되었다. 그렇게 되자 그렇지 못한 농민들과 마을도 생각과 행동을 바꾸어야 하겠다고 자각하고 우리도 다른 농민과 마을처럼 잘살아 보겠다고 분발하여 부지런하게 자조적인 노력을 하는 농민들과 마을들이 늘어나기 시작했고, 주민과 주민 사이에 또는 마을과 마을 사이에 잘살기 위한 선의의 경쟁이 농촌의 이곳저곳에서 일어나기 시작했다.

대통령은 우리 농촌에 이러한 선의의 잘살기 경쟁을 촉진시킨다면 우리 농민들의 정신계발은 촉진되고, 농촌마을은 짧은 기간 내에 잘사는 마을로 탈바꿈될 수 있다고 믿었다. 그리고 농민들의 정신혁명이 이루어지면 농촌에 대한 집중적인 투자는 소기의 성과를 거두어 농촌근대화는 그만큼 촉진될 수 있다고 보았다. 그리하여 70년초 새마을운동에 있어서는 '자조농가 우선지원 원칙'을 전국적으로 모든 사업에 적용하여 농가와 농가, 마을과 마을 사이에 잘살기 경쟁을 유발하기 위한 전략적 수단으로 활용하기로 했다. 마을의 모든 주민들이 모두 함께 나서서 근면하고, 자조적이며, 협동적인 노력으로 잘사는 마을을 만들고 있는 모범부락을 정부가 우선적으로 지원해 줌으로써 그렇지 못한 부락주민들도 이에 자극받아 근면·자조·협동의 정신으로 단결하여 잘사는 마을을 만드는 데 동참하도록 유도한다는 것이다. 한 곳에서의 변화는 다른 곳에서도 그러한 변화의 가능성에 신경을 쓰게 함으로써 한 곳에서 일어나고 있는 새로운 변화는 다른 지역에서의 변화를 낳게 할 수 있다는 것이다.

대통령은 주민들이 협동하여 부지런하게 자조적인 노력을 함으로써 잘살게 된 우수부락에 대해서는 전기와 전화, 상수도와 새마을 공장을 우선적으로 지원해 주기로 했다. 여기에는 몇 가지 목적이 있었다.

첫째는 우수부락 주민들의 사기와 의욕을 한층 더 올려주자는 것이었다.

둘째는 우수부락을 먼저 근대화된 농촌의 모습을 갖추도록 하자는 것이었다.

셋째는 뒤떨어져 있는 부락들이 우수부락을 보고 분발하여 따라오도록 자극하자는 것이었다.

전기·전화·상수도 등 현대적인 시설은 그 시절에 농어민들이 가장 부러워하고 가지고 싶어하던 것이었기 때문에 농민들을 분발하도록 자극하는 데 있어서는 가장 효과적이었다. 결국 이 원칙은 대통령의 뜻대로 못사는 농촌마을 주민들의 가슴속에 잘사는 마을주민들을 따라잡고 앞서 나가겠다는 의욕을 불러일으키고 선의의 경쟁심을 유발하여 그들로 하여금 자조와 자립과 협동의 정신을 발휘하도록 하는 데 결정적인 역할을 하였다.

한 마디로 이 선의의 경쟁 원리는 농민들이 스스로의 피눈물 나는 노력을 통해 스스로 일어설 수 있는 자생력을 키워 줌으로써 농촌의 지속적인 발전과 우리 농민의 생활향상에 크게 기여했다. 그리고 그것은 우리 농민들에게 시장경제의 세계로 발돋움할 수 있는 기회를 제공했다.

새마을운동은 그 초기에는 환경개선사업에 중점을 두었으나 그 사업이 성공을 거두게 되자 점차 농가소득 증대와 비농업소득 증진에 역점을 두고 추진되었다.

정부가 65~69년 기간 중에 도시 중심의 공업화정책을 추진할 당시 농가소득은 도시가구 소득에 비해 그 증가율이 4분의 1에 지나지 않았다. 그러나 정부가 고미가정책을 채택하고 새마을사업에 집중적인 투자를 했던 70~76년 기간 중 상황은 뒤바뀌어 도시가구 소득은 4.6% 증가한 반면 농가소득은 9.5% 증가했다. 결국 새마을운동은 '지니(Gini)계수'상 도시와 농촌간의 소득과 생활수준 격차를 점차 줄이고, 최소화하는 게 크게 기여했다. 새마을운동을 통한 농가소득의 지속적인 증대와 농공병진정책은 70년대 제3차 5개년계획 때부터 추진된 중화학공업의 성공적인 추진을 뒷받침한 경제적 바탕이 되었다.

우리 농민들은 자신의 운명을 자신의 노력으로 개척해 보겠다는 자조정신과 자립정신을 굳건히 가져야 한다

1970년 6월 10일, 권농일 행사에서 대통령은 먼저 우리 농민들 스스로가 부지런하고 열심히 일해서 우리 운명은 우리 자신의 노력으로 개척해 보겠다는 강인한 자조정신과 자립정신을 굳건히 가져야 한다는 점을 강조했다.

"지난 4, 5월달에는 강우량이 적어서 금년에도 또 다시 한발이 오지 않겠는가 하는 걱정을 했습니다만, 최근 2~3일간 모내기에는 큰 지장이 없을 정도로 비가 내렸기 때문에, 앞으로 우리들의 노력 여하에 따라서는 금년 농사도 풍년을 기대할 수도 있다고 믿습니다.

매년 우리가 6월 10일을 권농일로 정하고 거국적인 행사를 실시하고 있는데, 이 권농일 행사의 뜻이 어디에 있는가를 오늘 이 자리에서 한번 생각해 보는 것이 좋겠다고 생각합니다.

나는 여기에 두 가지 의의가 있다고 생각합니다.

하나는, 금년에도 한발이나 풍수해 등 여러 가지 천재가 나지 않고 우순풍조하여 풍년이 들어서 우리 농민들이 잘살게 해주십사 하는 염원을 비는 뜻이 있을 것입니다.

또 한 가지 의의는, 작년에는 우리가 한해·수해 기타 천재를 겪었거나 또는 영농에 여러 가지 실수를 해서 농사를 잘 못했더라도, 금년만은 보다 더 열심히 부지런하게 일하고 농사를 잘 지어 잘살아 보겠다 하는 우리들의 자조적인 정신을 다짐하는 데에 커다란 의의가 있다고 생각합니다.

매년 실시하는 이 행사에 이러한 두 가지 커다란 의의가 있는데, 우리 농민들 중에는 첫번째 의의는 대부분 알고 있어도, 두번째 의의를 잘 인식하고 있는 농민은 그다지 많지 않다고 봅니다.

금년에도 풍년이 들어서 잘살게 해달라는 하느님에 대한 기도라든지 소망만 가지고 농사가 잘 되는 것은 아닙니다. 그와 함께 농민 스스로가 부지런하고 열심히 일해서 우리의 운명을 우리 스스로의 노력으로 개척해 보겠다는 강인한 자조정신과 자립정신을 굳건히 가져야 합니다."

대통령은 이어서 '하늘은 스스로 돕는 자를 돕는다', '가난은 나라도 구하지 못한다'는 말을 인용해 우리 농민들은 스스로 돕는 자조정신을 발휘해야 한다는 점을 강조했다.

"하늘은 스스로 돕는 자를 돕는다는 말이 있습니다. 스스로 잘살아 보겠다고 노력하고, 부지런하게 일하는 농민은 하늘도 도와 주는 법입니다. 그러나 자조정신이 강하지 못한 농민은 하늘도 도울 수 없고 정부도 도울 수 없고 이웃도 도울 수가 없는 것입니다.

나는, 하늘은 스스로 돕는 자를 돕는다는 말이 결코 하나의 미신도 아니고, 어떤 종교적인 설교도 아니고 만고불변의 진리라고 생각합니다. 이것은 농사뿐 아니라 모든 일에 있어서 다 마찬가지입니다. 또한 개인에 있어서도 마찬가지고, 한 부락에 있어서도 마찬가지고, 국가에 있어서도 마찬가지입니다.

지금 우리나라에는 대단히 근면하고 자조정신이 강한 농민들도 많이 있습니다. 이러한 농민들은 매년 매년 살기가 나아지고, 농가소득도 늘어 보다 더 잘사는 농가가 되어 가고 있는 것을 우리 눈으로 보고 있는 것입니다.

그러나 반면에 이러한 자조정신이 강하지 못한 농민이 우리나라에는 또 상당히 많이 있습니다.

농사가 안 되어도 자기가 얼마만큼 자조적인 노력을 했느냐 하는 것은 생각지 않고, 하늘만 쳐다보고 한탄을 한다든지, 정부가 왜 도와 주지 않느냐 하고 정부를 원망한다든지 이웃사람이 왜 도와 주지 않느냐 하고 이웃을 원망한다든지 하는 농민들이 우리 농촌에는 상당히 많이 있는 것입니다.

옛날 우리나라 속담에 가난은 나라도 구하지 못한다는 말이 있습니다. 나는 그 말을 바꾸어서 부지런하지 않은 사람은 나라도 도울 수가 없다고 하겠습니다. 부지런한 농민은 정부도 도울 수 있고 이웃도 도와줄 수 있지만, 부지런하지 못하고 스스로를 돕겠다는 자조정신이 강하지 못한 농민은 아무도 도울 수가 없고, 또 아무도 도와줄 사람이 없습니다."

대통령은 이어서 우리 농민들은 원시적인 영농방법을 답습하겠다는 사고방식을 버리고 머리를 써서 연구하고 주어진 여건을 스스로 개척해 나가야 한다는 점을 강조했다.

"금년 봄에 한 때 비가 오지 않아서 심어 놓은 보리가 도처에서 말라 죽는 등 한발이 심한 때가 있었습니다. 그때 지방출장을 다니면서 보니까, 어떤 지방에서는 보리가 누렇게 말라 죽고 있는 바로 옆 저수지에 물이 가득 괴어 있기도 하고, 어떤 곳에서는 보리밭에서 멀지 않은 개천에 물이 흘러내려가고 있기도 했습니다.

그런데도, 농민들은 그 물을 길어서 보리밭에 주려는 생각은 하지 않고, 그저 매일 하늘을 쳐다보면서 비 안 오는 걱정만 하고 있었습니다. 이건 비단 농민뿐만 아니라, 일부 공무원조차도 바로 옆에 있는 물을 길어다가 그 보리밭에 준다는 착안은 못하고 있는 실정이었습니다.

그래서, 그 당시 지방장관 회의를 열어, 비 오는 때만 기다릴 것이 아니라 보리밭에 물주기 운동을 한 번 전개해 보자고 했습니다. 전농민, 전공무원, 그리고 부근에 있는 학생 기타 모든 사람이 총동원되어서 보리밭에 가까이 있는 개울에서 물통 같은 것으로 화재가 났을 때 릴레이식으로 물을 전달하는 방법으로라도 아침저녁으로 몇 번만 주면 보리라는 작물은 벼농사처럼 물을 그렇게 많이 필요로 하는 것이 아니기 때문에 며칠 동안은 견딜 수 있지 않느냐.

그 다음에도 비가 안 오면 또 이런 식으로 물을 주어 비가 오지 않더라도 사람의 힘으로 극복하도록 노력해 보자고 했습니다. 그래서, 그때 도처에서 보리밭에 물주기운동이 벌어져서 한발로 말라 죽어 가던 보리를 많이 구한 예가 있습니다.

이것은 한 가지 간단한 예입니다만, 우리가 농사를 짓는 데에는 여러 가지로 머리를 써야 합니다. 옛날 조상들이 하던 원시적인 영농방법만을 언제든지 답습하겠다는 사고방식은 버려야 합니다.

오늘날 인류사회에서는 과학문명이 급진적으로 발전해 나가고 있습니다. 인간이 지구에서 위성을 만들어서 달까지 갔다 오는 시대인 만큼 새대식, 원시적인 영농방식은 나날이 개선해 나가야 하겠습니다.

우리 스스로 연구하고 이웃나라의 새로운 방법도 본받고 배워서 개선해 나가려는 노력을 정부나 농민들이나 모두 똑같이 경주하지 않으면 우리나라 농사는 나날이 뒤떨어져 갈 것입니다.

흔히 우리 대한민국은 인구는 많고 땅은 좁고 농토는 적고 등등 앉아서 걱정만 하는 사람들이 많습니다.

물론, 우리나라가 북미 대륙이나 호주처럼 광막한 넓은 땅을 가졌다면 좋겠지만 우리 여건은 그렇지 못합니다.

그러나 땅이 적어서 농사가 안 되거나, 농사를 지어도 식량이 자급자족이 안 된다고는 보지 않습니다. 우리가 조금만 더 노력하면 식량 자급자족뿐 아니라, 많은 농산물을 해외에 수출할 수 있는 여지도 얼마든지 있다고 생각합니다.

문제는 우리들의 노력과 연구심, 그리고 우리에게 주어진 여건을 우리 스스로 개척해 나가겠다는 자조정신, 이것만 있으면 땅이 좁다, 인구가 많다, 이런 것은 조금도 걱정할 필요가 없다고 생각합니다."

대통령은 이어서 우리 농민들이 과연 하늘을 원망하기 전에 자력으로 할 수 있는 일은 다 했는지를 살펴보자고 말하고, 작년 여름 홍수 때 무너진 제방을 왜 작년 가을 농한기 때나 금년 봄에 부락주민들이 스스로의 노력으로 고치지 않았느냐? 이런 것도 정부에서 예산을 줘야 하는 것이냐고 반문하면서, 이것이 바로 우리 농민들은 자조정신이 박약하다는 것을 말해 주는 것이라고 지적했다.

"여러분! 오늘이라도 돌아가면 여러분이 사는 농촌, 또 여러분들이 사는 그 농가, 여러분들이 경영하는 농토에 나가서 한번 잘살펴보십시오! 우리 농민들이 우리 스스로의 힘으로써 할 수 있는 일을 다 했는가 안 했는가? 하늘을 원망하기 전에, 남을 원망하기 전에 내 스스로가 해야 할 일을 했느냐, 이것부터 살펴봅시다. 작년 여름 홍수에 허물어진 제방을 금년 봄 또는 작년 가을 농한기에 왜 그 부락에 있는 농민들 스스로의 힘으로 고치지 않았습니까? 이것도 모두 정부에서 예산을 주어야 하는 겁니까?

그런 것이 바로 우리 농민들은 자조정신이 박약하다는 이야기입니다. 물론, 농민들의 힘으로 할 수 없는 일이 있습니다. 그것은 응당 정부가 도와 주어야 합니다.

그러나 자기가 할 수 있는 일도 하지 않고 모든 것을 정부가 도와달라는 생각은 버려야 합니다. 그런 정신을 버리고 우리가 자조정신을 가지면 오늘날 추진하고 있는 농촌근대화, 농촌부흥은 모두 이루어질 수 있는 것입니다. 어떤 사람은 정부가 농촌에 투자를 적게 한다, 곡가를 더 올려 주어야 되겠다 등등 여러 가지 요청을 많이 하고 있지만 그런 것만 해준다고 농민이 잘사는 건 아닙니다.

근본적인 문제는 우리 농민들이 스스로 돕겠다는 이 자조정신입니다. 이것이 하나의 근본이 되어야만 정부가 하는 모든 시책이나 또 농민 여러분이 하는 일들이 효과를 나타내고 결실을 내고 우리 농촌이 잘살 수 있게 됩니다.

나는 오늘 권농일을 기해서 우리 농민들에게 보다 더 부지런하게, 보다 열심히 우리 스스로의 운명을 우리 스스로의 힘으로써 개척해 나가는 강인한 자조정신과 자주·자립정신을 가지자, 이것만이 우리 농촌을 부흥시키는 가장 근본적인 힘이 될 수 있다는 점을 다시 한번 강조하는 바입니다."

농촌근대화의 근본요소는 농민들의 자조정신과 자발적 노력이다

1970년 10월 5일, 벼베기대회에서 대통령은 먼저 우리 농민들이 천재를 당하거나 예기치 않은 피해를 입었을 때 일차적으로 복구 노력을 해야 할 사람은 바로 피해를 입은 농민 자신들이라는 점을 강조했다.

…(중략)… "금년에는 풍수해가 여러 번 있었고 초가을에는 태풍까지 지나갔기 때문에 농작물 피해가 많으리라고 예상하고 퍽 염려를 하고 있었습니다.

그러나 최근의 통계에 의하면 태풍 또는 풍수해를 입은 일부 제한된 지역을 제외하고는 전국적으로 평년작을 훨씬 상회하는 풍작이라고 합니다.

오히려 작년보다도 더 증산되었다고 하는데, 이것은 대단히 반가운 일이고 우리 농민들을 위해서 또한 기쁜 소식이라고 생각합니다.

여러 번 천재를 입고 풍수해를 겪고도 이런 좋은 결과를 가져온 것은 결코 아무런 노력도 없이 저절로 이루어진 것은 아닙니다.

나는 우리 농민, 일선공무원, 그리고 농촌지도자 여러분들이 풍수해 예방과 피해 복구를 위해서 기울인 피땀어린 노력과 자조적인 정신이 이러한 결과를 가져왔다고 생각합니다.

지난번 영남, 호남, 그리고 일부 강원도 지방에 풍수해가 여러번 있었을 때에도 몇몇 지방에 가 보았더니, 중앙의 지원이 뻗치기 전에 현지 주민들이 자발적으로 총동원되어 수해 복구에 나서고 있고, 여러 가지 자조적인 노력을 하고 있는 모습을 보고 대단히 흐뭇하게 생각했습니다.

물론, 농민들 스스로의 힘으로는 감당할 수 없는 복구사업 같은 것은 마땅히 정부가 최대한 지원을 하겠지만, 내가 항시 강조하는 것은 이러한 천재를 당하거나 예기치 않은 피해를 입었을 때, 일차적으로 복구노력을 기울여야 할 사람은 바로 피해를 입은 농민 자신들이라는 점입니다. 우선 자기들이 할 수 있는 복구사업은 스스로의 힘으로 해야 됩니다.

금년에는 이러한 자조적인 노력이 과거 어느 때보다도 컸고, 또 그러한 정신이 왕성하여 사소한 피해는 거의 농민들 스스로의 노력으로 복구되었다는 것은 대단히 좋은 일이라고 생각합니다."

대통령은 이어서 우리 농촌을 부흥시키고 근대화하는 데 있어서 하나의 근본적인 요소는 우리 농민들의 스스로 돕는 자조정신과 자발적인 노력이라는 점을 강조했다.

"그러나 아직도 우리 농민들이 좀 더 노력해야 할 점이 한두 가지가 아닙니다.

간단한 예로, 최근에 지방에 나가보면 벼논에 피가 자라고 있는데 아직까지 뽑지 않은 농민들이 있는가 하면, 풍수해나 태풍으로 넘어진 벼가 아직까지 그대로 방치된 데가 상당히 많이 눈에 띄고 있습니다. 피를 뽑는다든지, 도복된 벼를 일으켜 세운다든지 하는 일 그 자체가 얼마만한 증산을 가져올는지, 그 정확한 수량은 알 수 없다 하더라도, 우리가 노력을 하면 하는 그만큼 증산이 된다, 그리고 우리가 할 수 있는 일은 우리가 최선을 다 한다는 자세가 중요하다고 생각합니다.

또 한 가지, 나는 금년 봄부터 각 도지사들에게 논두렁에 콩을 심도록 농림부장관을 통해 강조해 있습니다.

그런데, 시장·군수·면장·일선공무원들의 적절한 지도와 농민들의 협조정신이 왕성한 곳에서는 논두렁에 콩을 많이 심었지만, 일부 지방에 가보면 전연 콩을 심지 않은 데도 많이 있습니다. 지금 우리나라에서는 콩의 수요가 매년 늘어나고 있고 지금도 아마 콩값이 상당히 앙등한 것으로 알고 있습니다. 특히, 군에서 사용하는 군용 대두 같은 것은 우리가 외국에서 수입을 하고 있는데, 우리 농민들이 논두렁에다 이 콩을 심으면 큰 노력 없이도 상당히 수확을 올릴 수 있습니다.

이런 일을 하면 결과적으로 그 소득은 농민들의 손에 돌아가는 것이고 국가적으로 보더라도 콩을 증산하기 때문에 그만큼 외화를 절약할 수 있는 것입니다.

이처럼 우리 농민들이 누가 시켜서가 아니라, 스스로 능동적으로 일한 결과가 결국은 자기 자신에게 이익이 된다는 것을 안다면, 좀 더 자발적으로 해 주었으면 좋겠습니다. 이것은 간단한 예에 불과합니다만, 우리 농민들의 자조정신 또는 자발적인 노력은 우리 농촌을 부흥시키고 근대화하는 데 있어서 하나의 근본적인 요소가 된다는 점을 강조하고자 합니다."

대통령은 끝으로 제3차 5개년계획에서는 농촌부흥을 이룩하기 위해 농촌에 집중적인 투자를 한다고 말하고 이러한 투자가 성과를 거두려면 농민들의 자조·자립정신이 왕성해야 한다는 점을 강조했다.

"여러분들에게 또 한 가지 말씀드릴 것은, 지금 정부에서는 제3차 경제개발 5개년계획을 작성하여 거의 시안이 완성되어 가는 단계에 있는데, 이 제3차 경제개발 5개년계획에는 두 가지 커다란 정책적인 목표를 두고 있다는 점입니다.

그 한 가지는 수출을 많이 해야 되겠다는 것이고, 또 한 가지는 농촌에 보다 더 집중적인 투자를 하여 우리 농촌부흥을 기필코 이룩해 보자는 의욕적인 목표입니다.

물론, 1차, 2차 5개년계획에 있어서도, 우리는 이런 노력을 꾸준히 해 왔고 현단계에서도 추진하고 있기는 합니다. 다만, 농촌에 보다 더 집중적인 투자를 하기 위해서는 선행 계획이 앞서야 하고 여러 가지 경제적인 여건, 기타 조건이 갖추어져야 되는 것인데, 그동안 꾸준한 노력으로 이러한 여건이 마련되었기 때문에, 3차 5개년계획에 있어서는 우리 농촌에 보다 더 많은 투자를 하고 농민들로 하여금 보다 더 많은 소득을 올릴 수 있는 시책을 강력히 밀고 나가겠다는 것입니다.

이것은 농민 여러분에 대해서는 대단히 희망적이고 밝은 소식이지만, 내가 늘 강조한 바와 마찬가지로, 농촌에 정부가 많은 투자를 한다고 해서 반드시 투자한 것만큼 농민들의 소득이 증대되고 농촌이 그만큼 부흥이 된다고는 이야기할 수 없는 것입니다.

정부가 자본을 투입하면 그 투자의 효과를 최대한으로 거둘 수 있게끔 이것을 받아들이는 농민들의 자세와, 농민들 스스로의 자조적인 노력, 그리고 자기 스스로 노력해서 자립해야 되겠다는 왕성한 자립정신, 이런 모든 것이 같이 합쳐져야만 소기의 성과를 거둘 수 있다는 점을 여러분에게 다시 한번 강조합니다."

농로를 개발할 때는 그 폭을 더 넓혀야겠다

1971년 1월 20일, 내무부 연두순시에서 대통령은 농로를 개발할 때 그 폭을 더 넓히라고 지시했다.

"작년에 농로개발을 7,600km 했다는 것은 1년 동안 굉장히 많이 한 것인데 나도 지방에 다니면서 보니까 상당히 많이 하고 있더군요. 내무부에서 그 폭을 5m 이상이라고 강조를 하고 있는 데 실지 내가 둘러보니 5m가 안 되는 것 같아요.

농민들이 역시 땅을 아껴서 좁게 하려고 하는데 좁게 하면 농로를 만드나마나 하단 말이오. 농민이 싫어하더라도 잘 이해시켜 조금 넓게 해야 앞으로 이용가치가 있는 것이지, 좁아서 트럭이라든지 자동차도 들어가지 못하는 그런 걸 만들면 아무 소용 없어요."

자조정신이 왕성한 농가와 마을을 가장 우선적으로 지원할 것이다

1971년 1월 31일, 제주도 일주도로 준공식에서 대통령은 먼저 자조정신이 왕성한 농가와 농촌마을을 가장 우선적으로 가장 중점으로 지원하겠다는 점을 강조했다.

"작년에는 어쩐 일인지 제주도에 여러 가지 불행한 일들이 많았습니다.

태풍 비리호를 위시해서 폭우가 여러 번 있었고, 그 바람에 많은 인명 피해와 선박의 파손, 가옥의 도괴, 그리고 제주도민 여러분들이 가장 소중하게 여기는 감귤나무들이 피해를 입었으며, 또 작년 연말에는 지금 생각만 해도 끔찍한 남영호 해난 사고가 있어서 귀중한 많은 생명을 잃은 불상사들이 있었습니다.

그러나 이러한 모든 불행한 일은 작년 연말로서 깨끗이 흘려 버리고, 새해에는 도민 여러분들 가정에 행운이 깃들고, 우리 제주도가 보다 더 발전하고 비약할 수 있는 새로운 행복된 해가 되기를 바라는 바입니다.

우리 제주도는 지난 몇 년 동안 많은 발전을 가져왔습니다.

이것은 첫째, 우리 도민 여러분들이 어느 지방의 주민들보다도 근면하고 부지런하고 자립정신과 자조정신이 강한 데 기인했다고 나는 생각을 합니다.

또한, 여러분들이 그와 같이 근면하고 자립정신이 강하기 때문에

제주 산지개발을 위해 대대적 투자 1968년 4월 제주도를 방문한 박 대통령이 제주의 한라산 개발에 있어서 중산간지대 개발을 위해 휘호하고 있다. 제주의 낙농업, 감귤농장개발은 이 때부터 착수되었다.

정부에서도 제주도에 대해서는 여러 가지 면에 있어서 중점적인 지원을 해온 것도 사실입니다.

여러분들의 노력과, 여러분들의 자조정신과, 정부의 뒷받침이 합치가 되어서 지금 우리 제주도는 나날이 발전되어 가고 있습니다.

하늘은 스스로 돕는 자를 돕는다 하는 말을 나는 항상 강조해 왔습니다.

여러분 스스로가 잘살아 보겠다는 노력을 하고, 근면하고, 저축하고, 자조정신이 강하면 여러분들의 이웃이 여러분을 도우려하고, 또 정부가 여러분들을 도우려하며, 하늘이 여러분을 도우려고 할 것입니다.

스스로 돕는 자는 하늘도 돕는다, 이것은 천고불변의 진리입니다.

그동안 제주도의 여러 가지 투자사업에 있어 정부에서도 일부 부처나 어떤 장관들까지도 왜 대통령께서는 제주도에는 자꾸 투자를 하려고 하느냐, 제주도는 인구를 따지면 육지에 있는 어떤 군밖에 안 되는데 투자를 많이 하려고 하느냐고 불평을 하는 사람들이 있었습니다. 그러나, 나는 그것이 아니다 이것입니다.

스스로 잘살아 보겠다고 노력을 하고, 근면하고, 자립정신이 강한 그런 주민에 대해서는 정부는 가장 우선적으로, 중점적으로 도와야 되겠고, 또 앞으로도 계속 돕겠다는 것이 나의 방침입니다."

대통령은 이어서 제주도는 우리나라에서 가장 잘사는 부유한 도(道)가 될 수 있는 좋은 여건을 갖춘 지역이라는 사실을 지적했다.

"오늘 준공식을 보는 이 제주 일주도로는 우리 제주도민들의 오랜 숙원이었습니다.

나는 61년도에 처음으로 제주도를 방문했었는데, 그때 제주도를 제주시에서부터 시작해서 성산포·서귀포·모슬포로 해서 한 바퀴 돌아보았습니다. 시간으로 아마 8시간, 9시간 걸리는 형편없는 도로였습니다.

나는 항시 생각하기를, 우리 제주도는 여러 가지 면에서 앞으로 발전할 수 있는 좋은 여건을 갖춘 지역이다, 특히 이 지방 주민들의 근면성과 자조정신을 볼 때, 여기에 앞으로 우리가 조금만 더 노력을 하면 제주도는 우리나라에서도 가장 잘살 수 있는 부유한 도가 되리라고 믿고 있습니다. 그러나, 여기에는 두 가지 문제가 있습니다.

제주도를 개발하기 위해서는 두 가지 문제를 해결해야 합니다. 하나는 물 문제입니다. 제주도는 우리나라 어느 지방보다 연간 강우량이 많은 지방이지만, 땅표면에는 물이 거의 없습니다. 비가 오면 땅으로 스며들기 때문입니다.

심지어 여러분들 가정에서 먹는 음료수까지도 고통을 받는 지역이 있습니다.

특히, 앞으로 우리가 축산을 장려한다든지 관광시설을 한다든지, 특수작물을 재배한다든지 또는 공장을 세운다든지 할 경우에 가장 필요한 것이 물입니다. 이것을 개발해야 되겠다는 것입니다.

또 한 가지는 역시 도로입니다. 이 두 가지 문제를 우리가 중점적으로 개발하면 제주도는 앞으로 저절로 발전이 됩니다.

물이 풍부하고 도로가 좋으면 돈 있는 사람들이 제주도에 서로 와서 경쟁을 하면서 투자를 할 것입니다.

그래서, 그동안 정부가 수자원개발에 대해서도 지금 어승생 댐이라든지 또 정부에서 나와 있는 지하수 개발조사팀이 50여 개 지역을 조사해서 제주도에는 지하수가 풍부히 있다는 결론이 나왔습니다.

다만, 지금까지 우리가 조사를 충분히 하지 못하고 개발하는 데 노력을 못했기 때문에 그렇지, 제주도 땅 밑에는 물이 얼마든지 있다는 것입니다. 이것을 개발해야 합니다.

또, 도로도 이번에 일부 도로가 완공이 됐지만, 앞으로 횡단도로라든지 기타 여러 지방 도로를 연차적으로 우리가 포장을 하고 개발해 나간다면, 우리 제주도는 가장 살기 좋은 곳이 될 것입니다.

또한, 오늘 아침 일어나서 라디오를 들으니까 서울은 지금 영하 11도라는 이야기입니다. 그런데, 이곳의 내 방에 있는 온도계를 밖에 내놓고 측정해 보니까 영상 6도입니다. 서울하고 여기하고는 17~18도의 기온 차이가 있습니다.

이처럼 기후 조건이 좋기 때문에 우리가 보다 더 노력을 하고, 근면하고, 자조정신을 가지고 일하면, 우리 제주도는 보다 더 잘살 수 있는 지방이 될 수 있다는 자신을 가지고 여러분들도 더 노력을 해 주시기 바랍니다."

대통령은 이어서 제주도 일주도로 개통은 제주도의 산업발전이나 관광개발에 새로운 계기를 마련했다는 점에서 큰 의의가 있다고 말하고, 대통령 자신이 느끼는 또 한 가지 보다 큰 의의는 이 도로의 총 공사비 10억여 원 중에서 5분의 1 정도, 약 2억 원을 제주도민들이 부담했다는 사실에 있다는 점을 강조했다.

"오늘 개통된 이 일주도로는 제주개발에 하나의 새로운 계기가 되리라고 나는 확신합니다.

물론, 산업적으로도 그러하고 앞으로 관광을 위해서도 그렇고 여러 가지 분야에 있어서 이것은 의의가 깊은 도로지만, 나는 거기에 또 한 가지 덧붙여서 이 도로 개통에 큰 의의를 느끼고 있습니다.

무엇이냐 하면, 이 도로는 181킬로미터, 우리나라 이수로 따지면 약 450리 가량 되는 길인데, 이 도로공사에 조금 전에 지사가 보고한 것처럼 약 10억이란 예산이 들어갔지만, 거기에서 4분의 1 정도는 도민 여러분들이 부담을 했다 이것입니다.

정부에서는 매달 한 번씩 경제동향보고라 해 가지고 대통령이 주재하는, 지난 한 달 동안의 경제상황에 대한 종합적인 보고를 하는 회의가 있습니다. 전국무위원들이 전부 나오고, 경제과학심의위원이나 은행장이라든지 경제관계에 있는 사람들이 전부 참석해서 지난 1개월 동안 우리나라 경제가 대략 어떻게 움직였는가, 앞으로 어느 정도 해야 되겠는가 하는 종합적인 경제동향보고가 있는데, 이 회의에서 제주 일주도로에 대한 공사 현황이 영화로 여러 번 상영됐습니다.

그 영화를 보고 정부의 모든 장관들이 여러 가지 느낀 점이 많습니다. 아까 지사가 얘기한 것처럼 남녀노소 할 것 없이, 심지어 어린 국민학교 아동들이나 나이 많은 노인들이나 한창 몸가꾸기에 애를 써야 될 처녀들까지 나와서, 도로공사에 자갈과 모래를 운반하고 여러 가지 협조를 하는 그 모습을 보고, 제주도에다 대통령이 투자를 우선적으로 하는 데 불평을 하던 장관들의 말이 쑥 들어갔습니다.

이렇게 자조정신이 강하고 자기의 고장 발전을 하기 위해서 자기들이 할 수 있는 일은 최대한으로 하는 주민들은 정부가 어느 지방보다도 우선적으로 도와야 된다 하는 인식이 정부에 있는 모든 장관들에게도 머리에 확실히 인식이 되었습니다."

대통령은 이어서 도로포장을 해달라는 주민들은 요청에 대해서는 자기들이 할 수 있는 일은 자기들이 하는 자조정신이 강하고 정부에 협력하는 협조정신이 강한 주민들의 요청부터 우선적으로 들어주어야 한다는 점을 강조했다.

"지금 육지에도 여러 군데서 도로포장을 해달라는 요청이 정부에 들어오고 있습니다.

그때마다 나는 항시 제주도 일주도로의 예를 듭니다. 우리나라의 도로가 불과 20%밖에 포장이 안 됐는데, 지금 제한된 예산을 가지고 나머지를 한목에 포장하기에는 도저히 불가능하기 때문에, 우선적으로 산업개발이라든지 또는 군사목적이라든지 지역사회개발이라든지 어떤 원칙하에서 우선적으로 포장해야 되겠고, 그 중에서도 또 어느 것을 먼저 하느냐 하는 경우에는, 제주도민 여러분들과 같이 자기가 할 수 있는 일은 자기들이 하는 협조정신이 강한 그런 주민들한테 우선적으로 해 주자는 것입니다. 오늘 이 자리에 건설부장관도 참석하고 있습니다만, 서로 해 달라고 야단인데 너도나도 국회의원들이 와서 우리 지방도로를 포장을 해야 선거 때 표가 많이 나온다느니 어쩌느니 하는데, 나는 관심이 없다 이것입니다.

누가 정부에 대해서 협조를 많이 하느냐가 중요한 것입니다. 제주 일주도로 건설에 10억이 드는데, 주민 여러분들이 피땀어린 노력으로 2억에 가까운 부담을 여러분들 스스로가 했습니다.

이와 같이, 주민들의 협조와 협력이 크면 클수록 정부는 적은 예산을 가지고 많은 일을 할 수 있는 것입니다.

자기 고장 발전을 위해서는 자기 스스로가 할 수 있는 것은 다 해야 되는 것입니다. 물론, 여러분들이 할 수 없는 일도 많아요. 여러분들에게 많은 돈을 내라든지, 세금을 내라든지 하는 것은 무리한 일입니다. 그것은 정부도 하지 않겠지만 여러분들이 할 수 있는 일은 여러분들이 해야 합니다.

제주도민 여러분들이 정부가 하는 사업에 협력을 해 줌으로써, 앞으로 여러분들이 그러한 자조정신과 자립정신을 가지고 일하면 정부도 계속적으로 지원을 할 것이고, 또 우리 제주도는 어느 지방보다도 빨리 발전할 수 있다, 이렇게 생각을 합니다.

그동안 협조해 주신 도민 여러분들에게 치하를 드리고, 공사에 수고를 하신 제주도지사 이하 모든 관계공무원 또한 공사를 담당한 삼부토건 기타 기술자 여러분들의 노고에 대해서 심심한 치하와 감사를 드리는 바입니다."

대통령은 끝으로 제주 일주도로 활용방안을 연구하고 접도구역에 건물을 지어서는 안 된다는 점을 제주도민에게 당부했다.

"그러나 도로가 되었다고 해서 덮어놓고 좋아할 것이 아닙니다. 성산포 가는 사람들이 과거에는 여기서 성산포까지 가자면 버스를 타고 춤을 추다시피하며 갔는데, 편안하게 가게 되었다는 것만이 목

제주도민이 새마을운동으로 도로확장공사를 하는 장면(1972)

적이 아닙니다. 가는 데도 편안히 가게 되었지만, 이 도로를 제주 개발을 위해서 어떻게 잘 이용하느냐, 어떻게 활용을 하느냐 하는 것을 잘 연구해야 합니다.

육지에도 고속도로가 건설되었습니다.

경부고속도로에 이어 호남고속도로가 지금 일부 되었고, 3월달에 가면 서울서 동해안 강릉까지 가는 고속도로가 착공이 되고 연차적으로 돼 갑니다. 이것은 자동차 타는 사람들이 빨리빨리 구경다니게 하기 위해서 그렇게 많은 돈을 들여가지고 도로를 포장하는 것이 아닙니다.

첫째는 생산을 해야 되겠다 이것입니다. 이 도로를 이용해서 산업을 개발하고, 경제를 건설하고, 우리가 보다 더 잘살 수 있는 그러한 나라를 만들기 위해서, 막대한 돈을 들여가지고 도로건설을 하고 포장을 하는 것입니다.

특히, 주민 여러분들에게 내가 또 한 가지 부탁하고 싶은 것은 지금 포장이 겨우 4미터 폭밖에 되지 않았습니다. 앞으로 이 도로 하나 가지고 부족해요. 이러한 도로가 둘이 같이 나란히 가도록 해야 합니다.

이것은 물론 많은 돈이 들어가기 때문에 당장은 안 되지만, 이 도토 옆에다가 도에서 접도구역 표시라고 말뚝을 갖다가 박을 것입니다.

표시가 돼 있는 안에는 여러분들이 일절 건물을 짓지 말라는 것입니다. 그래야 이 다음에 길을 또 하나 낼 수 있습니다.

앞으로 차량이 더 많아지고 제주도가 개발이 더 되면, 지금 4미터 폭 가지고 도저히 안 되니까 그때 길을 더 넓히기 위해서는 길 옆에 건물을 지어서는 안 된다는 것입니다.

그 접도구역 안에는 건물을 짓지 말고 땅을 남겨 두면, 정부가 그 옆에다가 길을 또 만들어서 경부고속도로 모양 4차선으로 달릴 수 있는 넓은 길이 생길 수 있을 때 우리 제주도는 한층 멋있는 제주도가 될 것입니다. 도민 여러분! 앞으로 더 많이 협조해 주시기 바랍니다."

농촌근대화는 농민들의 정신적 근대화부터 먼저 시작되어야 한다

1971년 7월 30일, 지방장관 회의에서 대통령의 유시가 끝난 후 내무부는 70년 가을부터 시작된 '새마을가꾸기운동'의 추진현황을 보고했다. 대통령은 총리와 관계부처에 대한 구체적인 지시에 앞서 몇 가지 사항에 대해 지시를 했다.

첫째, 시·도의 기채사업을 억제하고 예산 범위 내에서 사업을 해야 되겠다는 것이다.

"국무총리도 훈시를 통해 여러 가지 지시를 할 것이고, 각 부처에서도 구체적인 지시사항이 있을 것이며, 내가 한 훈시 가운데 중복되는 사항도 있겠지만, 이 기회에 몇 가지를 다시 강조하고자 합니다.

첫째, 지금까지 시·도에서 기채사업을 많이 하고 있는데, 앞으로 중앙정부나 지방정부나 가용예산 범위 내에서 일을 하자는 것입니다. 예산은 없는데 너무 욕심을 많이 부려 가지고 은행 등에 부채를 많이 지면서 일을 벌여 놓기만 하면 매듭짓기가 곤란하고, 또 중앙에서 일일이 그런 것을 전부 다 지원을 해 주기도 곤란하기 때문에, 시·도 자체, 지방자치단체 자체에서 내년에 할 것을 금년에 당겨서 하고, 내년 자체예산으로 메울 수 있는 기채사업 같은 것은 종전과 같이 내무부장관의 승인을 얻어서 해도 좋겠지만, 중앙의 보조나 지원을 필요로 하는 사업은 앞으로 일일이 경제각의에서 승인을 받은 연후에 하도록 억제를 해야겠습니다."

둘째, 새마을가꾸기운동에 있어서는 자조농가 우선지원 원칙을 지키고 모든 농가에 대해 균일하게 지원하는 정책이나 행정은 지양해야 한다는 것이다.

"그다음, 조금 전에 '새마을가꾸기운동'에 대한 종합보고가 있었는데, 대체로 성공한 부락이 많다고 봅니다. 이 사업은 앞으로도 계속할 계획인데, 내무부에서 내년도에는 약 5600개 부락 정도를 선정해서 하게 되면, 한 군에 40개 내지 약 50개 부락 정도가 될 것인데, 이러한 사업을 할 때에는 무엇보다도 그 지역 주민들의 자조정신·참여의식·협동정신, 그리고 전에 이룩한 성과 등을 고려해서, 그러한 정신이 강하고 전망이 밝은 부락을 선정해서 해야 하겠습니다.

시멘트나 자재 등을 나누어 주었는데, 그 부락 주민들이 단결심도 없고, 협동정신도 없고, 자조정신도 없이, 한 포대씩 나누어 써버리는 그런 부락에는 조금도 지원을 해 줄 필요가 없는 것입니다.

이것을 최대한으로 활용한 협동정신이 강하고 자조정신이 강한 그런 부락에다 우선적으로 지원해 주어야 할 것입니다. 5,600개란 숫자가 더 늘는지 줄는지 모르지만, 한 군에다 몇 곳씩 고정적으로 배정할 것이 아니라, 각도에서 그 성적을 전부 평가해 놓는 것이 있으니까, 거기에 따라서 우량한 성적을 올린 부락에 우선적으로 지원하고, 그렇지 않은 부락은 전부 제외해야 하겠습니다.

그동안 나는 자조정신이 있는 농민을 도와준다는 이야기를 누차 했는데, 이제 모든 시책면에 있어서 이를 철저히 시행해야 하겠다는 것입니다. 똑같이 고루고루 나누어 주는 정책이나 행정은 지양해야 합니다.

어떤 부락에서는, 조금 전에 슬라이드에서도 나왔지만, 가정주부들이 절미운동까지 해서 자체자금을 만들고, 부락주민들이 나와서 같이 노력봉사를 해서, 중앙에서 주는 시멘트 360포대를 최대한으로 이용하여, 그 부락 발전을 위해서 평소의 숙원사업을 자기들 힘으로 완성했는데, 다리가 하나 되었다, 뭐가 하나 되었다는 그 자체도 중요하지만, 정신적인 측면으로 볼 때, 이것이 바로 근대화의 바람이 들어가는 모습이며, 농민들이 눈을 뜨는 현상인 것입니다. 이것을 할 줄 모르는 농민들한테는 돈을 주어 보았자, 도와주어 보았자 아무 소용이 없으며, 오히려 정부에 대한 의존심만 조장한다고 봅니다. 현재 정부 형편으로는 전국에 수만 개나 되는 부락을 똑같은 수준으로 키워 올리는 재주는 없는 것입니다.

잘살아 보려고 발버둥을 치고 애쓰고 10만 원을 도와주면 결과적으로 몇백만 원어치 일을 해내는 부락을 우선적으로 지원해 주는 것과, 10만 원을 주면 10만 원어치밖에 못하거나, 자칫하면 10만 원 어치 성과도 못 올리는 부락에도 균등하게 지원해 주는 것과 어느 편이 더욱 효과적이겠습니까?

결국, 잘살아 보겠다는 정신이 왕성한 부락에 도와주어야 할 것입니다."

셋째, 농촌근대화는 우리 농민들의 정신적인 근대화부터 먼저 시작되어야 한다는 것이다.

"'농촌근대화', '지역사회 개발'을 말하는데, '농촌근대화'라는 것은 역시 모든 농민들의 정신적인 근대화부터 먼저 시작되어야 된다는 것을 다시 한 번 강조하고 싶습니다.

지방에 초현대적인 공장이 하나 섰다, 또는 그 앞에 고속도로가 지나갔다고 해서, 농촌이 근대화된 것은 아닙니다. 우리 농촌이 어떤 단계에서부터 어떠한 형태로 근대화되겠느냐?

첫째, 주민들의 자각, 즉 우리의 힘으로 잘살아보자 하는 의욕에서부터 시작되어야 합니다. 그러나, 농민들 자신의 힘만 가지고는 어렵기 때문에, 누가 앞장 서는 사람이 있어야 됩니다. 그런 사람을 우리는 지도자라 부르는데, 지도자란 앞장서서 그 동네사람이나 마을사람이나 고장사람을 전부 이해 설득시켜 이끌고 갈 수 있는 사람을 말하는 것입니다. 그래서, 온동네사람들을 모아 놓고 우리가 어떻게 하면 되느냐 하는 것을 의논하고 토론하는 그런 과정을 가져야 합니다.

조금 전 슬라이드를 보면 동장인지 부락지도자인지 모르지만, 어느 집 뜰에 동네사람들을 모아 차트를 갖다 놓고 설명을 하고, 서로 의논하고, 토론을 하는 장면이 나오는데, 그것이 바로 농촌이 근대화되어 가는 첫 단계라고 하겠습니다. 그 자리에서 주민들과 의견을 충분히 서로 토론하고, 좋은 의견을 종합해서 합의를 얻게 되면, 주민들이 자발적으로 참여를 하게 되고, 그렇게 해서 착수하는 일은 그야말로 전부락민들이 자기 일처럼 누가 뭘 하라, 말라 하는 소리 없이 전부 자진해서 참여하게 되는데, 그것이 바로 협동·단결입니다. 그렇게 해놓고 보니까, 자기들이 생각지도 못한 엄청난 결과와 훌륭한 성과가 나타나게 되면, 주민들이 우리도 하면 된다 하는 자신을 가지게 되고, 자신들의 힘으로 했다는 보람도 느끼게 되며, 그 일을 지도한 사람들에 대해서 고맙게 생각하게 되어, 그 사람들이 하자는 대로 으레 따라갈 수 있는 기풍이 조성되는 것입니다. 여기에 정부가 주민들 힘만으로 안 되는 문제를 조금씩 도와주면 눈에 보이지 않는 동안에 부락이 성장해 나가는 것입니다.

이와 반대로, 부락민 모두가 가만히 앉아서 입에다 밥을 넣어 달라는 그런 농민은, 누가 정치를 해도 백 년 해 봤자 구제할 방법이 없다는 것이 나의 신념입니다.

그래서, 우리가 '새마을운동'이라는 구호를 내걸고 한번 시범적으로 해 보았는데, 오늘 여기서 표창과 훈장을 받은 주민, 그리고, 또 그것을 지도한 공무원과 같은 사람들이 있는 곳은 잘 되지만, 그렇지 못한 부락은 안 됩니다. 시멘트를 갖다주면 집집마다 한 포대씩 나누어 부엌에도 바르고 담장도 바르는 정도에 그칠 뿐입니다.

이번에 충청남도와 전라북도 일원에 혹심한 수해가 있었습니다. 정부에서 나가 모두 조사를 해서 정부에서 도와줄 것은 도와주어야 될 것이고, 또 우리 모든 동포들은 재난을 입은 국민들한테 동포애를 발휘해서 구호를 해주어야 될 것입니다.

그러나 무엇보다도 가장 앞서야 될 문제는 자력으로 복구해야겠다는 현지 주민들의 자립정신인 것입니다. 어제도 날씨가 좋으면 헬리콥터로 현장엘 가 보려고 했었는데, 흔히 수해가 났다, 재해가 있었다 해서 가보면 자기 집 앞에 제방이 허물어지거나, 또는 집이 허물어지거나, 농토가 수해에 일부 유실되었음에도 불구하고, 집안에 가만히 앉아 하늘만 쳐다보며, 정부에서 뭘 갖다 주겠지, 뭘 지원해 주겠지 하고 기다리고 있는 농민들이 많은데, 이런 사람들은 아무리 도와주어 봤자 복구가 안 됩니다. 우선 우리 힘으로 할 수 있는 일이 뭐냐, 우리가 재해를 당했으니까 내가 당한 일은 내가 우선 복구해야 된다, 내 힘이 모자라는 것은 2차적으로 정부가 도와주고, 이웃이 도와주고, 우리 동포가 도와 주어야 한다고 생각해야지, 덮어놓고 정부가 해 주어야 한다는 사고방식을 가진 농민들은 백날 가봤자 자립이 안되는 것입니다."

넷째, 농업용수 개발을 위해 만든 관정과 양수기 사후관리 책임을 그 혜택을 보는 농민들 자신이 지도록 농민들을 지도해야 한다는 것이다.

"이것과 관련되는 이야기입니다만, 농업용수 개발을 위해서 지난 몇년 동안 정부가 상당히 투자를 하고 역점을 두어서, 관정이다, 저수지다, 양수장이다, 집수암거다 하는 것을 만들었는데, 오늘 여기 브리핑에서도 나왔지만, 그동안 상당한 수가 못 쓰게 되었거나, 관정에 돌이 들어가고 메워졌는데, 이것은 지방장관들이나 현지 군수들이나, 면장이나, 공무원들이 농민을 잘못 지도했기 때문입니다.

정부예산으로 지형정찰을 하고, 측량을 하고, 들어가지도 못하는 기계를 길까지 뚫어가며 억지로 가지고 가서 관정을 파고, 거기다 펌프를 묻고 위에다 시멘트로 뚜껑까지 해 주었으면, 그 관정에서 혜택을 보는 농민들에게 맡기고 수리계를 만들도록 해서, 농민들이 사후관리 책임을 지도록 했어야 할 것입니다. 한발이 왔을 때는 자기 논에 물을 대는 관정인데, 이것을 왜 농민들은 아무 관심이 없고, 공무원이 가서 점검을 해 주고, 중앙이나 심지어는 청와대비서관들까지 가서 점검해 주어야만 됩니까? 농민들 훈련을 그런 식으로 해가지고 우리 농민들을 어떻게 끌고 나갈 작정입니까? 동리 농가가 책임지고 일 년에 몇 번씩 뚜껑을 열어 보아 흙이 들어갔느냐, 돌이 들어갔느냐를 검사해서 퍼내야겠으며, 양수기와 발전기를 가지고 가서 물을 퍼내고 거기에 드는 비용은 전부 동리 농가 자체에서 부담하도록 해야 할 것입니다. 우리가 저수지를 만들어 놓고 수리조합을 만드는 데도 수세를 받고 있는데, 왜 관정만은 무료로 해야 합니까? 한발 때에는 농사에 관정보다 더 고마운 것이 없으며, 바로 농민이 사는 길입니다. 평소에 일년 내내 비가 오더라도 농민 스스로 가끔 가서 들여다본다는 정신을 기르도록 지도해야 할 것입니다. 정부가 가서 관정을 파주고, 시멘트로 뚜껑을 만들어 주어, 일 년에 몇 번씩 가서 검사해 흙이 들어갔으면 양수기를 가지고 가서 퍼 주는데, 그러면 그 농민은 뭐하는 농민입니까?

농민을 그렇게 지도해서는 안 됩니다. 이것은 지사 이하 일선공무원들에게 책임이 있다고 봅니다. 농민들을 어떻게 지도하느냐 하는 것을 좀 더 연구하기 바랍니다. 앞으로 농민 스스로 평소에 그것을 점검하지 않고 내버려 두는 한발 지구를 정부는 모른 체 해 버려야 할 것입니다. 그런 것까지 정부가 어떻게 다 일일이 지원해 줍니까? 그런 사람들 아니더라도 잘살아 보려고 발버둥치고 애쓰는 사람들이 얼마든지 많고, 그 사람들을 도와 줄 능력이 모자라는데, 그런 게으른 농민들을 정부가 어떻게 다 도와줍니까?"

다섯째, 농어민 소득증대사업을 성공시키는 데 너무 조급한 생각을 해서는 안 된다는 것이다.

"그 다음에는 '농어민 소득증대사업'인데, 제4차년도 계획이 금년에 대략 끝나고, 내년부터 또 새로운 사업이 시작되리라 봅니다. 이것은 각 도에서도 연구를 하고 있고, 농림부·내무부에서도 검토를 하고 있는 줄 알고 있는데, 내년부터 시작할 사업을 빨리 책정해서, 금년도 예산에 반영하여 내년에 곧 착수되도록 준비를 서둘러야 될 줄 압니다.

그런데 이 소득증대사업의 대부분은 성공을 하고 있는 줄로 알고 있는데, 일부 사업들은 처음에 그 사업성을 검토하는 데 불충분했다든지, 사후관리가 잘못 되어 실패한 예도 있는 것으로 압니다.

우리는 하나의 사업을 성공시키는 데 너무 조급한 생각을 가져서는 안 되겠습니다. 하나의 사업을 성공시키는 데, 어떤 것은 5년 걸리는 것도 있고, 10년 걸리는 것도 있으며, 어떤 것은 몇십 년을 걸려야 되는 사업들이 있었음에도, 지금 일선공무원들과 농민들을 보면, 당년에 해가지고 내년에 무슨 성과를 노리고 있지 않나 하는 생각이 듭니다.

농업이란, 그 자체가 투자를 해가지고 당장 성과가 나는 사업이 아니기 때문에 너무 서둘러서는 안 되며, 장기적인 안목으로 서서히 성과를 올리도록 노력해야 합니다.

너무 성급하게 성과를 올리겠다는 생각을 가지고 하다 보면 실패를 한다든지, 예산낭비를 하는 예가 많습니다. 처음에 시작할 땐 사전에 충분히 연구를 해서 소규모로 벌여, 한 1, 2년 해보아서 확실한 자신을 얻은 후, 그때부터 서서히 확대해 나가야 할 것입니다. 그래서, 소득증대사업도 작년과 금년에는 확대하지 않았는데, 왜냐하면 정부에서 지원할 자원에도 제한이 있지만, 지금 현재의 사업을 꼭 성공시켜 보자, 일단 이것이 성공한다면, 그 다음에 보급하고 확대하는 것은 간단하기 때문입니다.

또 한편으로는 정부가 일을 동시에 많이 벌여서 그에 대한 사후관리라든지, 지원이 따라가지 못해서 이것도 다 실패해 버렸다면, 농민들은 다시는 정부가 시키는 일에 대해서 믿지 않고 따라오지도 않을 것이기 때문입니다. 따라서, 앞으로 우리가 착수하고 확대해 나가는 사업도 이런 방향으로 해 나가야 되겠습니다."

대통령의 정책결정은 본질적으로 복잡하고 애매하고 불확실한 상황에서 이루어진다. 대통령은 시간이 경과한 후에 알려질 정책의 결과에 대해서는 불완전한 정보와 지식밖에 없는 상황에서 결정을 내려야 한다.

그는 자신의 결정이 바람직한 결과를 가져왔을 때 그 성공의 공로를 평가받기도 하지만, 그 결정이 가져온 재난의 결과에 대해서는 모든 책임을 져야 한다.

대통령도 자신의 정책목표를 스스로 제한해야 할 때도 있다. 왜냐하면 모든 정책이 다 성공적으로 추진된다는 보장이 없으며, 성공하는 경우도 있고, 실패하는 경우도 있을 수 있기 때문이며, 또 목표가 달성되었을 때 얻을 수 있는 이득보다도 목표 달성에 실패했을 때 입게 될 손실이 더 클 수도 있기 때문이다.

그래서 대통령이 때때로 하나의 큰 목표를 한꺼번에 달성하려 하기보다는 작은 목표들을 하나하나 점진적으로 달성하는 방법을 선택해야 했다.

이것은 실패의 확률을 낮추고, 성공의 확률을 높일 수 있다. 대통령은 농촌근대화와 농어민소득증대사업을 추진함에 있어서 이 방법을 강조한 것이다.

농어민 소득증대사업은 그것이 성공할 수 있다는 자신과 경험의 축적도 없이 처음부터 전국적인 규모로 한꺼번에 추진할 경우, 행정적·재정적·기술적인 지원이나 지도도 하기 어렵고 또 사업의 사후관리도 부실해져 실패할 확률이 크고, 그것이 실패할 경우 손실비용은 클 수밖에 없다. 그러나 처음에 사업을 소규모로 시작하면 정부의 지원과 지도와 사후관리가 충실해져 성공할 확률이 높고, 이렇게 성공한 사업에 대해서는 농민들이 관심을 가지고 따라서 할 가능성이 크기 때문에 사업을 확대해 나가기도 쉽게 된다, 이것이 대통령의 판단이었다.

농민들은 추상적인 이론을 믿지 않으며, 또 불확실한 사업에 선뜻 손을 대려고 하지 않는다. 농민들은 어떤 사업이 성공하여 구체적인 성과가 나타나고 있다는 사실을 눈으로 직접 확인할 수 있을 때 비로소 그러한 사업을 따라 하려는 경향이 강하다. 대통령은 농민들의 이러한 성향을 간파하고, 소득증대사업을 소규모로 시작해서 반드시 성공시킴으로써, 이 사업이 농가의 소득증대에 기여하고 있다는 것을 보여 준다면 농민들이 이 사업에 참여하게 될 것이며, 그렇게 되면 이 사업은 전국적으로 보급될 수 있다고 본 것이다.

여섯째, 공무원의 기강확립을 위해서는 모든 기관의 우두머리에 있는 책임자들부터 솔선수범해야 한다는 것이다.

"그 다음에는 서정쇄신에 관한 문제입니다. 국무총리 훈시도 나가 있고, 각 부처, 각 도, 시 자체에서 기강확립을 위해 여러 가지 계획을 세우고 실천하고 있는 줄로 압니다만, 각 지사나 시장들이 하는 방법에 있어서는 물론 차이가 있을 것입니다. 그러나, 근본문제는 오늘 오전 나의 훈시 중에도 있었지만, 모든 기관의 우두머리에 있는 책임자들부터 솔선수범해야 하겠다는 것입니다. 기어코 하겠다는 결심만 서면 간단한 문제라고 생각합니다. 이것은 어려운 문제가 아닙니다.

우리 사회에 있어 입만 벌리면 부정부패 공무원에 대해 떠드는데, 모든 공무원들이 마음과 자세를 가다듬어 공무원으로서 참으로 훌륭한 자세로서 일해 보겠다는 자기 결심만 서면, 그러한 것은 다 된다는 것입니다. 그것이 안 되는 공무원은 앞으로 우리가 적발되는 대로 처벌하는 방법도 있을 것이고, 면직시키는 법도 있을 것이고, 자리를 바꾸는 수도 있을 것이고, 또 부정이 생기기 쉬운 자리는 한 자리에 오래 두지 않는 방법도 있을 것이고, 또 그런 자리에 갈 사람은 사전에 그 사람이 과거에 어떻게 해 왔나 하는 것을 전부 조사해 가지고 엄선해서 보내는 등, 여러 가지 방법이 있겠지만, 문제는 위에 있는 사람부터 먼저 앞장서서 솔선수범해야 하겠다는 것입니다.

시는 우선 시장, 도는 지사들부터 자기의 몸가짐을 조심하고, 모든 생각 태도에 있어서도 부하직원들에게 모범이 되도록 해야 하겠습니다. 이것은 여러분들의 가족부터 시작해야 합니다. 지사는 상당히 검소한데 국민학교에 다니는 지사 아들은 입은 옷이 어떻고, 쓰는 학용품은 외제만 쓰고 있다든지, 또 그 부인의 패물이 어떻고, 무엇이 어떻다는 식으로 해 가지고는 아무리 해 봤자 소용이 없는 것입니다. 우선, 우리부터 하고, 우리 가족부터 하고, 그 다음 여러분들이 데리고 있는 가까운 측근의 비서라든지, 참모들부터 먼저 해야 하며, 시나 도는 그 도청과 시청·본청에서부터 그런 기풍을 길러서, 말단 시·군·면까지 파급이 되도록 하는 동시에, 따라오지 않는 공무원은 가차없이 처단하는 자세로 나가야 하겠습니다. 모든 공무원들이 여기에 대해서 자각을 하고 우리 공무원들이 그래서는 안 되겠다 하는 각성만 있으면 일조일석에 되리라고 생각하는데, 이러한 정신적인 깨달음이 없으면 백날 떠들어 보았자 안 되는 것입니다. 그래서 결국은 위에 있는 사람부터 먼저 솔선수범해야 되고, 그래 가지고 따라오지 않으면, 정부에서 전부 내쫓아 법에 의해서 처벌해야 할 것입니다. 특히 오늘날 개발도상에 있는 국가나, 중진국가의 근대화과정에 있어서 학생들은 엘리트다, 인텔리들은 엘리트들이라 하지만, 내가 볼 때는 뭐니뭐니해도 그 나라의 가장핵심이 되는 엘리트는 국가공무원입니다.

이 나라의 엘리트라는 공무원이 돈에 유혹을 받는다든지, 무슨 장사꾼이 와서 조금이라도 건드리면 현혹되는 자세를 버리지 못한다면, 언제 이 나라가 근대화되고, 재건되겠습니까? 그리고, 그러한 공무원들이 교육도 못 받고 무식해서 그러냐 하면, 그렇지 않습니다. 학벌을 보면 다 일류대학에 대학원까지 나오고 석사학위까지 아주 거뜬하게 받은 사람들이 멀쩡하게 엉뚱한 짓을 한다는 것입니다. 이것은 정신적인 혁명이 안 되어서 그렇습니다. 이것을 우리가 지도해 나가야 되는데, 밑에 있는 사람만 보고 야단칠 것이 아니라, 위에 있는 사람들부터 우선 앞장서서 하자는 것입니다. 앞으로 지사나 시장 여러분들에게 어떠한 이권관계나, 인사청탁을 가져왔을 때, 규정에 어긋나고 부정이라고 판단되면, '안 된다!' 딱 거절할 수 있는 각오와 결심이 되어 있어야 하겠습니다. 그렇게 해야, 여러분 밑에 있는 사람들도 그런 부정을 거절하게 될 것입니다. 위에서 시장이나 지사는 적당히 하면서, '왜 우리만 대고 야단치느냐?' 하는 인상을 줘 가지고는 절대 안 됩니다. 앞으로 이 문제에 대해서는 이번에 발족한 청와대 사정담당특별보좌관실에서 여러분들이 여러분들 수하 직원에 대한 기강확립, 또는 서정쇄신에 관하여 어떻게 하고 있는가 하는 것을 가서 확인을 할 것입니다. 그러나 누가 가서 어떠한 잔소리를 하고 안하고보다, 여러분들 스스로가 기어코 이것을 해야 되겠다는 결심과 자세를 굳게 하는 것이 선결문제인 것이며, 그렇게 해 나가면 반드시 될 수 있다고 믿습니다."

우리 농민들이 새마을정신을 갖추게 되면 우리 농촌은 다른 나라의 농촌에 비해 손색 없는 농촌이 될 수 있다

1971년 9월 29일, 벼베기대회에서 대통령은 우리 농민들이 새마을정신을 갖추게 되면, 우리 농촌은 몇 년 이내에 다른 나라의 농촌에 비해 손색이 없는 농촌이 될 수 있다고 믿으며, 새마을가꾸기운동으로 성공한 부락들을 보면 더욱 자신이 생긴다는 확신을 피력했다.

“다음에 또 한 가지 여러분들에게 당부하고자 하는 것은, 우리 농촌에서는 작년부터 ‘새마을가꾸기운동’이라는 것이 벌어지고 있습니다. 전국 방방곡곡에서 이 운동이 활발히 전개되고 있고, 또 작년 1년 동안의 실적을 전부 종합하여 집계해 보니까, 대단히 좋은 성과를 올리고 있습니다. 그 중에는 아주 우수한 모범적인 농촌이 많이 있는가 하면, 그와는 반대로 별반 성과를 올리지 못하는 농촌도 많이 있습니다. 대략 반반 정도 같습니다. 금년에도 정부는 이 운동을 계속해서 추진해 나갈 방침입니다. 바로 여러분들이 사는 청원군만 하더라도 이 옆에 있는 석화리 같은 부락은 작년 ‘새마을가꾸기운동’에서 가장 모범적인 부락으로 지정이 되어서, 얼마 전에 정부에서 매달 한 번씩 실시하는 경제동향 보고 때 그 부락의 지도자 하상봉 씨가 군수와 같이 와서 정부각료들 앞에서 보고까지 했습니다. 어떻게 해서 그 부락이 그렇게 발전을 했느냐 하는 것을 정부에서는 연구자료로서 검토하고 있습니다. 그외에 다른 군에도 도처에 이와 같은 좋은 부락이 많이 나타나고 있습니다.

‘새마을가꾸기운동’의 정신을 나는 최근에 ‘새마을정신’이라고 그럽니다. ‘새마을정신’이란 뭐냐? 자조와 자립과 협동정신입니다. 내가 항시 입이 닳도록 국민들에게 당부하는 이야기지만, 특히 우리 농민들은 잘살아보겠다는 의욕이 있어야 되겠다, 내 힘으로 잘살아봐야 되겠다, 내가 남보다 더 노력해서 한번 잘살아보자 하는 자조정신, 또 남한테 의지하거나 의지할 생각을 하지 않고 내 힘을 가지고 해보겠다 하는 자립정신, 또 한동네에 있어서는 온동네사람들이

새마을 精神

대통령 박정희

서로 단결하고 협동해 나가는 협동정신, 이러한 정신이 갖추어지게 되면 우리 농촌은 불과 몇 년 이내에 완전히 일어납니다. 다른 나라 어느 농촌에 비해 보더라도 조금도 손색이 없고 부끄럽지 않은 그런 농촌이 될 수 있다고 나는 확신합니다.

최근에 전국 방방곡곡에서 일어나고 있는 '새마을가꾸기운동'으로 성공한 부락의 예를 보면 더욱더 자신이 생깁니다. 여기 석화리같은 부락의 경우를 보면 그 부락의 지도자가 약 10년 동안이나 그 부락에 파묻혀서 부락주민과 고락을 같이 하면서 부락민들을 지도해서 오늘날 이와 같이 훌륭한 부락을 만들어 놓았습니다. 최근 불과 한 2, 3년 동안에 그 모습을 일변한 훌륭한 부락들이 많습니다. 그 부락에 훌륭한 지도자가 있어야 되고, 부락민들이 단결되어 있어야 하고, 그래서 부락민들의 자조·자립정신이 강한 부락은 지금 정부가 농촌에 대해서 지원해 주고 있는 이런 정도의 뒷받침만 계속하면 그 부락은 일어날 것이고, 이런 부락이 많아지면 우리 농촌은 불과 2, 3년 내에 전부 일어날 수 있습니다. 안 일어나는 부락은 그 부락민들이 게을러서 그런 것입니다. 부락의 지도자도 없고, 어떤 사람이 주민들을 설득을 해 보았자 도무지 따라오지도 않고, 학교 나온 젊은 친구들이 낮에는 일도 하지 않고 빈들빈들 술이나 먹고 밤에는 그저 화투짝이나 가지고 노름이나 하는 이런 부락에는 정부가 돈이 아니라 돈보다 더한 것을 갖다 주더라도 절대 일어날 수 없습니다.

그 주민들이 한번 잘살아 보겠다는 자각과 의욕과 자조정신과 자립정신과 또 부락민들의 단결심·협동정신, 이것이 우리 농촌을 일으키는 가장 큰 원동력이 되는 것입니다. 이것은 돈보다 더 중요합니다. 현재 이 부락에 무엇을 원조해 주었느냐, 또한 얼마나 보조를 해 주었느냐, 융자를 해 주었느냐 하는 것은 문제가 아닙니다. 문제는 농민들이 자조·자립·협동정신에 달려 있는 것입니다. 앞으로 정부는 이러한 정신이 왕성한 부락을 우선적으로 도와줄 작정입니다. 그렇지 않은 부락은 정부도 도와주되 다른 부지런한 농촌을 다 도와주고 난 뒤에 여력이 있으면 도와주겠다는 것이 현재의 방침입니다."

대통령은 이어서 9월 17일 대구에서 전국의 도지사·시장·군수가 참석하여 이틀간 열렸던 '비교행정회의'가 끝난 후 이들 지방행정 책임자들과 함께 가서 직접 살피고 돌아본 경북 영일군 기계면 문성동과 거창군 마리면의 3개 부락의 새마을가꾸기사업의 성과를 소개했다.

"얼마 전에 전국의 도지사·시장·군수들이 전부 모여서 '새마을가꾸기운동'에 가장 성공한 부락인 경북 영일군의 어느 부락을 시범부락으로 정하여 모두 같이 가서 견학을 했습니다. 나도 가 보았습니다. 불과 몇년 전까지만 하더라도 농토도 산기슭에 있었고, 여러 가지 여건이 아주 불리한 가난한 부락이었는데, 이 부락에 어떤 똑똑한 지도자가 나와서 부락민들을 설득하고 지도를 하고 그래서 부락민들이 다시 눈을 뜨고 전농민들이 단결을 해서 지금은 거의 전 부락이 기와집으로 변했습니다.

과거에는 한해가 난다, 수해가 난다 하면 전부 절량농가가 되어 구호대상자가 되었으며, 또 어떻게 해야 할지 알지 못해서 무작정 고향을 버리고 다른 곳으로 떠나가곤 했는데, 지금은 아주 기름기가 돌고 활기가 넘치는 그런 부락이 되었습니다. 천수답도 전부 바꾸어 상전(桑田)을 만들고, 양잠을 해서 농가마다 소득을 올리고 있어요.

또, 어떤 농가에 들어가 보니까 막 중학교나 고등학교를 나온 처녀들이 앉아서 홀치기를 하고 있는데, 나는 그 처녀들을 보고 느낀 점이 많았습니다. 그 아가씨들이 서울이나 부산 같은 큰 도시에 있는 처녀들 같으면 요즘 유행하는 미니 옷이나 입고 멋이나 부리고 할 나이의 처녀들인데, 조그만 온돌방에 앉아서 열심히 아침부터 홀치기를 하여 하루에 몇백 원씩 벌어서 가정에도 보태고 또 자기 용돈으로도 씁니다. 또 그 앞집 농가에서는 금년에는 동리 앞에 밤나무를 심을 계획을 가지고 있었고, 앞으로는 양송이 재배까지 하겠다는 것입니다. 그 부락 주민들은 나한테 이런 말을 했습니다.

"그대신 우리 힘으로 안 되는 것, 도저히 할 수 없는 것만 조금 도와주면 일은 죽도록 하겠습니다."

앞으로 전국의 모든 부락은 이러한 정신과 자세로 '새마을가꾸기 운동'을 전개해야 되겠습니다."

대통령은 끝으로 지난 봄 선거 때 정치인들이 전국을 돌아다니며 우리 농민들한테 실현성 없는 공약을 남발하여 들뜬 분위기를 조성해 놓았다고 비판했다.

"지난번 선거 때 정치인들이 전국을 돌아다니면서 우리 농민들한테 공연히 실현성 없는 공약을 남발하여 들뜬 분위기를 조성해 놓았다는 것을 나는 알고 있어요.

어떤 사람은 자기들이 집권하면 여러분들이 가만히 앉아 있어도 입에다 밥까지 퍼 넣어다 줄 것 같이 좋은 소리만 하고 다녀서, 일부 지각없는 농민들 중에는 공짜 같은 것을 은근히 바라는 사람들이 늘어나지 않았나 하고 생각하는데, 그런 생각은 우리 머리에서 싹 씻어 버려야 하겠습니다. 그런 생각을 가진 농민들은 영원히 잘 살 수 없습니다. 이것은 개인도 그렇고, 국가도 그렇습니다. 가난한 나라는 아마 어려울 땐 남의 신세도 지겠지만, 그저 악착같이 일을 해서, 건설을 해 가지고 남한테 신세 안 지고, 남한테 큰소리 하고, 남한테 구차한 소리 안 하고 떳떳하게 살아보겠다는 정신이 왕성하고 단결된 국민은 아무리 어려운 환경에 부딪치더라도 몇 년 내에 일어납니다. 그렇지 못한 국민은 땅 밑에서 노다지가 쏟아져 나와도 절대 부자가 될 수 없는 것입니다. 앞으로, 정부는 3차 5개년계획 기간 동안에 잘사는 농촌을 빨리 만들기 위해서 총력을 경주해서 여러분들의 자조적인 노력을 뒷받침을 할 작정입니다.

그럴 계획은 다 되어 있습니다. 그러나, 그것만 가지고 성과가 나겠느냐, 나는 그것만 가지고서는 절대 성과가 안 난다고 봅니다. 문제는 농민 여러분들이 따라와야 됩니다. 여러분들 스스로가 자발적으로 벗고 나서서 이 기회에 노력해서 잘살아 보자 하는 정신이 일어나지 않는 한 정부가 아무리 도와주어도 농촌이 일어날 수 없습니다.

이 기회에 이와 같은 정신자세를 농민들에게 특별히 강조를 하고, 앞으로 증산과 농가소득의 증가를 위해서 더욱 노력할 것을 당부합니다. 정부는 앞으로 더욱 여러분들의 노력에 충분히 보답할 만큼 뒷받침도 할 것이고 지원도 할 것입니다. 그리고, 여러분들이 피땀 흘려 생산한 농산물에 대해서도 절대 여러분이 손해 보지 않을 만큼 상당한 무리를 해서라도 적당한 가격을 유지해서 잘사는 농촌이 될 수 있도록 지원해 드릴 작정입니다."

제3차 5개년계획에서는 초가집을 없애는 지붕개량사업을 추진한다

1972년 1월 11일, 연두기자회견에서 대통령은 새마을운동을 전개한 이유와 농가에 대한 지원 원칙에 관해 설명했다.

농촌근대화는 농촌에 대한 재정적·물질적·기술적 지원보다도 먼저 우리 농민들의 정신계발이 선행되어야만 이루어질 수 있다는 결론이 나서 전국 방방곡곡에서 새마을운동을 전개했다. 새마을운동은 작년에 전국의 3만여 개 자연부락에서 실시하여 상당한 성과를 올렸다. 이 운동의 바탕이 되는 정신이 새마을정신이며, 농민들의 자조·자립·협동의 정신이 새마을 정신이다. 정부는 이러한 새마을 정신이 왕성한 농촌과 농민들에 대해 우선적으로 지원하고 지도해 나가겠다는 것이다.

…(중략)… "우리가 특기할 사항은 금년부터 시작된 3차 5개년계획 중의 중점목표의 하나인 농촌근대화사업입니다. 농촌근대화를 위해서도 우리 정부가 여러 가지 시책을 써 왔고, 그 중에는 성공한 예도 있고, 실패한 예도 있습니다.

오랫동안 이 문제에 대해서 연구를 해 왔습니다만, 작년에 우리는 농촌근대화에 특기할 만한 성과를 거두었다고 자부를 합니다. 농촌근대화, 우리 농촌을 하루바삐 부흥시키는 데 있어서는, 종전에 해오던 정부의 여러 가지 지원자금의 뒷받침 등도 다 필요하겠지만, 그것만 가지고는 농촌근대화가 성공할 수 없다 하는 결론을 얻었습니다. 즉 재정적인, 물질적인 또는 기술적인 이러한 지원과 아울러, 오히려 그것보다도 더 앞서서 우리 농민들의 정신계발이 앞서야만 농촌근대화가 이루어질 수 있다는 것입니다.

이것이 농촌근대화의 성패를 판가름하는 관건이라는 결론에 도달해서, 작년부터 우리는 전국 농촌 방방곡곡에 '새마을운동'을 전개했습니다.

이 새마을운동의 밑바탕이 되는 그 정신을 우리는 새마을정신이다, 이렇게 부르고 있습니다. 새마을정신이라는 것은 무엇이냐? 농민들의 자조·자립·협동정신, 이것이 곧 새마을정신입니다. 이러한 정신이 우리 농민들 가슴속에서 자발적으로 우러나고 우리 농촌 방방곡곡에서 이 정신이 팽배하게 늘어날 때, 비로소 지금 우리 정부가 추진하고 있는 모든 시책이 성과를 거둘 수 있고, 또한 우리 농촌이 부흥하고 우리 농촌의 근대화를 이룩할 수 있는 것입니다. 새마을운동은 작년에 전국 3만여 개 자연부락에 대해서 실시했습니다만, 상당히 좋은 성과를 올렸고 금년에도 이 사업은 계속됩니다. 정부의 상당한 지원이 따라 가는 이 사업은 농촌 어느 부락이나 다 하는 것이 아니라 역시 이와 같은 자조·자립·협동 정신이 왕성한 그런 농촌, 그런 농민들에게 대해서 정부가 우선적으로 지원하고 지도해 나가겠습니다. 이러한 성과를 올리는 데 있어서, 작년에 헌신적인 노력을 해 온 우리 근로자, 또는 농어민, 기업인, 상공인, 여기에 관여한 모든 우리 공무원들의 노고에 대해서 오늘 이 자리를 빌려서 심심한 치하를 드리는 바입니다."

대통령은 이어서 제3차 5개년계획기간 중에 농촌근대화를 위해 추진할 사업들에 대해 자세하게 설명했다.

첫째, 주곡인 쌀과 보리를 자급자족해 보자는 것이다. 이것을 위해서는 통일볍씨 보급 확대, 고미가정책 계속 추진, 보리매상가격 예시 실시로 보리와 쌀을 증산하고, 다른 한편으로는 절미와 혼식 등 식생활 개선운동을 전개해 나가자는 것이다.

"그 다음에 농촌근대화 문제인데 이것도 중점사업의 하나입니다. 이 기간에는 주곡인 쌀과 보리, 이것은 우리가 자급자족을 한번 해 보자, 이 기간 중에 그것을 하기 위해서는 첫째 종자개량을 해야 되겠다, 소위 '1R667'이라는 것, 우리 말로는 통일볍씨라고 되었는데 이것을 많이 보급을 해가지고 증산해 보자, 또 고미가정책을 앞으로도 계속 밀고 나가자, 보리를 농민들이 많이 생산하도록 하기 위해서 보리매상가격예시제를 하자. 금년에 벌써 했습니다. 작년 가을, 금년 봄에 나오는 보리를 작년보다도 최소 30% 더 값을 올려 주겠다, 이런 가격예시를 한 결과 지금 영남·호남지방에 있어서는 보리 증산에 농민들이 상당한 열을 올리고 있다 하는 이야기를 들었습니다. 이 자리에서 여러분들에게 기쁜 소식을 하나 전해드려야 하겠습니다.

금년 겨울에 가뭄이 계속되어 보리 증산에 대단히 지장이 많아 이것을 정부에서는 걱정을 하고 있었습니다만, 어제 저녁부터 호남·제주·영남지방에 지금 비가 계속 오고 있고, 보리에 대한 한발 문제는 대략 해결이 되고, 일부 지방에서는 식수까지 걱정을 했는데 이것이 거의 해결이 되고 있다 하는 보고가 조금 선에 들어왔다는 것을 여러분들에게 말씀드립니다.

그 다음에는 식생활 개선의 추진을 통해서 쌀과 보리만은 자급자족을 하자, 지금 우리가 작년만 해도 쌀을 근 100만 톤이나 들여왔습니다. 100만 톤이면 약 700만 석 아닙니까?

이것을 1억 달러 이상이나 들여가지고 외국에서 들여와야만 겨우 공급이 따라 가고 있습니다. 이런 상태를 가지고는 앞으로 곤란합니다.

그래서, 앞으로 쌀 증산도 해야 되겠지만 증산만 밀고 갈 수는 없다, 쌀을 좀 덜 먹는 운동을 해야 된다, 그것을 하기 위해서는 보리와 기타 잡곡을 많이 먹어야 되겠습니다.

보리를 많이 심자, 보리를 많이 심자면 농민이 많이 심어주어야 합니다.

이 기간 중에 쌀과 보리만은 우리가 자급자족을 한번 기어코 해 보자는 것입니다.

이 절미운동에 대해서 지금 국민이 많이 협력을 하고 있고 좋은 성과를 올리고 있는 줄 압니다만, 이것도 역시 국민이 앞으로 많이 협력해 주셔야 합니다.

내가 알기에는 그동안 우리가 절미운동을 한다 하면 음식점에서 쌀밥만 하지 말고 잡곡을 섞는다, 이렇게 몇 달 하다가 그 후 가을에 풍년이 들고 쌀이 조금 넉넉해지면 언제 그런 소리가 있었느냐, 전부 잊어버립니다.

그다음 쌀이 달리고 쌀값이 뛰고 하면 또 절미운동을 하는 이런 식으로 해서는 안 되겠습니다.

앞으로 쌀을 아끼는 이 문제는 정부와 모든 국민들이 같이 협력을 해서 앞으로 꾸준히 몇 년 동안 밀고 나가야 됩니다. 한쪽에서는 증산을 하고 한쪽에서는 절약을 하고, 그러면 몇 년 안 가서 자급자족이 될 수 있습니다.

그래서, 1년에 외화가 몇억 달러씩 들어가던 것을 절약할 수 있고, 이것을 다른 분야의 건설에 쓸 수 있습니다."

둘째, 계획기간 중 농어민 소득증대 제2단계 사업을 시작하고, 4대강유역 개발사업의 45% 정도를 끝내고 농업용수 개발로 117만 정보의 논을 모두 수리안전답으로 만들자는 것이다.

"그 다음 농어민 소득증대사업입니다.

농어민 소득증대사업은 1단계 사업을 1968년부터 해서 작년에 끝났는데 금년부터 제2단계 사업을 또 시작을 합니다.

약 137개 단지를 선정해서 기간 동안에 약 700억 원의 돈을 들여 추진할 것 입니다.

다음에 4대강유역 개발입니다. 그동안 여러 번 국민들한테 설명을 하였습니다만, 우리나라 국토의 약 63%에 해당하는 낙동강·영산강·한강·금강 유역을 전부 개발합니다.

원래 계획은 10년 계획으로서 1981년에 끝납니다만, 3차 5개년 계획 중에는 1,300억 원 정도를 투자해 약 그 절반인 45% 정도의 사업이 끝나는 것입니다.

이것은 앞으로 우리 농촌의 근대화를 위해서 수리·관개·경지정리·산림녹화·공업용수 등등을 추진합니다.

이 사업이 다 이루어졌을 때는 우리 농촌도 거의 근대농촌의 모습이 갖추어져, 아무 데에 내놓아도 조금도 손색이 없는 농촌이 될 것으로 보고 있는 것입니다.

그 다음에 농업용수 개발, 1976년까지 우리나라에서 수리안전답을 만들 수 있는 모든 논을 완전히 다 만들 것입니다. 117만 정보를 완전히 수리안전답화합니다. 그렇지 못한 논, 즉 천수답이라든지 이런 것은 전(田)전환을 한다든지 해서 작물체계를 바꿀 계획입니다.

그 다음 경지정리 문제는 지금 우리나라의 논 130만 정보 중에 경사지에 있다든지 지형적으로 경지정리가 안 되는 면적을 빼고 경지정리가 가능한 면적 58만 정보 중에서 약 75%를 경지정리하겠습니다.

경지정리는 여러 가지 증산에도 이바지하겠지만, 우리 농촌의 기계화를 본격적으로 추진하는 데 크게 기여할 것입니다. 경지정리가 되어야만 기계를 농토에 깊이 넣을 수 있습니다."

셋째, 농어촌 환경개선, 도로건설, 초가집 지붕개량 사업을 하자는 것이다.

“그 다음 농어촌의 환경개선입니다. 농촌에 전기를 넣어 주어야 되겠습니다. 농어촌 전화사업은 2차 5개년계획 기간 중에 정부가 상당히 힘을 들인 사업인데, 지금 농촌에 가보더라도 농민들이 가장 원하는 것은 농촌전화사업입니다. 작년 말 현재 33%가 전화(電化)가 되어 있는데, 3차 5개년계획 기간 중 약 70%의 농촌을 전화할 계획입니다. 그래도 3할 정도의 농촌에는 전기가 못 들어가는 것으로 되어 있으나, 내가 볼 때에는 농어촌 전화도 계획 목표보다 훨씬 앞당겨 적어도 80% 또는 그 이상의 농촌이 전화될 것으로 봅니다.

왜냐하면, 농민들이 전기를 끌어다 달라 하는 희망이 대단히 크고, 지금 전력은 일부 남아돌아가는 실정입니다. 한쪽에서는 남으면서 농촌에는 새카만 호롱불을 켜놓고 사는 상태가 남아 있어서는 안 될 것입니다. 정부는 농촌에 집중적으로 전기를 집어넣을 것입니다. 그러므로, 농어촌 전화는 계획보다 빨리 앞서지 않겠느냐 하는 전망입니다.

그 다음에 농어촌의 도로포장인데, 이것도 지금 전국적으로 대단히 활발히 이루어지고 있습니다.

적어도 한 40호 내지 50호 정도의 집단부락에는 트럭이 들어갈 만한 길이 나야 되겠습니다.

그러나 길이 없습니다. 겨우 리어카도 끌고 갈 수 없는 그런 농촌에는 문화라든지 새로운 근대화의 바람이 들어갈 수 없습니다. 자동차가 들어갈 수 있는 길이 있어야 되겠습니다. 이것도 작년부터 시작하는 ‘새마을가꾸기운동’을 통해서 전국적으로 활발히 추진되고 있기 때문에, 지금 우리가 바라는 성과를 충분히 올리리라고 전망하고 있습니다.

또 한가지 중요한 것은, 농촌의 초가집을 없애자는 지붕개량, 이것도 작년부터 계획이 서 가지고 금년 예산에 반영되어 있습니다. 앞으로 5년 동안에 약 100만호의 농가를 완전히 기와집으로 바꾸는 일도 계획대로 충분히 되리라고 나는 봅니다.

이러한 운동들을 작년부터 시작한 '새마을운동', '새마을정신'과 같이 보조를 맞추어서 강력히 밀고 나가면, 우리 농촌에도 이제부터는 아주 새로운 근대화의 바람이 거세게 불어들어 올 것으로 생각합니다."

농어촌의 중점개발을 위해서는 농촌지도자를 발굴·육성하는 것이 중요하다

1972년 1월 12일, 경제기획원 연두순시에서 대통령은 제3차 5개년계획에 따라 금년부터 시작되는 농어촌에 대한 중점개발에 있어서는 농민들의 정신계발과 농촌지도자의 발굴 육성, 그리고 투자재원의 효율적인 사용에 대한 사전계획과 통제가 중요하다는 점을 강조했다.

"금년부터 3차 5개년계획이 시작되는데 이 계획의 중점목표는 농어촌에 대한 중점개발, 수출의 획기적 증대, 중화학공업 육성, 이 세 가지로 되어 있습니다만, 금년부터 농어촌에 많은 투자가 되어야 우리가 국력을 기르는 데 크게 도움이 될 것입니다. 어제 기자회견에서도 얘기를 했습니다마는 정부가 농어촌에 대해서 특별히 자본을 많이 지원해 준다면 농촌이 반드시 일어난다, 이렇게 보아서는 안 되겠습니다. 그것도 물론 필요하지만, 농민들의 정신적인 계발, 또 농촌의 지역마다 훌륭한 지도자를 발굴해서 이 사람들을 앞장세워 농민들을 지도해 나가도록 하고, 정부 자체에서 뒷받침을 해주어야 합니다.

또 정부가 투자하는 모든 재원을 가장 효율적으로 사용할 수 있는 엄격한 사전계획과 여기에 대한 통제가 있어야 됩니다. 흔히 농촌에 투자하는 돈이라는 것은 자칫 잘못하면 그냥 낭비가 되어 버릴 수도 있고, 한 분야에 쓸려는 것이 아니라 전농민들에게 그냥 갖다 뿌리다시피한 것은 뒤에 가보면 액수는 방대한 데도 불구하고 성과는 아무것도 없었던 과거의 전례가 많이 있습니다. 이런 것을 감안해서 농촌투자에 있어서는 투자효과에 대한 사전검토를 엄격히 다루어 나가야만 성과를 거둘 수 있습니다."

하천개수는 새마을가꾸기운동과 묶어서 하도록 해야겠다

1972년 1월 13일, 건설부 연두순시에서 대통령은 하천개수는 내무부에서 하고 있는 새마을가꾸기운동과 묶어서 하도록 하라고 지시했다.

"아까 브리핑에서 하천개수(河川改修)에 대한 얘기도 나왔는데, 하천개수도 아마 작업량이 크고 아주 어려운 것은 중앙이나 도(道)에서 해주겠지만, 시골의 조그만 하천을 보수하는 데 따르는 제방(堤防)시설은 지금 내무부에서 하고 있는 새마을가꾸기운동으로 하는 것이 좋겠어요.

마을 앞에 있는 농토가 비가 오기만 하면 침수되고 다 떠내려 가는데 농한기가 되면 나와서 제방을 몇 백 미터 쌓아라, 거기에 필요한 시멘트, 철근 정도는 새마을가꾸기운동을 통해서 줄 테니까 나머지는 부락민들이 남녀노소 할 것 없이 모두 나와서 자갈도 나르라, 이런 식으로 하면 얼마 안 가서 거의 다 되지 않겠느냐 그겁니다.

자기 마을 앞에 작년 여름 홍수 때 제방이 떠내려가고 하천이 영형편없이 되었는데, 이것을 정부가 예산을 가지고 보수하지 않으면 손도 대지 않고 있어요, 이런 것을 새마을운동을 통해서 농민들이 부담하기에는 조금 과중한 그런 자재(資材)만 대주고 나머지는 자기들 노력으로 하도록 이 운동을 전개하면 앞으로 몇 년 내에 거의 개선되지 않겠느냐 이렇게 생각합니다. 일일이 정부가 예산가지고 전국의 하천보수를 다 할려고 하면 어마어마한 돈이 필요합니다. 아까 용역(用役)을 외국사람한테 주지 말고 될 수 있는대로 우리나라 용역단한테 주어 우리가 맡도록 하자고 했는데, 좋은 아이디어 같아요. 건설부 산하에 있는 건설협회 같은 데서 용역단을 세운다든지 그런 게 안 되나요? 우리나라 건설업자들의 기술이 지난 몇 년 동안에 상당히 높아졌기 때문에 우리나라에도 건설용역단을 충분히 만들 수 있으리라고 생각합니다."

일선공무원들은 근면·자조·협동의 새마을정신이 농민들의 가슴 속에서 솟구치도록 노력해야 한다

1972년 1월 14일, 농림부 연두순시에서 대통령은 먼저 농촌근대화를 위해서는 공무원의 자세확립이 선행되어야 한다는 점을 강조했다.

"농어촌근대화를 위하여는 농림관계 직원이 꿈을 그려서 실현시키고자 하는 정열과 의욕 없이는 불가능하므로 전력을 다하여 노력을 해야 하겠습니다, 농촌근대화는 농민 스스로가 잘살아 보겠다는 의욕, 즉 자조·자립하는 새마을정신이 바탕이 되어야 한다, 그러나 이와 같은 농민의 정신자세를 고취하기에 앞서 농촌을 지도하는 정부의 모든 공무원이 먼저 정신자세를 가다듬어야 합니다. 일선공무원들이 그러한 정신자세로 농민들을 열심히 지도해야 농민들이 따라옵니다. 그리고 앞으로 정부는 농민의 힘으로 할 수 있는 것은 농민이 하게 하고, 농민이 할 수 없는 것만 도와주다는 원칙을 꼭 지켜 나가겠습니다."

대통령은 이어서 일선공무원들은 근면·자조·협동의 새마을정신이 농민들의 가슴 속에서 솟구치도록 노력해야 한다는 점을 강조했다.

"농촌근대화와 농어민 소득증대를 위한 정부의 기본정책 방향은 제대로 기틀이 잡혔다고 보나, 이것을 잘 집행하자면 이것을 받아들이는 농민의 자세가 문제입니다.

이제 농민의 교육수준도 상당히 높아졌고, 정부도 정책지도와 재정적인 지원, 그리고 기술적 지원도 제대로 하고 있으며, 시장도 상당히 확대되었고, 가격·유통질서 등도 많이 개선되고 있습니다. 남은 문제는 농민의 근면·자조·협동의 새마을정신이 우리 농민들의 마음속에서 살아나고 가슴속에서 솟구쳐 올라오도록 하는 일입니다. 우리 일선공무원들이 사명감을 가지고 우리 농촌에서 정신혁명운동이 일어나도록 각별한 관심과 노력을 기울여야 되겠습니다."

대통령은 이어서 투융자 자금의 효율적인 운용과 농경지의 효율적인 활용을 당부했다.

"3차 5개년계획을 비롯하여 막대한 자금이 농업부문에 투자되는데, 과거와 같이 악용, 유용 또는 부정을 하는 사례가 없도록 농림부직원은 물론 관계기관, 단체직원은 맡은 일에 충실하고 책임 있게 자금을 효율적으로 운용하여 계획된 시책을 성공적으로 완수해야 하겠습니다.

그리고, 한정된 농토를 가진 우리나라에 있어서는 무엇보다도 농경지를 효율적으로 이용하는 것이 중요합니다, 따라서 올 가을부터 계획을 세워 벼농사 외에 채소·목초·보리 등을 농한기를 이용하여 재배하도록 함으로써 토지의 생산성을 배증하는 데 주력하고, 유휴지는 남에게 빌려 주어서라도 이용하도록 해야 되겠습니다."

새마을운동은 주민소득증대에 역점을 둬야 한다

1972년 1월 14일, 내무부 연두순시에서 대통령은 먼저 새마을운동에 있어서는 주민소득을 증대시키는 데 역점을 둬야 한다는 점을 강조했다.

“새마을운동은 정신혁명운동이다, 의식구조 개혁운동이다라고 하지만 결과는 역시 소득이 늘어나야 됩니다. 정신운동을 아무리 많이 해봐도 소득이 늘지 않으면 주민들은 따라가지 않는 거지요.

결국은 이 운동을 통해서 어떻게 하든지 주민들의 소득이 늘어나도록 모든 정책을 집중해야 되겠는데, 장관이 설명했듯이 쌀·보리 등 주곡에서 나오는 소득, 이것이 농촌소득의 대종을 이루고 있지만 그것만 가지고는 안 되겠다, 다른 농외소득을 늘리는 방법을 연구해야 되겠다고 봅니다.

지금 현재도 농가부업·가내공업·새마을공장, 기타 여러 가지 하고 있는 일들이 많은데, 전번에 도시인구 소산문제에 대해 언급할 때도 강조하였습니다만 도시에 집중되고 있는 중소기업형 공장을 가급적 농촌지방으로 유치해 나가는 이런 운동을 좀 더 관심을 가지고 전개해야 되겠습니다. 상공부나 건설부뿐만 아니라 내무부 또는 내무부 산하에 있는 도지사·시장·군수, 이런 사람들이 보다 더 관심을 가지고 유치하는 노력을 계속해서 한 면에 공장을 2~3개씩 두면, 상당한 인원이 거기에 고용이 되고, 농외소득이 그만큼 늘어나서 농가소득이 늘어날 것입니다.”

대통령은 이어서 새마을운동이 성공하기 위해서는 우리 공무원의 정신자세가 농민들보다 앞서서 확립되어 있어야 한다는 점을 강조했다.

“금년부터 농촌에서 새마을운동이 잘 되도록 하기 위한 여러 가지 계획들이 많이 나와 있는데, 요전에 농림부에 가서도 이야기했지만, 역시 중요한 것은 농민들의 정신계발, 이것을 우리가 어떻게 하면 촉진할 수 있느냐 하는 것입니다. 이것을 위해서는 일선에 있는 우리 공무원들이 농민보다 앞서서 근면·자조·협동의 새마을정신으로 무장하고 있어야 된다고 생각합니다. 그래야만 농민들이 따라간다 이겁니다."

대통령은 이어서 지방자치단체들은 예산을 효율적으로 사용하지 못하고 있다는 사실을 지적하고, 특히 갚을 능력도 없이 벌려만 놓은 기채사업에 대해서는 내무부장관이 이를 규제하라고 지시했다.

"지방행정에 있어서 예산도 없는데 일을 잔뜩 벌려만 놓고 매듭을 짓지 못하고 질질 끄는데, 열 개 사업을 동시에 벌려놓고 예산을 열등분 해가지고 쓰면 이것이 다 완성되자면 일 년에 십분지 일 예산 쓴 경우 십 년 걸리지만, 우선 중요한 것부터 몇 개 완성해놓고 그 다음에 착수한다면 예산 쓰는 데도 투자효과가 훨씬 높지 않겠느냐, 금년에는 장관이 매듭짓는 행정을 해나가는 데 착안했으면 좋겠어.

지방자치단체가 기채사업도 과거에 많이 했는데 앞으로 장관이 특별히 이런 기채사업을 억제해야 되겠어. 기채사업 가운데 자치단체로서는 금년에 꼭 매듭을 지어야 되겠는데, 금년예산은 모자라고 중앙에서 어떻게 조처를 해주면 내년도 자기 자치단체 예산을 가지고 그걸 틀림없이 갚겠다, 이런 기채사업은 1년 정도 중앙에서 봐줄 수도 있지만 갚을 능력도 없는데 괜히 기채나 해달라, 기채를 해주고 나면 갚지 못하고 2년, 3년 가는 동안에 그 이자가 잔뜩 늘어서 이것을 갚을 수 없으니 중앙에서 또 봐달라, 이런 자세를 일선에 있는 도지사나 시장들은 앞으로 고쳐야 해요. 내무부에서 앞으로 상당히 규제를 하는 것이 좋을 것 같애."

정부는 새마을정신이 강한 우수부락을 우선적으로 지원한다

1972년 2월 7일, 경북도청 연두순시에서 대통령은 농촌근대화사업의 성패는 우리 농민들이 새마을정신을 발휘하느냐 못하느냐 하는 데 달려 있다는 점을 강조했다.

"금년부터 우리는 제3차 경제개발 5개년계획에 들어갑니다. 이 계획에 있어서 우리가 지표로 삼아야 할 세 가지 중점사업은 첫째, 농어촌근대화를 촉진하자는 것과 둘째, 수출을 증대하자는 것, 그리고 셋째로 우리의 공업을 경공업 시대로부터 중화학공업 시대로 끌어 올리기 위한 노력을 해야 되겠다는 것입니다.

이 세 가지 목표 중에서 정부가 가장 관심을 가지고 역점을 두는 것은 농어촌근대화사업입니다.

우리가 이 사업을 성공적으로 이룩하기 위해서는 다음 세 가지 요소가 3위1체로 하나가 되어 과감히 추진되어야 한다고 생각합니다.

그것은 첫째, 중앙정부가 모든 정책 목표와 방침을 완벽하게 수립하고 농어촌을 지원할 수 있는 태세를 확고히 갖추어야 할 것입니다. 둘째, 중앙정부가 아무리 좋은 정책을 세우고 시책을 다듬었다 해도 이를 집행하는 것은 일선에 있는 공무원들이기 때문에 이들의 올바른 자세와 또 이를 기필코 성취해야겠다는 시대적인 사명의식과 열성이 없어서는 안 되겠다는 것입니다. 셋째, 정부의 정책이 잘되고 일선공무원들이 아무리 열성을 다 한다 하더라도 이것을 받아들이는 농어민 자신들의 자세가 올바르고 가다듬어져 있지 않으면 그 성과를 기할 수 없다는 것입니다.

다시 말해서, 정부시책에 대한 호응도가 높아야 되고, 이것을 받아들일 수 있는 농어민 스스로의 태도가 갖춰져 있어야 된다는 것입니다.

이 세 가지, 즉 중앙정부, 일선에서 집행하는 공무원, 이것을 받아들이는 농어민이 3위1체가 되어야만 농어촌근대화 과업은 성공할 수 있습니다. 그러므로, 이번 순시 중 나는 정부에서 하는 일이나, 공무원들에 대해서뿐 아니라 농어민들에 대해서 스스로 이를 받아들일 수 있는 태세를 갖추어야한다는 점을 특별히 강조한 바 있습니다.

다시 말해서, 정부가 아무리 좋은 정책을 세우고, 또 지원을 많이 하고 일선공무원들이 노력을 한다 하더라도 이것을 올바로 인식하고 적극 호응하여, 이 기회에 스스로 잘살아 보겠다고 하는 농어민 자신들의 분발심과 자조·자립정신, 그리고 온부락이 단결해서 같이 한번 힘껏 잘해 보자는 협동정신, 즉 새마을정신 없이는 소기의 성과를 기대하기 어려울 것입니다.

결국, 농어촌근대화사업의 성패를 가름하는 관건은 농어민 자신들이 어떻게 이것을 받아들이느냐 하는 문제에 달려있다 하겠습니다.

이제, 농어민 스스로가 일대 분발을 해야 될 단계에 이르렀습니다.

정부와 국민, 공무원과 특히 농어민이 하나가 되어 영광된 조국을 재건해 보겠다는 왕성한 의욕과 정열이 솟구쳐야겠다는 것입니다.

이것을 우리는 새마을운동이라 하여 작년에 전국적으로 전개한 바 있었고, 이 운동은 금년에 이어 앞으로도 계속해서 추진하겠다는 것이 정부의 방침입니다."

대통령은 이어서 정부는 자조·자립·협동의 새마을정신이 강한 부락을 우선적으로 지원한다는 우수부락 우선지원 원칙을 강조했다.

작년에 실시한 새마을운동을 1학년 과정이라고 보고 성적이 좋은 부락은 2학년으로 진급시키고 성적이 나쁜 부락은 낙제를 시키며,

우수부락에 대해서는 더 많은 지원을 한다는 것이다.

"그러나 정부는 어디까지나 의욕이 왕성하고 자조·자립정신과 단결하려는 협동정신이 강한 그러한 부락에 우선적으로 지원을 할 것입니다.

부지런하고 알뜰한 농어민들이 우선적으로 지원을 받아야 하는 것은 너무도 당연한 일인 것입니다.

작년에 전국 3만 2천여 개 부락에 대하여 많은 금액은 아니었지만 농어민들의 분발심을 일깨우기 위하여 지원을 해본 결과 좋은 성과를 거둔 부락도 있었고 그렇지 못한 부락도 있었습니다.

이 경험을 살려, 앞으로는 일률적인 지원방식을 지양하고 우선 금년은 그 대상을 반으로 줄여 1만 6천여 부락에 대하여서만 지원을 하기로 하였습니다.

이것을 학교교육에 비유한다면, 새마을운동에 있어서 작년에 실시한 것은 전부 1학년에 입학시킨 것과 같다고 할 수 있습니다.

금년에는 작년에 성적이 나쁜 부락은 전부 낙제, 유급을 시키고 성적이 좋은 부락만 올려, 이번 2차년도에 계속지원을 하겠다는 것입니다.

금년 사업은 말하자면 2학년생에 해당되며, 금액도 작년보다 더 많이 지원하게 되어 있고, 또 그런 부락에 대해서는 이 밖에도 농협이라든지 다른 분야에서도 앞으로 적극적으로 사업 내용에 따라 더 지원을 하겠다는 것입니다.

금년 1만 6천여 부락 중에서 잘 하는 부락을 다시 가을쯤에 심사해서 우수한 부락에 대해서는 내년에 3학년생으로 진급을 시켜야겠습니다.

그리고 낙제한 부락 중에서 작년에는 성적이 나빴지만 그 동안에 분발을 해서 단결이 잘 되고 한번 해보자는 의욕이 왕성한 부락은 다시 선정을 해서, 내년에는 2학년생으로 진급을 시켜 금년에 지원한 정도로 지원해 준다, 거기서 또 성적이 나쁘면 낙제를 시키고 좋은 부락은 3학년생으로 진급을 시킨다, 내년에 진급한 3학년생은 다시 심사하여 4학년생으로 진급시켜 대폭적으로 지원을 한다는 것이 새마을운동에 대한 정부지원의 기본 방침입니다."

대통령은 왜 자조·자립정신과 협동정신이 강한 부락을 우선적으로 지원해야 하는지, 그 이유를 설명했다.

"왜 그렇게 해야 되느냐 하는 이유는 간단합니다.

농어촌을 일률적으로 지원해 본 결과 기대한 만큼 성과를 거두지 못한 것이 사실입니다.

부지런하고 잘하는 부락은 우선적으로 도와주자, 그러면 앞으로 금년 가을쯤만 돼도 격차가 생긴다, 이웃하여 있는 부락이라도 한 부락은 상당한 수준으로 소득이 증대되고 부락 환경이 개선되어 살기 좋은 마을이 되는가 하면, 다른 부락은 아주 뒤떨어진 마을이 될 수도 있는 것입니다.

내년쯤 되면 앞선 부락은 더 앞서고, 뒤떨어진 부락과의 격차는 점점 더 커질 것입니다.

일은 하지 않고 노름이나 하고 술이나 마시고 게으른 그러한 퇴폐적인 농어촌을, 부지런히 일해서 잘살아 보겠다고 발버둥치는 그런 농어촌과 꼭 같이 지원해 준다는 것은 오히려 공평한 처사라 할 수 없습니다.

우리 농어촌도 어느 시기에 가면 아주 근대화된 부락이 여기저기 생기는가 하면, 구태의연하게 하나도 발전되지 못한 채 뒤떨어진 부락도 있을 것입니다.

계속 성장한 부락은 조금만 더 지원해 주면 그 다음에는 정부에서 손을 떼어도 될 것입니다.

그 다음 단계로 뒤떨어진 부락에 대해서 정부는 스스로 노력할 것을 촉구하고, 하겠다는 열의를 보이는 부락은 지원하고 그렇지 못한 부락은 제일 마지막으로 순위를 돌리겠다는 것이 정부의 지원 방침입니다.

이것이 우리 농어촌에 새로운 혁명을 일으키는 시책의 기본방향이며, 이와 같은 시책은 반드시 성공하리라고 믿습니다. 물론 뒤떨어진 부락들은 불평을 할 것입니다. 잘 한 부락사람들의 소리는 들리지 않고 게을러서 뒤떨어진 부락의 불평소리는 크게 들릴지 모릅니다. 그러나, 그 불평에 귀를 기울일 필요는 없습니다.

'하늘은 스스로 돕는 자를 돕는다'고 하였습니다.

왜 노력을 않고 불평만 하느냐? 이웃은 하는데 왜 너는 못하느냐? 열심히 하여라, 그러면 정부는 지원할 것이다 하는 방침으로 밀고 나가, 부지런한 농민, 부지런하지 못한 농민, 알뜰한 부락, 게으른 부락의 차이를 스스로 느끼도록 하여야 하겠습니다.

그리하여, 정부는 부지런한 곳에 중점적으로 지원을 해서 농민들의 분발심을 일깨워 주고 자조·자립·협동의 새마을정신에 입각한 선의의 경쟁으로 더욱 잘살아 보겠다고 노력을 하는 그러한 기운이 전국 방방곡곡에 가득 차게 될 때, 정부의 노력과 새마을운동은 비로소 알찬 성공을 거둘 수 있을 것입니다. 이것이 나의 기본방침입니다.

모든 일선공무원들도 이 방침을 충분히 인식하여 농어민들을 계도하고 분발시키는 데 전력을 경주해야 할 것입니다.

정부가 방대한 재원을 투입하여 농어촌개발을 추진하는 데 있어서, 그 성패의 관건이 농어민 자신에 있다고는 하였지만, 이에 못지않게 중요한 것은 이들 지도하고 집행하는 일선 공무원들이 농어촌근대화를 기필코 달성시키겠다는 열의와 집념으로 사업 선정을 엄밀히 하고, 또 선정한 사업에 대해서는 계획을 치밀히 세워 사후관리를 잘 해서 이것이 결실을 맺을 때까지 지속적으로 끈기 있게 지도하는 일이라고 하겠습니다.

시작한 사업은 꼭 성공시켜야 할 것이며, 해보다가 흐지부지 언제 그만두었는지 모르게 중지하고 마는 비경제적인 예산낭비 사업은 앞으로 절대 있어서는 안 되겠습니다."

새마을가꾸기운동에 있어서 정부가 예시한 10여 개 종목의 마을 공동사업은 300여 포대 시멘트를 가지고 마을주민들이 노동력을 제공하여 자력으로 추진한다는 것은 결코 쉬운 일이 아니었다. 그러나 전국의 3만 5천여 개 마을 중에서 그 절반 정도인 1만 6천여 개 마을에서는 기대 이상의 성과를 거두었다. 일부 마을에는 정부가 지원한 시멘트와 주민들의 자체자금과 노동력을 투입하여 마을의 숙원사업을 완수하기도 하였다.

그리하여 제1차년도 사업이 끝날 무렵부터 마을과 마을 사이의 바깥 모습이 크게 달라지기 시작하였다. 새마을사업에 주민들이 처음부터 적극적으로 참여하여 마을지도자를 중심으로 단결하여, 근면·자조·협동의 정신을 발휘한 마을에는 마을 진입로와 마을 안길이 곧게 바로 잡히고 넓게 확장되었으며, 초가집 볏짚지붕이 시멘트 기와나 슬레이트로 개량되었고, 마을 길 양편에 화초와 상록수가 자라고 있는 등 마을환경이 몰라보게 변모했다.

그러나 새마을가꾸기사업에 대한 주민 참여도가 낮고, 근면·자조·협동 정신이 왕성하지 못한 마을은 아무런 변모도 없이 초라한 옛마을 모습 그대로 남아 있었다.

그래서 대통령은 좋은 성과를 거둔 우수부락부터 우선적으로 지원한다는 '우선지원' 방침을 정했다. 즉, 앞으로는 모든 부락에 대한 일률적인 지원방식을 지양하고 금년부터 그 대상을 작년도 절반인 1만 6천여 부락에 대해서만 지원한다는 것이다.

새마을운동은 우리 민족이 지니고 있는 오랜 공동체생활의 전통을 되살린 것이다.

간단없는 외침에 시달리며 꾸준히 농사를 지어 온 우리민족에게 있어서 마을은 바로 나의 삶과 일의 터전이었고, 영원한 마음의 고향이었으며, 마을주민은 바로 나의 친근한 이웃이었다.

이러한 작은 생활공동체인 마을에서 살면서 우리 민족은 오래 전부터 따뜻한 인간관계에서 생의 기쁨과 행복을 얻을 수 있다는 믿음을 간직해 왔고, 이러한 믿음을 실천했다. 즉, 마을주민들은 기쁜 일이나 슬픈 일이나, 어려운 일이나 쉬운 일이나, 한데 모여 함께 기뻐하거나 슬퍼했고, 서로 돕고 서로 의지하며 살아온 것이다. 그래서 우리 민족은 내 고향 우리 마을을 사랑하는 애향심이 남달리 강렬했다.

내 고장을 사랑하는 애향심은 내 나라를 사랑하는 애국심으로 통했다. 이것은 국난을 당할 때마다 전국 농촌마을에서 자발적으로 일어났던 우리 농민들의 애국적인 의병운동에서도 엿볼 수 있다. 이러한 애향심과 애국심이 잘살기 운동으로 시작된 새마을운동을 통해서 국력증강의 원동력이 되고, 전국의 모든 새마을을 국가안보와 국민총화의 보루로 만드는 힘의 원천이 되었다.

새마을운동에 있어서는 반드시 그 마을 지도자가 있어야 한다

1972년 3월 23일, 현대건설 울산조선소 기공식에서 대통령은 농촌근대화의 성패는 농민들의 정신자세에 달려 있다는 점을 역설했다.

…(중략)… "최근 우리나라 농촌에는 방방곡곡에서 새마을운동이

라는 것이 전개되고 있습니다. 이것은 그야말로 요원의 불길처럼 전국 농촌에서 지금 활발하게 전개하고 있습니다.

이 운동은 반드시 우리가 성공을 시켜야 하겠습니다. 또한, 성공이 되리라고 나는 확신합니다.

정부는 지금부터 농촌에 대해서 많은 투자를 하고 농촌의 근대화를 위해서 아까 말씀드린 세 가지 중요 목표 중에도 가장 역점을 둘 계획을 가지고 있고 앞으로 이를 실천할 것입니다.

여기에 한 가지 문제는 우리 농민들이 이것을 받아들일 태세가 갖추어지느냐 안 되느냐 하는 데에 따라서 이 새마을운동이라는 것은 성공할 수도 있고 성공하지 못할 수도 있다는 것입니다.

농민의 자세란 뭐냐? 아무리 정부가 많은 지원을 하고, 보조를 하고, 뒷받침을 하더라도 농민들이 이것을 스스로 받아들여 가지고 우리 한번 잘살아보자 하는 그런 의욕과 분발이 없으면 그야말로 우리나라 속담의 밑빠진 독에다 물 붓는다는 식으로 정부가 아무리 지원을 해도 아무 효과를 나타내지 못하는 것입니다.

우리 농민들은 이것을 받아들일 수 있는 태세를 갖추어야 합니다. 이러한 농민의 정신을 우리는 새마을정신이라고 합니다.

우리 농촌이 빨리 부강해져야만 우리 공업도 가속적으로 더 발전할 수 있습니다. 또 공업이 발전하여야만 정부는 농촌에 많은 지원을 할 수 있는 그런 재원을 마련할 수 있습니다.

정부는 지금 공업도 밀고 있지만, 농업도 빨리 발전시켜야겠다고 생각하고 있습니다. 농업과 공업을 같이 서로 앞을 다투어서 개발을 해 나가야 하겠는데 여기에 우리 농민들이 이 기회에 일대분발하여 줄 것을 여러분들에게 당부합니다."

대통령은 이어서 정부가 농촌에 집중투자를 하는 데 있어서 가장 중요한 일은 공무원·농민·농촌지도자들이 우리 농촌을 한 번 잘살게 해 보겠다는 정열에 불이 붙어야만 되고 자기들이 하는 이 사업이 보람있는 일이라는 긍지와 사명감을 갖는 것이라는 점을 역설했다.

모범부락에는 반드시 훌륭한 헌신적인 지도자가 있었다.

"그러면 이제부터 우리는 무엇을 해야 하느냐, 지금부터 우리에게 더 필요한 것은 무어냐, 가장 중요한 문제가 하나가 있다면 이것은 우리들의 정신 자세라고 봅니다, 정부 안에서 일하는 모든 공무원들이나 일선에 나가서 농민들을 지도하는 각종 농촌지도기관에서 종사하는 농촌지도자들이 모두가 올바른 정신자세를 가다듬어, 이제부터 이 사업에 강력히 힘을 합쳐서 나가야 되겠다는 것입니다. 특히, 일선에서 이 사업을 집행하는 우리 공무원들 또는 농촌지도기관에서 일하는 종사원들, 농협이라든지, 수협이라든지, 농촌진흥청 산하에 있는 모든 공무원들, 기타 농촌지도에 임하고 있는 모든 종사원들부터 우리 농촌을 한번 잘살게 해 보겠다는 정열에 불이 붙어야만 된다고 나는 생각합니다. 또, 자기들이 하는 이 사업이 가장 보람 있는 일이라는 긍지와 사명감을 가지고 일에 종사해야 된다고 생각합니다.

앞으로 우리 일선공무원들이 집행해야 될 모든 일에 있어서 아무리 작은 사업이라고 하더라도 사전에 충분한 연구를 해서 그 일에 착수해야 하겠습니다. 또, 사업을 집행하기 전에 우선 그 계획을 치밀하게 짜야 하겠습니다. 그래서 한번 착수한 사업은 이것을 끝까지 밀고 나갈 수 있는 추진력을 가지고 밀고 나가야 되겠습니다. 하다가 중간에 좌절한다든지 추진력이 없어서 중간에 흐지부지해서는 안 되겠습니다. 또, 일이 일단 끝난 뒤에 있어서도 그 사후관리를 철저히 해야 되겠습니다. 과거에는 흔히 처음에 여러 가지 욕심있는 사업을 많이 추진하다보면, 그 의욕은 대단히 좋았는데 사전에 충분한 연구와 계획이 치밀하지 못했고 그리고 추진하다 보니까 여러 가지 애로에 봉착하게 되는데, 밀고 나갈 수 있는 추진력이 없어서 도중에 가다가 용두사미가 되어 버리는 예가 많이 있었는데 이렇게 해서는 안 되겠습니다. 이러한 자세, 이러한 정열, 이러한 사명의식을 가지고 일선공무원들과 농촌지도자들이 앞으로 일을 열심히 추진해 줘야 되겠다는 것입니다.

그 다음에는 농민들의 자세도 공무원들과 마찬가지로 올바로 되어야 되겠고, 한 번 더 일대분발을 해야 되겠다는 것입니다. 우리나라 농민들 가운데는 과거에서부터 내려오는 여러 가지 타성과 인습에 젖어서 농민이라는 것은 아무리 열심히 일을 해도 잘살 수 없다는 체념에 빠져 있는 폐단이 있지 않은가 생각하는데, 이러한 폐단은 우리가 깨끗이 없애야 되겠습니다.

부지런하면 누구라도 잘살 수 있다, 잘살 수 있는 모든 여건이 갖춰져 있다는 생각을 가지고 우리 농민들도 참여를 해야 합니다. 남한테 의지하겠다는 생각을 버리고 내가 부지런히 일해서 내 힘으로 한번 잘살아 보자는 의욕과 분발심과 우리 마을사람이 힘을 합쳐서 부지런히 일해서 우리 힘으로 한 번 잘살아 보는 마을을 만들어 보겠다는 그러한 의욕이 가장 중요한 것입니다. 즉, 내가 늘 강조하는 자조정신, 즉 스스로 돕는 정신이 중요합니다. 하늘은 스스로 돕는 자를 돕는다는 속담이 있습니다. 자기 자신을 자기가 돕지 않고 남이 돕는 것을 기대할 수 없는 것입니다.

남한테 기대거나 의지하겠다는 생각보다는 내 힘으로 노력해서 한번 잘살아 보겠다는 자립정신, 내 힘으로 한 번 일어나 보겠다, 남이 붙잡아 주고 부축을 해 주는 것보다 내 힘으로 일어서 보겠다 하는 자립정신, 한 마을이나 온 동네나 그 지역사회에 사는 모든 주민들이 힘을 합쳐서 협동심을 가지고 내 고장을 같이 개발하고 다 같이 잘살고자 하는 그런 협동정신이 또한 중요합니다.

우리는 이 자조정신·자립정신·협동정신을 새마을정신이라고 합니다. 이러한 정신에 투철한 우리 농민·공무원·농촌지도자가 삼위일체가 되어 같이 앞으로 밀고 나가자, 우리 농업을 한 번 개발을 해 보자, 지역사회 개발에 한 번 불을 붙여보자 하는 이 운동을 우리는 새마을가꾸기운동이라고 합니다. 지금 이 운동은 전국 방방곡곡에서 상당한 의욕과 열의로 일어나고 있는 것으로 나는 알고 있습니다."

대통령은 이어서 정부는 앞으로 자조·자립·협동의 새마을정신이 왕성한 농민과 농촌을 가장 우선적으로 지원하고 뒷받침해 준다는 '우수부락 우선지원' 방침을 밝혔다.

"앞으로 정부는 이러한 자조·자립·협동의 새마을정신이 왕성한 그러한 농민 또는 그런 농촌을 가장 우선적으로 지원을 하고 뒷받침을 해 줄 생각입니다. 과거에는 정부가 농촌을 지원하는 데 있어서 일률적인 시책을 많이 써 왔습니다. 말인즉 공평히 하기 위해서 똑같이 지원을 한다는 뜻에서 그런 시책을 써 왔는데, 나는 그것이 잘못 됐다고 봅니다. 잘살아 보겠다고 부지런하게 일하고 애쓰는 사람에 대해서는 우선적으로 도와 줘야 되며, 그렇지 못한 게으른 사람은 우선순위를 낮춰서 맨 마지막에 도와 줘야 되겠고, 그렇게 하는 것이 나는 공평한 시책이라고 생각합니다. 부지런한 사람이나 게으른 사람을 똑같이 지원을 한다, 똑같은 뒷받침을 해 준다는 것은 일견 공평한 것 같지만 지극히 불공평한 것입니다. 그러면 누가 열심히 일할 필요가 있습니까? 앞으로 정부는 가장 부지런하고 의욕적이고, 새마을정신이 왕성하고, 투철한 그런 농민과 농촌에 대해서 중점적으로 지원하겠습니다. 이것도 금년뿐만 아니라 앞으로 계속 매년 매년 지원을 하겠습니다. 이렇게 하면 그런 농촌은 앞으로 수년 내 다시 일어서고, 다 부강한 농촌이 되리라고 나는 확인합니다.

과거에 우리 정부는 농촌에 대해서는 여러 가지 시책을 써 왔습니다. 이런 시책도 써보고 저런 시책도 써보고, 개중에는 하다가 실패한 예도 있고, 성공한 예도 있고, 솔직히 말해서 오히려 실패한 일이 더 많지 않았는가 생각됩니다.

지금 와서 우리가 한 번 반성해 볼 때, 그러한 시책에는 한 가지 잘못이 있었다, 그게 뭐냐, 부지런하고 의욕이 왕성하고 협동정신이 강한 농민과 농촌에 대해서 중점적으로 도와 주고, 그렇지 못한 사람들은 뒤로 돌리는 방법을 쓰지 않았기 때문에 성과를 올리지 못했다고 봅니다. 물론, 우리 농민들의 의욕이나 근면 하나만 가지고 농민들이 일어서기는 어렵습니다. 그렇다고 해서 정부에서 무슨 지원이나 뒷받침해 주고 보조만 해가지고 우리 농민들이 잘살 수 있느냐, 그것 가지고는 절대로 안 됩니다. 우선 농민들이 부지런해야 되고 한번 잘살아 보아야 하겠다는 의욕이 왕성해야 되겠고, 이웃끼리 협동심이 강하고 단결심이 강하고 근면해야 하며, 그런 농민들에게 정부가 지원을 해 주고, 뒷받침을 해주고 또 계속적인 지도를 해주면 그런 농촌은 반드시 일어날 수 있다고 나는 확신하고 있습니다."

대통령은 이어서 앞으로 새마을운동을 추진하는 데 있어서는 반드시 그 부락의 지도자가 있어야 한다는 점을 역설했다.

"지금 우리 농촌에 가보면 도처에 모범부락이 많이 생겼습니다. 몇 년 전만 하더라도 아주 가난한 빈촌이었는데 지난 몇 년 동안에 그 부락민들이 서로 협동하고, 단결하고, 부지런히 힘을 합쳐서 일해 그 이웃에 있는 다른 부락보다도 기막힐 정도로 잘사는 그런 부락이 되었습니다.

그런 부락을 우리가 한번 전부 검토를 해 본 결과, 여기에는 몇 가지 공통된 요소가 있다는 것을 발견했습니다. 첫째, 부지런하다는 것이며, 두 번째는 부락민들이 단결심, 협동정신이 강하다는 것이며, 그렇지 못한 부락은 성공하지 못했습니다. 또 한 가지 가장 중요한 문제는 그러한 부락에는 반드시 훌륭한 헌신적인 지도자가 있었다는 것입니다.

어제도 경제기획원 회의실에서 월간경제동향보고가 끝난 뒤에 경기도 이천군 장호원 농업협동조합 지도자로 있는 이재영 씨라는 농촌지도자가 와서, 과거 9년 동안 농촌을 한번 잘사는 부락으로 만들기 위해서 심혈을 경주한 경험담을 간략히 설명하는 것을 아주 감명깊게 들었습니다.

그러한 훌륭한 지도자가 있으면 우리 농촌은 반드시 일어날 것입니다. 그러한 사람들이 매달 한 번씩 와서 설명하는데, 예외 없이 그런 지도자들이 처음에 일을 시작할 때는 여러 가지 애로와 저항이 있었다는 것입니다. 인습이라든지 타성을 없애고 지도자들이 부락에다 새로운 바람을 집어넣고 한번 움직이게 하는 데에는 반대가 있고, 저항이 많다는 이야기입니다. 이러한 반대를 무릅쓰고, 설득을 하고 이해를 시키고 자기가 솔선수범을 하고, 여러 가지 방법을 써서 부락민들을 어떻게 깨우쳐서 그 사람들이 참여할 수 있도록 하는 그 단계까지가 대단히 어렵다는 것입니다. 여기까지만 끌고 가면 아주 쉽게 나갈 수 있다는 이야기를 들었습니다. 앞으로 우리가 추진하고자 하는 새마을운동도 반드시 그 부락의 훌륭한 지도자가 있어야 되겠습니다.

어떤 부락에서 보면 한 사람이 있어 가지고 그 부락을 이끌고 나가는 그런 훌륭한 지도자가 있는 부락도 있고, 또 어떤 부락은 한 사람이 아니라 그 부락의 젊은 청년 몇 사람이 힘을 합쳐 이끌고 나가는 예도 있습니다. 농촌에 이러한 훌륭한 지도자가 있고 부락민들이 부지런하고 단결심이 강하고, 부락지도자들을 중심으로 힘을 합치면 그 부락은 반드시 일어날 수 있고, 이것이 우리 농촌을 잘살게 하는 길이라는 것을 잊어서는 안 되겠습니다.

혹 어떤 사람은 정부가 농촌에 대해서 더 많은 투자를 해라, 무슨 보조를 해 주라 하는 이야기를 하고 있습니다. 물론, 정부는 그런 여력이 있고 앞으로 계속 농촌을 위해서, 농민을 위해서 일을 하고 뒷받침을 해야 될 책임이 있다고 생각합니다. 그러나 덮어놓고 돈만 많이 갖다 농촌에 뿌렸다고 해서 우리 농촌이 빨리 일어나는 것은 결코 아닙니다. 첫째, 그 주민들이 의욕이 있어야 되고, 부지런해야 되고, 단결심이 강해야 되고, 협동심이 왕성해야 되겠고, 그런 분위기를 조성할 수 있는 훌륭한 지도자가 있어야 됩니다. 이런 모든 여건이 갖춰져 있는 그런 농촌에 대해서 정부는 가능한 모든 지원을 아끼지 않을 것입니다."

대통령은 이어서 새마을운동에 있어서 성적이 좋은 부락과 성적이 나쁜 부락에 대한 지원방식에 대해 설명했다.

"새마을운동은 작년부터 시작했습니다. 작년에는 전국에 있는 자연부락 약 3만 3천 개 부락에 대해서 일률적으로 이 운동을 전개해 보았습니다. 해 본 결과 상당히 좋은 성과를 올린 부락도 있었고, 그 반면에 그렇지 못한 부락도 상당히 많이 있었습니다. 금년도에는 작년도에 실시한 부락 중에 성적이 좋은 부락을 전체 부락 중에서 한 절반 정도를 선정해서 1만 6천여 부락에 대해서 이 운동을 추진합니다. 정부가 지원도 합니다. 금년도에 1만 6천여 부락 중에 금년 가을에 가서 부지런하고 단결심이 강하고 좋은 성적을 올린 그런 부락을 내년에 또 선발을 해서 내년에 몇천 개 부락이 될는지 모르겠습니다만, 정부는 또 금년보다 더 많은 지원을 하겠습니다. 그럼, 여기에 참여 못하는 부락은 어떻게 하는가, 뒤떨어진 부락은 제일 마지막에 정부가 지원을 해 줄 것입니다.

작년에 우리가 실시한 새마을운동은 1학년 과정입니다. 1학년 과정을 해 왔는데 성적이 좋은 부락은 금년에 2학년으로 진급을 했습니다.

나쁜 부락은 낙제를 하고 금년에 2학년에 올라오지 못했습니다. 또, 금년에 1만 6천여 개 2학년 부락 중에 잘한 부락은 내년에 3학년으로 진급을 시키겠습니다.

정부는 그 부락에 대해서 더 많은 지원을 하겠습니다. 금년에 떨어진 부락은 3학년에 올라가지 못하고 유급을 하게 됩니다. 내년에 3학년 부락 중에 잘한 부락은 4학년에 진급시킵니다. 앞으로 3학년, 4학년, 한 5학년쯤 가면 완전히 자립할 수 있는 농촌이 되지 않겠는가 이렇게 보는 것입니다. 그동안에 뒤떨어진 부락은 무얼 하느냐, 작년에 진학을 못하고 유급을 했지만 다른 이웃에 있는 모든 부락들이 하는 것을 보고 부락민들이 분발을 해서 우리도 이래서는 안 되겠다, 한번 힘을 합쳐 가지고 한번 해보자고 하여 분발을 해서 따라오겠다는 그런 의욕이 왕성한 부락이 있으면 다시 선발해서 내년에 가서 또 지원을 해가지고 연차적으로 자꾸 올라가는 데, 가다가 또 성적이 나쁘면 또 유급을 시키고, 부지런하고 의욕이 왕성하고 단결심이 강하고 의욕적인 그런 부락은 중점적으로 계속 지원을 할 것입니다. 이렇게 하면 몇 년 후에 가면 우리 농촌에도 잘사는 부락, 못사는 부락, 소위 말하는 빈부의 차이가 생길 것입니다.

나는 그 차이가 생기는 것을 당연하다고 봅니다. 왜? 잘사는 부락은 그 부락 주민이 부지런하고 단결심이 강하고 협동심이 강하고 열심히 일했기 때문에 잘사는 것이고, 못사는 부락은 게으르고 단결이 안 되고, 남은 모두 겨울에 나와서 새마을 가꾸기 한다고 야단들인데 집안에 앉아서 막걸리나 받아놓고, 돼지나 잡아먹거나 저녁에 화투나 치고 놀음이나 하고 있었기 때문에 못사는 것이기 때문입니다. 앞으로 농촌에 잘사는 부락, 못사는 부락이 여기 저기 생기면 뒤떨어진 부락도 언젠가는 잘사는 부락의 자극을 받아 가지고 다시 분발을 해서 따라오지 않겠느냐, 그렇게 될 때 정부는 그런 부락에 대해서 적극 지원을 할 것입니다. 문제는 그 부락주민들의 마음가짐과 정신자세에 달려 있는 것입니다."

대통령은 이어서 새마을운동은 농민들의 생산과 직결되고 농민들의 소득증대에 기여할 수 있는 사업을 추진해야 한다는 점을 강조했다.

"지금 각 시·도에서도 이 운동을 활발히 전개하고 있는 것으로 알고 있습니다. 이 운동과 관련해서 한 가지 특별히 여러분들에게 강조하고자 하는 것은, 이 새마을운동은 어디까지나 우리 농민의 생산과 직결되어야 되겠고, 또 농민들의 소득증대에 기여할 수 있는 그런 사업을 중심으로 추진해야 되겠다는 것입니다. 지금 농촌에서 하는 일 중에는 농로개설이라든지 또는 초가집을 기와집으로 바꾸는 지붕개량운동이라든지, 그 부락 앞에 있는 홍수 때 떠내려간 하천에 대한 개수라든지, 또는 뒷산에 대한 조림녹화, 위생우물 개량, 전기가설, 집단상전 조성 등 사업들이 있을 것입니다. 그러나 이것은 전부 생산과 직결이 되어야 되겠고, 또 그 부락주민들의 소득증대에 이바지할 수 있는 그런 사업이 되어야 되겠습니다.

다시 말하면, 겉치레만 번드레해 가지고 생산과 직결이 되지 않고, 소득증대에 이바지하지 않는 소위 외형적이고 전시효과만 노리는 그런 사업이 되어서는 안 되겠다 하는 이야기입니다. 이 사업이 생산과 직결이 되고 주민들의 소득증대에 이바지해서 농가마다 소득이 불어난다 하는 재미를 느껴야만 이 운동에 대한 농민들의 열의가 식지 않지, 해 봤는데 아무 소득이 느는 것도 없고 자기 집에 수익이 더 느는 것도 아니더라는 생각이 들면 농민들이 어느 시기에 가서는 이 사업에 대해서 흥미를 잃어버리고 열의가 식어 버릴 것입니다.

그래서는 안 되겠습니다. 가령, 농로개설을 한다면 무엇 때문에 농로개설을 하느냐에 대해 농민들이 확실히 알고 있어야 하겠습니다. 자기 부락에서 생산하는 농산물을 도시에나 큰 소비지에 갖다 팔아야 되는데, 지금까지는 자동차가 못 들어왔기 때문에 생산물을 지게에 지고, 머리에 이고 큰길까지 나가서 차에다 실었는데, 이래 가지고는 앞으로 농산물을 많이 생산하더라도 소득증대가 안 되고 수익을 많이 올릴 수 없나, 자동차가 들어올 수 있고 화물자가 늘어올 수 있는 그런 농로를 만들면, 부락에서 생산되는 것을 트럭 같은 데 실어서 도시로 나갈 수 있다, 그렇기 때문에 농로개설이 필요하다, 지붕개량은 왜 하느냐, 초가집보다 기와집이 보기에 더 좋아서 하느냐, 물론 보기에도 좋지만 지붕개량을 함으로써 매년 그 지붕에 올라가는 짚을 그만큼 절약을 해 그것을 퇴비에다가 넣는다든지, 농토에다가 넣어서 토지를 개량한다든지, 또 그렇지 않으면 그것을 가지고 가마니를 짠다든지, 새끼를 꼰다든지 해서 농가에 이바지할 수 있기 때문이라는 것을 확실히 알려야 한다는 것입니다.

조림은 왜 하느냐, 물론 벌건 산을 없애고 산을 푸르게 하기 위한 것이지만 부락사람들이 같이 힘을 합해서, 수종을 잘 선정해서 앞으로 돈이 될 수 있는 경제성이 있는 나무들을 심어 가지고 부락민들이 같이 관리하고 같이 가꾸어 나가면, 당장 수익이 오르는 것은 아니지만 앞으로 5년 그리고 10년 뒤에는 그 부락의 재산이 되고, 그것을 가지고 장차 이 부락 개발을 위해서 같이 쓸 수 있는 기금을 만들기 위한 것입니다.

이런 여러 가지 일이 부락의 환경정리에도 기여하여 아담하고 알뜰한 부락을 만들고, 그 사업 하나하나가 전부 그 부락주민들의 소득증대에 이바지할 수 있는 사업이 되어야 되겠습니다. 그래야만 그 부락민들이 거기에 대해서 흥미를 느끼고, 또 열의를 가지고 계속 참여할 것입니다.

전기가설도 마찬가지입니다. 지금 농촌에서는 전기가설을 많이 해달라고 그러는데, 술먹고 화투치는 데 노름하는 데 편리하라고 전기가설을 해주는 것은 절대로 아닙니다. 전기가설을 하면 농민들이 전기료를 물어야 되는데, 전기료를 물더라도 밤에 농촌에서 그 시간을 이용해서 부업을 한다든지, 가내공업을 한다든지, 하다못해 가마니도 짜고 새끼도 꼬고, 이것도 저것도 할 것 없으면 농촌 부락민들이 모여 가지고 앞으로 몇 달 후에 일이 시작되는 금년 봄부터 하는 농사기술에 대한 강의를 한다든지, 뭔가 생산에 이바지할 수 있는 목적으로 이것이 사용이 되어야 되겠습니다."

대통령은 이어서 새마을운동은 우리 농촌의 인습타파운동도 겸해야 한다는 점을 역설했다.

"그리고, 이 운동은 생산과 직결되어야 하고 소득증대에 이바지하면서, 동시에 과거부터 내려오는 우리 농촌의 비생산적인 인습을 타파하는 운동도 같이 겸해야 된다는 것을 강조하는 바입니다. 한 가지 예를 들면, 우리 농촌의 관혼상제 비용을 절감하고 간소하게 하기 위해서 정부에서는 몇 년 전에 '가정의례준칙'이라는 것을 만들어서 국민들에게 발표를 하고 이것을 권장하고 있는 것입니다.

지난 2월달에 각 시·도를 순시하는 기회에 어느 도에 가서 브리핑을 들었는데, 충청북도 같은 데서는 농가호당 작년 일 년 동안의 관혼상제 비용이 얼마냐 하면 10만 원이었다는 것입니다. 또, 경상북도에서는 농가 호당 작년에 12만 원을 관혼상제에 소비를 했다는 것이고, 다른 시·도에서는 이런 브리핑이 나오지 않아서 못 들었습니다만 10만 원 내지 12만 원 정도가 관혼상제에 소비가 되었다는 것은 우리가 한번 깊이 검토를 해봐야 될 문제라고 생각합니다.

왜냐하면, 지금 농가소득이 작년 말 현재로 평균 28만 6천 원이 되는 것으로 압니다. 2십 8만 6천 원보다 훨씬 많은 백만 원 소득을 올리는 농가도 있겠지만, 그보다 훨씬 낮은 농민도 있을 것입니다. 평균수치가 28만 6천 원이라는 이야기입니다. 28만 원이라고 했을 때 28만 원이 순이익이냐, 그렇지 않다는 것입니다. 거기에는 비료값 또는 농약값, 여름에 모심기하고 논매기하고 여러 가지 일하는 데 대한 노임 등 생산비가 포함되어 있는 것이며, 이것을 빼고

났을 때 28만 원 중에 순이익으로 얼마나 남겠는가, 통계를 아직 들어보지 못했지만 아마 한 10만 원 정도 남기가 어렵지 않겠는가 봅니다. 적어도 생산비가 18만 원 정도는 들어간다, 그렇다면 남는 것이 10만 원인데 관혼상제비로 평균 10만 원씩 써버리면 아무것도 없다, 제로다 이런 이야기가 되는 것입니다. 자녀들의 결혼식 하는 데, 누구의 장례식을 하는 데, 무슨 제사지내는 데 쓰는 비용이 이렇게 들어가서는 곤란합니다.

관혼상제라는 것은 그 정신과 성의가 중요한 것이지 형식이 그리 대단한 것은 아닙니다. 또, 그만한 여유가 있으면 모르지만 우리 농민들이 지금 가난한데 과거에서부터 내려오는 인습에 젖어서 그 많은 돈을 써가지고 무리를 해서는 안 되겠습니다. 결혼하는 것도 간단히 할 수 있습니다. 어제 그저께 텔레비전을 보니까 서울시장이 주례하는 합동결혼식을 한다고 하는데, 이런 것은 상당히 경비가 적게 들 것입니다.

장례를 치르는 것도 간단히 하자는 것입니다. 우리가 재래식으로, 상제가 굴관제복하는 형식을 꼭 따라야 할 필요가 없다고 봅니다. 정부에서 국민들한테 권장하고 있는 가정의례준칙을 가지고 충분히 정성을 다 발휘할 수 있고, 이것을 가지고 충분히 모든 범절을 갖출 수 있다고 생각합니다.

관혼상제 비용이 평균 10만 원이니까 작년에 자녀를 결혼시킨 일도 없고 장례 치른 일도 없어서 경비가 안 들어간 집도 있는 반면에, 어떤 집에서는 10만 원 정도가 아니라 2, 30만 원 이상 훨씬 많이 썼다는 이야기가 됩니다. 평균해서 10만 원 내지 12만 원입니다. 지금 우리나라 학생이 한 800만 정도 되는데, 한 가정에서 한 사람 내지 두세 명의 자녀들을 학교에 보내게 되면 일 년에 상당한 돈이 있어야 합니다. 지금 우리 농가의 평균소득이 28만 6천 원,

29만 원이라고 하면, 생산비 빼고 나면 10만 원 남기 어렵습니다. 그 29만 원 중에 관혼상제에 10만 원 들어가고 학교에 얼마 들어갑니다. 그래가지고는 그 농가가 일어날 도리가 없는 것입니다.

옛날부터 내려오던 관혼상제의 인습을 우리가 과감히 시정해야 합니다. 많이 버는 것도 중요하지만, 쓰는 것 절약하는 것이 더 중요합니다. 평균 10만 원 내지 12만 원의 관혼상제 비용을 4만 원 내지 5만 원으로 줄여서 절약할 수 있다면 자연히 소득이 올라가는 것입니다. 즉 농가소득이 5, 6만 원 넘는 셈입니다. 한 농가소득이 일 년에 5, 6만 원이 증가될 경우 그것은 농가소득의 굉장한 증가라고 할 수 있습니다."

대통령은 이어서 새마을운동은 도시에서도 해야 한다는 점을 강조했다.

"지금 새마을운동이라고 그러면 우리 농촌에만 해당되는 것이고 농촌에서만 하자는 운동인 것처럼 잘못 생각하고 있는 사람도 있는 것 같은데, 농촌뿐만 아니라 도시에서도 이 운동을 해야 되겠다고 나는 생각하고 있습니다. 도시라고 해서 이 범국민적인 운동에 방관자가 되거나 외면을 해서는 안 되겠습니다. 도시에서 하는 새마을운동과 농촌에서 하는 새마을운동의 사업 내용은 제각기 다를 것입니다. 도시는 도시대로 그 도시에 알맞는 운동을 하자는 것입니다."

제3장 새마을운동은 잘살기 운동이며, 잘살 수 있는 길은 근면·자조·협동정신에 있다

새마을운동은 생산과 직결되고 소득증대에 기여하는 운동이 돼야 한다

1972년 4월 4일, 제17회 4H구락부 중앙경진대회 및 제4회 농촌 부업경진대회가 열렸다.

대통령은 이날 대회에서 먼저 지금 우리 농촌에서 전개되고 있는 새마을운동은 일대 정신적 혁명운동이라고 천명했다.

"4H부원 여러분들이 평소부터 우리 농촌에서 묵묵히, 또한 꾸준히 훌륭한 일을 많이 하고 우리 농촌 근대화를 위해서 여러 가지 좋은 일들을 많이 하고 있다는 것을 나는 잘 알고 있습니다.

여러분들과 같은 훌륭한 일꾼들이 우리 농촌에서 이렇게 애를 쓰고 있기 때문에, 우리 농촌은 지금 나날이 그 모습을 바꾸어 가고 있고, 이제야말로 우리 농촌도 잘사는 농촌으로 일어설 수 있는 단계에 접어들고 있다고 봅니다.

그동안 훌륭한 업적을 쌓아, 오늘 이 자리에서 상을 받은 수상자 여러분에 대해서는 특별히 치하의 말씀을 드리는 바입니다.

나는 오늘 이 자리를 빌려 4H운동과 지금 우리 농촌에서 일어나고 있는 새마을운동이 어떠한 관계가 있느냐, 그 점에 대해서 말씀드리고자 합니다.

여러분들이 지금 하고 있는 4H운동과 지금 농촌에서 전개되고 있

勤勉 自助 協同

一九七五年十二月十日

大統領 朴正熙

는 새마을운동은 그 정신과 목적에 있어서 꼭 같다고 생각합니다.

그러한 뜻에서 볼 때, 나는 4H부원 여러분들이 벌써부터 우리 농촌에서 꾸준히 새마을운동을 추진해 왔다고 보고 있습니다.

성실하고 근면하고 자조·자립하는 정신, 그리고 부락민들의 왕성한 협동정신, 이것을 우리는 새마을정신이라고 하는데 이것은 4H부원 여러분들의 운동의 정신과 꼭 같은 것입니다.

다만, 이 새마을운동이라는 것은 부원 여러분들뿐만 아니라, 부원 아닌 우리 모든 농민, 연령이 많은 분이나 적은 분, 남녀노소할 것 없이, 또 농촌사회에 있어서 농민 아닌 비농민들이라도 그 지방에 살고 있는 사람들이라면 모든 사람이 참여해서 힘을 합침으로써, 우리가 사는 고장을 보다 살기 좋고 부유한 마을로 만들어 보자 하는 운동이기 때문에 새마을운동이라고 이름을 붙이고 있는 것입니다.

우리나라 역사를 돌이켜볼 때, 우리 농촌사회에 있어서 과거 어느 시대에 있어서도 오늘날 우리 농촌에서 여러분이 추진하고 있는 것과 같은 건전하고, 자발적이고, 의욕적이고, 생산적인 운동이 요원의 불길처럼 방방곡곡에 일어났던 시대는 내가 알기에는 없었다고 봅니다

이처럼 우리 농촌사회에 이런 좋은 운동이 전개되고 있다는 것은, 우리 농촌에 일대 정신혁명운동이 전개되고 있다고 볼 수 있을 것입니다."

대통령은 이어서 우리 농민들은 새마을운동에 보다 더 적극적으로 참여해야 되겠다는 점을 강조했다.

"여러분들이 잘 알고 계시는 바와 같이 금년부터 시작되는 제3차 경제개발 5개년계획의 가장 중요한 목표의 하나가 우리 농촌의 근대화입니다. 농촌에 집중적인 투자와 개발을 해보자, 그렇게 해서 우리 농촌을 빨리 잘사는 농촌으로 만들어 보자 하는 것이 제3차 5개년계획사업의 3대 목표 중에서도 정부가 가장 역점을 두고 있는 사업입니다.

다만, 문제는 정부가 농촌에 대해서 중점적인 투자를 하고, 개발을 하고, 또 우리 농민들을 뒷받침하기 위한 모든 준비를 갖추고 있기는 하지만, 이 사업을 추진하는 데 있어서는 먼저 선행되어야 할 문제가 하나 있다고 봅니다.

그것은 정부의 뒷받침을 받아들이는 농민들의 자세입니다.

그러면, 농민들이 어떻게 받아들여야 하느냐, 그것은 농민들이 이 새마을운동에 보다 더 적극적인 참여의식을 가지고 참여해야 하겠다는 것입니다.

이런 운동은 과거에도 여러 번 하다가 얼마 가지 않아 흐지부지되었는데, 이번에도 또 그렇게 되겠지 하는 방관적인 태도, 냉소적인 태도, 남의 일 보듯이 하는 태도, 이러한 자세로서는 안 되겠다는 것입니다.

이것은 우리 농민들을 위하는 운동이고 우리 농민들이 잘살기 위한 운동이기 때문에 우리 농민들이 한 사람도 빠지지 않고 적극적으로 참여해야 되겠습니다.

성실하고, 근면하고, 자조정신이 강하고 협동정신이 왕성한 농민들에 대해서는 정부는 가장 우선적으로 지원을 해 주겠다는 방침입니다. 우리 농민도 이제야말로 일대 분발을 해야 할 때가 왔다고 봅니다. 우리 농민들이 눈을 뜨고 분발해서 자조하고 협동만 한다면 반드시 우리 농촌도 잘살 수 있다고 생각합니다.

과거에 우리 농촌은 가난의 대명사처럼 되어 있었고, 우리 농민들은 무기력했으며, 농민은 아무리 열심히, 부지런히 일을 해 보았자 못사는 것이다라는 숙명론적인 관념, 체념, 어떻게 하든지 남에게 기대보자는 의타심, 또는 나태 등 이러한 것이 우리 농촌에 잠재해 있었는데, 이제야말로 이것을 과감히 타파하고 일어서야 되겠습니다. 이와 같이 해서 우리도 한번 잘살아 봐야겠다는 것입니다. 결코, 이 운동의 방관자가 되어서는 안 되겠습니다."

새마을운동은 처음 시작할 초기에는 이 운동에 대한 참여가 활발하지 않았다.

빈농층이나 성인남자가 없는 농가들은 노력동원을 많이 요구하는 새마을사업에 참여하지 않았다. 빈농층 농민들은 노임이 지불되지 않는 새마을사업보다는 노임을 많이 받는 다른 일에 고용되기를 희망하기 때문이다. 마을 주민들 중 농지를 많이 소유하고 있는 농가 중에는 자기 토지의 희생이 많기 때문에 새마을사업에 참여하지 않는 사람도 있었다.

또 농촌을 떠나기로 결심하고 도시에서 일자리가 생길 때를 기다리고 있던 젊은이들도 새마을사업에 적극성을 보이지 않았다. 그리고 노령층에서는 마을의 전근대적인 생활환경을 개선해야 한다고 느끼는 사람이 적었다. 그들은 대대로 살아온 농촌생활 여건에 익숙

해져 있었기 때문에 불편하다고 생각하지 않고 있었던 것이다. 또 교육수준이 높은 사람들 중에는 새마을운동을 외면하거나 심지어는 이를 비판하는 사람도 있었다.

새마을사업에 가장 열성적으로 참여한 사람들은 마을에 정착하여 나머지 여생을 보내기로 작정하고 있던 40대와 50대 장년층과 부녀자들이었다. 그래서 대통령은 농민들의 새마을운동 참여를 직접 권장한 것이다.

대통령은 이어서 새마을운동은 생산과 직결되고 농민의 소득증대에 기여하는 운동이 돼야 한다는 점을 강조했다.

"또한 이 새마을운동이라고 하는 것은 내가 기회 있을 때마다 강조했습니다만, 어디까지나 생산과 직결이 되고 농민의 소득증대에 기여하는 운동이 되어야 한다고 생각합니다.

과거에 이러한 운동이 몇 번 일어나려고 하다가 식어 버리고 흐지부지 된 것은, 그 운동의 방향 설정이 잘못 되어 있었던 것이 그 원인이라고 봅니다.

역시, 이러한 운동은 농민들의 생산과 직결되고 소득증대에 기여해야만 농민들이 흥미를 잃지 않고 계속 일에 열의를 내게 되는 것입니다. 처음에는 일을 열심히 하다 보니까 그것 해 보았자 소득이느는 것도 없고, 별반 더 잘살게 되지도 못하니까 흥미가 없어 한 사람 두 사람 이탈하기 때문에 이 운동이 식어 버리기 쉽다고 생각됩니다. 그래서, 이 운동은 하나의 정신혁명운동인 동시에 이것은 또한 생산과 직결이 되고 농민들의 소득증대에 직접적으로 기여를 하는 운동으로 추진해야 된다고 봅니다.

어제도 경기도 어느 부락에 가 보았습니다만, 국도에서 그 부락까지 들어가는 농로를 개설한다든지 또는 지붕을 개량한다든지 또는 지금까지 아주 불결한 우물에서 물을 먹고 있었는데 간이상수도를 만들어서 집집마다 부엌에 수도꼭지가 달리고, 부엌에서 직접 물을 쓸 수 있는 편리한 시설을 만드는 등 여러 가지 일을 하고 있는데, 이러한 모든 것이 생산과 직접 직결이 되고, 소득증대에 기여를 해야 된다고 생각합니다.

지금 농촌에다 전기를 가설하고 있습니다. 전기를 가설해서 무엇을 하느냐, 어떻게 생산에 이바지하고 소득증대에 이바지하느냐, 지금까지 호롱불 밑에 살다가 전기가 들어 왔으니까 밝아서 좋다, 거기 앉아서 노름이나 한다든지 화투나 친다든지 술이나 받아먹고 논다든지, 그렇게 하기 위해서 전기를 가설하는 것은 아닌 것입니다.

그 전깃불을 이용해서 가마니를 짠다든지, 또한 새끼를 꼰다든지, 다른 가내공업을 일으킨다든지, 부업을 권장한다든지, 그것도 저것도 할 일이 없을 경우엔 농민들 여러분이 모여서 영농기술에 대한 교육을 한다든지, 무언가 생산과 직결되는 사업을 해야 될 줄 압니다.

지붕개량을 해서 집이 아담하고 말쑥하게 되어서 좋겠지만, 지붕을 기와로 개량함으로써 지붕을 덮던 짚을 논이나 밭에 넣어 퇴비로 쓴다면 지력이 증진되어 생산증대에 도움이 되는 것입니다.

농로를 닦는 것도 마찬가지라고 봅니다. 지금까지는 비료를 사올 때 큰길에서 자동차로 내린 뒤에 부락까지 지게로 져서 들어오는 불편을 겪었는데, 이제 그 농로를 이용해서 마을 안까지 직접 가져올 수 있다, 또, 부락에서 생산된 모든 생산물이 자동차나 리어카를 이용해서 도시까지 단시간 내에 갈 수 있기 때문에 이런 모든 것이 생산에 직결되고, 또 소득증대에 이바지되는 것입니다. 이와 같이 모든 사업은 생산과 소득증대에 기여해야 되겠습니다."

대통령은 이어서 새마을운동에서 하고 있는 모든 사업은 협입직으로 추진해 나가야 한다는 점을 강조했다.

"또 한 가지, 이러한 모든 사업들은 협업적으로 추진해 나가야되겠다는 것입니다. 한 마을 사람들이 이러한 사업을 협업적으로 협동해서 할 것 같으면, 부락민들의 단결심이 높아지고 생산성을 높일 수 있고 능률을 올릴 수 있고, 따라서 소득증대에 이바지할 수 있다는 것입니다. 하여튼, 한 부락 사람이 모여가지고 그 부락 발전을 위해서 여러 사람들이 같이 생각하고, 연구하고, 토의해서 거기서 얻어진 어떤 결론에 따라서 힘을 합쳐가지고 협동하여 일을 한다면 우리 농촌에서는 불가능이라는 것이 거의 없다고 봅니다. 여러 사람이 모이면 좋은 아이디어가 나오기 마련입니다.

옛날 속담에도 '세 사람이 모이면 문수의 지혜가 나온다'는 말이 있습니다. 옛날 '문수보살'이라는 유명한 보살이 있었는데, 아주 지혜로운 사람이었던 모양입니다. 세 사람이 모이면 이러한 훌륭한 지혜가 나오게 된다는 것입니다. 동네사람들이 모여서 영농에 대한 문제라든지 부락개발에 대한 문제라든지, 여러 가지 공동으로 해야 할 사업에 대한 의논을 해보면 한 사람이 생각해 보던 것보단 두 사람이, 두 사람이 하는 것보단 세 사람이, 즉 여러 사람이 하게 되면 좋은 구상이 나오며, 그것을 합심해서 추진한다면 그 부락 발전을 위해서, 또 농민들의 소득증대를 위해서, 크게 이바지할 수 있을 것입니다.

지난 수천 년 동안 우리나라 농촌은 그야말로 가난과 무지와 체념과 무기력 속에 살아 왔다고 해도 과언이 아닙니다.

이제 모든 과거의 이러한 농촌의 현상을 우리가 과감하게 탈피해서 근대화된 농촌, 보다 부강하고 잘사는 농촌, 또한 아름답고 살기 좋은 농촌, 온 동네사람들이, 이웃들이 인정이 넘쳐흐르는 그러한 살기 좋은 내 고장을 만들어 보자는 것이 새마을운동입니다.

또한, 지금까지 여러분들이 농촌에서 추진해 온 이 4H운동도 이러한 운동이었다고 나는 생각합니다.

이러한 운동을 여러분께서는 훌륭하게 추진해 왔고 또 좋은 성과를 올렸는데, 작금 우리 농촌에서 일어나고 있는 새마을운동에 있어서도, 여러분들은 모든 사람들의 앞에 서서 반드시 성공적으로 이루어질 수 있도록 보다 더 분발해 주시기를 바랍니다."

대통령은 끝으로, 앞으로 새마을운동이 계속 추진되면 우리 농촌의 이농현상도 없어지고, 공산당이 우리 농촌에 발붙일 자리가 없어지게 된다는 사실을 강조했다.

"농촌이 잘살고 건전해야만 그 국가가 튼튼해지는 것입니다. 요즘 시골에 가면 농촌의 청년들이 도시에 나오기를 희망하는, 소위 이농을 하는 사람이 많다는 이야기를 듣고 있습니다. 아직까지 근대화되지 못했기 때문에 농촌청년들이 도시를 찾아가는 것 같은데, 우리가 지금 추진하고 있는 새마을운동이 성공적으로 추진되고, 우리 농촌이 살기 좋은 부유한 농촌이 될 것 같으면 농촌청년들이 도시에 나오지 않을 뿐만 아니라 오히려 도시에 나와 있는 청년들도 다시 고향으로 들어가는 현상이 반드시 나타나리라고 생각하고 있습니다. 농촌이 살기 좋고 부유하고 아름다운 그런 농촌이라면 도시에 나올 필요가 없는 것입니다.

물론, 특수한 기술을 가지고 있어서 도시에 나가 국가를 위해 보다 더 보람 있는 일을 할 수 있는 사람들은 도시에 나와야 되겠지만, 그렇지 못한 사람들은 내가 자라난 내 고장에서 우리 농촌을 지키겠다, 농촌에서 보다 더 살기 좋은 농촌을 건설해 보겠다는 결심으로 합심해 일해서 우리의 모든 농촌이 잘사는 농촌이 되면 우리 나라가 튼튼해지는 것입니다.

그렇게 되면 이것은 곧 요즘 우리가 말하는 국가안보에도 직결되는 것입니다. 농촌이 살기 좋은 농촌이고, 부유한 농촌, 건전한 농촌, 이런 농촌일 때는 공산당이 우리 농촌에 와서 발붙일 자리가 없을 것입니다.

농촌에 가보면 모두 못살고 가난할 때는 공산당이 침입하기가 쉽지만, 농촌이 잘살고 부유하고 건전할 때는 공산당이 발붙일 곳이 없다, 따라서 그만큼 우리 국가안보가 더 튼튼해진다고 생각됩니다.

최근 우리 농촌에 새마을운동이 활발히 전개되니까, 이북의 공산주의자들이 새마을운동에 대해 굉장한 욕들을 하고 있습니다.

그것은 뭐냐, 우리 농촌이 잘살게 되는 것을 공산당이 좋아하지 않는다는 것입니다. 그럴수록 우리는 더 분발해서 새마을운동을 반드시 성공시키고 우리가 보다 살기 좋은 농촌을 만들어야 되겠다는 것입니다. 그러기 위해서는 여러분들은 보다 더 앞장서 주기를 다시 한번 당부하는 바입니다."

의욕적인 새마을에는 농촌개발사업을 우선적으로 주어야겠다

1970년대 초부터 대통령이 가장 많은 심혈을 기울여 연구한 국가정책의 하나는 새마을운동이다. 새마을사업은 대통령의 탐구적인 열정과 헌시적인 노력이 낳은 기념비적 산물이다.

새마을운동에 대한 대통령의 열정과 노력은 일반국민들의 상상을 초월하는 것이었다. 대통령은 직접 농촌의 새마을운동을 찾아다니며 마을 안길 넓히기, 농로건설, 지붕개량 등 새마을가꾸기사업의 진척상황을 일일이 점검했다.

경제기획원에서는 매달 '월간경제동향보고회'가 있었고, 여기에는 각 부처장과들과 국회 분과위원장 등 약 50여 명의 국가지도급 인사들이 참석하였다. 대통령은 1971년 6월부터 이 회의에 새마을지도자 두 사람을 초청하여, 그들이 해온 새마을소득증대사업의 성공담을 발표하도록 하였다. 대통령은 이러한 성공사례 발표를 통해 몇 가지 목적을 달할 수 있다고 생각했다.

그 하나는, 70년 가을부터 시작하는 새마을운동을 전국적으로 확산케 하는 데 있어서는 국가와 사회의 지도적인 위치에 있는 사람들이 새마을운동의 목적과 의미를 올바로 이해하고 솔선수범하는 것이 중요하다고 생각했고, 이들 지도적인 인사들에게 새마을운동을 알리는 데는 새마을사업에 피땀 흘려 헌신해 온 농민들의 성공사례 발표가 가장 효과적이라고 생각했다.

또 하나는, 정부각료들과 국회 지도급 의원들에게 새마을성공사례를 지속적으로 듣게 함으로써 정부의 각 부처 간의 횡적 협조와 행정부와 입법부의 협력도 강화할 수 있다고 생각했다. 시간이 경과함에 따라 대통령의 생각대로 이들 지도적인 인사들은 새마을운동을 이해하고 보급하는 데 기여했고, 정부 부처 간 협조도 원활해지고 또 행정부와 국회의 협력도 강화되었다.

1972년 4월 10일, 경제기획원에서 열린 월간경제동향보고회의에서 내무부장관이 4월 초에 둘러본 전라남북도 지방의 새마을운동 현황에 대해 보고했다.

이날 회의에서 대통령은 지난 2월의 금년도 초도순시 때 여러 지방에서 전개하고 있는 새마을운동의 현장에서 직접 보고 자세하게 관찰한 사례들을 예시하면서 농민들의 새마을운동에 대한 의욕을 북돋워주고 열의가 식지 않도록 하기 위해서는 이 운동을 의욕적으로 잘 하는 부락을 가장 우선적으로 지원해야 한다고 강조한 바 있는 '우선지원' 원칙이 정부의 확고한 방침이 돼야 한다는 것을 거듭 강조했다.

"지금 전국을 다녀보면 새마을운동을 잘 하고 있는 부락도 있고,

하고는 있는데 별로 시원치 않은 데도 있고, 이 운동이 번지고 있지만 자기 부락하고는 전연 관계가 없는 것처럼 아직도 잠자고 있는 부락이 많이 있습니다.

정부는 이런 데 개의할 것 없이 잘하는 부락의 사기를 북돋워 주고 뒤에서 뒷받침해 주어서 잘하는 부락들이 앞서 나갈 수 있도록 해야겠습니다.

자동차를 타고 길을 가다보면 새마을운동을 하고 있는 부락과 안 하는 부락은 즉각 알 수 있습니다. 부락에 들어가 보지 않더라도 저 부락은 아직도 잠자고 있다는 것을 느낄 수 있습니다. 앞으로 시간이 지나고 새마을운동을 잘하는 부락이 개발되면 내년도에는 상당히 발전된 농가의 모습과 옛날의 그 낙후되고 못사는 잠자고 있는 침체된 농가의 모습이 뚜렷하게 드러나리라고 나는 보고 있습니다.

정부는 새마을운동을 안 하는 부락에 가서 당신네 부락도 하라고 권장할 필요가 없습니다. 새마을운동을 잘하는 부락을 계속 도와 주어 발전되어 가면 그 옆에 있는 부락도 언젠가는 자극을 받고 깨달아서 따라오리라고 믿습니다. 이러한 방식으로 새마을운동을 해나가자는 것이 정부의 확고한 방침이 돼야 하겠습니다."

대통령은 이어서 정부가 새마을운동을 잘하는 마을을 우선지원하는 데 있어서는 새로운 예산을 가지고 도와 주기보다는 정부가 금년도 예산을 책정해놓은 농촌개발사업을 그런 마을에 우선적으로 배정해 주어야 되겠다고 말하고, 구체적인 사업을 하나하나 예시해서 설명했다.

첫째, 전기가설을 해주자는 것이다.

"새마을운동을 하는 데 있어서 정부는 금년에 한 부락에 18만 원 정도의 시멘트와 1톤 정도의 철근밖에 안 주었는데, 새마을운동을 잘 한 부락은 18만 원의 정부지원을 가지고 몇 백만 원, 심지어는 1천만 원 이상의 사업성과를 올리는 부락도 많은 것 같습니다. 이런 부락에 대해서는 정부가 무엇인가 더 뒷받침을 해줘야 되겠습니다.

무엇을 해줘야 하느냐? 새로운 예산을 가지고 도와 주기보다는 정부가 농촌개발을 위해서 금년도 예산에 책정해 놓은 사업, 예컨대 농촌전화사업이나 간이상수도사업 같은 것을 잘하는 부락에 우선적으로 돌리자는 것입니다

농촌을 빨리 근대화하기 위해서 가장 급한 것은 역시 전기입니다. 이 전기를 의욕적으로 일하는 부락에 넣어주면 전기를 가설해 주는데 들어간 예산의 몇 배의 효과를 올릴 수 있습니다. 그러나 의욕적으로 일하지 않는 부락에 전기를 넣어주면 전기불 밑에서 화투나 치고 노름이나 하기 때문에 이런 부락보다는 새마을운동을 성공적으로 잘하고 있는 부락에다가 우선적으로 넣어주자는 것입니다. 전기가 들어간 새마을부락에서는 부락주민들이 모여서 영농에 대해서 서로 강습을 하고, 회의하고 토론을 하며, 또 어떤 가정에서는 가내부업도 하고 가내공업도 하는 등 여러 가지로 전기를 최대한 이용하고 있습니다. 어떤 집에 가보니까 전기로 돌리는 기계로 새끼를 꼬고 가마니를 치고 있었습니다. 기계화가 된 것입니다.

우리 농민들에게 전기는 이처럼 중요한 것입니다. 그래서 금년도 사업계획을 일부 수정해서 새마을운동을 잘한 부락에 우선적으로 전기를 넣어주는 것이 좋겠습니다. 그것이 정부가 예산을 효율적으로 쓰는 방법인 것입니다."

둘째, 간이상수도를 설치해 주자는 것이다.

"간이상수도도 마찬가지입니다. 간이상수도를 설치해 놓은 부락을 몇 군데 가보았는데, 경북 영천군에 있는 어느 부락을 가보니까

한 80여 호(戶) 사는 부락에 정부지원 한 푼도 없이 자기들이 간이상수도를 설치했습니다. 지하수를 파서 플라스틱 파이프를 마을 집집마다 부엌에 연결해서 수도꼭지를 달았고 조그마한 국산 모터를 전기로 돌리면 물이 나옵니다. 주부들이 부엌에서 수도꼭지를 틀어서 물을 쓰고 있습니다.

이 간이상수도 시설을 하는 데 약 1백만 원 정도 들었다고 합니다. 지금 보사부에서는 금년에 몇 개 부락을 지정하여 간이상수도를 설치한다는 계획을 가지고 있는데, 그것은 정부가 비용을 전부 지원해주는 것이 될 것입니다. 그러나 영천군의 이 부락은 정부지원이 전연 없었습니다. 어떻게 했느냐? 집집마다 8천 원 정도 거두고 나머지는 주민들이 나가서 노력봉사를 했습니다. 파이프 묻는 것, 길 파는 것, 시멘트를 부엌에 바르는 것을 모두 주민들이 해냈습니다.

이 부락은 아주 우수하게 잘한 부락입니다. 이렇게까지는 못하는 부락에 대해서는 모터를 사준다든지 또는 10만 원 정도만 도와 주면 부락주민들의 힘으로 100만 원 드는 사업을 한다는 것입니다.

정부가 하자면 한 부락에 100만 원을 도와 주어야 합니다. 그러나 의욕적으로 일하는 새마을부락을 도와 주면 그 100만 원 가지고 열 개의 새마을부락에 간이상수도가 설치될 수 있습니다."

셋째, 소득증대사업 중에 하천개수사업을 주자는 것이다.

"소득증대사업도 새마을운동을 잘하는 부락에 우선적으로 배당하면 훨씬 더 능률을 올릴 것입니다. 지금 새마을부락에서는 가내공업이나 부락환경 정리사업을 부락 주민들 노력 제공으로 하고 있는데, 이러한 일이 끝나면 무엇인가 소득을 올릴 수 있는 일거리를 주시오 하는 것이 부락주민들의 공통된 요구입니다. 정부는 앞으로 이러한 부락에 대해 어떤 부업, 어떤 사업을 권장하는 것이 좋겠느냐 하는 것을 연구해서 지도해 나가야 할 줄 압니다.

내 생각으로는 건설부에서 하고 있는 하천개수사업을 새마을부락에 주는 것이 바람직하다고 봅니다.

가령 1킬로미터의 하천제방을 건설부 예산을 가지고 쌓는다면 몇천만 원의 돈이 들 것입니다. 그러나 어떤 새마을부락에서는 절미운동이나 품팔이로 모은 돈으로 기금을 만들고 나머지는 부락주민의 노력제공으로 2천만 원 드는 제방공사를 너끈히 해냈습니다. 정부가 이런 사업을 전부 예산만 가지고 하려고 한다면 전국에 허물어져 있는 하천제방을 개수하는 일을 1백 년 걸려도 안 될 것 같습니다. 큰 제방이라든가, 고도의 기술을 요하는 공사는 정부나 도(道)에서 해야 되겠지만, 부락 앞에 있는 몇 백 미터 되는 작은 제방의 개수사업은 그 부락주민들한테 시키자는 것입니다. 시키되 노력을 전부 부락주민이 제공하고 시멘트로 수문(水門)을 만든다든지, 제방 쌓을 때 들어가는 돌망태용 철근을 도와 주는 정도의 일부 예산만 정부가 도와 주면, 1천만 원 드는 공사면 1백만 원만 정부가 지원하면 충분히 해낼 수 있다는 것입니다. 천만 원 가지고 정부는 10배의 사업을 할 수 있게 되는 것입니다. 가령 정부가 하게 되면 1년 동안에 100억 드는 공사 같으면 이것을 새마을부락에서 하게 하면 10억이나 20억으로 충분히 해낼 수 있고, 90억이나 80억이 남게 되는데, 이 돈을 가지고 정부는 더 큰 사업을 할 수 있다는 것입니다.

정부가 앞으로 이러한 방법으로 예산을 쓴다면 예산을 절약하면서도 더 많은 일을 효과적으로 할 수 있을 것입니다. 그러면, 새마을에서 하는 공사가 허술하냐? 몇 군데 가보았는데 절대로 허술하지 않습니다.

정부기관에서 직접 하면 공무원들이 업자와 결탁해서 부정을 하고 공사를 눈속임으로 하지만, 새마을에서는 부락주민들이 훤히 들여다보는 데서 공사를 하고 있기 때문에 속이거나 부정을 하는 일은 있을 수 없습니다."

넷째, 조림사업도 의욕적인 새마을에 우선적으로 주자는 것이다.

"조림사업 같은 것도 의욕적인 새마을에 우선적으로 주는 것이 좋겠습니다. 경상남도 김해군 진례면 일대에는 부락주민들이 공동으로 산 꼭대기까지 밤나무와 감나무 구덩이를 파고 수백만 그루를 심어 놓았습니다.

새마을운동을 잘하는 부락에다가 정부가 돈을 계속 대줄 것이 아니라 부락주민들이 하겠다는 사업에다가 정부예산을 우선적으로 돌리면 그런 사업을 하기 싫어서 질질 끄는 부락에 주는 것보다 몇 배나 더 효과적으로 일이 진척되고 예산도 절약되며, 또 그렇게 함으로써 그 부락 주민의 사기가 올라가서 일을 더 열심히 할 것입니다."

다섯째, 이동진료소도 가급적이면 새마을부락에 우선적으로 보내주자는 것이었다.

"또, 이동진료소도 가급적이면 열심히 일하는 새마을에 우선적으로 보내주는 것이 효과적이라고 생각합니다. 아까 슬라이드에서도 보았습니다만, 새마을운동을 하고 있는 부락에서는 큰 국도나 지방도로에서 마을의 한복판까지 들어오는 농로(農路)를 자동차가 충분히 드나들 수 있도록 넓혀 놓았습니다. 이러한 부락에 정부나 도에서 가지고 있는 이동진료차를 몇 개 편성해서 의사와 간호사 각각 1명, 보조원 몇 사람이 의약품을 가지고 돌아다니면서 이동진료를 하자는 것입니다. 그러면 지금까지 자전거로 겨우 들어오던 농로를 부락민들이 땀 흘려 넓게 닦아 놓으니까 정부의 이동진료차가 부락까지 들어와 병자를 치료도 해주고, 병이 심한 환자는 도에 있는 보건소에 입원시켜 치료해준다, 자기들이 열심히 노력하니까 그 효과가 나타난다고 부락주민들은 생각할 것입니다. 이렇게 정부의 모든 부처가 이러한 방식으로 새마을운동을 뒷받침 해주는 것이 정부가 해야 할 일이라고 생각합니다."

대통령은 이어서 정부와 공무원들은 새마을사업이 실패하지 않고 소득증대에 기여할 수 있도록 우리 농민들을 잘 지도해야 한다는 점을 강조했다.

"일부에서는 의욕적으로 일하는 새마을에 우선적으로 정부가 지원하는 것은 부작용을 가져 온다느니, 무리를 한다느니 하는 소리도 있습니다. 물론 부작용이 있을 것입니다.

그러나 지금 우리 농촌에는 지난 5천 년 동안 없었던 새로운 바람이 일어나고 있습니다. 이 새로운 불길이 꺼지지 않도록 잘 지도하고 뒷받침을 해주면, 이것이 하나의 계기가 되어서 우리 농촌의 근대화가 빠른 시일 내에 이루어질 것입니다, 이처럼 거창한 일을 하는 데 있어서는 다소의 부작용이 있어도 도리가 없습니다. 일부 부작용은 그것대로 시정을 해나가면 됩니다. 부작용이 무서워서 못 한다면 큰일을 할 수가 없습니다. 특히, 새마을운동을 하는 어떤 부락을 가 보면, 욕심이 너무 많아서, 의욕이 대단해서 소득증대를 입버릇처럼 이야기하고 있습니다. 그래서 당신네 부락에서는 부락주민들의 소득증대나 부락의 기금을 늘리기 위해서 무슨 사업을 하려고 하느냐, 또 무엇을 연구하고 있느냐고 물어보면 상당히 의욕적인 이야기를 하고 있습니다.

내가 듣기에 그것은 어디까지나 하나의 의욕이고, 그런 일을 하자면 거기에 필요한 기술지도, 부락민에 대한 교육, 그런 사업을 하기 위한 계획을 수립하는 등 할 일들이 많은데 그저 막연히 해보겠다는 의욕만 앞서고 있습니다. 그런 사업이 실패하지 않고 진짜로 소득증대에 이바지될 수 있도록 잘 지도해 나가는 것은 우리 정부와 공무원들이 해야 될 일이 아니겠느냐, 이렇게 느꼈습니다."

대통령은 이어서 이날 회의에 초청되어 나온 조림사업가 임종국에게 그의 조림경험에 관해 여러 가지를 물어 보았다.

"대통령 : 임종국 씨! 땅이 개인 땅이요, 누구 땅이요?

임종국 : 제 개인 땅입니다.

대통령 : 아까 보니까 밤나무도 심었는데 밤나무를 심으면 몇 년쯤 가면 수익이 나기 시작해요?

임종국 : 한 5년 후가 될 것입니다

대통령 : 5년, 그러면 밤나무하고 편백은 본격적으로 수익이 나올려면 다 커야 되겠지만 중간에 감 같은 것도 수익이 나는 모양인데 그것은 대략 얼마나 걸리나요?

임종국 : 한 2, 3년 걸리면 됩니다.

대통령 : 이번에 지방을 갔다 오면서 보니까, 저 리기다송을 갖다가 모두 꽂아 놓았는데, 임종국 씨도 보니까 밑에는 삼나무, 그 다음에는 편백, 그 다음에는 리기다 소나무, 이렇게 했지요?

임종국 : 네.

대통령 : 욕심을 내자면 제일 밑에는 밤나무 같은 것을 먼저 심으면 수익이 빨리 나고, 그 다음에 편백, 삼나무, 꼭대기까지 리기다송을 심는 그런 기술을 알고 조림(造林)을 해야지, 덮어놓고 조림하라고 그러니까 아무데나 리기다송을 꽂아놓습니다. 리기다

박 대통령의 통치철학은 '산림입국'이라는 강력한 의지로 표현 새마을운동은 산림녹화 운동에서 괄목할 만한 성과를 이루었다.

송은 그래도 좋은 편인데, 우리나라에 흔한 측백나무는 없앴으면 좋겠어요.

임종국 : 모가 나고 잘 자라지 않습니다.

대통령 : 그것은 울타리 같은 데나 쓰는 것이지 조림을 할 재목이 아닙니다. 임종국 씨가 하고 있는 산림(山林) 현장에 각 도의 산림 관계관을 농림부장관이나 산림청장이 한번 데리고 가서 보이고, 지금까지 임종국 씨가 경영해온 경험담을 듣고 회의를 한번 해보면 어때요?

농림부장관 : 네, 알겠습니다.

대통령 : 우리 공무원들은 몰라요. 어제도 경부고속도로로 올라오면서 몇 군데 보니까 눈에 거슬리는 것이 많아요. 조림하라고 그러

니까 형식적으로 갖다 꽂아 놓았는데 그런 것 하려면 차라리 안 하고 그냥 두는 게 좋겠어요. 우리나라 산에 나무가 안 자란다고 그러지만 임종국 씨가 하는 식으로 하면 몇 년 내면 수익을 낼 수 있어요. 10년 내지 15년 자라는 나무는 6, 7년만 되면 수익은 안 나더라도 우선 산을 푸르게 만들 수 있지 않습니까?

임종국 : 5년만 되면 됩니다.

대통령 : 임종국 씨! 금송이라는 나무는 안 심어 봤어요? 청와대 뜰에도 그것이 한 여남은 포기가 있습니다.

임종국 : 한 20년된 큰 고목이 있습니다.

대통령 : 그렇다면 우리나라에는 그 전부터 있었다는 얘기 아닙니까? 청와대에 있는 것은 몇 년생인지 모르지만 굵기는 그렇게 굵지 않은데, 그 키가 한 20m 정도 되는데 하나도 구부러진 데가 없이 쭉 올라가고 있어요. 우리나라에서 앞으로 조림을 하자면 수종(樹種)을 우리나라 토질에 알맞고 기후에 알맞은 것을 선정해서 그것을 지금부터 묘목을 만들어 나가고 교육을 시키고 해서 연차적으로 한 10년 나무를 심어 나가야 하겠습니다. 당장 나무를 심는 그 해에, 또는 그 이듬해에 덕을 보겠다는 그런 생각을 가지고는 절대 조림이 안 되니까 10년이든 15년이든 계획만 하면 완전히 우리나라 산을 덮을 수 있는 것 아니냐 말이에요. 식목일에 나무 심는 것을 보면 재래종 소나무를 심는 경향이 있는데, 보기도 싫은 재래종 소나무가 불어가지고 산도 못쓰게 되고 1백 년 가봤자 단돈 1전도 안 나오는 것 아니에요? 잘라다가 장작이나 패다 쓰면 모르지만. 지금까지 우리나라의 조림사업이라는 것은 내가 보기에는 전부 형식적이에요. 산림청에 산림학박사도 있고, 10년, 20년 장기근무한 공무원들이 수두룩히 있는데 남이 해서 잘 되는 것을 보고 이것을 권장할 생각은 안 하고 옛날 해오던 뒤떨어진 방법으로 재래종 소나무

를 심고 있어요. 산림청에서는 좀 더 연구를 해보라구요.

농림부장관과 산림청장은 산림관계 공무원들과 함께 임종국 씨의 산림현장에 가서 그동안 임종국 씨가 해온 경영방법을 배우고 회의를 해보시오.

대통령은 끝으로, 조림사업에 대한 대국민 홍보방법에 관해서 구체적인 지시를 하였다.

"매년 4월은 나무 심는 달입니다. 이때가 되면 산림을 애호하자는 구호를 내걸고 있는데, 문공부에서는 조림에 관한 영화를 만들어서 국민들에게 널리 홍보했으면 좋겠습니다.

구호나 말로만 나무를 심읍시다, 나무를 심어야 한해가 없고, 수해가 없다는 이야기를 백날 해봤자 소용없습니다. 우리 국민들은 훈련도 안 되어 있고, 과거에 해본 경험도 없기 때문에 나무를 심는 것은 좋은 일이지만 어떻게 심어야 되는 것인지, 또 나무를 심어서 그것이 자라나려면 몇십 년을 기다려야 되는데 어떻게 그렇게 오랫동안 기다릴 수 있느냐는 생각을 가지고 있습니다. 내가 알기로는 임종국 씨가 조림사업을 잘 하고 있고, 그분 말고도 전국에 훌륭한 조림사업을 하고 있는 데가 여러 군데 있습니다.

이러한 조림사업 현장에 가서 울창한 모습이라든가, 그렇게 많은 산림을 조성할 수 있었던 그동안의 관리방법 같은 것을 5분이나 10분짜리 영화로 만들어서 전국 영화관에서 본영화를 상영하기 전에 상영하여 전국민들에게 보여 주면 조림사상에 대한 국민교육이 크게 향상될 수 있을 것입니다. 우리나라는 아직은 이런 교육과 계몽을 해야 합니다.

새마을운동도 마찬가지입니다. 지금 전국에서 잘하고 있는 새마을운동에 관해 5분짜리 영화를 만들어서 영화관에서 보여 주는 것이 좋겠습니다. 영화관에서 본영화 상영 전에 나오는 '대한늬우스'에서는 외국의 무슨 행사를 많이 보여 주고 있는데, 그런 것도 필요할지 모르지만 그런 것보다는 조림사업이나 새마을운동 같은 것을 더 많이 보여 주는 것이 좋겠다고 생각합니다. 그래야만 도시에 사는 사람들도 우리 농촌에서 활발하게 전개되고 있는 새마을운동이나 새마을사업을 알게 되고 무엇인가 느끼고 깨닫는 것이 있을 것이고, 농촌에 살면서도 새마을운동이나 조림사업을 안 하고 있는 농민들도 자극을 받게 될 것이며, 새마을운동을 잘하는 농민들에 대해서는 그만큼 용기와 사기를 북돋워 주는 결과가 되지 않겠느냐 하는 생각을 합니다."

새마을운동은 잘살기 운동이며, 잘살 수 있는 길은 근면·자조·협동정신에 있다

1972년 5월 18일, '전국새마을 소득증대 촉진대회'에서 대통령은 우리 농촌에서 새마을운동이 일어난 그 원인과 동기를 설명하였다.

또한 이 운동의 목적이 무엇이며, 근본 취지가 무엇인가, 앞으로 이 운동을 실천해나가는 데 있어서 우리의 행동강령이 무엇인가 하는 것을 설명했다. 동시에 앞으로 이 운동을 한 방향으로 밀고 나가야 하겠다 하는 방향지침도 아울러 제시하였다. 그리고 이 운동을 추진해나가는 데 있어서 우리 농민들은 무엇을 어떻게 해야 하고, 새마을지도자들은 무엇을 해야 하며, 일선공무원들은 또한 무엇을 해야 하고, 정부는 무엇을 어떻게 해야 하느냐 하는 것도 설명했다.

대통령은 먼저 금년초의 3, 4개월 동안에 우리 농민들이 새마을운동 과정에서 이룩해 놓은 엄청난 성과에 대해 자세하게 설명했다.

"오늘, 우리가 여기에서 토의하고 있는 농어민 소득증대 특별사업이라는 것은 지금 우리가 추진하고 있는 새마을운동과 같은 것

정부에서 지급한 시멘트로 블럭을 만들어 운반하는 경북 청도군 새마을 부녀회원들
새마을운동에서 남녀가 따로 없었다(1972).

입니다.

나는 농어민 소득증대 특별사업이라는 것은 새마을운동의 일부인 동시에 새마을운동의 전체다, 즉 새마을운동의 궁극적인 목표는 농어민의 소득증대인 것이며, 우리는 이 운동을 소득증대로 몰고 나가야 되겠다고 생각합니다.

지금부터 내가 이야기하는 것은 새마을운동 또는 새마을사업에 대한 것이 주가 되겠습니다.

금년 연초부터 전국 방방곡곡에서 메아리치던 새마을사업도 농번기에 접어들면서 대략 마무리를 짓고, 이제부터는 농사일에 일손들이 바쁘게 돌아가고 있는 시기라고 보고 있습니다.

그동안 농촌에서 우리 농민들이 이룩해 놓은 이 사업의 성과를 검토해 본 때 불과 3, 4개월 동안에 엄청난 일을 했다고 우리는 ㅂ

고 있습니다.

정부가 새마을사업 대상부락으로 선정한 부락에 지원을 해준 것은 불과 시멘트와 철근, 돈으로 해서 18만 원 정도밖에 되지 않는데, 이만한 정도의 자재를 가지고 그 부락 주민들이 자기들의 노력을 제공하고 부락민들이 서로 협동·단결하여 정부가 지원해 준 돈보다 몇십 배 큰 일을 이룩했다고 나는 보고 있습니다.

지난 3, 4개월 동안 우리 농촌에서 우리 농민들이 이룩한 그 사업성과를 통계숫자로 정확하게 어느 정도라고 밝히기 어렵겠습니다만, 내가 짐작컨대는 정부가 불과 한 몇십억 정도의 지원을 해서 농민들이 여기에 적극적으로 참여를 해가지고 약 천억 원 이상의 사업을 하지 않았겠는가, 이런 생각을 합니다.

내무부 통계에 의하면 지난 3개월 동안 또는 4개월 동안에 이 새마을운동에 참여한 인원수는 1일 평균 14만 5천 명 정도라고 합니다.

연인원 약 2천만 명이란 사람들이 불과 3, 4개월 동안에 천억 원 이상의 사업을 너끈히 해낼 수 있었다는 것입니다.

우리나라 농민이 전체 인구의 절반이라고 할 때 약 1천 5백만, 거기에서 노동력을 가지고 나와서 일할 수 있는 사람을 한 3분지 1로 잡더라도 약 5백만 명 정도는 이 사업에 참여할 수 있을 것입니다.

만약, 매일 평균 5백만 명이 나와서 3, 4개월 동안 일을 한다면, 우리가 계산하기 어려울 정도로 어마어마한 천문학적인 사업성과를 올릴 수 있을 것입니다.

나는 지난 3, 4개월 동안 농촌에서 이룩된 새마을사업의 성과에 비추어 볼 때 이것은 능히 가능한 일이라고 생각합니다.

금년도에 새마을사업 대상부락으로 선정된 부락은 여러분들이 아는 바와 같이 약 1만 6천여 개 부락입니다.

그밖에, 사업이 시작되고 난 뒤에 선정되지 못한 부락들 중에서 자발적으로 이 운동을 일으켜서 오히려 선정된 부락 못지않을 정도로 좋은 성과를 올리고 있는 부락이 한 5천 개 부락이 된다고 합니다. 그렇다면, 전국에 약 2만여 개나 되는 부락들이 이 사업에 참여를 했다고 보겠습니다.

아직 종합적으로 정확한 집계가 나오지는 않았습니다만, 우리는 처음에 책정했던 이 사업의 목표를 훨씬 더 앞질러서 달성을 했다고 보는 것입니다.

그동안 나는 농촌의 많은 부락을 찾아다녀 보았고, 우리 농민들이 열심히 땀 흘려서 일하고 잘살아 보겠다고 몸부림치는 그 모습을 보고 깊은 감명을 받은 바 있습니다.

특히, 오늘 이 자리에 모인 전국의 도지사·시장·군수·읍장·면장, 기타 모든 공무원, 또 농촌지도에 임하고 있는 모든 유관기관 종사원 여러분들이 지난 몇 달 동안 토요일, 일요일도 없이 밤낮을 가리지 않고 점퍼차림으로 뛰어다니면서 농민들을 격려하고 지도를 하고 여러 가지 애로를 해결해 주고 농민들과 같이 고생을 하면서 이 사업 추진을 위해서 많은 수고를 한 데 대해서 오늘 이 자리를 빌려서 여러분들에게 치하를 보내는 바입니다."

대통령은 이어서 우리 민족의 수천년 역사상, 농촌사회에서 우리 농민들이 새마을운동과 같이 의욕적으로, 근면하고 협동해서 자기 마을의 발전을 위해 정열을 쏟아본 예가 없었다는 사실을 지적하고, 새마을운동을 보면서 이제 우리 민족의 앞날에 서광이 뻗쳤고, 우리 민족도 잠재적으로 무한한 저력을 가지고 있는 민족이라는 믿음을 갖게 되었다고 말했다.

"확실히 지금 우리 농촌에서 일어나고 있는 새마을운동은 우리 농촌사회의 새로운 바람이다, 나는 이렇게 봅니다. 이것을 보고 우리 민족의 장래에 새로운 서광이 뻗쳤다, 나는 이렇게 지금 보고 있습니다. 우리 민족도 희망이 있다는 것입니다.

과거 우리의 수천 년 역사를 돌이켜볼 때, 우리 농촌사회에서 우리 농민들이 이처럼 의욕적으로, 이처럼 자발적으로 근면하고 서로 협동을 해서 자기 고장의 발전을 위해서 정열을 쏟아본 예는 없다고 봅니다. 이것을 볼 때, 우리 민족도 잠재적으로 무한한 저력을 가지고 있는 민족이다 하는 것을 우리는 믿어야 합니다.

그렇다면, 이런 무한한 저력을 가지고 있는 민족이 과거에는 왜 이 저력을 발휘하지 못했던가 하는 것이 문제입니다.

개인이나 한 민족이나 아무리 훌륭한 소질을 가지고 있고 또는 무한한 저력을 가지고 있다 하더라도 여기에는 역시 어떠한 계기와 자극이 있어야만 그 소질과 저력이 발휘된다는 것을 알아야 할 줄 압니다.

그러면, 우리 농민들이 어떠한 자극, 어떠한 계기를 맞이해서 이러한 운동이 일어났겠는가. 나는 지난 60년대의 1차, 2차 경제개발계획을 통하여 우리 모든 국민들이 땀흘려 일해서 이룩한 건설의 성과를 우리 농민들이 직접 자기들 눈으로 보고, 우리도 하니까 저만큼 되더라 하는 데서 우리 농민들이 크게 자극을 받았다고 봅니다.

이러한 자극을 받아서 우리 농민들이 오랜 침체에서 비로소 잠을 깼다, 눈을 떴다, 그렇게 해서 우리도 한 번 분발해 보자는 계기가 마련되지 않았겠는가 나는 이렇게 보고 있습니다. '우리도 하면 된다' 하는 이러한 자신감이 우리 농민들의 마음속에 생겼던 것입니다. 자고로 한 민족이 오랜 침체에서 벗어나서 한번 크게 발전을 하고 비약을 할 때에 있어서 가장 중요한 것이 뭐냐? 그 민족들이 가지는 자신입니다. 자신감입니다. 자신이 없어 가지고는 민족이 발전할 수 없습니다. 자신이라는 것은 그 민족들이 발전할 수 있는 모든 힘의 원천입니다. 하면 된다 하는 자신이 생기면 그 다음에는 왕성한 의욕이 생깁니다. 자신과 의욕, 이 자신과 의욕이 없는 민족은 비록 아무리 좋은 여건이 갖추어져 있다 하더라도 또는 좋은 기회가 목전에 도달했다 하더라도 이것을 포착할 줄도 모르고 이용할 줄도 모르는 법입니다. 그와 반대로 자신과 의욕이 왕성한 민족은, 동서고금의 역사를 훑어보더라도, 비록 곤경에 처해서도 여기에 굴하지 않고 오히려 이것을 거꾸로 이용을 해서 전화위복의 전기로 삼을 수 있는 그러한 슬기를 가지고 자기 민족 발전의 발판으로 삼는 것입니다."

대통령은 이어서 우리 국민들이 자신감을 회복한 과정을 설명했다.

"우리 민족은 그동안 수없이 많은 고난과 역경과 시련을 겪어 왔습니다.

우리 역사에서 볼 것 같으면 우리 민족이 지난 4천 년 역사에 있어서 외적으로부터 침략을 받은 것이 약 9백여 회가 된다고 합니다.

큼직큼직한 것만 해도 한 270여 회나 됩니다. 이것은 역사가들이 이야기하는 것입니다.

먼 옛날 이야기는 고사하고라도 20세기에 들어와서 우리가 겪은 여러 가지 고난과 역경만을 회고해 보더라도, 20세기 초기에 우리는 왜적의 침략을 받아서 나라를 빼앗기어, 나라 없는 백성의 설움을 겪었습니다.

그 다음에는 공산당의 침략을 받아 전국토가 완전히 잿더미가 되는 처참한 전란의 참화를 우리는 겪었습니다. 그밖에 하늘도 우리에게 여러 가지 시련을 주었습니다.

몇 년만큼 한해가 오고 수해가 오고, 특히 이 호남지방은 가장 우심한 피해를 받은 지방의 하나입니다. 이러한 천재를 우리는 수없이 겪어 왔습니다.

그뿐만 아니라, 우리는 조상 대대로 물려받은 이 가난이라는 설움을 우리들 뼈에 사무칠 정도로, 골수에 사무칠 정도로 겪어 보았습니다. 안 겪어 본 것이 없다시피 우리는 골고루 다 겪어 보았습니다.

그러나 다행히도 우리 민족은 여기에 굴하지 않았습니다.

침략자에 대해서는 그냥 굴복할 것이 아니라 우리가 살기 위해서는 침략자와 대결해서 싸워야 되겠다, 싸우기 위해서는 힘이 있어야 된다, 그러기 위해서는 힘을 길러야 한다는 것을 우리는 깨달았습니다.

천재를 당해서는 하늘만 쳐다보고, 하늘을 원망하고 땅을 치고 아무리 한탄을 해 보았자 소용이 없다는 것을 우리는 알았습니다.

과거에는 물은 하늘에서만 떨어지는 줄 알았는데, 이제는 물은 하늘에서만 떨어지는 것이 아니라 땅 밑에도 물이 있다는 것을 알고 우리는 지하수를 개발하고 땅 밑에서 물을 뽑아 올렸습니다.

결국 천재라는 것은 숙명적인 것이다, 사람의 힘으로는 어떻게 할 도리가 없는 것이다 라고 체념할 것이 아니라 우리 스스로가 우리의 노력으로서 극복하고 이겨 나가겠다는 굳은 결의를 가지고, 그 방법을 모색하고 찾아내야지 하늘을 원망해 보았자 별 도리가 없다는 것을 우리는 깨달았습니다.

가난도 마찬가지로 팔자소관이 아니라 우리가 부지런히 일하고 알뜰히 일하면 이를 물리치고 잘살 수 있다는 것을 우리는 알게 되었습니다.

그러나, 과거에는 이러한 것이 모두 안 된다, 불가능하다, 이렇게만 생각했던 것입니다.

안 된다고만 생각하고 그러한 체념 속에서 우리는 오랫동안 살아왔습니다. 지금 와서는 어떠냐, 우리 힘으로 우리가 노력만 하면 된다, 반드시 해낼 수 있다 하는 자신을 우리는 가지게 되었습니다.
우리가 새로이 분발을 하고 근면하고 서로 협동을 하고 단결한다면 이 세상에 안 될 일이 없다는 자신을 가지게 되었습니다. 지금 우리 농민들은 이러한 자신감에 가득차 있습니다. 이것이 곧 우리 농촌에서 새마을운동이 일어나게 된 동기요 그 근본원인이라고 나는 보는 것입니다.
새마을운동은 결코 우리 농촌사회에서 우연히 일어난 것은 아닌 것입니다."

1962년 제1차 경제개발 5개년계획을 추진할 당시만 해도 우리 농민들은 빈곤의 공포로부터 해방되기 위해 일하지 않을 수 없었다. 그러나 경제개발계획이 하나하나 성공적으로 추진되면서 농민들의 노동의 동기는 변화했다. 즉, 굶주림의 두려움에서 벗어나기 시작하면서 농민들은 농촌을 근대화하여 잘사는 농촌을 만들어야 하겠다는 사명감, 또 그렇게 할 수 있다는 자신감에서 일에 대한 의욕을 불태웠다.

농민들은 잘사는 농촌을 건설하기 위해 일하는 과정에서 자신들의 창의적인 발상이나 생각으로 농업생산을 증대시킬 수 있고 농가소득을 높일 수 있다는 사실을 깨닫게 되었다. 농민들은 또한 과학과 기술을 통해 자연을 변화시킬 수 있고, 자신들이 살고 있는 물리적 환경을 개조할 수 있을 뿐 아니라, 자신들의 생활습관과 정신까지도 변화시킬 수 있다는 것을 발견하였다.

이러한 변화를 가져온 가장 강력한 동력이 바로 새마을운동이었다. 근면·자조·협동의 새마을정신이 새마을운동을 통해 실천되는 과정에서 우리 농민들의 사고방식, 행동양식 뿐만 아니라 인간의 삶에 대한 본연의 자세에까지 심대한 영향을 끼쳤던 것이다.

대통령은 이어서 새마을운동은 '잘살기 운동'이라고 규정하고 어떻게 사는 것이 진정으로 잘사는 것인지, 그 의미에 관해 자신의 생각을 밝혔다.

"그렇다면, 이 새마을운동이라는 것은 뭐냐? 옛날 속담에 '논어를 읽고도 논어의 뜻을 모른다' 하는 말이 있습니다.

이와 마찬가지로 요즈음 새마을, 새마을 하는 것은 어린애들까지 다 아는 얘기인데 막상 새마을운동이란 뭐냐? 이렇게 물어 보면 그 참뜻을 올바르게 알고 있는 사람은 그다지 많지 않은 것 같습니다.

어떤 사람은 새마을운동이라는 것은 정부에서 주는 시멘트하고 철근을 가지고 마을 앞에 다리 놓고 농로 뚫는 것, 이것을 새마을운동으로 알고 있는 것 같습니다. 물론, 그것도 새마을운동의 일부분입니다.

그러나 그것이 새마을운동의 전부는 아닙니다. 그러면 뭐냐, 쉽게 말하자면 새마을운동이란 잘살기 운동이다, 우리가 잘살기 위해서 하는 운동이다, 이렇게 말하면 가장 알기 쉽다고 생각합니다.

그러면, 어떻게 사는 것이 잘사는 것이냐, 배부르게 먹고 잘 입고 좋은 집에서 사는 것도 물론 잘사는 것입니다.

그러나 그것만 가지고 잘사는 것이라고 할 수 있겠느냐, 그렇지 않다고 본다, 우리가 밥먹고 옷입고 하는 것뿐만 아니라 우리가 인간으로서 보다 더 여유가 있고 품위가 있고 보다 더 문화적인 생활을 할 수 있게 되어야 하겠다, 그것도 나 혼자만 그렇게 잘살아서는 안 되겠다, 내 이웃사람은 지금 밥을 못 먹고 굶고 있는데 나만 잘 먹고 잘 입고 여유 있고 품위 있는 문화적인 생활을 하는 것, 이것은 잘사는 것이 아닙니다. 우리 이웃끼리 서로서로 사랑하고, 서로 돕고, 상부상조할 수 있는, 우리나라 옛날부터 내려오는, 이웃간에 인정과 미풍이 넘쳐 흐르는 고장을 만들어야 되겠다, 이런 것이 진짜 잘사는 것이라는 것입니다. 이를 위해서는 뭐니뭐니해도 가난을 추방해야 되겠고 빈곤을 추방해야 되겠습니다.

우리나라 속담에 '금강산도 식후경'이라는 말이 있는데, 금강산 구경이 아무리 좋더라도 배가 고파 가지고는 아무리 좋은 경치도 좋게 보이지 않는다는 것입니다. 가난을 추방해야 됩니다.

가난을 추방하기 위해서는 어떻게 해야 되느냐, 우리가 노력해서 소득증대를 해서 우리 농가나 우리 마을에 수입이 더 늘어나야 되겠다, 이렇게 해서 우리들 당대에도 잘살아야 되겠고, 만약에 이런 노력을 해서도 우리 당대에 잘살 수 없다면 우리 자손들 대에 가서라도 잘살도록 해야 되겠습니다.

또, 우리가 이렇게 가꾸어 놓은 것을 자손들한테 떳떳한 유산으로서 물려주어야 되겠습니다. 또, 우리가 늘 우리 고향이나 우리나라의 현실을 보고 과거에 우리 조상들은 뭐했느냐, 그저 당파싸움이나 하고 무슨 쓸데없는 짓이나 하지 않았느냐고 조상 원망을 많이 합니다.

이제 우리는 조상을 원망할 그런 단계가 지났습니다. 우리 스스로가 정신 바짝 차려서 이 나라를 잘 만들어 우리들 후손들에게 떳떳한 것을 물려주기 위해서 우리가 전력을 다해야지, 그렇지 않으면 요다음에 우리들 자손들한테서 우리가 또 원망을 듣게 됩니다. 이것이 정말 잘사는 길인 것입니다."

대통령은 이어서 우리가 잘살 수 있는 방법은 근면과 자조·자립정신과 협동정신에 있다는 점을 역설했다.

"그러면 어떻게 하면 잘살 수 있느냐, 그 방법이 뭐냐, 방법은 우리가 다 알고 있습니다. 이 자리에 있는 여러분들도 다 알고 있습니다. 문제는 그것을 우리가 어떻게 실천하느냐, 실천 문제가 남아 있는 것입니다.

잘살자면 첫째 부지런해야 됩니다. 이것은 동서고금의 철칙이요 진리입니다. 부지런하지 않고 게을러서 잘살았다면 그것은 뭐가 잘못된 것입니다.

또 자조정신, 자립정신이 강해야 됩니다. 언제든지 남에게 기대야 되겠다, 의지하겠다, 의존하겠다, 이런 정신을 가진 사람은 잘살 수 없는 것입니다. 이런 정신을 가진 민족도 잘살 수 없는 것입니다.

또, 서로 협동해야 됩니다. 온 마을 사람들이 힘을 모아서 협동을 해야 됩니다.

어떻게 하면 잘 산다는 그 방법과 원칙은 우리가 다 알고 있습니다. 문제는 이것을 우리가 실천하느냐 못하느냐 하는 데 있습니다.

부지런해야 된다고 그랬는데 부지런한 것도 한 사람만 부지런해서는 안 됩니다. 예를 들면, 한 가정에 주부는 알뜰한데 남편이 알뜰하지 못하고 오히려 집에 있는 재산을 자꾸 낭비를 하면 아무리 주부가 부지런해도 잘살 수 없을 것입니다. 남편이 부지런한데 주부가 부지런하지 않더라도 마찬가지입니다.

부모가 부지런한데 자식들이 게을러가지고도 안 될 것입니다. 온 집안 식구가 전부 다 부지런해야 됩니다. 그래야 그 집은 잘살 수 있습니다.

동시에 한 부락에 한 집만이 그렇게 부지런해도 안 됩니다. 온동네 사람이 전부가 부지런해야 됩니다. 전부가 부지런하면 자연적으로 여기서 협동심이 일어나는 것입니다."

대통령은 이어서 협동정신이 얼마나 큰 힘을 발휘할 수 있는지에 대해 설명했다.

"우리가 요즘 협동, 협동 하는 얘기를 많이 하는데 협동이라는 것은 뭐냐. 협동의 원리가 뭐냐, 여러분들이 아시는 바와 같이 협동이라는 '협'자는 한자로 마음 심 변에 힘력 자를 셋 썼습니다.

마음과 힘을 여러 사람이 합친다, 이런 뜻인데 협동을 하면 세 가지 득을 볼 수가 있는 것입니다.

이번 새마을운동을 통해서 우리 농민들이 이것을 직접 체험을 통해서 느꼈으리라고 나는 생각합니다.

협동을 하면 모든 일에 능률이 오르는 것입니다.

이번 새마을운동에 있어서도 여러 부락들이 농로를 만든다, 교량을 만든다, 등등 여러 가지 공동이익사업을 많이 했는데, 이것은 한두 사람의 힘을 가지고는 안 되고 전 마을 사람이 단합을 해서 협동을 해야만 될 수 있는 일입니다.

한 사람의 능력을 가령 1이라고 평가를 했을 때 두 사람의 힘을 합치면 얼마나 나오느냐, 산술적으로는 1 더하기 1이니까 2입니다. 그러나, 두 사람의 힘을 합쳤을 때는 1더하기 1은 2더하기 '알파', 즉 $1+1=2+\alpha$다 이겁니다.

이 알파라는 것이 엄청난 힘을 발휘한다는 것을 우리 농민들은 잘 인식을 해야 되겠고 우리 농민들은 이것을 점차 깨닫게 된다고 생각합니다.

예를 들면, 부락 앞에 길을 닦는 데 지금 내 앞에 있는 테이블 같은 큰 바위가 하나 있다고 합시다. 한 사람이 이것을 백날 떠밀어 보았자 혼자 힘 가지고는 안 됩니다. 두 사람, 세 사람, 네 사람, 마을의 젊은 장정들이 몇 사람 와서 우 달려드니까 불과 몇 분 동안에 저쪽으로 벌떡 집어던질 수 있습니다. 1더하기 1더하기 1해서 다섯 사람이면 다섯밖에 안 되지만 다섯 사람이 합친 힘이라는 것은 어마어마한 힘을 나타냅니다. 우리 농민들이 이런 것을 알게 되었습니다.

우리 농촌에서뿐만 아니라 우리 사회의 모든 분야에서 협동이라는 것은 가장 중요한 것입니다.

그 다음에 이 협동을 통해서 부락민들의 단결심이 강해지는 것입니다. 같이 서로 힘을 써서 땀 흘려 일하고, 이래서 이룩한 그 결과를 보고 서로 흐뭇하게 보람을 느끼는 데에서 부락민들의 단결심이 생깁니다.

처음에는 우리 부락에 아무 기계도 없는데 부락민들이 맨주먹으로 삽과 곡괭이만 가지고 저런 일을 어떻게 하겠느냐 했는데, 실제 해 놓고 난 뒤에는 스스로도 깜짝 놀랠 정도로 어마어마한 일을 했다는 것을 알게 됩니다.

이렇게 될 때 부락민들이 힘을 합치면 무슨 일이라도 할 수 있다 하는 자신이 생깁니다.

협동을 통해서 우리는 일의 능률을 올릴 수 있고 단결심을 더 강화할 수 있고 자신력을 가질 수 있습니다.

능률·단결·자신 이것을 합치면 못하는 것이 없습니다. 근면하고 자조·자립정신이 강하고 또 협동정신이 왕성해야 되겠다는 것이 바로 새마을정신입니다.

이러한 정신이 왕성하면 새마을운동은 반드시 성공을 합니다. 그리고 우리는 반드시 잘살게 된다고 믿습니다.

이렇게 볼 때 새마을운동이라는 것은 아직도 어떤 사람이 이야기했듯이 무슨 시멘트나 철근을 가지고 다리를 놓고 마을 안길 다듬는 것만이 아니라, 하나의 국민정신계발운동이며 정신혁명운동인 것입니다.

새마을운동이나, 우리나라의 농촌근대화나, 소득증대나, 모든 것이 이러한 정신운동이 선행되어야만 비로소 일이 이루어질 수 있습니다.

또한, 이 새마을운동이라는 것은 하나의 행동철학입니다. 말만 가지고는 안 됩니다. 아는 것만 가지고는 소용없습니다. 직접 행동을 하고 실천을 해야 됩니다.

새마을운동은 정신계발운동이요, 정신혁명운동이요, 행동철학입니다.

이러한 정신, 이것이 우리 농촌에 충만할 때, 그리고 우리 농민들에게 이런 정신이 왕성할 때, 우리 농촌은 불과 머지 않은 장래에 전부 다 잘살 수 있는 농촌이 될 수 있고 또 우리 농촌의 근대화가 이룩될 수 있다고 나는 확신합니다."

대통령은 이어서 새마을사업을 선정하는 데 있어서 지켜나가야 할 원칙과 기준을 제시했다.

첫째, 사업선정은 부락주민들의 총의에 따라 민주적인 방법으로 해야 한다는 것이다.

"한편, 이러한 정신자세가 확립이 되었다 하더라도 역시 그 다음에 우리가 행동에 옮기는 단계에 있어서는 치밀한 계획을 세워야 하고 여러 가지로 조심성 있게 이 사업을 밀고 나가야 되는데 그 행동단계에 있어서 우리가 무엇을 조심해야 되겠느냐, 우선 이번에 농촌에서 하고 있는 여러 가지 사업을 보고 느낀 종합적인 소감을 몇 가지 지적하고자 합니다.

마을사람들이 지금 부지런하고 자조정신도 강하고 협동하겠다는 정신도 왕성하다면 그 다음에는 부락에서 무슨 사업부터 해야 되겠느냐 하는, 사업선정을 잘 해야 되겠다는 것입니다.

오늘 이 자리에 오신 시장·군수 여러분들도 새마을운동을 지도하면서 이런 것을 직접 느끼고 경험을 했으리라고 봅니다.

사업을 선정하는 데 우리가 무엇을 주의해야 되겠는가. 첫째는 그 부락주민들의 총의에 의해서 사업을 선정해야 됩니다. 다시 말하면, 민주적인 방법으로 해야 한다는 것입니다. 예를 들면 이번에 정부에서 시멘트 5백 몇십 포대와 철근이 1톤 나오고, 우리 부락에 자체 기금이 얼마 있으며, 우리 동네의 젊은 일꾼들이 나와 일할 사람들이 얼마나 되는데 무엇을 우리가 먼저 해야 되겠는가를, 한두 사람 의견으로 결정할 것이 아니라 온 동네사람 전체의 의견을 들어 보아서 결정하라는 것입니다.

만약에, 전부락민의 의견 일치가 안 될 때에는 설득을 해서 총의에 의해서 그 사업을 선정해야 됩니다. 그래야만 이 사업은 반드시 성공하게 되는 것입니다.

우리나라 민주주의는 농촌에서부터 훈련을 해야 된다, 나는 이렇게 생각합니다."

둘째, 부락의 공동이익에 기여할 수 있는 사업을 선정해야 한다는 것이다.

"그 다음에는 총의에 의하는 방법의 한 가지라고 보지만 부락 공동이익에 기여할 수 있는 사업을 해야 됩니다.

부락에서 다리를 놓는데, 놓아 보았자 마을 저쪽 끄트머리에 있는 몇 집만 덕을 보지 대부분 부락주민들에게는 그 다리 있으나 없으나 마찬가지다, 아무 소용없는 것이라면 그런 사업을 선정해서는 안 됩니다.

부락민 전체에게 공동이익을 줄 수 있는 그런 사업을 선정해야 되겠다는 것입니다.

그렇게 하지 않으면 하다가 주민들이 모두 열의가 식고 흥미가 안 나서 흐지부지되는 것입니다."

셋째, 사업을 선정할 때는 그 부락의 특수성을 잘 감안해야 한다는 것이다.

“그 다음에는 그 부락의 특수성을 잘 감안해야 됩니다.

남이 농로를 만드니까 우리 부락도 농로, 다른 부락에서 간이상수도, 우리도 간이상수도, 이렇게 획일적으로 남을 모방만 하는 방법 가지고는 안 됩니다.

우리 부락에서는 무엇이 가장 시급하고 무엇이 가장 중요한가를 판단해서 해야 합니다. 이번에 성공한 새마을부락지도자들의 경험담이 신문에도 요즘 보도되고 행정기관을 통해서 보고도 되었지만, 어떤 부락에서는 부락지도자가 이번에 정부에서 준 자재를 가지고 무엇을 만들었느냐 하면 마을회관을 제일 처음에 만들었어요. 물론 어떤 사람이 볼 때에는 그까짓 마을회관 만드는 것보다는 다른 일 하는 것이 좋지 회관이 먼저 있어야 되느냐 하는 얘기를 하는 사람도 있겠지만, 그 부락 사정에 따라서 이 지도자는 마을회관부터 먼저 만들었는데 그것이 가장 성공적이었다고 합니다.

왜냐하면, 그 부락에는 박씨도 있고, 이씨도 있는데, 한동네에서 몇백 년 동안 조상 대대로 살아오면서도 부락사람이 전부 모여 앉아서 부락개발과 발전을 위해서 토의를 하고 의견교환을 해본 일이 없다는 것입니다.

따라서, 이 동네를 앞으로 발전시키고 근대화하는 데 있어서는 동네사람이 한 장소에 모여 서로 토론을 하고 의견을 교환할 수 있는 대화의 광장이 가장 필요했다는 것입니다. 마을회관을 만드는 것이 다리 하나 놓고 농로 하나 만드는 것보다도 앞서야 했던 것입니다. 그 부락의 실정으로 보아서는 회관을 만든 것이 성공적이었습니다만, 그렇다고 해서 부락이 마을회관부터 시작해야 하느냐, 그런 것은 아니라는 것입니다.

그 부락의 지도자가 마을의 특수성을 잘 판단해야 됩니다. 어떤 부락에서는 농로를 개설해야 되겠고, 어떤 부락에는 마을 앞에 다리를 가장 우선적으로 놓아야 될 것입니다.

우리는 다리도 있고 농로도 되었고 마을회관도 있으니까 간이상수도부터 하자, 우리는 음료수가 가장 곤란해서 부녀자들이 물을 길러 다니는 데 5리나 10리를 오가기 때문에 우리 부락에 가장 중요한 것이 상수도다, 간이상수도다, 그럴 때에는 그 부락주민들 의사에 따라서 간이상수도를 먼저 설치할 수도 있는 것입니다. 또, 우리는 이것저것 다 되어 있다. 그런데 이 자재로 무엇을 할 것이냐? 당장 어떤 소득을 올리는 공동이익사업을 시작할 수도 있습니다. 이렇게 그 부락의 특수성을 잘 감안해야만 이 사업이 성공적으로 추진될 수 있다든 것을 말씀드립니다."

넷째, 부락의 실정과 능력에 알맞은 사업을 선정해야 한다는 것이다.

"그 다음에 또 한 가지는 그 부락의 능력을 잘 고려해야 되겠습니다. 너무 욕심을 내서는 안 되겠습니다. 이번에 성공한 부락이 많이 있는가 하면 너무 의욕이 지나쳐 부락의 능력을 잘 감안하지 않고 욕심을 부려서 성공하지 못하고 실패한 부락도 있었습니다.

다른 부락이 다리를 놓으니까 우리 부락도 다리를 놓자, 그 다리가 필요하다면 놓아야 되겠지만 그것을 시작하기 전에 우리 부락의 호수가 몇 호나 되고, 사람이 여기에 몇 명이나 살고, 그 사람들 중에서 나와서 일할 수 있는 근로자가 몇 명이나 되며, 다리를 놓는 데 정부에서 보조받을 수 있는 자재는 얼마고, 우리 부락 자체가 여기에 대해서 나머지 돈을 내고 노력봉사를 해야 되겠는데 돈과 노동력이 얼마나 드느냐를 계산해야 하는 것입니다.

그리하여, 우리 부락민들이 그것을 부담할 수 있느냐 없느냐는 것을 잘 검토해서 할 수 있는 범위 내에서 해야지 범위를 너무 초과해서 이런 일을 시작해 놓고 하다가 보면 무슨 수가 나겠지 하는, 이런 방법으로 하다가는 실패하는 것입니다.

모처럼 주민들이 나와서 새벽부터 땀을 흘려 열심히 했는데, 하다가 중단상태가 되면 그 부락민들의 의욕이 좌절될 우려가 있습니다."

다섯째, 직접 간접적으로 부락의 소득증대에 기여하는 사업을 선정해야 된다는 것이다.

"사업선정에 있어서 또 한 가지 마지막으로 우리가 조심해야 될 것은 직접이든 간접이든 우리가 노리고 있는 부락소득증대에 기여하는 사업을 선정해야 된다는 것입니다.

마을회관도 나는 간접적으로 소득증대에 기여한다고 봅니다.

첫째는, 부락사람들을 단합시키고 설득시키고, 때로는 거기에 부락사람을 모아 가지고 영농기술을 강습하고, 또 어떤 때에는 가내공업이라든지 부업을 가지고 와서 부락부녀자들이 회관을 낮에는 작업장으로 이용하는 등등 소득증대에 기여합니다. 여하튼 그 부락주민들의 소득증대에 직접 간접으로 기여할 수 있는 이러한 사업을 선택해야 될 것입니다.

만약에, 여러분들 관하에서 이번에 한 사업들 중에 실패하고 성적이 부진한 사업이 있다면 반드시 어딘가 처음에 검토가 잘 안되었거나 미진한 사업일 것입니다."

새마을운동 초기에 농촌마을에는 주민들이 모여서 회의를 할 수 있는 시설이 없었다. 따라서 마을회관을 건설하는 것은 중요한 새마을사업의 하나가 되었다. 마을회관은 새마을운동을 점화시키고 여러 가지 새마을사업을 추진하는데 있어서 지대한 역할을 했다. 대동령은 이 마을회관도 주민들이 활용하면 직접 간접으로 생산과 소득의 증대에 도움이 될 수 있다는 점을 역설한 것이다.

대통령은 이어서 새마을운동에 있어서 가장 중요한 것은 부락에 훌륭한 지도자가 있어야 한다는 것이 경험을 통해서 입증되었다는 사실을 강조했다.

"그 다음에 사업선정이 됐다면, 누가 이것을 앞장서서 밀고 나가느냐 하는 것이 대단히 중요합니다.

부락의 일부 완고한 노인들이 반대하는 것을 설득하고 이해를 시키고 거기에 대한 계획을 짜고 하는 일을 누가 하느냐! 지도자가 해야 합니다.

새마을운동에 있어서 가장 중요한 것은 부락에 훌륭한 지도자가 있어야 되겠다는 것입니다.

우우 모여 가지고 좋소, 합시다, 해도 부락민들의 앞장에 서서 밀고 나가는 훌륭한 지도자가 없어가지고는 그 일을 성취할 수 없다는 것을 우리는 알고 있습니다.

이번에 성공한 부락은 전부가 이러한 훌륭한 지도자가 있었습니다. 지도자는 한 사람이 있는 경우도 있었고 두 사람, 세 사람이 복수로 그 부락의 지도자로서 앞장서서 일한 예도 있었습니다.

그 부락지도자가 되는 사람은 그 부락민들에게 신망이 두텁고, 또 설득력이 있고, 창의적이고, 헌신적인 그러한 지도자라야만 부락민들이 따라간다는 것을 우리는 이번 경험을 통해서 알았습니다.

이 훌륭한 부락의 지도자를 우리가 얻느냐 못 얻느냐 하는 것은 앞으로 이 새마을운동이 성공하느냐 못하느냐 하는 성패의 관건이라고 나는 생각을 합니다.

지도자까지 결정됐다면 이 부락은 벌써 불이 붙은 것입니다. 자동차로 말하면 시동이 걸렸다, 점화가 된 것입니다. 이렇게 된 부락들이 이번에 모두 좋은 성과를 올렸다고 봅니다."

새마을운동의 초기단계에 있어서 마을주민들이 열성적으로 참여하여 성과를 올린 마을에는 거의 예외없이 훌륭한 지도자가 있었다. 그러나 새마을운동의 초기단계에는 농촌에 그러한 지도자가 많지 않았다. 농어민 소득증대 특별사업을 추진하면서 이 사업에 성공을 거둔 부락에서 훌륭한 지도자들이 나타나기 시작했고, 특히 새마을운동을 전개하는 과정에서 공무원들이 이 마을지도자를 발굴하여 육성하면서부터 많은 지도자들이 양성되었다. 이러한 마을지도자들은 농촌이 발전하려면 농민들의 자조·자립정신이 있어야 하고 농촌이 당면하고 있는 어려운 문제들은 정부의 힘만으로는 해결될 수 없다고 믿고, 마을주민들의 앞장을 서서 자조사업을 추진하여 눈에 띄는 성과를 올렸다. 이들은 아무런 보수도 받지 않고 헌신적으로 일하였으며, 그 중에는 마을주민들의 간청에 못 이겨 자기 집안일을 희생하고 마을을 위해 봉사하게 된 사람도 적지 않았다. 이 때문에 새마을지도자들은 주민들의 존경을 한몸에 받고 있었으며, 주민들은 그의 지도에 따라 열성적으로 새마을사업에 참여하였다.

대통령은 이어서 앞으로 새마을운동을 이끌어 나갈 방향과 관련하여 세 가지 사항을 강조했다.

첫째, 모든 사업은 주민들의 소득증대에 직결되도록 유도해 나가야 한다는 것이다.

"그러면 앞으로 이 새마을운동을 우리는 어떠한 방향으로 이끌어 나가야 되겠느냐 하는 것이 문제입니다.

아까도 얘기를 했지만, 모든 사업이 주민들의 소득증대와 직결되게끔 모든 것을 유도해 나아가야 되겠습니다.

이것이 안 되면 처음에는 상당히 열을 올려 농로도 만들고, 다리도 놓고, 지붕도 개량하고, 마을 안길도 고치고, 등등 했는데 뒤에 가서 보니까 소득증대는 아무것도 없더라, 수입이 더 올라가는 것, 돈이 더 벌리는 건 없더라, 이렇게 되면 농민들이 그 다음에는 열의가 식어 버립니다.

이런 일을 해보니까 부락도 아담하고 깨끗하고 살기도 좋고 동시에 소득도 늘게 되더라, 이런 정도가 되면 이 운동은 그냥 앞으로 계속 전진하는 것입니다. 하지 말라고 누가 말리더라도 이것은 그대로 나간다고 나는 믿습니다.

따라서, 모든 사업은 처음 시작부터 간접 직접 모두 소득증대에 직결시켜 나가야 되겠습니다.

거듭 강조해 두거니와 우리의 이 새마을운동의 궁극적인 목표는 소득증대에 다 두어야 되겠습니다. 그렇게 함으로써 우리가 잘살 수 있는 것입니다."

둘째, 농번기에는 농사일에 전념해야 한다는 것이다.

"지금 우리는 농번기에 접어들었습니다. 이제부터는 뭘 해야되겠느냐! 금년 봄에 시작한 새마을사업은 대부분 벌써 매듭을 짓고 농사일에 모두 전념하고 있을 줄 압니다만 아직 매듭을 짓지 못한 사업은 빨리 매듭을 짓고 농사일에 전념을해야 되겠습니다.

벼농사를 잘 하고, 보리농사를 잘 하는 것이 결국은 소득증대입니다.

우리 농민으로서는 아직까지는 소득증대사업 중에 가장 대종을 이루고 있는 사업이 이것이기 때문에, 다른 새마을운동 때문에 이 농사일에 등한히 한다든지 해서는 안 되겠다는 것을 여러분들이 확실히 인식해야 되겠습니다.

또, 봄에 하던 사업은 매듭을 지어가는데, 그러면 지금부터는 이 새마을운동을 지도하는 공무원들이나 그 부락의 지도자들은 무엇을 해야 되겠느냐?

금년 가을의 농한기에 해야 할 사업을 지금부터 계획을 세우고 여러 가지 준비를 서둘러서 가을에 농사일이 끝나고 농한기에 접어들자마자 우리는 이 사업을 밀고 나가야 되겠습니다. 금년 가을, 내년 봄, 내년 가을, 이것을 계속 밀고 나가야 되겠습니다."

셋째, 정부의 자금은 새마을운동을 잘 하는 부지런한 부락에 우선적으로 지원해야 한다는 것이다.

"정부에서는 금년 가을의 사업에도 금년 봄에 농촌에 지원해 준 정도의 자금을 지금 마련하려고 여러 가지 노력을 하고 있습니다.

그러나, 부지런한 부락에 대해서, 잘 한 부락에 대해서 우선적으로 지원한다는 정부의 이 방침은 추호도 변동이 없습니다. 전부 골고루 도와준다 하는 그런 방식은 쓰지 않겠습니다.

올봄에 지방장관 회의 때도 그런 얘기를 한 기억이 납니다만, 골고루 정부가 도와준다 하는 것은 공평하지 못하다는 것입니다. 열심히 하고 부지런히 하고 잘한 부락은 더 도와 주고 그렇지 못한 부락은 뒤로 돌려서 천천히 도와 주는 것이 공평하다는 것입니다.

부지런한 사람이나 게으른 사람이나 똑같이 주는 것은 가장 불공평한 행정입니다.

이렇게 나간다면 우리 농촌은 내가 보기에 앞으로 수년 내에 상당히 격차가 생기리라고 봅니다.

어제도 서울서 내려오는 비행기 위에서 보니까 새마을운동을 열이 올라서 잘하고 있는 부락과 그렇지 못한 부락은 그 높은 공중에서도 벌써 빛깔로 어느 정도 구별을 할 수 있게 되어 가고 있었습니다.

금년 가을, 내년 봄, 내년 가을, 앞으로 몇 번 겪어가면 이러한 차이는 엄청나게 생기리라고 나는 봅니다. 농촌에 그런 격차가 생길 것이라는 것입니다. 그래야 게으르고 뒤떨어진 부락은 자극을 받아서 따라올 것입니다."

대통령은 이어서 제1차 농어민 소득증대 특별사업 4개년계획의 성과에 대해 평가했다.

"오늘, 여기에서 우리가 토의하는 이 소득증대 촉진사업, 이것은 아까도 말한 바와 마찬가지로 새마을운동입니다.

새마을운동의 궁극적인 목표는 역시 소득증대에 두어야만 이 사업이 성공적으로 추진될 수 있고, 우리 농민들이 계속 의욕을 가지고 따라올 수 있으리라고 봅니다.

그동안 제1차 농어민 소득증대 특별사업, 즉 68년부터 71년에 끝난 제1차 농어민 소득증대 특별사업 4개년계획의 성과가 조금 전에 여러분 앞에 발표되었습니다만, 이것을 보면 대부분이 다 성공적으로 잘 되었습니다.

그러나, 그 가운데 성적이 과히 좋지 못한 부실사업도 몇 가지가 있는 것으로 알고 있습니다.

여기에 있어서도 역시 주민들이 근면하고 자조·자립정신이 강하고 협동심이 강한 부락에서는 성공을 했습니다. 그렇지 못한 부락은 정부가 모처럼 소득증대 특별사업으로, 농특사업단지로 지정을 해주었지만 성공을 하지 못했습니다.

혹 이런 소리를 하는 데도 있을지 모르겠습니다. '우리는 열심히 했다. 우리 부락이 아주 단결도 잘되어 있고 협동심도 왕성한데 결국은 성공을 못했다.'

왜 못했느냐, 거기에는 두 가지 이유가 있다고 봅니다. 하나는 농민들에게 책임이 있고, 하나는 정부에 책임이 있는 것입니다.

농민들의 책임이라는 것은 무엇이냐, 열심히 한 것도 좋고 적극적으로 잘한 것도 좋은데 농민들도 이제부터는 농사에 머리를 써야 되겠다는 것입니다.

좀 더 현대경영에 대한 다각적인 지식과 기술을 알고 경영에 대한 기술을 좀 더 연구하고 배워 가면서, 머리를 써 가면서, 농사를 지어야지 옛날처럼 막연한 그런 농사 가지고는 성공할 수 없습니다.

동시에 정부에도 잘못이 있다고 나는 봅니다. 그것을 하나하나 어떤 경우라는 것을 일일이 지적할 수는 없지만 한 가지 예를 들면, 정부에서 자금을 적기에 방출해서 지원을 해 주지 않았습니다. 최근에도 양송이재배사업에 그런 일이 있다는 여론이 지방에서 올라 온 것을 나는 듣고 있습니다. 또, 정부가 생산을 하라, 증산을 하라, 이렇게 권장은 했지만 계획적인 증산이 아니었습니다. 계획생산을 안 한 데에 큰 문제가 있다고 봅니다.

지난 군정 때 우리가 한 번 실패한 것을 여러분들도 잘 알고 있을 것입니다. 그때에 혁명정부가 경험이 없어서 그랬겠지만, 우리 농촌에다 돼지를 많이 치라고 권장을 했습니다. 그래서, 농촌에서는 돼지를 많이 쳤습니다. 1년 동안 돼지를 열심히 쳐서 살을 찌워가지고 시장에 갖다가 팔려고 하니까 처음에 새끼돼지 사왔을 때보다도 값이 더 떨어져 버렸습니다.

그때 농민들의 불평이 굉장했습니다. 따라서, 앞으로는 농민도 그런 데 대해서 머리를 써야 되고 정부도 머리를 써야 됩니다.

농민들이 생산한 물건에 대한 가격 보장, 즉 어떻게 하면 농산물의 값이 떨어지지 않고 적정한 가격을 유지할 수 있느냐 하는 것을 연구해야 합니다.

돼지뿐 아니라 앞으로 무슨 고등채소다, 비닐채소다, 또는 다른 특용작물이다, 하는 것도 모두 다 마찬가지라고 생각합니다.

이런 것은 아마 정부가 잘못 했을 것입니다. 가격에 대한 보장을 안 해주었다, 계획생산을 못했다, 이런 것은 우리가 깊이 반성을 하고 금년부터 시작하는 제2차 농어민 소득증대 특별사업 5개년사업에 있어서는 이런 전철을 다시 밟지 않아야 되겠다는 것을 우리 모든 공무원들과 농민들, 농촌지도자 여러분들에게 당부를 합니다."

대통령은 이어서 새마을운동을 성공시키기 위해서 우리 공무원들과 농민들이 반드시 유의해야 할 몇 가지 사항에 대해 당부했다.

첫째, 공무원들과 농민들은 이 운동을 너무 성급한 생각으로 해서는 안되겠다는 것이다.

"마지막으로, 새마을운동으로 우리가 지금 추진하고 있는 사업을 반드시 성공시키고 유종의 미를 거두기 위해서 지금부터 우리가 유의해야 할 사항을, 그동안에도 여러 번 단편적으로 강조했습니다만, 종합해서 몇 가지 이야기하고자 합니다.

첫째, 우리 공무원들과 이 운동에 참여한 우리 농민들이 꼭 생각해야 될 것은 너무 성급하게 생각해서는 안 되겠다는 것입니다.

새마을운동을 했다고 해서 이제까지 수백 년 동안 가난하던 그런 부락이 1년 동안에 또는 2년 동안에 갑자기 부자가 된다, 하루아침에 부자가 된다는 그런 기적은 없습니다. 특히, 우리 농촌사회에 있어서는 그런 것이 있을 수 없는 것입니다. 성과에 대해서 너무 성급한 생각을 해서는 안 됩니다. 공무원도 그래야 하고 우리 농민도 그래야 하고 적어도 우리가 몇 년 동안 꾸준히 노력을 해야만 수천년 묵은 가난의 때를 벗겨낼 수 있다는 끈기를 가지고 밀고 나가야 되겠습니다. 적어도 5년은 해야 된다고 생각합니다.

물론, 사업에 따라서는 한 1년 동안에 소득이 늘어서 당장 부자가 되는 부락도 있을지 모르지만 전체적으로 보아서 4·5년 또는 사

새마을로
조국을 푸르르게
1972년 11월 7일
대통령 박정희

업에 따라서는 약 10년 동안 우리가 꾸준히 해야 됩니다. 우리가 수천 년 묵은 때를 벗기는데 그렇게 간단히 벗겨질 것 같으면 벌써 벗겨졌지 이제까지 남아 있을 리가 없는 것이 아닙니까?

특히, 조림사업과 같은 사업에 있어서는 지금 나무를 심더라도 그 나무가 성장을 해서 용재림이 되어 돈이 될 때까지는, 좋은 용재림에 속한 나무는 적어도 한 40년 50년, 또는 30년 40년, 이렇게 걸립니다. 그렇다면 이미 우리가 늙어서 죽고 난 뒤라야만 그 나무에서 소득이 생깁니다. 그런 사업도 우리는 해야 하겠습니다.

왜? 우리가 죽고 난 뒤라도 우리 자손들을 위해서 해야 되겠다는 것입니다. 과거에 우리 조상들이 이런 일을 안 했기 때문에 조상들한테서 우리가 물려받은 산림재산이 하나도 없다는 것입니다.

아까도 누차 얘기했지만 새마을운동으로 우리들 당대에 잘살아야 되겠다는 것도 물론 중요합니다. 그러나, 우리 대에 그 성과를 꼭 못 보더라도 우리들 자손대에 가서는 반드시 꽃을 피울 수 있도록 해야 되겠다는 정신을 가지고 해야 됩니다. 새마을운동의 철학적인 의미를 우리는 여기서 발견해야 되겠습니다.

'우리 당대에서는 아무런 소득을 못 보더라도 우리들 자손대에 가서 반드시 꽃이 된나, 그것을 위해서 우리가 오늘날 땀 흘린다.'

이렇게 말입니다."

둘째, 새마을운동은 반드시 농민들의 자발적인 운동이 되도록 계도해야 할 것이다.

"그 다음에 두 번째, 새마을운동은 아까도 강조한 바와 마찬가지로 반드시 농민들의 자발적인 운동으로 계도되어야 하겠습니다.

공무원들이 가서 이것 해라, 저것 해라, 이렇게 강요해서는 절대로 성공하지 못합니다. 이것은 아마 여러분들이 다 잘 알고 있을 줄 압니다.

그렇다고 해서 우리 일선공무원들이 가만히 방관만 하고 있으란 얘기냐 하면 그것은 아닙니다.

우리 공무원들의 역할이 대단히 중요합니다. 무엇을 하느냐! 한 가지 예를 든다면 어느 부락에서 그 지도자가 부락민 회의를 열어 가지고 부락민 총의에 의해서, 이번에는 농로를 뚫는 사업을 하자 하는 결정을 했을 때에 일선행정기관이나 공무원들은 무엇을 도와주어야 되겠느냐? 가령 농로를 만드는 데도 측량이라든지 설계가 필요할 것입니다. 부락민들이 그런 것은 못할 것입니다. 이런 것을 기술자들이 나가서 해 줘야 합니다. 또, 그 중간에 무슨 조그만 교책을 놓고하는 이러한 문제에 대한 기술지도를 해 주어야 하며, 행정 지도를 해 주어야 합니다. 요즘 올라온 보고를 보면 농로를 만드는 데 농민들의 땅이 많이 들어간다는 것입니다.

따라서, 여기에 대한 지목변경, 지적변경, 등기사무 등도 빨리 정리해야 되겠습니다. 어떤 사람은 부락민 총의에 의해서 자기 땅을 몇백 평 내놔 그 땅이 전부 농로에 들어갔는데, 그 땅에 대한 세금이 그대로 나온다, 땅 내놓고 세금 물고, 이런 불공평한 일이 어디 있느냐 하는 얘기도 있는데, 이런 것은 우리 행정기관에서 모두 잘

도와서 농민들이 수속하기 위해서 군이나 읍에 왔다갔다 하고 애쓰지 않도록 도와 줄 그러한 책임이 있는 것입니다."

셋째, 공무원들은 부락주민들의 힘으로 안 되는 것을 도와 줘야 한다는 것이다.

"또, 부락민들 힘으로 안 되는 것은 정부가 도와 주어야 합니다. 부락민들의 애로를 물어서 이것을 해결해 주는 데 우리 공무원들이 노력을 해야 됩니다.

또, 잘한 것은 격려도 해주어야 됩니다. 부락민들 힘으로 안 되는 것을 도와준다는 문제, 이것은 우리 공무원이 잘 판단을 해야 할 줄 압니다.

가령, 다리 하나 놓는데 1,500만 원 정도의 돈이 드는 경우에, 부락의 기금이 불과 한 20~30만 원밖에 없다, 이것을 가지고 시작해서 돈이 없으니까 천 몇 만 원을 정부보고 도와 달라, 이런 것을 도와 주겠다는 뜻은 아닙니다. 아까 공무원들이 나가서 기술지도를 하라고 그랬는데 자기 부락의 능력에 벗어나고, 기술적으로 안 되는 그러한 일을 부락에서 결의했을 때는 공무원들은 가서 그것을 잘 지도해야 됩니다. 이것은 당신들 힘 가지고 안 되는 거요, 당신들의 기술 가지고도 안 되는 거요, 당신들 부락의 기금 가지고는 도저히 엄두도 낼 수 없는 거요, 하는 식으로 잘 지도해 주는 것, 이것이 행정지도와 기술지도에 모두 포함되어야 합니다. 천 몇백만 원 드는 것을 자기들이 한 몇십만 원 가지고 시작해서 하다가 '이제 돈이 떨어져 못하니 정부가 도와 주시오' 한다면 어느 부락이든지 못할 부락이 없을 것입니다.

자기 부락에서 할 수 있는 일을 능력이 조금 초과될는지는 모르지만 부락민들이 열의와 의욕을 가지고 시작했다. 그런데 처음에는 될 줄 알았는데 하다 보니까 약간의 자금부족이 생겼다든지 어떤 모종의 자재가 모자라는데 그것까지 부락민들에게 내놓으라면 그 부락에 부담이 너무 많이 간다, 이런 것은 그 부락민들의 열의와 노력에 대한 하나의 대가로서도 정부에서 도와 주어야 됩니다. 이런 것을 일선에 나가 지도하는 공무원들이 잘 판단해서 군이나 도에나 건의를 해 가지고 도와 주어야 되겠습니다. 그래야 농민들이 의욕을 상실하지 않는다는 그러한 뜻입니다."

넷째, 공무원들은 새마을운동이 생산과 소득증대에 결부되도록 하기 위해 농촌지도기관과 지역사회의 학교와 적극적으로 협력해야 한다는 것이다.

"그 다음에는 반드시 생산과 직결되어야 하겠고, 또 소득증대와 반드시 결부되어야 합니다. 이것은 누차 강조한 얘기입니다. 이것을 위해서는 우리 공무원들과 일선에 있는 농촌지도기관 또는 그 지역사회에 있는 모든 학교에서 적극적으로 협력을 해야 되겠습니다. 지역사회의 농촌학교 같은 데서는 농민들의 여러 가지 기술지도와 경영에 대한 지도에 이르기까지 여러 가지 면에 있어서 협동을 해야 될 줄 압니다.

그러면 정부는 앞으로 뭘 하겠느냐, 농민들이 이렇게 열심히 일하면 정부도 가만히 있지 않겠습니다. 농민들을 도와 주기 위해서 최선을 다 하겠습니다. 이 운동이 앞으로 계속 강력히 추진이 되도록 뒷받침을 하겠습니다. 필요한 자금지원을 하겠습니다.

또, 기술지도도 할 것이고 계획생산을 지금부터 해야 되겠습니다. 농민들이 모처럼 땀 흘려 일했는데 생산해 놓고 보니까 값이 떨어져서 손해를 봤다는 그런 일이 있어서는 안 되겠습니다.

이것은 정부가 앞으로 잘 지도해야 되겠습니다. 정부가 권장해서 생산된 물건은 절대 정부가 책임을 져야 됩니다. 정부가 권장하지 않았는데 제멋대로 해 값이 떨어졌다면 농민들도 책임을 져야 되는 것입니다. 농산물 가격 보장과 유통 대책, 이것이 앞으로 정부가 해야 할 이 사업에 대한 뒷받침 중에서도 가장 중요한 일이라고 나는 보고 있습니다."

대통령은 이어서 새마을 부녀회원들의 참여 확대와 농촌지도자 양성, 그리고 우수부락에 대한 우선지원 방침을 강조했다.

"그다음에는 이번 이 새마을운동을 보고 내가 또 한 가지 느낀 것은 우리 농촌의 부녀회원들이 이 운동에 적극적으로 참여해서 큰 역할을 했다는 것입니다.

이번에 성공한 부락은 예외 없이 그 동네의 부녀회원들의 역할이 컸습니다. 부녀회원들이 앞장을 섰던 것입니다. 앞으로도 이 운동에 우리 부녀회원들을 적극적으로 참여를 시키고 또 그분들이 여기에 적극적으로 참여할 수 있는 분위기를 만들어 주어야 되겠습니다.

그리고 훌륭한 농촌지도자를 양성하는 데 계속적으로 노력을 해야 되겠다는 것입니다.

또 한 가지는, 아까 얘기한 바와 마찬가지로 정부는 앞으로도 부지런하고 자조정신이 강하고, 협동심이 강한, 그런 우수한 부락을 우선 지원하겠다는 이 방침을 그대로 밀고 나가겠습니다."

새마을운동의 초기 단계에 있어서 농촌의 주부들은 남편들보다도 새마을사업에 더 많은 열의를 보였다.

농촌주부들은 평소에도 깨끗한 물을 얻을 수 있게 우물시설을 개량하는 일, 빨래터를 편리하게 개선하는 일, 어린이 놀이터를 마련하는 일, 변소시설을 깨끗하게 개량하는 일, 주택을 더욱 좋게 꾸미는 일 등 생활환경 개선에 깊은 관심을 가지고 있었다. 따라서 새마을운동의 초기단계부터 부녀회원들은 농촌의 생활환경을 개선하는 일에 적극적으로 참여하게 하여 큰 성과를 거두었다.

마을의 젊은 주부들은 새마을부녀회를 조직하였고, 화투장 태우기 운동을 전개하였으며, 마을의 술집을 추방하는 운동을 전개하기도 하였다. 남편들이 놀음이나 하고 주막집에서 술에 취해 노는 동안 가난에 찌들린 가정생활의 어려움과 가난은 더 악화되어 갔기 때문이었다. 그리하여 새마을운동이 시작된 이후로 농촌에서는 노름하는 남자와 술에 만취된 남자들은 현저하게 줄어졌다.

농촌의 주부들이 추진한 새마을사업 중에서도 가장 특기할 사실은 저축운동이었다. 전국의 거의 모든 농가의 주부들은 부엌에 절미통을 두고서 끼니마다 쌀 한 숟가락씩을 저축한 다음 월말회합 때는 저축된 쌀을 한 곳에 모아 부녀회의 새마을사업기금을 마련하였다. 또한 주부들도 마을금고를 운영하였으며, 그것은 면단위 농협 예금액을 늘리는 데 크게 기여하였다.

그동안 유교적 전통이 뿌리 깊은 촌락생활에 있어서 마을에 관한 사항들은 주로 몇 사람의 남자 대표자들이 결정하였지 여자들이 참여하는 경우는 적었다. 그러나 새마을사업이 시작되자 주부 등 여성들이 부락의 생활환경 개선사업에 적극적으로 참여하였고, 또 많은 성과를 거두었으며 그 결과 농촌여성의 지위가 크게 향상되었다.

대통령은 이어서 새마을운동은 도시인들도 모두 참여하는 범국민적인 운동이 돼야 한다는 점을 강조하고, 이 운동을 방해하는 도시의 유부녀와 젊은이들의 여러 가지 부적절한 행태에 대해 비판하고 경고했다.

"새마을운동은 우리 민족의 일대 약진운동입니다.

지금 주로 농촌에서 이 운동이 활발히 전개되고 있지만 이것은 결코 농촌에만 해당된 운동은 아닙니다.

범국민적인 운동이 되어야 하겠습니다. 지금 전국에 보면 도시지대에는 아직까지 이 바람이 활발히 불지 않는 것 같습니다. 서울이나, 부산이나, 대구나 마찬가지입니다. 그러나, 어제 내가 광주에 몇 달만에 와 보니 광주시내에도 벌써 저 농촌에서 일어나고 있는 새마을바람이 서서히 들어오고 있다 하는 것을 피부로 느꼈습니다.

여러분들도 아침에 이 회의장에 오면서 보셨겠지만, 이 앞에 흘러내려가는 냇가, 이름이 무엇인지는 잊었습니다만, 아마 몇 달 전에만 해도 부락사람들이 쓰레기다, 뭐다, 막 갖다 버렸었는데 오늘 보니 말쑥하게 전부 청소가 되어 있는데 이것을 보면 광주시내에서도 새마을바람이 슬슬 불기 시작한 것 같습니다. 그러나 아직까지 농촌에 따라 가려면 멀었습니다.

이 운동에는 우리 모든 국민들이 아무도 방관자가 될 수는 없습니다. 전부 참여해야 됩니다. 자기의 위치에서, 여러 가지 처지에서, 형편에 따라서 모든 사람이 참여해야 됩니다. 이 운동은 하나의 민족적인 일대 약진운동인 것입니다. 그렇다고 해서 도시에서 봉급생활하는 도시민들이 농촌에 가서 농민들과 함께 농로를 뚫고 노동을 하라는 그런 얘기는 아닙니다.

자기가 처해 있는 위치에서 이 운동에 무엇을 도울 수 있고 협력할 수 있느냐 하는 것을 생각해 보라는 말입니다. 우선 그렇게 생각하는 것 그 자체만 해도 도시민들이 이 운동에 대해서 협력을 하는 것입니다. 하다못해 농촌에다가 농민들에게 필요한 책을, 영농기술에 관한 책을 한 권 보내준다면 이런 것만이라도 얼마나 고마운 일이겠습니까! 이런 것조차도 못 하는 사람이, 생각조차도 안 하는 사람이 오히려 뒷전에 앉아서 빈정대거나 비방을 하는 경우도 있습니다. 이런 자세를 가지고는 안 되겠다는 것입니다. 최소한 협력을 못하면 방해는 하지 말라는 것입니다.

요즘 도시에 가 보면 이 운동을 방해하는 그런 행동이 많습니다. 서울 같은 데 가 보면, 요즘 여러분들도 신문에서 보셨겠지만, 유부녀들이 몇억대에 속하는 무슨 도박을 해 가지고 들켜서 경찰에 검거되어 가는 사진, 가짜 물건을 만들어 검거되어 가는 것, 사람이 먹는 음식, 사람이 먹는 약도 가짜를 만들다가 들킨 것 등, 지금 농촌에서 새마을운동이 새바람처럼 거세게 불고 있는데도 도시에 있는 사람들 중에는 아직도 정신 못 차리는 사람이 너무나 많다는 것입니다.

그리고 인구 조밀하고 여러 가지로 복잡한 도시에 살던 도시민들이 주말에 교외나 농촌의 공기 좋은 데에 나가서 쉬고 휴양을 하고 오는 것, 이것은 좋은 일입니다. 그러나 우리 농민들이 하고 있는 새마을운동에 대한 방해는 하지 말라 이것입니다. 도시에 있는 젊은이들이, 농민들이 지금 땀 흘리며 일하고 있는데, 거기에 가서 무슨 고고춤을 추고 술을 먹고 얼굴이 벌거니해서 고성방가를 하니 이런 행위가 있을 수 있느냐 하는 것입니다.

지난 주말에도 서울 근교에 나가 보니까 산 위에서 떠드는데 올라가 보지는 못했지만 학생인지, 하여튼 젊은 사람임에 틀림없었습니다. 경찰은 앞으로 이런 것을 단속하라는 것입니다. 한쪽에서는 잘살아 보기 위해서 농민들이 새벽부터 밤 새카말 때까지 남녀노소할 것 없이 일하고 있고, 특히 도시의 처녀 같으면 한창 멋내고, 몸 가꾸고, 맵시 부릴만한 그런 나이의 학교 갓나온 시골처녀들이 삽을 들고, 곡괭이 들고, 머리에 돌을 이고, 내 고장을 한번 살기 좋은 마을로 만들어 보려고 열의를 올리고 있는데, 그 옆에 도시에서 온 사람들은 그 사람들은 어디 대한민국 국민이 아닌지 어디 족속인지 모르지만, 부락사람들의 열의와 새마을운동에 찬물을 끼얹는 그러한 행동만이라도 안 해주었으면 좋겠는데 왜 조용하게 놀지 못하고 그런 짓들을 하느냐 하는 것입니다.

그 사람들이 전부 교육도 못 받고 지각이 없어서 그러냐 하면 그것도 아닙니다. 고등학교, 대학을 다 나온 사람들입니다. 하나의 민족적인 거창한 운동이 전개되고 있는데 모든 사람이 똑같은 일을 하라는 것은 아닙니다. 도시의 사람도 전부 농촌에 와서 괭이 메고 노동하라는 얘기는 아니고, 제가끔 자기가 처해 있는 그 분야에서 이 운동에 마음으로 협력하고 또 자기 분수에 맞는 응분의 협력을 해야 하겠다는 것인데 왜 이러한 방해를 하느냐는 말입니다. 이런 일은 절대로 없도록 해야 하겠습니다."

대통령은 끝으로 새마을사업은 반드시 처음부터 계획을 잘 세워서 튼튼하고 야무지게 해야 한다는 것을 당부했다.

"마지막으로 한 가지 더 얘기할 것은, 이 새마을사업은 반드시 처음부터 계획을 잘 세워서 튼튼하게, 야무지게 하라는 것입니다.

가령, 모처럼 온 부락 사람들이 전부 나와서 훌륭한 농로를 만들어서 트럭이나, 리어카가 들어가게 되어 있는데 그 일을 허술하게 해서 올 여름에 소나기가 오니까 다 허물어져 버렸다, 모처럼 다리를 하나 놨는데 장마가 져서 개울물이 조금 불으니까 떠내려가 버렸다, 이래 가지고는 그 주민들이 의욕을 완전히 잃어버리게 됩니다.

이런 것은 우리 공무원들이 처음부터 기술면에 있어서 잘 지도해야 되겠으며, 그렇게 해서 모처럼 우리가 땀 흘려서 이룩한 것이 길이길이 보람있게 남도록 해야 되겠습니다.

나는 그동안 우리 모든 일선공무원들의 노고가 대단히 컸다는 것을 잘 알고 있습니다. 그러나, 우리 공무원들이 그동안에도 많은 수고를 해 왔지만, 우리 농민들이 오늘날처럼 열의에 넘쳐서 하는 일을 농민들과 더불어 밀고 나가는 데 있어서 커다란 보람을 느껴야 할 것이고, 긍지를 가져야 할 것이며, 우리 5천 년 역사상 농촌에 없던 이러한 새로운 운동을 우리가 앞장서서 반드시 성공을 시키고야 말겠다는 사명감을 가지고 앞으로도 여러분들이 열심히 잘해 주시기를 부탁합니다."

새마을운동 결과 농업성장률이 공업성장률을 앞섰다

1972년 9월 29일, 벼베기대회에서 대통령은 먼저 새마을운동의 결과로 금년도에는 풍작을 이루어내고 농수산부문의 성장률이 공업부문 성장률을 앞섰다는 사실을 지적했다.

금년에는 수십 년 만에 처음 보는 수해를 당했으나 우리 농민들은 이것을 극복하고 평년작을 웃도는 풍작을 이루어냈다. 이것은 농민들이 새마을정신을 발휘하고 온 국민들이 농민들의 불굴의 정신에 감동하여 온정과 격려를 보낸 결과다. 농민들이 어려움에 처했을 때 남에게 의지하지 않고 자조·자립의 정신과 이웃끼리 서로 돕는 협동의 정신으로 그 시련을 극복해 나가면 정부도 돕고, 국민도 도우며, 하늘도 돕는다. 금년에는 과거와는 반대로 공업부문은 5.7% 성장한 데 비해 농수산부문은 7%라는 유례없는 성장을 이룩했다. 농수산부문의 이러한 높은 성장률은 새마을사업의 성과를 통해서 성취된 것이다. 즉 과거에는 농촌에 100만 원 투자하면 본전도 못 건지는 것이 예사였으나, 새마을사업에서는 500만 원, 1,000만 원, 심지어는 5,000만 원의 성과를 올렸기 때문에 농업부문이 공업부문보다도 높은 성장률을 기록했다는 것이다.

"금년도 그동안 여러 가지 수해와 폭우, 기타 천재를 많이 겪었습니다마는 역시 오곡이 무르익은 풍성한 가을을 또다시 맞이하게 되었습니다.

8월 중순경까지는 전례 없는 대풍작이 될 것이라고 모두 큰 기대를 가졌습니다마는 8월 19일부터 중부지방에 예년에 없던 대호우가 있었고, 그 얼마 후 남해안지방의 폭우와 최근의 동해안지방의 해일 등 여러 가지 예기치 않았던 천재를 많이 겪었습니다.

그러나, 우리가 처음 기대했던 대풍작까지는 이르지 못했지만 천재를 겪고도 평년작을 훨씬 상회하는 풍작을 가져오게 되었습니다.

이것은 오로지 우리 농민 여러분들이 천재를 당하고서도 이에 굴하지 않고 기필코 이를 극복하겠다는 굳은 의지와 이러한 재해를 자기 스스로의 힘으로 극복해 나가겠다는 자조정신, 이웃끼리 서로 협동하는 협동정신, 거기에 전국민들이 뜨거운 동포애로서 온정과 격려를 보낸 결과라고 나는 생각합니다. 이것은 곧 우리들이 늘 이야기 하는 새마을정신의 발로인 것입니다.

어려운 국면에 부딪쳤을 때는 남의 힘보다도 우선 자기 스스로의 힘으로 이를 극복해 나가겠다는 자조정신, 자립정신, 또 이웃끼리 서로서로 힘을 모으고 합쳐서 모든 것을 극복해 나가겠다는 협동정신이 우러날 때에는, 정부와 국민들이 여러분들의 그러한 노력과 의지에 대해 절대 방관하거나 외면하지 않는다, 있는 힘을 다해서 여러분들을 뒷받침해 주고 도와 준다는 것입니다. 나는 하느님은 스스로 돕는 자를 돕는다는 말의 뜻이 바로 이런 데 있다고 생각합니다.

이번 재해를 당했을 때 우리 모든 국민들의 따뜻한 온정과 동포애는 그야말로 눈물겨울 정도로 충분히 발휘되었다고 봅니다. 심지어 어린 국민학교 아동들에서부터 멀리 해외에 나가서 공부를 하고 있는 유학생들까지 자기의 얼마 되지 않는 학비에서 일부를 떼이 국내에서 수재를 입고 이를 극복하려고 힘겨운 노력을 하고 있는 우리 농민들에게 의연금을 보내 왔습니다.

또한, 월남이나 독일 같은 데 나가서 일하고 있는 우리 근로자들이 자기들이 받는 보수 중에서 비록 액수는 적다 할지언정 정성어린 성금을 국내에 부쳐왔고, 외국인사들도 따뜻한 우정을 표시해 왔습니다.

이와 같은 사실은 결국 우리 농민들이 자기가 당한 이 천재와 재해를 스스로의 힘으로 극복해 나가겠다는 그 강렬한 의지와 노력, 불굴의 정신, 자조정신에 대해서 이웃의 모든 사람들이 감격해서 도와주고 싶은 생각이 스스로 우러났기 때문인 것입니다.

내가 늘 우리 농민 여러분들에게 이야기 합니다만, '스스로 돕는 자를 정부도 돕는다, 남도 돕는다, 이웃도 돕는다, 하늘도 돕는다'는 것입니다.

말하자면, 이러한 새마을정신이 있었기 때문에 우리가 금년에 수십년 내내에 처음 겪는 유례없는 큰 수재를 겪었으면서도 조금도 용기를 잃지 않고 이를 넉근히 극복하여 풍년을 가져오게 되었다고 말할 수 있겠습니다.

최근 금년도 상반기의 경제성장률에 대한 통계를 보니까, 예년에는 언제든지 공업이 농업보다 훨씬 더 성장률이 앞서고 있었고 반대로 농업과 수산업은 뒤떨어져 있었지만, 금년에는 종전과는 정반대로 공업부문보다도 농업부문이 훨씬 더 성장률이 높았습니다.

과거의 예를 들면 공업은 1년에 15~20%, 때로는 25% 정도의 고도성장을 지속한 반면에 농수산부문은 기껏 해봤자 한 4~5%, 때로는 금년처럼 천재나 재해를 겪었을 때에는 오히려 마이너스 성장을 한다는 것이 지금까지의 예였었는데, 금년 상반기에는 오히려 공업부문은 5.7% 성장을 한 데 비해서 농업은 7%라는 유례없는 성장을 가져왔다는 것입니다. 이 원인이 어디 있겠는가, 그것은 두말할 나위도 없이 금년 봄부터 우리 농촌에 불붙기 시작한 새마을운동 때문이라고 나는 생각하고 있습니다.

과거에는 농촌에 가령 100만 원 투자를 하면 실제 이루어진 성과는 100만 원 본전보다도 더 적은, 기껏해봤자 8, 9십만 원, 또 어떻게 잘못 하면 그것의 절반 정도로, 투자하는 액수보다도 성과는 훨씬 적은 예가 많았던 것입니다.

그러나 금년에는 대체로 봐서 정부가 가령 100만 원을 투자하면 성과는 500만 원, 1,000만 원으로 다섯 배, 열 배가 되었고 심지어 50배라는 어마어마한 성과를 올렸습니다.

이것은 지금 우리 농촌에서 농민들이 일대 분발을 해서 추진하고 있는 새마을운동의 결과인 것입니다."

대통령은 이어서 우리 농촌에 잘사는 마을과 못사는 마을의 차이가 생기는 것은 오로지 농민들의 마음가짐과 정신과 노력의 차이의 결과라는 사실을 강조했다.

"우리 농촌에는 아직 할 일이 많습니다. 식량증산도 해야 되겠고 여러 가지 가내공업, 부업 등 우리 농민들의 소득증대를 위한 여러 가지 사업을 해야 하며, 또 재해 복구와 이것을 우리가 미연에 방지할 수 있는 수리관개, 치산치수, 하천보수, 산림녹화, 그리고 도로라든가 특용작물 재배 등 여러 가지 할 일이 한없이 많습니다.

이런 사업을 수행하는 데 앞으로 우리가 가장 유의해야 할 점은 우리 농민들이 스스로 참여하고 스스로 자기 자신이 잘살아보겠다는 의욕과 자조정신을 가지고 서로 협동하고 열심히 일해야 한다는 것입니다.

그렇게 하면 정부가 우리 농민들에게 지원하는 투자액보다도 몇

10배나 많은 성과를 매년 매년 올려 나갈 수 있게 될 것이며, 그와 같은 노력을 계속한다면 나는 우리 농촌도 불과 몇 년 이내에 선진 국가의 농촌에 조금도 뒤떨어지지 않는 모습이 나타나리라고 나는 확신해 마지않습니다.

지금 벌써 그런 모습이 우리 농촌과 시골에는 도처에서 나타나기 시작했습니다. 물론 그런가 하면 아직도 구태의연하게 과거 10년이나 20년 전에 비해서 별반 달라진 것이 없는 농촌도 있지만 그와는 대조적으로 아주 놀라울 만한 성과를 가져온 농촌도 많다는 것입니다.

나는 이와 같은 차이는 오로지 농민 여러분들의 마음가짐과 노력과 정신 여하에 달려 있다는 사실을 특별히 여러분들에게 강조합니다."

대통령은 이어서 우리 농민들의 소득증대에 기여하도록 고미가 정책을 앞으로도 계속 실시해 나갈 것이나, 과거처럼 1년에 20~30%의 높은 곡가인상은 할 수 없게 되었다는 사실을 설명했다.

"정부는 금년에도 여러분들이 피땀 흘려서 이룩한 노력의 대가가 헛되지 않도록, 농가 소득증대에 이바지하도록, 추곡가격에 대해서 신중히 검토하고 있습니다.

정확한 가격은 아직까지 확정이 안 되었습니다만, 정부가 과거부터 주장해 오던 고미가정책은, 물론 여러 가지 어려운 점이 있지만, 앞으로도 그대로 계속 밀고 나간다는 방침에는 변함이 없습니다. 단, 고미가정책이라고 해서 과거처럼 1년에 20%, 30%나 되는 높은 수준의 미가 상승을 계속 밀고 나갈 형편은 못됩니다.

금년 8월 3일의 경제에 대한 긴급조치 이후에 우리나라의 모든 물가는 거의 안정상태를 이루고 있습니다. 앞으로도 물가가 계속적으로 현재와 같은 수준을 유지해 나가도록 정부는 최대한의 노력을 하고 있고, 여러 가지 정책을 강구하고 있습니다.

정부는 많아도 1년에 물가상승을 2~3%정도 선에서 억제할 수 있도록 종합적인 정책을 밀고 나가고 있는 것입니다.

따라서, 곡가도 이와 발을 맞추어야 하니까 과거와 같이 1년에 20~30% 상승은 불가능하겠지만, 실질적으로 농민 여러분들에게 그만한 혜택이 갈 수 있게 하려 하고 있습니다.

예를 들면, 과거에 가령 쌀값을 20% 올려줬다 했을 때 그해 물가가 10%나 15% 올라갔다면 실제 인상된 것은 20%에서 물가 15%를 빼고 난 5% 정도밖에 안 되는 결과가 되었습니다.

그러나 만일 앞으로 물가가 더 올라가지 않는다면 여러분들에게 그렇게 많이 곡가를 올려주지 않더라도 실질적인 소득과 이익은 여러분들에게 더 돌아가게 되는 것입니다.

정부에서 지금 가장 중점을 두고 있는 것이 물가안정입니다. 그러나, 우리 농민들이 땀 흘려 지은 농산물에 대해서는 정부가 지금 지향하고 있는 물가상승 3% 선 내외 수준을 초과하지 않는 범위 내에서, 그 테두리 내에서 최대한으로 가격을 올려주고 보장해 주려는 것입니다.

과거에 많이 올라갈 때 30%까지 올려준 경우도 있었습니다만, 그때보다 여러분들에게는 실제로 농가소득면에 있어서는 더 이익이 가게 하겠다는 것입니다.

여러분들은 쌀값만 올려주면 좋아하는 것 같습니다만, 쌀값 오르는 것도 좋은데 다른 물가가 계속해 따라 올라가면 결국은 여러분들이 손해를 보는 것입니다.

물가가 올라갔을 때 누가 제일 손해를 보느냐, 우리 농민들이 제일 손해를 보는 것입니다. 쌀값 좀 올라가는 것만 보고 다른 점을 생각하지 않으면, 여러분들이 실질적으로 어느 정도 이익을 보았다는 것은 판단을 잘못하는 것입니다.

정부는 그런 점을 모두 고려하여 앞으로도 여러분들의 증산 의욕이 저해되지 않도록 여러분들의 이익을 최대한으로 보장해 줄 것입니다. 따라서, 우리 농민 여러분도 보다 더 분발을 하고 노력을 해서 식량증산과 농가소득증대를 위해서 계속 적극 노력해 줄 것을 당부합니다.

그리고 수매가 끝나고 나면 금년 가을에도 계속 새마을사업이 전국적으로 활발하게 전개될 것입니다.

내가 전에도 이야기했지만 새마을사업은 간단히 말해서 우리가 잘살기 위한 운동입니다. 잘살기운동이라는 것은 결국 여러분들 농가의 소득이 늘어나도록 하는 것입니다.

앞으로의 새마을운동은 하나에서 열 가지까지 전부 우리 농가 소득증대와 직결되는 사업이 되어야 하겠습니다. 정부에서도 그렇게 계획하고 있습니다.

농민 여러분들도 지금 추수가 끝나고 나면 무엇을 하겠다는 사업계획들이 다 서 있으리라고 나는 믿고 있습니다.

추수가 끝나면 곧 전농민들이 총동원되어 거국적으로 이 새마을사업을 전개해야 하겠습니다.

그렇게 하여 우리 농촌을 빨리 발전시키고 농가의 소득을 늘려 우리 농민들이 잘사는 농촌을 만들자는 것을 나는 이 기회에 여러분들에게 다시 한번 당부하는 바입니다."

10월유신은 새마을운동이고, 새마을운동은 10월유신이라고 할 수 있다

1973년 1월 12일, 연두기자회견에서 대통령은 10월유신은 곧 새마을운동이고 새마을운동은 10월유신이라고 할 수 있다는 점을 역설했다.

새마을 노래
씩씩하고 명랑하게
박정희 대통령 작사
박정희 대통령 작곡
1. 새 벽 종 이 울 렸 네 새 아 침 이 밝 았 네
2. 서 로 서 로 도 와 서 땀 흘 려 서 일 하 고
3. 초 가 집 도 없 애 고 마 을 길 도 넓 히 고
4. 우 리 모 두 굳 세 게 싸 우 면 서 일 하 고
너 도 나 도 일 어 나 새 마 을 을 가 꾸 세
소 득 증 대 힘 써 서 부 자 마 을 만 드 세
푸 른 동 산 만 들 어 알 뜰 살 뜰 다 듬 세
일 하 면 서 싸 워 서 새 조 국 을 만 드 세
살 기 좋 은 내 - 마 을
우 리 힘 으 로 만 드 세

"10월유신이라는 것은 그동안에 여러 가지 측면에서, 여러 가지 각도에서 설명을 하고 그 목적을 풀이했습니다.

종합적으로 보다 더 간단히 설명을 한다면, 10월유신이라는 것은 우리가 보다 더 많이 땀을 흘려서 열심히 일해서, '복지국가'를 건설하고, 민족의 번영을 이룩하자 하는 것이 바로 '10월유신'의 궁극적인 목적인 것입니다. 요즈음 우리나라 농촌에 가면, 우리 농민이 즐겨서 부르는 노래 가운데, '새마을 노래'라는 것이 있는데, 그 한 귀절에 이런 말이 있습니다. '서로 서로 도와서 땀 흘려서 일하고, 소득증대 힘써서 부자 마을 만드세! 살기 좋은 내 마을 우리 힘으로 만드세!'

아주 소박한 이 노래 한 귀절에 나는 '10월유신'의 정신이 전부가 다 포함이 되어 있다고 말하고 싶습니다.

'서로 서로 도와서 땀 흘려서 일하고……'에서 '서로 서로 도와서'가 무슨 뜻입니까? 결국, 우리가 강조하는 협동이요 단결인 것입니다.

'땀 흘려서 일하고'는 근면·노력·자조 이런 것이 전부 땀흘려서 일하는 것이며, '소득증대 힘써서'는 농가에는 '소득증대'이지만, 국가적으로 볼 때에는 생산하고 증산하고 수출해서 저축하여, 국가의 소득을 증대한다는 것이며, '부자마을 만드세'는 마을이, 농촌이 전부 부자 마을이 되면, 국가는 부강한 나라가 된다는 것입니다.

'살기 좋은 내 마을 우리 힘으로 만드세', '살기 좋은 내 마을'이라는 것은, 농촌이 전부 살기 좋은 마을이 되면 그것 이 모여 살기 좋은 내 나라가 된다는 것입니다.

'살기 좋은 내 나라'는 복지국가다, 복지사회다, 이것도 남의 힘을 빌려서 남한테 해 달라고 그럴 것이 아니라, 우리의 자조적인, 자주적인 노력, 자립정신으로 하자는 것입니다.

十月維新과 새마을運動

1973年 10月 17日

大統領 朴正熙

그래서 나는 이 소박한 노래 한 귀절에 '10월유신'의 정신이 전부 다 포함되었다 해도 과언이 아니라고 말씀드리고 싶습니다.

'10월유신'이라고 하는 것은 곧 '새마을운동'이다, '새마을운동'이라고 하는 것은 곧 '10월유신'이다, 이렇게 해도 틀림이 없는 것입니다. 우리가 과거에 '새마을운동'에 있어서도 이것은 범국민적인 운동이 되어야 되겠고, 한 사람도 방관자나 낙오자가 있어서는 안 되겠다고 했습니다.

'10월유신과업'을 수행하는 데 있어서도 우리 모든 국민들이 범국민적으로 한 사람도 방관자나 낙오자가 있어서는 안 되겠으며, 모든 국민들이 자발적으로 적극적으로 참여해야 하겠으며, 또한 참여해 주실 것을 특별히 당부하는 바입니다."

새마을운동의 성공을 위해서는 자조농가 우선지원 원칙을 지켜나가야 한다

1973년 1월 29일, 내무부 연두순시에서 대통령은 새마을운동의 성공을 위해서는 자조농가에 대한 우선지원 원칙을 지켜나가야 한다는 점을 강조했다.

"새마을운동도 작년에 많은 성과를 올렸다고 봅니다. 내가 늘 강조를 하지만 이것은 어디까지나 우리 농민들, 우리 국민들이 새마을운동에 대해서 참다운 의의를 깨닫고 자발적으로 참여를 하고 또 자진해서 일을 해 보겠다는 의욕이 넘쳐흐를 때 정부가 지원을 하고 지도를 해야만 성과가 납니다.

그렇지 않는 데는 우리가 아무리 예산을 투입해 봤자 그야말로 속담의 '밑 빠진 독에 물 붓는'격이 돼서 아무 성과를 거둘 수 없습니다. 그렇게 하기 위해서는 어떻게 하느냐, 결국은 부지런하고 자조정신이 강하고 부락민들의 단결이 강하고 협동정신이 강한 그런 우수부락부터 우선적으로 지원하자, 이것이 새마을운동을 성공적으로 이끌어 나가느냐 못 가느냐에 대한 절대적인 관건이다, 나는 이렇게 생각합니다.

천편일률적으로 그저 모든 농민들에게 골고루 모든 혜택이 균점되겠끔 하자는 생각은 어떤 면에서는 좋을지 모르지만, 새마을운동의 근본취지라는 것은 그렇지 않고 부지런하고 근면하고 잘살아 보겠다고 노력하고 발버둥치는 그런 농민들부터 먼저 도와 주자, 그렇지 않은 농민은 정부가 영 포기해야 되겠다는 얘기는 아니지만, 순위가 훨씬 뒤다, 잘 하겠다는 사람, 열심히 땀 흘리고 참고 하겠다는 이런 사람을 도와 줘야 성과가 있다. 그 사람을 먼저 해주고 그 다음에 나머지 사람을 지도해 가면서 끌고 나가겠다. 그것은 근면하지 못하고 의욕이 왕성치 못하고 아직도 눈을 뜨지 못한 농민들에 대하여 큰 자극을 주기 위해서도 필요하고 또 국가의 재정이라든지 예산면을 보더라도 그런 사람을 다 도와줄 그런 힘이 없다, 잘 하는 부락을 도와 주면 그 이웃에 있는 다른 부락들도 차차 깨닫게 되고 자연적으로 분발해서 따라올 수 있을 것이다. 그럴 때 그런 부락을 도와 주자, 이래야만 반드시 성공을 한다.
과거 우리 정부가 해 왔듯이 일률적으로 똑같이 지원하는 그런 관념이라든지 그런 방식으로 해서는 성공하지 못한다는 것을 전공무원들이 철저히 인식을 하고 이런 식으로 지도해 나가야 되겠습니다. 물론 같은 국민인데, 같은 농민인데 왜 어느 부락은 해주고 우리는 왜 안 주느냐, 이런 불평이 있을 겁니다. 그런 건 우리는 당분간 들은 체 만 체하고 우수한 부락부터 우선적으로 지원해 주자 이겁니다."

대통령은 우리나라 농촌에 있는 3만 4천 6백여 개 부락 전부를 기초마을, 자조마을, 자립마을로 분류하고 있고, 유능한 지도자가 있고, 근면·자조·협동의 새마을정신이 왕성한 부락 중에서 자립 단계에 올라가고 있는 부락을 자립마을이라고 하는데, 전국의 모든 부락을 81년도까지 자립마을로 끌어올리려는 것이 새마을운동의 1단계 목표라고 말했다.
그리고 73년도 현재 자립마을은 전체 농촌마을의 10%가 좀 안 되지만, 해마다 수천 개의 자립마을이 생기고 있기 때문에 걱정할 필요가 없다고 말했다.
그러나 자립마을이란 정부의 도움만 가지고는 절대로 될 수 없으며, 잘살아 보겠다는 의욕, 자립마을이 되겠다는 의욕과 노력이 있어야 된다는 것을 강조하고, 이러한 부락에 대해서는 정부가 가장 우선적으로 지원하겠다는 '자조농가 우선지원원칙'을 강조했다.
대통령은 무거운 짐을 싣고 손수레를 끌고 고개를 올라가는 사람의 예를 들면서, 자립마을로 올라가려고 분발하고 노력하는 부락을 찾아서 그 부락을 우선적으로 지원해야만 새마을운동은 성공할 수 있다고 보고 있었다.

대통령은 이어서 지방자치단체들은 지방행정의 자립도를 높이는 데 자조적인 노력을 해야 한다는 점을 강조했다.

"그 다음에는 지방재정의 자립도를 높이는 데 보다 더 노력을 해야 되겠다는 것입니다. 이건 뭐 내가 지방에 가서도 늘 강조합니다만, 금년도 예산을 보면 지방자치단체의 의존도가 59~60%, 자체 자립도가 40% 그런 정도로 아는데 지방자치단체들은 중앙에서 도와 주는 교부금이라고 하는 보조금만 어떻게 해서라도 많이 따겠다 하는 그런 생각을 가지지 말라는 것입니다. 교부금이나 보조금이라고 하는 것은 도의 인구비례에 따라서 중앙에서 배당하는 기준이 있기 때문에 그건 자율적으로 나가는 겁니다.

그 외에 지방자치단체 자체가 자립도를 올릴 수 있도록 노력을 한다, 무슨 얘기냐 하면 지방장관들도 세원 포착에 대해서 좀 더 노력을 하라 이겁니다.

물론 우리가 국민들에 대한 세금 부담을 덜어 주어야겠다는 것이 목표이기는 하지만 건설을 해야지, 여러 가지 할 일은 많은데 결국은 국민들의 세금을 받아야 하는 거지 딴 데서 돈을 찍어 올 수 없다, 그렇다고 무작정 세금을 마구 올리느냐, 이것도 아니다, 이거야 지방자치단체가 연구를 하면 세원들을 찾아 낼 수 있는 그런 구석 구석이 많이 있지 않느냐, 또 앞으로 세금을 걷어낼 수 있는 그런 여건을 조성해 나가야 되겠다는 것입니다. 지방세제에 대한 연구를 하고 있는 줄 압니다만 그리해서 자체 자립도를 높이고 중앙에서 보조금이라든가 교부금이라든가 이런 게 나가고 이래야 돼요. 우리 지방공무원들은 어떻게 하면 중앙에서 보조금을 많이 받느냐, 교부금을 많이 받느냐, 특별교부세를 자기 도에 많이 끌어 오느냐, 그런 노력도 중요하지만 그런 데에만 신경을 쓰고 자기 자신들이 노력을 해서 세원을 포착을 해가지고 세수입을 올리겠다 하는 그런 노력은 비교적 희박하다, 이런 것은 우리가 고쳐 나가겠다는 것입니다."

대통령은 이어서 지방자치단체가 지방행정을 운영해 나가는 데 있어서 나타는 공통된 폐단은 능력도 없으면서 기채사업과 채무부담 행위를 벌려 나가는 것이라고 지적하고, 이를 과감하게 시정해 나가야 하겠다는 점을 강조했다.

"지금 내무부장관이 새로 취임해 작년부터 각 지방자치단체의 그런 부채를 상당히 정리를 하고 있는 줄 압니다만, 앞으로는 기채사업이나 채무부담행위 이거는 중앙에서 신중히 검토를 해서 자기들이 뒤에 갚아낼 수 있는 그런 능력 범위 내에서 허가해 주어야 되겠어요. 기채사업을 허가해 주더라도 지방자치단체 자체가 갚을 능력이 있을 때 해주는 거지 덮어놓고 장차 그때 가 보자, 어떻게 되겠지, 이런 식으로 중앙에서 마구 허가해 주어서는 안 되겠다 이겁니다.

그리고 지방자치단체 시장이나 도지사들은 뭔가 자꾸 일거리만 잔뜩이 벌려놓을 생각을 말고 착실한 사업을 벌리거들랑 빨리 그것을 매듭을 짓고 나면 또 새 사업을 벌려 나가라는 겁니다. 욕심 같아서야 그저 한목에 다 해버리고 싶지만 재정과 예산과 의논을 해 가지고 해야 되는 것이지 돈없이 그저 그런 사업을 할 수 없는 것 아니냐 이겁니다. 무리해서 해놓으니까 이 사업도 안 되고 저 사업도 안 되고 그저 잔뜩 벌려놓고 매듭짓지 않고 그대로 질질 끄니까 공사비에 대한 단가가 자꾸 올라가서 예산도 더 들고 부채도 늘고 그동안에 쓴 돈에 대한 이자가 자꾸 늘어나고, 지방자치단체의 재정 형편도 나빠진다 이겁니다. 이걸 우리가 앞으로 시정을 해 나가야 되겠다는 것입니다."

대통령은 이어서 정부가 국가적인 차원에서 해야 할 사업에까지 지방자치단체가 손을 대어 국가재정의 낭비와 행정의 비능률을 가져온 구체적인 사례를 지적하고, 선거와 결부되어 생긴 이러한 폐단은 일절 용납하지 않겠다는 경고를 했다.

"지방자치단체에서는 자기들이 쓸 수 있는 예산 범위에서, 기채를 해서 부채를 지더라도 갚을 수 있는 능력 범위 내에서 사업을 벌려 나간다, 그 나머지 사업은 중앙정부에서 판단을 해서 전국적으로 우선순위를 정해가지고 하는 것이니까, 지방자치단체가 이걸 해달라, 여기에 국립공원을 만들어 달라, 이런 소리는 할 필요가 없다, 도지사는 제 할 일만 하는 것이지 왜 중앙에서 하는 일까지 간섭을 하느냐, 도지사가 그런 소리 안 해도 정부가 다 판단을 해서 우선순위 딱 가려가지고 하는 거다, 도지사가 하는 일이나 똑똑히 해라, 이렇게 내가 도에 갈 때마다 늘 강조를 합니다. 그런데도 도지사는 자기가 금년에 쓸 수 있는 가용예산 또 기채를 하더라도 앞으로 몇 년 내에 주민들한테 세금을 받는다든지, 세원을 찾아 가지고 그걸 자기가 갚을 능력 범위 내에서 사업을 벌려가지고 빨리 그것을 매듭짓고, 매듭짓고 난 후에 여력이 생기면 또 딴 사업을 벌린다, 그 나머지 국가적인 차원에서 해줄 사업은 중앙에서 하는 것이다, 이걸 혼동을 하고 있어요. 솔직히 말하면 과거에 우리나라 선거제도라는 데서 여러 가지 병폐가 많이 생기는데, 이것도 선거하고 자꾸 결부를 했는데 앞으로는 일절 용납이 되지 않을 것이며 나도 그걸 허가를 하지 않을 것입니다. 내무부에서 앞으로 이걸 잘 단속해 나가야 될 겁니다. 그런 면에 있어서 우리 재정의 낭비라든지 여러 가지 비능률이라는 것이 이만저만이 아니었습니다.

전에 다른 부처에 가서도 이야기 했지만, 과거 어떤 시기에 어느 지방에서는 대통령도 모르는 간척사업, 그것도 몇십억 드는 것을 떡 벌여놓고 연초에 기공식만 떡 했다, 예산이 한 십억이 들어가야 할 거창한 사업인데 겨우 예산 2~3백만 원 따가지고 와서 연초에 기공식한다고 사람만 잔뜩 불러서 요란하게 기세만 올려놓고는 그만이야. 그 다음에는 기껏해야 돈천만 원 또 다음 해에 천만 원 정도의 일을 하면서 예산만 있으면 한 1~2년 내에 끝낼 것을, 5년도 끌고 10년도 끌고 가다가 보면 전에 해놓은 게 전부 허물어져 버리고 예산낭비는 이만저만한 것이 아니다, 또 철도를 놓는다고 시작해 놓고는 몇십 km를 놓아야 될 것을 그저 한 몇 km 정도만 놓고 중단되어 버리고 만다든지, 무슨 공업단지를 만든다고 떠들썩하게 착수해 가지고 중지해 버린다든지, 이런 행정은 우리가 절대 해서는 아니되겠다 이겁니다, 앞으로 국회가 생기면 그런 폐단이 있을는지 모르겠지만 행정부로서는 일절 받아들일 수 없다, 나는 그걸 과감하게 시정해 나가야 되겠다, 비능률과 낭비를 제거하고 능률을 극대화하자는 데 10월유신정신이 있는 것입니다."

공장새마을운동은 노·사협의회를 중심으로 추진해야 한다

1973년 10월 27일, 무역진흥확대회의에서 상공부는 공장새마을운동의 기본구상과 추진계획을 보고했다. 대통령은 공장새마을운동은 노·사협의회를 중심으로 추진하라고 지시했다.

노·사대표가 노·사협의회를 구성하여 한 달에 한 번씩 노·사협의회를 갖고 경영자는 기업의 경영실적과 당면과제를 설명해 주고 근로자 대표들과 격의 없는 토론을 하고, 근로자들의 애로사항을 청취하고 건의사항을 받아서 처리하도록 하는 것이 좋겠다는 것이다.

그 당시는 〈국가보위특별조치법〉에 의해 노동삼권이 유보되어 있었기 때문에 기업이 노·사문제에 별 관심을 보이지 않고 근로자들의 권익신장에 대해 소홀히 하는 경향이 있었다. 그래서 대통령은 기업들이 이러한 그릇된 자세를 버리고 노·사협력을 강화하는 데 솔선수범하도록 했다. 노·사협력과 산업평화는 기업의 국제경쟁력과 국가경제발전의 관건이 되고 있으므로 기업들이 노·사문제의 원만한 해결에 각별한 관심과 노력을 기울여야 한다는 것이다. 대통령이 공장새마을운동을 추진하면서 기업인과 근로자들에게 기회 있을 때마다 강조한 것은 '기업인은 근로자를 가족처럼 생각하고 근로자는 기업을 우리 기업으로 생각해야 한다'는 것이었다. 기업주와 근로자들이 서로 그러한 생각으로 서로 협력하고 단결하여 꾸준히 노력한다면 기업은 성장하고 기업주와 근로자들은 공생공영할 수 있다는 것이다.

공장새마을운동은 기업의 경영합리화운동의 일환으로 기업이 필요로 하는 부문의 사업을 개발하여 추진했다. 따라서 기업들은 이 운동에 적극 참여하였고, 이 운동은 여러 부문에서 크게 기여했다.

첫째, 기업의 생명력은 사람에게 있다는 인식을 새롭게 했다. 공장새마을운동이 기업주와 근로자의 주인의식을 강조함에 따라서 근로자는 기업을 나의 기업으로 생각하고 공장 일을 나의 일처럼 성의있게 했고, 기업주는 근로자를 나의 가족으로 생각하고 근로환경과 복지향상에 최선을 다했다. 그리하여 공장새마을운동은 기업주와 근로자 간에 공동운명체 의식을 강화시켰고 상호신뢰관계를 확립함으로써 우리 기업들이 중화학공업을 일으켜 국제시장으로 뻗어나가는 고도성장의 시기에 중요한 활력소 역할을 하였다.

둘째, 품질의식의 확산을 통해 생산성을 향상시키는 데 기여했다. 품질관리를 잘 하면 품질이 좋아지고 원가가 절감되어 생산성이 크게 오를 수 있다. 그래서 공장새마을운동에 참여한 전국 제조업체에서는 공장별로 분임조를 만들었다. 전국 52개 추진지부와 공단사업

본부, 그리고 36개 대기업의 그룹본부가 매월 1회 이상의 품질교육을 실시했다. 한 분임조의 숫자가 7~8명, 많으면 14~15명으로 구성되어 전국적으로 10만 개 분임조와 분임인원 100만 명의 거대한 조직이 형성되었다.

공장문제는 현장 근로자들이 제일 잘 알고 있다. 공장생활은 곧 분임조 활동시간이었고, 각 분임조는 1년에 1개, 또는 2개의 품질 개선 목표를 설정해 놓고 지속적인 분임토의를 통해 문제를 해결해 나갔고, 그 결과는 품질향상과 원가절감에 의한 생산성 향상으로 나타났다. 그리고 분임토의에서 얻은 좋은 사례를 비교, 평가하는 대회를 지역별로 열고 최종적으로는 서울에서 개최하여 우수한 사례는 포상하고 책자로 만들어 전국에 보급함으로써 그 시너지 효과는 대단히 컸다.

셋째, 복지제도 개선에 획기적으로 기여했다. 70년대 초반만 해도 우리나라 기업들은 근로자들의 복지향상을 위해서 투자할 여력이 없었다. 그러나 공장새마을운동에 참여한 대기업 경영자들은 새마을연수원 교육과정에서 근로자 복지의 중요성, 선진국 사례, 그리고 우리 기업들의 현실 등에 대해 토론하고 난 후부터 기업경영이 어렵지만 근로자들과 의견을 나누어 후생복지에 있어서 가장 시급한 문제부터 하나씩 계속 개선해 나가는 노력을 했다. 기업 실정에 따라서 우선순위는 달랐으나 기숙사·식당·휴게실·목욕시설·의료시설·운동장과 체육시설·출퇴근버스 운영·근로자 장학금 등이 공장새마을운동을 계기로 새로 시작되거나 개선되기 시작했다. 한 마디로 공장새마을운동은 우리 기업의 복지제도에 있어서 그 효시라고 할 수 있다.

근로자들이 가장 소망하고 있던 복지제도는 근로자를 위한 야간 특별학급 운영이었다. 가정형편이 어려워서 진학을 못한 근로자들에게 상급학교 진학의 꿈을 실현해주는 제도가 야간 특별학급 개설이었다. 마산의 한일합섬에서 한일여자실업학교를 설립하여 학업을 희망하는 전직원에게 진학의 기회를 제공한 것이 이 제도의 첫 출발이었다.

대통령이 한일합섬공장을 시찰하던 중 종업원에게 소망이 무엇이냐고 묻자 상급학교에 진학해서 공부하는 것이라는 대답이 나오자 대통령은 이 회사 김한수 회장을 쳐다보았고, 김 회장은 당장 실업고를 설립하겠다는 약속을 했고, 이 약속을 지킨 것이다. 이 학교의 제1회 졸업식에서 졸업생과 재학생이 송사와 답사를 주고받는 가운데 졸업식장이 눈물바다를 이루었던 사실은 한국산업화역사에 기록된 유명한 일화의 하나다.

새마을 성공사례를 다른 농촌지역에 보여 주는 것이 중요하다

1973년 11월 5일, 월간경제동향보고회의에서 대통령은 새마을 성공사례를 다른 농촌지역에 보여 주는 것이 중요하다는 점을 강조했다.

"지금 도처에서 새마을운동을 열심히 하고 있는 농촌들이 많이 있고, 매월경제동향보고 때는 가장 모범적인 부락, 또는 표창받는 지도자들에 대한 보고를 받고 있습니다만, 지금 현재 논산군 지경리(地境里) 부락 같은 데서 하는 새마을운동을 슬라이드나 영화로 만들어서 다른 부락들에게 보여 주는 것이 대단히 효과가 있다고 생각합니다.

새마을운동에 관해서는 여러 가지를 종합적으로 편집을 해서 계도하는 방법도 있겠지만, 현실적으로 지금 되어 가고 있고 그렇게 되어 있는 부락, 그동안에 그 부락의 지도자가 그 부락을 지도해서 전 부락민들이 일치단결해 가지고 해온 지경리 부락 같은 데는 여러 가지 사진이 잘 정리되어 있는데, 내무부에서는 이번 11월 하순경에 있을 새마을지도자대회 때 이런 잘된 부락들의 실례를 다른 농촌에다 보여 주는 것이 나는 대단히 중요하다고 생각합니다."

대통령은 이어서 유류절약 대책을 미리 세워둬야 되겠다는 점을 강조했다.

"석유자원 문제라는 것이 크게 대두되고 있는데, 다른 선진국가에서도 유류절약을 위해서 배급제 등 여러 가지 조치를 하고 있고, 우리 정부에서도 지금 상공부가 여러 가지 연구를 하고 있는 줄 압니다만, 앞으로 중동 산유국들의 움직임이 어떤 것이냐, 앞으로 가격이 어떻게 될 것이냐 하는 데 대한 걱정을 하고 있을 것이 아니라 지금 우리가 쓰고 있는 기름을 어떻게 하면 좀 더 적게 쓰고 절약을 하고 아낄 수 있느냐 하는 그 문제에 대해서 노력해야 하겠습니다.

지금 당장이라도 우리가 해야 될 그런 분야들이 상당히 있다고 봅니다. 지금부터 할 수 있는 것은 하나하나 해나가는 것이 좋다고 생각합니다. 더군다나 우리나라는 기름 한 방울도 안 나는데 금년에 막대한 기름을 쓰고 있습니다. 중동에서 기름을 감산하거나 값이 올라가거나 안 올라가거나, 그것을 떠나서 아무리 기름이 풍부하더라도 절약을 해서 미리 대처해 나가는 것이 좋지 않겠느냐 이렇게 생각이 됩니다."

새마을운동에 성공한 마을과 그 지도자의 업적을 역사적 기록으로 만들어야겠다

1973년 11월 22일, 전국새마을지도자대회에서 대통령은 먼저 새마을운동의 궁극적인 목적은 우리의 후손들이 세계 어디에 나가서도 가슴을 활짝 펴고 떳떳하게 대한민국사람이라는 것을 자랑할 수 있고 부강한 나라, 살기 좋은 나라를 건설하자는 데 있다는 점을 강조했다.

"전국의 새마을지도자 여러분!

독농가, 독림가, 그리고 일선에서 수고하시는 일선교육자, 관계 공무원, 농촌 유관기관 직원 여러분!

우리 농촌에서 새마을운동의 새 바람이 불기 시작한 지 3년이 되었습니다. 이 바람은 요원의 불길처럼 전국 방방곡곡에 번져 가고 있습니다.

새마을운동을 시작한 지 3년 남짓한 동안에, 우리 농촌은 여러 가지 면에 있어서 놀라울 만큼 변모해 가고 있습니다. 그것은 외모적으로도 여러 가지 변화가 일어났을 뿐만 아니라, 우리 농민들의 생각, 우리 농민들의 사고방식, 우리 농민들의 의식구조에까지 많은 변화를 가져 왔다고 우리는 보고 있습니다.

작년 5월 18일, 바로 이 자리에서 열린 '전국새마을소득증대촉진대회'에서 나는 여러분들에게 우리나라에서, 특히 우리 농촌에서 새마을운동이 일어난 그 원인과 동기를 설명한 바가 있습니다.

그리고 또한 이 운동의 목적이 무엇이며, 근본취지가 무엇인가, 앞으로 이 운동을 실천해 나가는 데 있어서 우리의 행동강령이 무엇이란 것을 여러분들에게 설명한 바가 있습니다.

동시에 앞으로 이 운동을 어떠한 방향으로 밀고 나가야 하겠다 하는 방향지침도 아울러 제시하였습니다.

또한 이 운동을 추진해 나가는 데 있어서 우리 농민도 무엇을 어떻게 해야 하고, 새마을지도자들은 무엇을 해야 하며, 우리 일선공무원들은 또한 무엇을 해야 하고, 정부는 무엇을 어떻게 해야 한다는 것도 강조를 했습니다.

뿐만 아니라, 도시에 있는 우리 국민들, 즉 농민들이 아닌 비농민들 또한 이 운동에 어떻게 참여를 해야 하고, 무엇을 해야 한다는 것도 아울러 말한 바 있습니다.

오늘 제3차년도 새마을운동의 성과를 평가하고 또한 내년도 사업을 검토하는 이 자리에서, 나는 새마을운동이 무엇이냐 하는 것을 다시 한번 되풀이하여 강조를 하고자 합니다.

우리 나라 옛말에 '온고지신'이란 말이 있습니다. 이 말은 옛날에 아는 지식을 다시 한번 우리가 되새겨 보고, 생각해 보고, 옛날 배운 책을 다시 한번 읽어 보고, 생각을 해 보면 새로운 지식을 얻을 수 있다는 뜻인 것입니다.

새마을운동이란 무엇이냐? 나는 작년 이 자리에서 여러분들에게 간단히 쉽게 말하여 '잘살기 운동이다'라고 풀이를 했습니다. 이 '잘살기'라는 것이 대단히 문제가 되는 것입니다. 우리가 어떻게 사는 것이 잘사는 것이냐 하면 나 혼자 잘 먹고 잘 입고 고대광실 좋은 집에서 사는 것만이 잘사는 것이 아니라, 부지런하고 자조심이 강하고 서로 협동을 하여 서로서로 도와서 땀 흘려가면서 나도 잘살고, 우리 이웃도 잘살고, 우리 고장도 잘살고, 우리나라도 잘사는 것이다, 이렇게 나는 강조했습니다. 그것만 가지고도 안 되는 것입니다. 우리들 세대뿐만아니라 우리들 후손들에게 자랑스러운 유산을 물려줄 수 있는 부강한 나라, 살기 좋은 나라를 만들어서 자손들에게 물려주는 것, 이것이 참되게 잘사는 것입니다.

우리는 우리 후손들에게 다시는 가난이라는 유산을 절대 물려 주어서는 안 되겠습니다. 이것이 새마을운동의 궁극적인 목표라는 것을 작년에도 강조했고, 오늘 이 자리에서 다시 한 번 여러분들에게 또 온 국민들에게 나는 재강조를 하는 바입니다.

우리는 다시는 가난한 나라, 가난한 나라의 백성, 못사는 나라의 국민, 못난 백성이라는 소리를 들어서는 안 되겠습니다. 과거 일제 시대 또는 해방 직후 그리고 6·25전쟁을 전후하여 우리나라 사람들이 해외에 나가면 외국사람들이 우리를 보고 '당신 어느나라 사람이오?' 이렇게 물을 때에 자주정신과 주체의식이 없는 사람들 가운데는 '나는 한국사람이오'라고 대답하는 것을 부끄럽고 떳떳하지 못하게 생각하여 말을 못한 사람들이 많이 있었습니다.

'당신 어느 나라 사람이요' '나는 동양 사람이요' '동양에도 여러 나라가 있는데 중국사람이요 일본사람이요' '아니요' '그럼 어디요?' '한국이오' '한국이 어디에 있더라?' 또 아는 사람은 '아, 한국전쟁 때 그 피난민들이 몰려다니던 그 한국말이요?' 과거 우리가 외국에 나가면 이런 말을 들은 적이 많이 있었습니다.

앞으로는 어디에 나가서 '당신 어느 나라 사람이오?' '나는 대한민국 사람이오' 하고 떳떳하게 가슴을 펴고 자랑스럽게 이야기할 수 있는 그런 나라를 만들자, 특히 우리 후손들에게는 어디에 나가서도 조금도 구김살 없이 가슴을 활짝 펴고 떳떳하게 '대한민국 사람'이란 것을 자랑할 수 있는 그런 사회를 만들어서 물려주자, 이것이 우리가 노리고 있는 새마을운동의 궁극적인 목적인 것입니다. 이러한 것이 참되고 보람 있는 삶이라고 생각합니다."

대통령은 이어서 새마을운동은 조국근대화를 위한 일대 약진운동인 동시에 범국민적인 정신혁명운동이라는 점을 강조했다.

"그렇다면 이처럼 살기 좋은 사회를 만들자면, 또 살기 좋은 우리 고장을 만들자면 어떻게 해야 하겠습니까?

첫째는 부지런해야 합니다. 즉 근면입니다. 옛말에 '일근은 선지장이요' '일태는 악지장'이란 말이 있습니다. 한문입니다만, '一勤' 한일자 부지런할 근 자, 한번 부지런한 것은 선지(善之), 착한 것의 으뜸가는 것이다, 부지런한 것이 모든 선의 으뜸가는 것이다, '일태(一怠)는 악지장(惡之長)'이라 한 일 자, 게으를 태 자, 게으르다는 것은 나쁜 것 중에서도 가장 으뜸가는 것이다, 이런 옛말이 있습니다.

내가 잘살고 우리 고장이 잘살고 나라가 잘사는 그런 사회를 만들기 위해서는 우리는 첫째 부지런해야 하겠다, 근면해야 한다는 것입니다. 근면하지 못한 사람이 백 마디 말을 해 보았자 그것은 소용이 없는 것입니다.

그 다음에는 자조정신이 강해야 되겠습니다. 서로 협동을 할 줄 알아야 하겠습니다. 근면·자조·협동 이것이 새마을운동의 행동강령입니다. 따라서 이 운동은 조국근대화를 위한 일대 약진운동이요, 동시에 범국민적인 정신혁명운동이라고 나는 확신합니다.

따라서 이 운동은 반드시 행동과 실천이 뒤따라야 합니다. 이론이나 말만 가지고는 될 수 없는 것입니다. 따라서 새마을운동은 하나의 행동철학입니다. 또한 이 운동은 반드시 주민의 소득증대와 직결되어야 한다는 것을 강조해 둡니다. 소득증대를 수반하지 않는 운동은 처음에는 모두 열을 올려서 하지만 시간이 흐르면 흐를수록 그 열의가 식어버리고 주민들이 흥미를 느낄 수 없게 되는 것입니다.

이 운동이 계속 불길이 타오르고 불이 꺼지지 않게끔, 식지 않게끔 하기 위해서는 소득증대와 직접적으로나 간접적으로나 직결되어야 하겠습니다.

새마을운동은 이제 전국 도처에서 불이 붙어 활활 타오르고 있습니다. 우리 농촌에서도, 어촌에서도 또는 직장에서도, 공장에서도 그리고 우리 군에서도 이 운동의 불길은 세차게 타오르고 있습니다.

그러나 아직도 불이 붙지 않는 곳도 많이 있다는 것을 우리는 알고 있습니다. 이 운동에 대하여 방관하거나, 그 취지는 알지만 여기에 참여하기를 수저하고 있는 사람들도 많이 있다는 것을 우리는 알고 있습니다.

그러나 새마을운동의 거센 불길은 이를 방관하거나 주저하고 있는 사람에게도 또 그러한 구석구석까지도 머지않아서 반드시 불어닥치리라는 것을 우리는 확신하고 있습니다. 우리 주위에서 타고 있는 불길이 워낙 거세고 열이 뜨거우면 옆에 있는 사람들에게까지도 반드시 불이 번지기 마련입니다.”

대통령은 이어서 우리나라 전체 농촌의 3만 4,600여 개 부락을 기초마을·자조마을·자립마을로 구분하고, 잘살아 보겠다는 의욕과 노력이 왕성한 부락에 대해 정부가 우선적으로 지원하는 방식으로 모든 부락을 자립마을로 끌어 올리자는 데 1단계 목표가 있다는 점을 설명했다.

“이미 다 아시는 바와 같이 지금 우리나라 전체 농촌의 3만 4,600여 개 부락을 우리는 편의상 기초마을·자조마을·자립마을 세 가지로 구분을 하고 있습니다.

우리가 노리는 것은 빨리 3만 4,600여 개의 부락을 자립마을로 끌어 올리자는 데 1단계 목표가 있는 것입니다.

1973년도 새마을사업의 성과를 평가해본 결과, 현 단계로서 자립마을이라고 평가받을 수 있는 부락은 전체 부락의 10%가 약간 미달한 숫자입니다.

그러나 우리는 이 자립마을이 아직까지 숫자가 적다고 하여 조금도 실망을 하거나 걱정을 할 필요는 없다고 나는 생각합니다.

왜냐 하면 지금 추진하고 있는 이 운동이 그대로 꾸준히 계속되면 해마다 이런 자립마을 수준에 올라갈 수 있는 부락이 도처에 있고 조금만 더 노력하면 그 수준까지 올라갈 수 있는 부락이 얼마든지 있다는 것을 잘 알고 있기 때문입니다. 1년에 수백 개, 수천 개

마을씩 계속 자립마을에 올라갈 수 있는 것입니다. 따라서 우리가 이 사업을 추진하는 데 있어서는 절대로 그 성과를 너무 조급하게 기대해서는 안 되겠습니다.

우리 농촌의 가난이라는 것은 5천년래의 가난입니다. 이것은 우리가 아무리 노력을 하더라도 1~2년 또는 2~3년 동안에 완전히 이 때를 벗을 수는 없는 것입니다. 여기에는 우리가 이 운동에 대한 뚜렷한 방향과 목표를 올바로 설정하고 우리가 꾸준하게 노력하는 그 길밖에는 없는 것입니다.

그리고 자립마을이 되는 것은 정부의 도움만 가지고는 결코 안 되며, 절대로 될 수 없다는 것을 나는 다시금 강조합니다. 잘살아 보겠다는 의욕, 다시 말하여 우리도 빨리 자립부락이 되어야 하겠다는 의욕과 노력이 왕성할 때에 이 부락은 빨리 부자마을이 될 수 있는 것입니다.

또 정부는 이러한 부락에 대하여는 최우선적으로 지원하겠다는 것을 나는 오늘 이 자리에서 다시 한 번 다짐을 하는 바입니다.

예컨대 무거운 짐을 싣고 손수레를 끌고 고개를 올라가는 사람들이 있다고 합시다. 앞에서 끄는 사람들이 어떻게 하든지 자기들 힘으로 고개까지 올라가려고 애를 쓰고 있는 사람들은 뒤에서 조금만 밀어 주고 도와주면 쉽게 올라갈 수 있는 것입니다.

그런 부락에 대해서 정부는 얼마든지 지원을 하겠다는 것입니다. 자기들이 끌고 올라가겠다는 생각은 없고 남이 뒤에서 밀어주거나 앞에서 끌어 주기만 바라고 있는 사람들은 뒤에서 아무리 밀어 주더라도 올라갈 수 없는 것입니다.

따라서 정부는 어느 부락이 지금 올라가려고 분발하고 노력하고 있는가, 하는 것을 찾아서 그러한 부락을 우선적으로 지원하겠다는 것입니다.

그리고 지금 현재 자립마을·자조마을·기초마을이라고 하여 1등마을·2등마을·3등마을이라는 관념을 가질 필요는 없다고 생각합니다. 지금 비록 자립 마을 수준에는 도달하지 못했지만 현재의 자립마을 이상으로 부락민들이 단결하고 협동하여 노력하고 있는 부락들이 얼마든지 있습니다.

그러나 그 중에는 과거에 그 부락의 모든 여건이 워낙 불리했기 때문에 노력은 남 못지않게 오히려 남보다도 더 하지만 아직 그 수준에까지 못 간 부락이 상당수 있다는 것을 나는 알고 있습니다.

따라서 지금 우리가 자립마을이 되겠다고 노력하는 것은 좋지만 지금 자립마을이 되지 않았다고 하여 실망할 필요는 없고 여러분들이 계속 노력하면 반드시 그런 수준까지 올라갈 수 있다는 것을 말씀해 두고자 합니다.

그러면 지금 자립마을로 인정된 그런 부락은 이제 스스로의 힘으로 자립하게 되었으니까 정부에서 지원해 주지 않느냐 하면 그것은 아닙니다. 정부는 앞으로 이 자립마을을 제일 우선적으로 지원을 하고 적어도 이 자립마을의 농가소득이 평균 약 140만 원 정도, 즉 우리가 지금 노리고 있는 80년대 초의 농가 소득이 140만 원을 목표로 하고 있는데, 그 수준에까지 올라갈 때까지는 최우선적으로 지원을 하겠습니다.

그 수준까지 올라가면 그 다음에는 일반부락과 같이 지원을 하고, 그 부락은 자기들 힘으로 노력해서 나가며, 정부는 또 다른 부락을 도와 나가는 방침이라는 것을 여러분들이 잘 알아주시기 바랍니다."

대통령은 이어서 새마을운동을 통해서 부자마을이 된 그 부락이 성공할 때까지 앞장서서 노력한 새마을지도자와 부락에 공이 많은 사람들의 업적을 기록으로 작성하여 역사를 만들겠다는 방침을 밝혔다.

"이 운동이 전개된 지 3년여 동안에 우리 농촌에서나 어촌에서나 또는 도시에서는 여러 가지 수많은 미담과 가화가 꽃을 피우고 있습니다.

조금 후에 모범적인 두 마을지도자가 이 자리에 나와서 여러분들에게 성공사례를 이야기하게 되겠습니다. 이것은 시간 관계로 두 마을을 선택한 것이고 그러한 마을이 얼마든지 있습니다.

훌륭한 새마을지도자 아래 온 부락민들이 일치단결하여 남녀노소 할 것 없이 잘살아 보겠다고 몸부림치는 피눈물나는 노력의 모습, 눈물 없이는 들을 수 없는 가슴 뭉클한 미담, 가화 등 성공사례담은 얼마든지 있습니다.

이러한 마을들은 머지않아 반드시 부자마을이 된다고 나는 확신합니다. 우리 정부에서는 이처럼 성공한 부락, 또 그 부락이 성공할 때까지 앞장서서 노력한 새마을지도자, 그 부락에 공이 많은 사람 등 이런 분들이 지금까지 해온 업적을 기록으로 작성하여 역사를 만들려고 합니다. 그리하여 우리는 이것을 후세에까지 남기기로 방침을 세웠습니다.

오늘 이 자리에서도 여러분들에게 73년도판 성공사례집 두툼한 책이 한 권씩 배포될 것입니다. 이것은 내년도에 가면 74년도판, 다음해에는 75년도판, 이렇게 앞으로 계속 우리 농촌근대화과정에 있어서 하나의 역사로서 편찬하여 후세에까지 남기려고 합니다.

후세에 우리 자손들이 이 책을 읽어서 우리의 조상들이 이처럼 훌륭한 마을을 만들고 나라를 건설하기 위하여 이만큼 피땀을 흘려가면서 노력했구나 하는 그 사실을 우리 후손들이 알게 될 때, 과연 그들이 어떠한 느낌을 가지겠는가? 조상들에 대한 고마움과 감사를 느끼는 동시에 우리도 노력해야 하겠다고 분발을 하게 될 것입니다.

나는 이것이 민족의 얼이라고 생각합니다. 우리는 흔히 조상이 해온 일을 계승하고 받들어야 한다는 말을 합니다. 그렇다면 후손들이 어떻게 조상들이 했던 뜻과 얼을 계승하고 받드느냐, 거기에는 조상과 후손들 사이에 비록 시대는 멀리 떨어져 있더라도 마음과 마음이 서로 통해서 정신적으로 명맥이 통해야 하는 것입니다.

그러기 위해서는 후손들이 보았을 때 조상들이 이 나라를 건설하기 위하여 이만큼 피땀을 흘려 가면서 노력했다, 우리 동리를 잘사는 부자마을로 만들기 위하여 전부락이 근면·자조·협동하고, 남녀노소할 것 없이 이렇게 애를 써서 우리 부락을 이처럼 훌륭하게 만들었다는 것을 우리 후손들에게 알려 주어야 합니다.

그리하여 우리 후손들로 하여금 우리도 이래가지고는 안 되겠다, 게을러서는 안 되겠다, 조상들의 뜻을 반드시 받들어야 하겠다는 감명과 감동을 느끼도록 해야 하는 것입니다. 이것이 바로 민족의 얼인 것입니다.

조국의 새역사를 창조해 나가는 데 누가 여기에 참여했고, 또한 누가 어떤 일을 했는가, 내 마을 내 고장을 위하여 어떤 공헌을 했는가 하는 업적을 기록을 하여 우리의 후손들에 남기는 것은 하나의 민족의 역사인 동시에 민족의 얼인 것입니다. 이것이야말로 우리들이 후손들에게 물려줄 수 있는 가장 영광된 유산이라고 나는 생각합니다.

우리나라에는 예나 지금이나 모든 문중에 족보라는 것이 있습니다. 박씨·이씨·김씨 등 그 조상들이 과거에 어떠한 벼슬을 했고 몇대조가 무엇을 했다는 것을 기록한 것이 족보입니다. 흔히 우리나라 사람들은 우리의 몇대 조상이 이조판서를 했다, 호조참판을 했다, 어느 도의 관찰사를 했다는 것을 자랑스럽게 이야기하는 것이 하나의 풍속입니다.

요즘 같으면 누가 장관을 했다, 국회의원을 했다, 무슨 감투를 썼다, 벼슬을 했다는 것과 마찬가지입니다. 물론 장관을 하는 것도 좋고, 국회의원을 하는 것도 좋고 벼슬을 하는 것도 좋지마는 그것만이 후손들한테 물려줄 수 있는 가장 보람된 자랑스러운 일은 아닙니다. 장관도 아주 훌륭한 장관을 하고, 국회의원도 아주 멋있는 국회의원을 하고, 국가와 민족을 위해서 보람 있는 일을 한 분들은 충분히 그런 것을 남길 수 있겠지만, 그것만이 후손들에게 물려줄 수 있는 자랑된 유산은 아니라고 나는 생각합니다.

우리가 옛날 그리스 역사를 읽어 보면 이러한 이야기가 있습니다. '트로이 전쟁'에 참전한 아테네 시민들이 그들이 죽을 때 자손들을 불러 놓고 유언을 하기를 '후세에 너의 조상이 누구냐고 묻거든, 너는 서슴치 말고 우리의 조상은 트로이 전쟁에 참전 한 용사였다고 떳떳이 일러주라' 이렇게 말했다는 것입니다. 트로이 전쟁에 참전한 그 용사들이 자기가 죽으면서 후손에게 '누가 너를 보고 너의 조상이 누구냐고 묻거든, 나는 트로이 전쟁에 참전한 용사의 후손이다' 이렇게 자랑스럽게 대답하라는 이야기입니다.

우리도 앞으로 나이가 들어 늙으면 죽을 때가 올 것입니다. 그렇다면 우리가 죽을 때 자손들에게 무슨 유언을 남겨 놓고 죽는 것이 가장 보람되겠습니까?

나는 우리 자손들에게 '후세에 너의 조상이 누구냐고 묻는다면, 나의 조상은 1970년대에 새마을운동에 앞장서서 알뜰하게 일한 바로 저 마을의 농민이었다고 대답하라'는 유언을 남기는 것이 가장 보람된 것이라고 생각합니다. 이 얼마나 인생으로서 자랑스러운 일이며 또한 후손들에게 남겨 줄 수 있는 떳떳한 유언이겠습니까? 나는 새마을운동은 우리들 세대가 앞장서서 해야겠고 또 우리 후손들 대에까지도 반드시 물려주어야 할 사업이라고 생각합니다. 또 그만큼 보람 있는 일이라고 확신합니다."

대통령은 이어서 새마을운동은 '한국적인 민주주의의 실천도장'이라는 점을 강조했다.

"나는 오늘 이 자리에서 결론적으로 몇 가지를 여러분들에게 말하고자 합니다.

첫째로, 새마을운동은 '한국적 민주주의의 실천도장이다' 나는 이렇게 강조하는 바입니다. 즉, 새마을운동은 우리나라에 한국적인 참다운 민주주의를 뿌리박기 위한 하나의 실천도장입니다.

왜냐 하면 새마을운동은 한두 사람이 모여서 되는 것이 아닙니다. 온 부락 사람들이 전부 참여해야 하는 것입니다. 우선 부락사람들이 한 자리에 모여 그 부락에서 가장 신망이 높고 창의적이며 헌신적인 부락지도자를 전체 의사에 따라 뽑아야 합니다. 그리고 그 부락의 발전을 위하여 모든 사람의 좋은 의견을 들어 종합을 하고 모든 사람의 동의를 얻어서 해야 하는 것입니다. 결코 한두 사람의 의견을 가지고 이것이 추진되는 것은 아닙니다. 모든 사람의 의견을 듣고, 모든 사람의 동의를 얻은 다음에는 그 부락 전체의 이익이 될 수 있는 사업을 선택하고, 그 다음에는 남녀노소가 전부가 참여하여 서로 협동하고 땀 흘려 이 일을 추진해야 하는 것입니다.

여기에서 얻어진 성과, 여기에서 얻어진 소득은 부락민들에게 골고루 공평하게 돌아가야 되고, 또 부락민들에게 동의를 얻어 일부 소득을 부락 공동기금으로 저축을 해야 합니다. 그 저축한 것이 어느 정도 축적이 되면 또다시 부락사람들의 전체 의견을 모아서 부락 공동이익사업을 결의하여 이를 추진해 나가야 하는 것입니다. 이것이 새마을운동입니다. 그렇다면 이런 과정이야말로 가장 훌륭한 민주주의적인 방법이며 참다운 민주주의가 아니고 무엇이겠습니까?

새마을운동은 한국적
민주주의의 도장
1978년 12월 대통령 박정희

흔히 우리나라 사람들은 민주주의하면 과거의 선거를 연상합니다. 막걸리, 고무신 가지고 표 얻고 하는 그것만을 연상합니다. 그것은 참다운 민주주의가 아닙니다. 건전하고 참다운 민주주의라는 것은 새마을운동과 같은 과정을 밟아야 하는 것입니다.

나는 우리나라의 민주주의는 새마을운동과 같이 점차적인 훈련과 실천을 통해 하나하나 뿌리를 박아 나갈 때 비로소 정착할 수 있다고 믿습니다. 따라서 민주주의도 그 실천 과정에 있어서는 근면과 자조와 협동 정신이 있어야 합니다. 이것이 결여된 민주주의는 참다운 민주주의가 아닙니다.

우리가 민주주의를 앉아서 놀고, 먹고, 선거 한번 치르고 나면 전부 정부에 의지하면 된다는 의존심만 양성하고, 여·야, 아랫동네·웃동네, 이 마을·저 마을이 전부 분열하여 서로 싸우고 욕하고 하는 것으로 착각해서는 안 되겠습니다. 나는 이런 민주주의가 오래가면 그 사회는 멸망한다고 생각합니다."

민주주의 근간은 국민자치에 있는 것이며, 참다운 자치는 공동체에 속한 모든 사람들이 자율과 책임 아래 함께 참여하고 협동함으로써 이루어질 수 있는 것이다. 국민들이 마을이나 직장 등을 자기들 스스로 다스려 나갈 수 있는 능력이 있다면 국가 수준에서도 자치를 잘 해나갈 수 있는 가능성이 커질 수 있다.

자치가 이루어지면 선거도 할 것이고, 회의와 토론을 통해서 문제를 해결하려는 노력을 하게 될 것이며, 이러한 과정에서 민주주의는 생활화되고 체질화되는 것이다.

새마을운동은 우리 농촌사회에서 농민들이 이러한 자치의 원리를 배우고 실천하는 하나의 훈련이 되었다. 마을주민들이 새마을사업을 하기 위하여 마을회관에 모여 회의와 토론을 거듭하여 주민의 총의에 따라 마을지도자를 선출하고, 마을의 공동이익사업을 결정하며, 주민 모두가 참여하여 그 사업을 추진하는 과정에서 우리 농민들은 그러한 과정이 민주주의 과정이라는 것을 알게 되고, 민주주의의 근간이라고 할 수 있는 협상과 타협 능력을 키워 나갔다. 이러한 협상과 타협의 과정에서 주민들은 정치가 원리대로만 되는 것이 아니며, 또 현실과 이상 간에는 괴리가 있고 협상과 타협은 이상이나 원리보다는 실리와 실용을 토대로 해서 이루어진다는 것을 배웠다. 즉, 모든 문제를 현실과 실리 속에서 실용주의적으로 해결하는 방법을 터득한 것이다. 주민들은 또한 어떠한 문제도 현실적인 이해관계와 가용자원의 한계 속에서 해결된다는 것을 배웠다.

오늘날 영국과 미국을 비롯한 여러 나라들이 민주주의를 잘 운영하는 것은 일찍이 주민자치를 통해서 그 국민들이 협상과 타협의 능력을 키웠기 때문이었다는 사실을 생각할 때, 우리의 새마을운동은 우리나라의 민주주의 발전을 위한 훌륭한 훈련도장이고 그 실천도장이라고 할 수 있다는 것이다.

새마을가꾸기운동 초기에 마을 안길 넓히기 사업을 할 때에는 어려운 일이 많았다. 마을 안길을 곧게 바로잡고 넓히기 위해서는 먼저 길가 주택의 사유지 사용과 이에 따르는 비용 분담, 사업설계 등에 관하여 주민들의 합의와 결정이 있어야 하는데 이해관계의 충돌로 의견이 분분하여 몇 달이 지나도 합의가 이루어지지 못했다. 그러자 주관부처인 내무부와 지방자치단체 공무원들이 개입하여 합의를 도출해낸 경우가 있었다.

이러한 사실을 보고받은 대통령은 내무부장관에게 일선 공무원들이 그런 일에 다시는 간섭하지 말도록 하라고 지시했다. 새마을운동의 목적이 우리 농민들의 자조·자립정신과 협동의 정신을 진작시키는 데 있고, 새마을사업을 추진하는 그 과정이 민주주의 훈련도장이 되고 실천도장이 되게 하자는 데 있으니 만큼 새마을사업에 관한 문제는 몇 달이 걸리더라도 주민들 스스로가 대화와 타협을 통해서 해결하는 훈련을 쌓아 나가야 한다는 것이다.

대통령이 이어서 새마을운동을 '참다운 애국심을 기르기 위한 실천도장'이라는 점을 강조했다.

"다음에 두 번째로 우리가 지금 추진하고 있는 이 새마을운동은 '참다운 애국심을 기르기 위한 실천도장이다'라고 강조하는 바입니다. 살기 좋은 내 고장을 만들어 보자 하는 이 애향심은 곧 애국심과 직결되는 것입니다.

우리가 살기 좋은 내 고장을 만들기 위해서 땀 흘려 일하는 데 보람을 느낄 줄 알고 그 보람을 느끼는 사람은 나라를 위해 애국하는 데 참다운 삶의 보람을 느낄 줄 아는 사람이라고 나는 생각합니다.

이런 사람이 진정한 애국자입니다.

나라가 잘살아야만 나도 잘살 수 있는 것이며, 나라가 잘살자면 나 자신부터 근면하고 자립하고 협동할 줄 알아야 되겠습니다.

애국이라는 것은 이론이나 관념만을 가지고 될 수 있는 것이 아닙니다. 그러나 우리 사회에는 왕왕 말과 입만 가지고 애국하는 사람들이 적지 않습니다.

애국이란 것도 그 실천과정에 있어서는 반드시 근면·자조·협동이 뒤따라야 하며, 그것이 없는 애국은 참다운 애국이 아닌 것입니다. 근면·자조·협동을 통해 땀과 노력이 쌓이고 쌓여서 영글어진 그 열매가 바로 참다운 애국이라고 나는 확신합니다."

대통령은 끝으로 새마을운동은 '10월유신을 실천하는 생활철학이며, 그 실천도장'이라는 점을 강조했다.

"다음에 세 번째로 우리가 지금 추진하고 있는 이 새마을운동은 '10월유신을 실천하는 생활철학이요, 또 그 실천도장이다'라고 나는 이렇게 강조하고자 합니다.

나는 금년 봄 연두기자 회견 때 10월유신의 목적과 기본이념은 우리가 서로서로 도와서 땀 흘려 일하고, 민족의 안정과 번영을 이룩하여 복지국가를 건설하자는 데 있으며, 나아가서는 조국의 평화적 통일을 촉진하자는 것이 그 궁극적인 목적이라고 풀이한 바 있습니다. 그렇다면 우리가 이 10월유신의 이념을 구현하기 위하여는 어떻게 해야 하겠습니까? 모든 비능률과 비생산적 요소를 과감히 시정하고, 근면하고, 자조하고, 협동하고 단결하여 국력 배양과 국력의 조직화에 우리의 모든 힘을 집중해야 하는 것입니다.

따라서 '새마을운동은 곧 10월유신이요, 10월유신은 곧 새마을운동이다' 또한 '새마을운동은 이 이념을 구현하기 위한 실천도장이다'라고 말할 수 있는 것입니다.

즉 '새마을운동은 한국적 민주주의 토착화를 위한 실천도장이요, 참다운 애국심을 함양하기 위한 실천도장인 동시에 10월유신의 이념을 구현하기 위한 실천도장이다'라고 나는 결론을 짓고자 합니다.

끝으로 그동안 새마을운동에 앞장서서 헌신적인 노력을 해 오신 전국의 새마을지도자 여러분! 그리고 독농가·독림가·관계교육자·관계공무원·농촌 유관기관 여러분과 또 이 운동을 적극적으로 성원해 주시고 지원하고 협조해 주신 모든 우리 국민들에게 이 자리를 빌려 충심으로 치하와 감사를 드리면서, 새해에도 더욱 분발하고 성공 있기를 빌어마지 않습니다."

새마을 성공사례의 산교훈을 많은 국민에게 소개하는 노력이 필요하다

1973년 12월 6일, 경제기획원 월간경제동향보고회의에서 대통령은 새마을 성공사례의 산교훈을 많은 국민에게 소개하는 노력이 필요하다는 점을 강조했다.

"새마을 성공사례는 내무부에서 기록을 만들고 있고, 문공부에서 영화를 만들고 있습니다만 실제 산교훈을 많은 국민들에게 소개하는 노력이 필요하지 않을까 보고 있습니다.

지금 우리 농촌에서 새마을지노자들이 헌신적으로 노력해서 우리 농촌이 이만큼 급속도로 달라져 가고 있다는 것을 보여 주고 있는 새마을성공사례를 농민들뿐만 아니라 도시에 있는 사람들이나 다른 지역의 사람들에게도 알리는 것이 좋겠습니다. 그렇게 한다면 전체 국민들에게 새마을운동에 대한 자신감을 주고, 또 농민들에게는 우리도 좀 더 노력을 하면 잘살 수 있다는 희망과 사기를 올려주는 결과가 된다고 생각합니다."

제4장 새마을지도자들이 주민들과 해 온 일과 그 과정은 새 역사 창조의 모습이다

새마을운동은 농촌의 근대화혁명이며, 농민의 정신혁명운동이다

1974년 1월 18일, 연두기자회견에서 대통령은 먼저 새마을운동이 시작된 지 3년이 지난 현재 우리 농촌에는 정신혁명의 불길이 타오르기 시작했다는 사실을 설명했다.

"새마을운동이 우리 농촌에서 불붙기 시작한 것은 아시는 바와 같이 3년 되었습니다.

그래서 지금 우리 농촌은 나날이 그 모습을 바꾸어 가고 있습니다. 겉으로 보기에는 고층건물이 많이 서고 공장이 많이 서고 또는 고속도로가 많이 생기는 도시가 빨리 변모해 가는 것같이 보일지 모르지만 내가 보기에는 도시보다는 오히려 농촌이 더 빠른 속도로 변모해 가고 있다고 봅니다. 그것은 외형보다도 그 내용면에 있어서, 또 정신적인 면에 있어서 크게 변모하고 있다고 나는 보는 것입니다. 농민들의 의식구조라든지 생각하는 사고방식이라든지 또 생활철학 등이 달라져 가고 있습니다. 새마을운동은 범국민적인 정신혁명운동인 것입니다.

우리 농촌은 지난 수세기 동안, 지난 몇백 년 동안 전통적인 폐습에 젖어서 살아 왔다고 우리는 봅니다. 흔히 우리 농촌을 표현하는, 즉 농촌의 대명사처럼 되어 있는 말이 침체입니다. 농촌에 가보면 도무지 진취성이라든지 의욕이라든지 하는 것은 보이지 않고 그냥 침체해 있다는 것이 과거 우리 농촌의 모습이었습니다. 또 농민들은 아무리 열심히 농사일을 해 보아도 부자가 될 수 없다 하는 체념, 또는 남한테 어떻게 기대 보자 하는 의타심이라든지 나태에 빠져 있었습니다. 여름에는 나가서 열심히 일을 하지만 추수가 끝난 겨울에는 들어앉아서 노름을 하거나 술 추렴이나 하는 것처럼 1년에 몇 달만 일하고 나머지는 거의 놀고 보내는 풍습이 있었습니다. 또 무기력, 우리가 한번 일어서서 잘살아 보자 하는 의욕이나 기백이 거의 없었습니다. 이것이 과거 우리 농촌의 하나의 대명사처럼 되어 왔었는데 이러한 전통 관념에서 우리 농촌이 지금 서서히 탈피해 가고 있다, 이렇게 보는 겁니다. 나는 이것이 대단히 중요하다고 생각합니다.

농촌사회에 커다란 변혁이 일어나고 있고 정신혁명이 일어나고 있다는 것은 이런 것을 말하는 것입니다. 새마을운동의 성공사례를 여러분들이 많이 보셨겠지만, 어떤 부락에 가면 100여 호 사는 동네에 과거에는 주막집이 서너 군데 있었으나 이런 것이 거의 자취를 감추었습니다. 겨울철만 되면 모두 주막에 모여 앉아서 젊은 청년들이 술을 받아 놓고 노름이나 화투치는 것으로 소일을 했는데 지금 그런 일이 전연 없어지고, 이제는 저녁에 마을회관에 모여 앉으면 앞으로 어떻게 하면 더 잘살 수 있느냐, 우리의 소득증대를 위해서 무엇을 하면 되겠느냐, 하는 회의를 하고 토론을 하고 또 외부에서 그런 기술자를 불러다가 강의를 듣고 하는 이러한 모습이 농촌에서 점차 일어나고 있다는 것은 우리 농촌에 있어서 놀랄 만한 변혁이라고 생각해야 할 것입니다."

대통령은 이어서 새마을운동에 있어서는 겉으로 나타나지 않고 눈에 보이지 않는 것, 즉 우리 농민들의 정신을 보아야 된다는 점을 강조했다.

"혹 어떤 사람은 새마을운동을 보고 와서 초가집이 기와집으로 바뀌었고, 마을이 그전보다 깨끗해졌고, 꼬불꼬불하던 동네 길이 훤하게 뚫려 있다, 저것이 새마을운동이냐, 그렇다면 하나의 겉치레만 해 놓은 것이 아니냐, 전시효과만 노린 것 같은 인상이 짙다 하는 얘기를 하는 사람도 있는 것 같습니다. 그러나 이것이 새마을운동의 전부가 아니라는 것을 확실히 알아야 합니다.

더군다나 겉치레나 전시효과를 노리는 것은 절대 새마을운동이 될 수 없다, 새마을운동의 참뜻을 이해하자면 마을 모습이 어떻게 달라졌다 하는 것보다도 그 과정이 어떻게 되었느냐 하는 것이 더 중요하다는 것을 우리가 알아야 하겠습니다. 또 자기 마을을 보다 더 살기 좋고 깨끗하고 아담한 고장으로 만들기 위해서 그 동네 사람들이 일어나게 된 그 결의, 의지, 이것이 중요하지, 초가집이 기와집으로 되기도 하고 농로가 뚫리기도 하고 했지만 그 결과 자체는 큰 문제가 안 된다고 나는 생각합니다. 외형에 나타나지 않는, 눈에 보이지 않는 것을 우리는 보아야 하겠습니다.

가난한 농민이고 힘이 없는 농민들이기 때문에 새마을운동에서 농민들이 해 놓은 그 자체는 비록 적을지 모르겠습니다. 농로 1킬로, 2킬로 완성시켜 놓은 그 농민들의 기분은 마치 만리장성을 쌓아 놓은 것과 같은 그런 흐뭇하고도 대견한 기분을 가지고 있고 또 자신과 의욕에 차 있는 것입니다.

이런 결과가 될 때까지는 그 마을에 훌륭한 지도자가 있어야 하고 마을사람 전체의 합의가 있어야 합니다. 마을사람 한 사람 한 사람의 가슴에 근면·자조·협동의 새마을정신이 불붙지 않고서는 이러한 결과를 도저히 가져올 수 없는 것입니다. 나는 이것이 농촌의 혁명이라고 보는 것입니다. 농민들의 정신혁명인 것입니다."

농촌마을의 변모 농촌마을은 지붕개량과 도로포장 등의 새마을운동 덕분에 풍요로운 고장으로 탈바꿈했다(1976).

새마을운동에 참여한 우리 농민들은 불과 3, 4년도 안 되는 짧은 기간 내에 새로운 의식과 태도와 정신을 지닌 새로운 농민으로 반죽되고 단련되었다. 새마을운동으로 우리 농민들의 정신과 자세는 과거와는 정반대로 변화하였으며, 그 변화는 혁명적이었다.

지난날 우리 농민들은 무엇인가 해야 할 경우에도 실천에 옮기지 못했고, 생산적이거나 창조적인 노력이 전혀 없었다.

그들은 실패가 두려워 새로운 실험이나 모험을 기피했다. 자신들의 힘으로 할 수 있는 것조차 하려 하지 않았고, 아무 일도 하지 않고 놀고 지내면서 남에게 의존하려는 나태와 의타심의 폐습에 젖어 있었다. 그러나, 새마을운동을 시작하면서 우리 농민들은 달라지기 시작했다.

새마을운동은 자기 힘으로 자기의 운명을 개척해 나가는 근면과 자조와 협동의 정신에 높은 가치를 부여하고 누구나 피땀 흘려 열심히 일하면 반드시 무엇인가를 생산할 수 있고, 얻을 수 있으며, 근검·절약하는 생활 속에 이웃과 협동하면 엄청난 힘을 발휘할 수 있다는 근면·자조·협동의 정신을 고취하였으며 추상적인 관념이나 이론보다는 구체적인 행동과 실천을 존중하는 실용적인 태도를 함양하였다.

그리하여 우리 농민들은 피땀어린 노력 없이는 결코 잘살 수 없다는 것을 각성하게 되었고, 가난은 안일과 나태의 결과라는 것을 자각하였으며, 농촌의 발전을 저해하는 것은 분열과 상쟁이라는 것을 반성하였다, 이러한 각성과 자각과 반성을 통해 우리 농민들은 생산적이고 건설적인 모습으로 탈바꿈하기 시작했다.

공허한 관념과 명분만을 추구하던 지난날의 태도는 사라지고 성공을 가치판단의 기초로 보는 실용주의적인 태도가 농민들의 의식과 생활 속에 깊이 파고들기 시작했다.

술이나 먹고 놀음이나 하던 퇴폐적인 풍조가 사라지고 1년 열두달 내내 증산하고 건설하는 창조적인 기풍이 일어났으며, 의존과 분열과 상쟁의 누습이 없어지고 자립과 협동과 단결의 기운이 마을마다 충일했다.

우리 농민들은 자신들의 힘으로 할 수 없다고 생각했던 일에 모험적으로, 의욕적으로 도전했고, 자신들의 판단이 미치지 않는 불확실한 미지의 세계에서 성공의 길을 개척했으며, 어떠한 시련, 어떠한 재난에도 의연하게 대응하여 이를 극복해 나갔다. 대통령은 이것을 우리 농촌의 혁명이요, 우리 농민이 정신혁명이라고 본 것이다.

대통령은 이어서 지금 우리 농촌에 불붙기 시작한 정신혁명의 불길이 꺼지지 않게 하는 방법은 새마을운동이 직접적이거나 간접적으로 소득증대와 직결되도록 지도하고 지원해 주어야 한다는 점을 강조하고 몇 가지 지원방침을 설명했다.

첫째, 금년에 농어촌에 지원하는 4,500억 원을 활용하여 식량증산과 여러 가지 소득증대사업을 대대적으로 전개해 나간다는 것이다. 새마을운동의 1단계 목표는 전국의 3만 5,000여 개 부락을 1981년까지 전부 자립마을 수준으로 끌어올리는 것이다. 현재 자립마을은 4,000여 개 부락밖에 안되지만, 절대로 조급하게 서둘지 말고 천천히 해나가야 한다.

둘째, 소하천가꾸기 공사 등 부락의 주변환경 개선사업은 부락주민들이 원하면 그 부락에 도급으로 준다는 것이다.

이러한 새마을사업은 민간업자들이 하는 것보다 10배 이상의 성과를 올릴 수 있고, 농민들의 소득증대에 기여하고, 정부는 예산을 절약할 수 있다.

셋째, 새마을의 사기진작과 농촌기계화 촉진을 위해 앞으로 3년 동안 동력 경운기 10만 대를 새마을 우수부락에 우선 지급한다는 것이다.

넷째, 앞으로 3년 동안 매년 200개씩 600개의 새마을공장을 더 건설하여 농가 소득증대에 기여하도록 한다는 것이다.

이렇게 새마을운동에 사기와 의욕을 북돋아 주는 것이 농촌근대화의 지름길이다. 80년도 초에 가면 우리 농촌마을이 전부 다 자립마을 수준까지 올라가고 선진국 농촌에 조금도 손색이 없는 농촌을 만들어 보자는 것이 우리의 꿈이라는 것이다.

"우리 농촌의 근대화는 우리 농민들의 정신혁명부터 시작되어야 한다고 확신합니다. 지금 우리 농촌에 이러한 정신혁명이 불붙기 시작했다는 것입니다. 이 불이 꺼지지 않고 또 농민들의 의욕이 식지 않도록 하는 것이 지금부터 우리가 해야 할 가장 중요한 일입니다. 이 불을 꺼지지 않게 하는 방법은 무엇보다도 이 운동이 직접적이거나 간접적으로 소득증대와 직결되도록 지도하고 지원해 주어야 하는 것입니다.

유능한 지도자가 있고, 근면·자조·협동하는 새마을정신이 왕성한 부락 중에는 지금 자립단계에 올라가고 있는 부락이 해마다 늘어나고 있습니다. 이것을 우리는 자립마을이라고 합니다. 새마을운동에 있어서 우리의 1단계 목표는 전국의 3만 5,000여 개 부락을 81년까지 전부 자립마을 수준으로 끌어올리는 것입니다. 물론, 현단계에서 3만 5,000여 개 부락 중 자립마을 수준까지 올라간 것은 4,000여 개 부락밖에 되지 않습니다만, 그러나 우리는 이 숫자에 대해서 절대 조급한 기대를 가져서는 안 되며, 천천히 해 나가도 되는 것입니다. 우리가 몇천 년 동안의 가난을 씻는 데 하루이틀에 그렇게 빨리 하겠다는 조급한 생각을 가져서는 안 되겠습니다. 오히려 조급하게 서둘면 실패하기 쉬우므로 착실히 밀고 나가야 되겠습니다.

그렇기 때문에, 정부는 금년에 농어촌지원자금으로 4,500억 원을 투융자합니다. 그 중에서 순 새마을사업을 위해서 나갈 자금만 하더라도 440억 원 정도가 지금 책정되어 있습니다. 농어촌에 나갈 4,500억 원은 작년 3,600억 원에 비하면 약 900억 원 정도가 더 나가는 폭입니다. 금년도에는 이러한 자금을 최대한으로 활용하고 이것을 농어촌에 지원하여 식량증산을 한다든지 기타 여러 가지 소득증대사업을 대대적으로 전개해 나가려고 합니다.

그리고 우리가 이 새마을사업을 통해서 얻은 또 하나의 성과는, 같은 일이라도 새마을사업을 통해서 하면 그 성과가 훨씬 더 높다는 것입니다.

새마을사업 중에 소하천가꾸기라 하여 부락 앞에 황폐된 하천의 제방을 새로 쌓는 공사를 과거에는 주로 민간업자들이 하던 것을 요즈음에는 그 부락민들이 전부 합의하여 원한다면 부락에다가 도급으로 줄 수 있게끔 되어 있습니다.

과거 민간업자들이 500만 원 들여가지고 할 사업을 새마을운동으로 할 경우에는 200만 원만 들이면 업자가 한 것보다도 훨씬 더 튼튼하게 아주 훌륭하게 일을 해 내고 있습니다. 또 사업 내용에 따라서는 10배 이상의 성과를 올린 예도 얼마든지 있습니다. 이런 식으로 하면, 첫째는 거기에 노임을 뿌려 주니까 그것이 주민들의 소득증대가 되어 그 농민들의 소득증대에 기여할 수 있게 됩니다. 또 주민들이 전부 나와서 같이 협력하여 일을 하기 때문에 주민들의 협동정신을 기르는 데에도 대단히 도움이 되는 것입니다. 정부는 예산을 그만큼 적게 들이고도 좋은 성과를 가져오기 때문에 예산 절약이 됩니다. 이것이야말로 일석이조, 삼조의 효과를 나타낼 수 있는 것입니다.

또한 금년에는 이 새마을운동에 종사하는 우리 농민들에게 사기를 올려 주고, 또 우리 농촌의 기계화를 촉진하기 위하여 앞으로 3년 동안 '동력경운기' 10만 대를 농촌 새마을에 지원해 줄 계획을 세우고 있습니다.

이렇게 되면, 3년 후에는 우리 농촌 한 마을에 동력경운기가 3대꼴 정도로 들어갈 수가 있지 않겠느냐, 이것도 새마을운동에 있어서 우수한 부락부터 우선지급을 하겠다는 것입니다. 이를 위해서 금년에 국민투자기금에서 약 300억 원의 자금을 장기저리로 쓸 예정입니다.

그리고 작년에도 전국에 약 170개의 새마을공장을 세워서 지금 모두 완공 가동 중에 있습니다마는, 앞으로 3년 동안 매년 약 200개씩 600개 공장을 더 세워서 우리 농민들의 소득증대에 기여할 수 있게끔 하려고 합니다. 이것을 위해서 역시 국민투자기금에서 200억 원의 자금을 지원할 계획을 세우고 있습니다.

이렇게 해서 새마을운동에 사기와 의욕을 더욱 북돋아 주는 것이 우리 농촌을 근대화시켜 나가는 가장 빠른 길이라고 우리는 확신하고 있습니다. 80년도 초에 가면 우리 농촌들이 거의 전부 다 자립마을 수준까지 올라가고 선진국가 농촌에 조금도 손색이 없는 그런 농촌을 만들어 보자 하는 것이 우리들의 꿈입니다."

정부가 농촌근대화를 위해서 추진하고 있는 여러 가지 사업 중에서 소하천 보수공사와 같이 부락민들이 협동해서 할 수 있는 사업을 새마을사업을 잘하는 우수부락에 우선적으로 도급으로 준 자조농가 우선지원정책은 농촌근대화를 촉진하고 그 시기를 앞당기는 효과를 가져왔다.

예컨대 정부가 1천억 원의 예산을 들여 전국 농촌부락의 소하천 정리사업을 10년 내에 완수하기로 하였다면, 이 돈으로 전국의 새마을부락 주민들에게 노임을 주어서 한다면 약 3배의 사업을 3개년 앞당겨 완수할 수 있게 된다. 왜냐하면 주민에게 맡기면 업자에게 맡길 때보다 3분의 1 정도의 예산으로 할 수 있기 때문에 그만큼 많은 사업을, 그만큼 빠른 시일 안에 끝낼 수 있기 때문이다. 이렇게 해서 새마을운동이 전개된 지 불과 3년 밖에 안되었으나 전국의 새마을 우수부락의 생활환경은 현대화된 모습으로 변화하고, 농가소득이 크게 증가하여 농촌근대화가 촉진되었다.

대통령은 끝으로 새마을운동은 농민·도시인·직장인·공장근로자·학교·군대·민간기업체가 모두 적극 참여하는 범국민적인 운동, 범국민적인 정신혁명운동이 돼야 한다는 것을 강조하는 한편, 우리나라의 일부 농촌연구가들은 외국 농촌지도자는 높이 평가하고 우리 농촌지도자는 낮게 평가하려는 폐단이 있으나 우리 농촌의 새마을 지도자 중에는 덴마크의 '그룬트비히' 같은 사람이 얼마든지 나오고 있다고 천명했다.

"그리고 마지막으로 한 가지 새마을운동에 대해서 강조하고 싶은 것은 새마을운동은 농촌만 하는 것이 아니라는 것입니다. 도시사람도 적극적으로 여기에 참여해야 합니다. 물론, 최근 도시민들 가운데에도 이 새마을운동에 적극적으로 참여하여 좋은 성과를 올린 사례를 우리는 알고 있습니다. 농촌의 농민이나 어민들이 아닌 도시사람이라고 하여 이것을 방관해서는 안 되겠다는 것입니다. 이것은 범국민적인 운동이 되어야 하겠고, 범국민적인 정신혁명의 운동이 되어야 하는 것입니다. 도시사람이나 직장에 있는 사람이나 공장에서 일하는 사람이나 학교나 군대나 또 민간기업체에서나 모두 이 운동을 적극적으로 추진하고 활발히 참여해 주어야 하는 것입니다.

또 한 가지는 우리나라에서는 이 농촌문제에 대해서 연구를 하는 분들이 많이 있는 것으로 알고 있습니다. 외국에 가서 덴마크의 농촌이다, 이스라엘의 농촌이다, 어느 나라의 농촌이다 하고 많이 보고 또 우리가 그런 것을 많이 배우고 있습니다. 물론, 남이 잘 한 것을 배우는 것은 좋은 일입니다.

그런데 흔히 농촌운동 하면 다른 나라의 그런 예를 많이 드는데, 그것도 중요하겠지만 지금 우리 농촌에도 어디에 내놓아도 자랑할 만한 그런 성공사례가 얼마든지 있습니다.

덴마크의 그룬트비히 같은 사람들이 우리 농촌 도처에서 나오고 있다는 것을 우리 국민들이 잊어서는 안 되겠습니다. 우리 국민들 중에는 외국에서 누가 뭘 했다는 것은 굉장히 높이 평가하면서, 우리 대한민국사람이 한 것은 아주 낮게 평가하려고 하는 폐단이 있지 않는가 하는 생각이 듭니다. 지금 우리 농촌의 새마을운동 지도자들 중에는 그룬트비히 같은 사람들이 얼마든지 나오고 있고 또 앞으로도 얼마든지 나올 것입니다. 이런 산교훈이 덴마크나 이스라엘에만 있는 것이 아니라, 바로 우리 옆에서 일어나고 있다는 것을 특별히 강조하고자 합니다."

새마을운동이 전개됨에 따라 농촌지도자들과 이들의 지도에 호응해서 분발한 우리 농민의 노고는, 그것을 몸소 체험하지 못한 사람으로서는 도저히 상상하기 어려울 만큼 실로 눈물겨운 것이었다. 마을 안길을 넓히는 일이나, 농로를 트는 일이나, 하천개수와 경지정리가 모두 그렇게 쉬운 일은 아니었다. 남녀노소가 함께 괭이나 호미를 들고 밤낮으로 흙투성이가 되어 일했으며, 엄동설한과 비바람 속에서도 억척스럽게 일하고 또 일했던 것이다.

그토록 모진 어려움과 역경을 뚫고, 끝내 잘사는 마을을 이룩한 새마을농민들과 새마을지도자들의 생기 넘치는 모습은 바로 가난에 찌든 고된 운명의 멍에를 떨치고 일어난 자랑스러운 승자의 모습이었다.

대통령은 우리나라의 이러한 새마을지도자들은 어느 외국의 훌륭한 농촌지도자와 비교해도 조금도 손색이 없다고도 높이 평가하고, 우리나라의 농촌연구가들은 외국의 농촌지도자만 연구할 것이 아니라 우리나라의 훌륭한 새마을지도자에 대해서 연구를 해야 한다는 점을 당부한 것이다. 대통령의 이러한 당부를 계기로 우리나라 학계에서도 새마을운동 전반에 대한 연구가 활기를 띠기 시작했다.

새마을공장 건설은 대기업에 맡기고 정부가 지원해 줘야겠다

1974년 8월 13일, 경제기획원에서 열린 월간경제동향보고회의에서 대통령은 농촌에 새마을공장을 건설하는 것은 대기업에 맡기라고 지시했다.

"지난 6월달에는 많은 새마을공장들이 조업을 중단하고 있다는 소리를 들었는데, 오늘 보니까 내가 듣던 것보다는 비교적 가동율이 좋은 것 같습니다. 시작한 지 1년밖에 안되는데, 지금 현재의 상태 같으면 대체로 잘 되어 가고 있지 않느냐는 생각이 듭니다.

새마을공장은 업종을 선정할 때, 공장의 위치나 타당성을 잘 검토해야 합니다. 과거에 농촌에 가내공업센터를 만들었다가 나중에 대부분이 문닫고 나간 사례가 있었는데 또 다시 그런 전철을 밟아서는 안 되겠습니다. 지금은 그때보다 여러 가지 여건이 달라졌기 때문에 공장의 위치나 업종을 잘 선정하면 대부분은 잘 되어 갈 것으로 생각합니다.

작년부터 시작된 국제경기 침체의 영향으로 일부 큰 기업들의 수출이 안 되니까 그만 새마을수출업체도 공장문을 닫는 일이 있었는지 모르지만 새마을공장은 수출을 위주로 하는 것은 아니지 않습니까? 내수산업 등 잘 팔릴 수 있는 것만 추천하고 있는 것 아닙니까? 원칙은 수출산업을 위주로 하고, 일부 내수산업도 하고 있어서 지금 170개 공장 중에서 수출만 전담하고 있는 공장 수가 약 100여 개, 나머지 70여 개가 내수를 담당하고 있는 것 같은데, 가급적이면 수출업체가 되는 것이 좋겠으나, 내수산업이라도 그 판로가 확보된 것은 공장규모가 그렇게 큰 것이 아니기 때문에 그것 하나 만들었다고 해서 큰 모험이 되는 것은 아니라고 봅니다. 새마을공장도 대기업이 받아가지고 하는 것은 거의 문제가 없다고 생각합니다. 큰 기업들은 처음에 공장을 만들 때부터 원료나 원자재나 판로를 확보하고 하기 때문에 잘 됩니다. 따라서 현 단계에서는 새마을 공장을 새마을 자체에다가 별도로 맡겨서는 안 돼요. 농촌에 가면 우리 마을이 자립마을이 됐으니 공장 하나 지어 달라고 합니다. 공장을 지어주면 누가 운영하느냐고 물으면, 마을사람들이 운영한다고 말합니다. 그러나 공장이란 것은 간단히 될 것 같지만 그렇게 간단히 되는 것이 아닙니다. 따라서 대기업이 받아서 공장을 짓고 마을사람들은 공장에 나가서 기술을 배우고 부지런히 일해서 노임만 받아야지 농민들이 공장을 운영하고, 원료를 어디서 사오고, 만든 물건을 자기들이 갖다가 팔려고 하면 100% 실패한다고 봐도 틀림이 없습니다. 농민들을 대기업과 붙여 주세요."

대통령은 이어서 대기업들이 농촌의 새마을공장 건설에 매력을 느낄 수 있도록 공장건설 단계에서 저리융자나 일부 보조를 해주는 기존정책을 계속 밀고 나가야 한다는 것을 강조했다.

"새마을공장을 대기업에게 맡겨서 직영하도록 한다고 해도 정부에서 보조를 안 한다, 자기 돈으로 하라고 하면 기업들은 그렇게 할 필요가 없다고 생각할 것입니다. 우리는 아직도 당분간은 농촌에다가 가급적이면 공장을 많이 분산시키기 위해서 농촌에 많은 공장이 많이 들어가도록 권장하는 단계에 있습니다. 지금 기업들은 서울이나 인천이나 부산 등 도시에 공장을 많이 갖고 있는데, 도시에서는 노동력 확보가 어려워서 기업인들은 어디 가야 노동력을 많이 확보할 수 있느냐 하는 데 대해서 굉장히 머리를 쓰고 있는 것 같아요. 그렇기 때문에 앞으로 얼마 안 가면 기업들이 자진해서 농촌이나 노동력이 풍부한 데로 찾아가는 경향이 반드시 생기리라고 봅니다.

그러나 현단계에서는 아직까지 전부가 다 그렇다고 볼 수 없기 때문에 정부가 지금까지 해준 정도의 지원은 계속 해줘야 할 것입니다. 즉, 대기업들이 농촌에 새마을공장을 짓는데, 매력을 느낄 수 있도록 공장건설 단계에서 저리융자나 일부 보조를 해 주어서 농촌에 공장이 많이 들어가도록 권장해 나가는 그 정책을 앞으로 그대로 밀고 나가는 것이 좋겠다고 생각합니다.

그리고 새마을공장을 우수새마을에 우선적으로 해주라는 것은 내가 권장한 것인데, 그것도 그 뜻을 잘 알고 해야 되겠습니다. 가령 마을이 3개 있는데 모든 여건이 똑같을 경우 어느 마을에다 공장을 세우느냐? 모범새마을·자립부락·기초마을이 있으면 의당 모범새마을과 자립마을에다가 세워 주라는 취지이고, 여건이 전부 합당하지는 않은데 우수마을이라고 해서 다른 여건을 고려하지 않고 그런데다 공장을 세우는 폐단이 없도록 해야 되겠다는 것입니다.

또 한 가지, 새마을공장을 세우고 난 뒤에 가동하다가 물건이 팔리지 않아서 문을 닫아야 되겠다는 사태가 생기지 않도록 해야 합니다, 만약, 일부 실패한 것이 있는 경우에는 다른 업종으로 바꾼다든지, 이것도 저것도 안 되겠다고 문을 닫아버리고 창고로 쓰지 말고 다른 방법을 연구해 보세요. 그 지역에서 기술을 가르치는 훈련소를 만들어서 인근 부락에 있는 처녀들이라든지 젊은이들을 불러다가 특수기술을 가르쳐서 그것을 배워 다른 공장이 있는 데로 찾아가서 일을 할 수 있도록 하는 그런 방법도 연구해 보라는 것입니다. 이왕에 세운 공장이니, 판로가 없으므로 문을 닫아 버리겠다, 이렇게 간단히 문을 닫지 말고 다른 방법으로 활용하는 것도 연구해 보자는 것입니다."

대통령은 끝으로 농촌의 새마을공장은 여러 가지 조건을 따져서 그 지역주민의 선택에 의해서 유치되어야 한다는 점을 강조했다.

"정부가 추진하고 있는 농공지구 개설은 농공병진 및 농외소득증대를 목표로 하고 있는 것입니다. 그러나 농촌에 공장이 유치됨으로써 곧바로 농촌 지역민의 농외소득이 높아지는 것은 아닙니다. 그 공장이 지역민의 고용기회를 높일 수 있는 노동집약적 사업체나, 특히 농촌지역민의 노동으로서 가능한 기술 조건의 사업체냐, 그리고 농산물 판매시장 및 농용 자재의 공급 시장으로서 가능할 수 있는 사업체냐, 또는 공해와 무관한 사업체냐 등등 여러 가지를 따져서 지역주민의 선택에 의해 공장을 유치해야만 할 것입니다. 뿐만 아니라 유치되는 사업체는 어디까지나 특정지역의 종합개발의 일환으로서 그 종류와 규모, 배치 등이 적절하게 결정되어야 할 것입니다.”

새마을운동의 불길은 국난극복의 원동력이며 새역사 창조의 활력이다

1974년 12월 18일, 전국새마을지도자대회에서 대통령은 새마을운동은 10월유신의 이념을 구현하기 위한 실천도장이라는 점을 강조했다.

“이제 다사다난했던 갑인년도 저물어 가고 있습니다.

돌이켜보면, 지난 1년 동안 우리는 세계적인 경제불황의 파도가 밀어닥친 데다가 설상가상으로 국가 안보면에 있어서도 중대한 도전과 힘겨운 시련을 겪어야만 했습니다.

그러나 우리는 이와 같은 고난과 역경을 슬기롭게 극복해 왔습니다. 오직 국민적인 단결과 인내로써 계속 발전의 길을 줄기차게 전진해 왔습니다.

그 실례의 하나가 수출목표의 초과달성입니다. 세계경제의 침체 속에서도 금년도 수출은 목표 45억 달러보다 2억 달러이나 더 초과 달성할 것으로 전망됩니다.

또 하나의 실례로서는, 금년도의 혹심했던 수해와 불리한 자연조건 속에서도 쌀 3천 86만 7천 석이라는 사상 초유의 기록적인 생산 실적을 올렸다는 사실입니다.

그리고 새마을사업도 알차게 추진되어 정부지원자금 48억 원의 여섯 배가 훨씬 넘는 놀라운 성과를 올렸습니다.

그리하여, 우리 농촌도 이제는 괄목하리만큼 크게 발전되어 가고 있으며 자립마을 수도 대폭 늘어났습니다.

이것은 오로지 새마을지도자 여러분과 우리 국민 모두가 근면·자조·협동의 새마을정신을 십분 발휘하여 굳게 뭉쳐 부지런히 일한 땀과 노력의 결정이라 하겠습니다.

나는 지금 도시와 농촌을 가릴 것 없이 전국적으로 거세게 타오르고 있는 이 새마을운동의 불길이야말로 우리가 억만금을 주고도 살 수 없는 국난극복의 원동력이요 새역사 창조의 활력이라고 확신하고 있습니다.

새마을지도자 여러분!

새마을운동은 바로 10월유신의 이념을 구현하기 위한 실천도장인 것입니다.

우리가 우리 스스로의 힘으로 안정과 번영을 이룩하고 조국의 평화적 통일을 촉진하는 길은, 우리의 국력을 한시바삐 배양하고 이것을 알차게 조직화하는 길밖에 없습니다. 그리고, 그 유일한 길이 곧 새마을운동인 것입니다. 우리는 이미 지난 4년간의 경험과 성과를 통해 이것을 웅변으로 실증했습니다.

따라서, 나는 새마을운동이야말로 우리가 앞으로도 계속 범국민적으로 추진해 나가야 할 구국애족의 실천운동이요, 민족중흥을 굳게 뒷받침하는 일대 약진운동이라는 것을 다시 한 번 강조해 두는 바입니다."

대통령은 이어서 1975년도 새마을운동의 기본방향은 식량증산에 기여하고, 고용효과를 올릴 수 있는 대규모 취로사업을 전개하는 데 두고 이를 대대적으로 추진해 나가겠다는 방침을 밝혔다.

"그리고 나는 이 자리를 빌려 우리가 앞으로 새해에도 새마을운동을 대대적으로 전개할 것을 밝히고, 75년도 새마을운동의 기본방향을 제시해 두고자 합니다.

지금 우리에게 가장 시급하고도 중요한 것은 당면한 세계적 경제 위기를 어떻게 하면 남들보다도 더 빨리, 그리고 더 슬기롭게 극복해 나가느냐 하는 일입니다.

나는 우리가 이 난국을 극복하기 위해서는 정부와 국민이 혼연일체가 되어 근검 절약을 생활화하고 합심 협력하여 국력배양에 헌신하는 길밖에는 다른 길이 없다고 확신하고 있습니다.

따라서, 1975년도 새마을사업의 기본방향을 식량증산에 기여하고 고용효과를 올릴 수 있는 대규모 취로사업을 전개하는 데에 두고, 이를 대대적으로 추진해 나가겠습니다.

즉, 지금까지 추진해 왔던 영세민취로사업을 이제는 새마을운동의 일환으로 포함시켜서 우선 식량의 자급체제를 확립하기 위한 야산과 유휴지 개간 등 새로운 농지 조성에 인적·물적 자원을 집중 동원해 나갈 것입니다.

그리고, 고용증대 효과가 높은 공공사업을 대대적으로 전개함으로써 영세민의 생활 안정에도 아울러 기여할 수 있도록 해 나갈 것입니다.

두말할 나위도 없이 오늘의 세계적인 자원난은 우리 모든 인류에게 가장 심각하고 위협적인 것이라 하지 않을 수 없습니다.

그리고 이와 같은 심각한 자원난을 극복하는 데 있어서 근면·자조·협동의 새마을운동처럼 효과적인 대책은 없다고 믿습니다. 그렇기 때문에, 우리는 시대적 요청에 부응하여 한시라도 이 새마을운동의 우렁찬 발걸음을 멈추어서는 안 되는 것입니다.

따라서, 새마을지도자 여러분들과 관계 공무원들은 이와 같은 75년도 새마을사업의 특별한 의의와 중요성을 확실히 인식하고 금년에 추진해 온 취로사업의 시정점을 정확히 분석 파악한 뒤, 내년에는 보다 치밀한 사전계획을 세우고 사후관리에 만전을 기하여 소기의 성과를 거둘 수 있도록 최선의 노력을 기울여야 하겠습니다.

그리하여, 내년에는 기필코 정부 목표인 쌀생산 3천 2백만 석을 돌파하고, 여러분 마을마다 추진하는 소득증대사업에 온갖 노력을 경주하여 잘사는 마을을 만드는 데 획기적인 전기를 마련해야 하겠습니다.

그러나 이와 같은 우리의 노력이 소기의 성과를 거두려면 무엇보다도 도시·농촌 할 것 없이 모든 국민이 근검 절약하는 생활 자세를 갖추어야 하고, 또한 이것을 실천해야만 하는 것입니다.

아무리 증산을 한다 해도 우리 사회에 낭비와 사치 풍조가 남아 있는 한, 땀흘려 노력한 보람은 아무 소용이 없게 되는 것입니다.

따라서, 나는 우리 국민들이 의·식·주생활의 모든 면에서 더욱 근검 절약할 것을 당부하고, 특히 사회 지도층이 이에 앞장 서야 한다는 것을 강조하는 바입니다. 이것이 곧 도시에서의 새마을운동이라 할 수 있겠습니다.

우리 모든 국민들이 농촌과 도시에서 근면·자조·협동의 새마을 정신을 생활화하여 증산과 소비절약에 공동의 노력을 기울일 때, 오늘의 세계적인 경제위기는 말할 것도 없고 앞으로 이보다 더 큰 도전과 시련이 닥쳐오더라도 우리는 능히 이를 극복할 수 있다고 나는 확신합니다.

새마을지도자 여러분!

여러분들은 10월유신의 자랑스러운 기수이며, 또한 민족사의 참다운 주체입니다. 따라서, 여러분에게 부하된 그 책임과 사명은 누구와도 비길 수 없을 만큼 실로 막중한 것입니다.

우리 모두 끈질긴 인내력과 불퇴전의 용기로 오늘의 이 난국을 극복하고 유신과업 완수를 위해 힘차게 전진합시다.

끝으로, 새해에 여러분과 여러분의 가정에 만복이 깃들기를 진심으로 축원하는 바입니다."

새마을운동은 잘살기 운동으로서, 정신혁명운동으로서 농촌에 뿌리내리기 시작했다

1975년 1월 14일, 연두기자회견에서 대통령은 먼저 새마을운동은 잘살기 운동이며, 정신혁명운동으로서 농촌에 뿌리내리기 시작했다는 점을 역설했다.

"새마을운동이 시작된 지 금년은 5년째로 들어갑니다. 여러분들이 그동안 농촌을 가보시고 느꼈을 줄 압니다만, 우리 농촌의 모습이 많이 달라져 가고 있습니다. 겉모양도 달라져 가고 내용도 달라져 가고 있습니다.

우리 농민들의 생각도 달라지고 있습니다. 농가의 소득도 많이 늘어나고 있다는 것이 통계숫자로 나오고 있습니다.

새마을운동에 대해 나는 처음부터 이것을 잘살기 운동이라고 했습니다. 새마을정신이라고 하는 것은 잘살기 위해서 우리가 갖추어야 할 정신자세를 말하는 것입니다.

우리가 잘살기 위해서는, 첫째 정신부터 고쳐야 하겠다, 정신혁명부터 먼저 해야 하겠다, 나는 이렇게 주장합니다.

성실하고 근면하고 자조심이 강하고 협동심이 강해야만 소득도 늘어나고, 또 잘살게 될 수 있다, 새마을운동에 있어서 정신혁명이라는 것을 빼면 이 운동은 죽은 운동이다, 이 운동의 1단계 목표를 우리는 1981년에다 두고, 그때에 가서 우리 농가소득을 평균 140만 원 선으로 끌어 올려 보자, 이것이 하나의 중간목표입니다.

그때 가면 우리 국민 전체의 1인당 GNP가 1천 달러로 올라가는 때라고 보고 있습니다. 그러나, 우리 농촌에 가면 벌써 평균소득 100만 원 대를 넘는 부락이 여기저기에 많이 생기고 있고, 그 중에는 목표 140만 원 대에 벌써 육박하고 있는 부락도 해마다 늘어나고 있는 실정입니다.

정부는 앞으로도 이 우수한 부락에 대해서 우선적으로 지원을 하겠다는 원칙을 그대로 밀고 나갈 방침입니다. 훌륭한 지도자가 있어서 부락민들이 단합하여 열심히 잘하는 부락에 대해서는 전기도 넣어 주고, 전화도 가설해 주고, 상수도도 만들어 주고, 마을창고도 만들어 줄 것입니다. 또 농산물 출하량이 많아지면 트럭을 사는 데에도 정부가 보조를 해주고 영농자금도 남보다 더 많이 지원해 주고, 기술적인 분야의 공무원이라든지 기술자를 보내어서 지도도 하고 여러 가지 입지조건이 적합하기만 하면 새마을공장도 우선적으로 세워 주겠습니다.

이 운동은 우리 농촌에 점차 뿌리를 내리기 시작했다고 나는 봅니다. 이 운동이 오늘에 이르기까지, 또 오늘과 같은 성과를 가져오기까지에는 여러 가지 우리 농촌에 숨은 미담과 가화가 많이 있으며, 눈물 없이는 들을 수 없는 여러 가지 얘기가 농촌 구석구석에 꽃을 피우고 있으며, 우리 농촌에 등불이 되어 농촌을 밝게 비치고 있다는 것을 우리는 잊어서는 안 되겠습니다.

이 운동에 참여해서 자기의 모든 것을 희생하면서 헌신적으로 봉사해 온 새마을지도자, 또는 독농가, 부녀회원들, 또 4H부원들, 농촌지도기관의 직원들, 또 관계공무원 여러분들의 그동안 피와 땀과 눈물과 정성이 오늘 이런 결과를 가져왔다는 데 대해서 우리 모든 국민들은 이들에 대해서 높은 치하와 격려를 보내야 할 줄 압니다."

대통령은 이어서 매달 한 번씩 열리고 있는 경제동향보고 때 정부의 전 각료들과 함께 우수새마을의 성공사례를 듣고 있으며, 그들의 생생한 체험담을 들을 때 눈시울이 뜨거워지고 가슴이 뭉클해지고 숙연해질 때가 한두 번이 아니었다는 소회를 피력하고, 새해의 새마을사업에 대해 설명했다.

"나는 매달 한 번씩 경제동향보고 때에 정부의 전각료들과 같이 우수새마을의 성공사례를 새마을지도자들로부터 직접 듣고 있습니다. 이 생생한 그들의 체험담을 들을 때에, 어떤 때는 참 눈시울이 뜨거워지기도 하고 가슴이 뭉클해지기도 하고 숙연해질 때가 한두 번이 아닙니다.

이러한 훌륭한 새마을지도자가 우리 농촌 구석구석에 많이 들어가서 농촌을 이끌고 나간다면 우리 농촌의 근대화는 훨씬 더 단축할 수가 있다고 나는 확신합니다.

금년도의 새마을운동은 아까도 잠깐 언급을 했습니다만, 정부예산을 대폭적으로 늘려, 지금까지 해 오던 사업을 보다 더 확대하고 또 내실화해 나가기 위해서 박차를 가할까 합니다.

금년도에 실시할 사업의 내용은 그 지역의 특수성을 감안해서 사업 선정도 약간씩 달라지겠습니다만, 중점은 역시 식량증산을 위한 생산기반 조성사업에 역점을 두겠습니다. 이런 사업을 추진함으로써 우리는 여러 가지 일석이조, 삼조의 효과를 노려보겠습니다.

첫째는, 그 주민들에게 노임이 살포되기 때문에 소득증대가 될 것이고, 여러 가지 일자리를 많이 벌려서 일자리가 없는 사람들한테 고용의 기회를 주어서 고용증대가 되고, 이런 사업을 다 마무리함으로써 식량증산에 기여할 수 있습니다.

또, 이러한 사업을 대대적으로 전개함으로써 경기불황에서 오는 실업자 대책도 될 수 있고 경기 부양책에도 일조가 될 수 있지 않겠는가 생각합니다.

또 한 가지 우리가 노리는 것은, 금년에는 안보면이나 경제면에 있어서 여러 가지 시련과 도전이 가중될 것으로 예측이 됩니다만 이런 어려운 시기를 극복해 나가기 위해서는 모든 국민들이 근면·자조·협동하는 새마을정신으로 총화단결하고 뭉친 힘으로 밀고 나가야 되겠다는 것입니다. 이 운동은 처음에 농촌과 어촌에서부터 불이 붙기 시작했습니다만, 이제는 도시민들도 적극적으로 여기에 참여하게 되었고, 그밖에 모든 직장이나 공장, 또 학교와 우리 군대에서도 적극적으로 여기에 참여하고 있다는 것을 저는 대단히 기쁘게 생각합니다.

이 운동은 아까도 말씀드린 바와 같이, 우리 모두가 잘살기 위한 잘살기 운동이기 때문에 한 사람도 여기에 대해서 방관자가 되지 말고 앞으로도 적극적으로 참여해 주시고, 또 이 운동에 적극적으로 참여한 사람들에 대해 우리가 뒤에서 많은 성원과 격려를 보내주어야 되지 않겠는가 생각합니다."

공장새마을운동을 열심히 하면 금년도 수출목표 60억 달러를 달성할 수 있다

1975년 1월 25일, 상공부 연두순시에서 대통령은 먼저 우리가 설정한 금년도 수출목표 60억 달러를 달성하기 위해서는 밝은 면을 신장시켜 나가면서 어두운 면을 극복하는 데 최선의 노력을 다 해야 되겠다는 점을 강조했다.

"언젠가 내가, 우리나라와 같은 입장에서는 수출 액수라는 건 국민총화의 표현이다, 그런 얘기를 한 기억이 있습니다만, 금년도 우리가 60억 달러이라는 목표를 설정을 했지마는 이것도 역시 결코 쉬운 일은 아니라고 봅니다.

우리가 매년 연초에 느끼는 거지만 우리가 책정한 목표는 모두 어렵게 봤지만 그래도 어떻게 어떻게 달성이 되고 초과달성이 되었습니다. 일반에서는 그것이 저절로 그렇게 된 것처럼 쉽게 생각하는데 그것이 아니라는 것을 지금 우리가 여기서 영화 〈광산촌〉을 보면서 느끼게 됩니다. 우리가 지금 석탄이 어떻다, 에너지 절약하자, 기름을 아끼고 전력을 애끼자는 데 상당히 관심이 많은데, 집에서 때는 구공탄 하나 아끼는 데 대해서는 역시 관심들이 적지 않느냐는 생각이 듭니다.

그 석탄이 어디서 나오느냐, 그건 땅 밑 수백 미터 밑에 파묻혀 있는 탄광에서 일하는 사람들이 피눈물 나는 노력의 결과로서 나온 거란 걸 모두 알면 구공탄 한 쪽이라도 소중히 생각하고 아끼지 않겠느냐 하는 생각이 듭니다.

상공부 자체가 금년 우리 수출목표를 달성하는 데 있어서 어두운 면 밝은 면 두 가지를 제시했는데 밝은 면은 될 수 있는 대로 그것을 신장을 시켜 나가는 데 노력을 해야 되겠고, 어두운 면은 또 그것을 우리가 어떻게 하든지 참고 이겨 나가고 극복하는 데 최선의 노력을 다 해야 되겠습니다.

물론 국제경기가 풀려서 모든 것이 순조롭게 슬슬 풀려 여러 가지 객관적인 여건이 좋아지면 그 이상 더 다행한 일이 없겠지만 그런 것을 우리는 기다리기보다는 우리 자신들이 이 어두운 면, 어려운 면을 극복해 나가는 데 어떻게 해야 되겠느냐 하는 그 방법을 생각해 내야 되겠습니다. 여러 가지 구체적인 방안이 브리핑에 제시가 돼서 더 애기하지 않겠습니다만, 문제는 우리가 근검절약해 나가야 된다, 근면하고 검소한 생활을 하고, 애끼고, 또 서로 협동하는 새마을정신이라 그럴까, 이런 정신을 가지고 어려운 문제를 극복해 나가는 데 노력을 해야 되겠다, 정부도 그렇고 우리 기업들도 그렇습니다. 기업인들이 새마을연수원에 스스로 들어가서 교육을 받고 돌아와서 공장 운영면에 있어서 공장새마을운동의 선봉에 서고, 열심히 뛰는 것은 대단히 좋은 현상이라고 봅니다.

이러한 공장새마을운동의 결과 그 회사의 여러 가지 면에 있어서 소비절약, 원가절감, 종업원들과 주주들의 단합, 모든 면에서 여러 가지 유형 무형의 좋은 성과를 올렸다고 나는 듣고 있는데, 그런 운동을 금년에는 보다 더 적극적으로 전개해 나가고 또 정부는 정부대로 우리가 조치할 사항을 적극적으로 밀고 나가면 어려운 문제들도 극복을 하고 금년도 목표를 우리가 달성할 수 있다, 이렇게 생각합니다."

대통령은 이어서 국산 원자재 개발을 적극 지원하고, 에너지 15% 절약 노력을 지속해야 되겠다는 점을 강조했다.

"국산 원자재 개발에 대해서 상공부에서도 여러 가지 중점적인 목표를 세우고 있는데, 이건 최근에 와서 나온 얘기는 아니고 오래전부터 검토하던 문젠데, 국제 원자재가 구하기 어려워지고 값이 올라가니까 현실적으로 절박한 문제가 돼서 지금 거론이 나는데 우리가 좀더 적극적으로 이것을 여러 가지 면에서 뒷받침을 해야 되겠다, 그냥 권장 정도만 가지고는 안 되고 여기에 대한 적정한 정책을 강력히 밀면 상당한 성과를 올리지 않겠느냐 생각됩니다.

아까 영화로 석탄 파는 광부들의 고생하는 모습을 봤는데, 정부가 석탄산업, 석탄 생산을 위해서 여러 가지 지원정책을 지금 쓰고 있습니다만 저기서 일하는 사람들에 대한 후생, 처우, 또 안전에 대한 대책, 이런 것이 매년 개선이 되어 나가야만 결국은 석탄을 많이 파낼 수 있게 될 것입니다. 작년부터 우리가 에너지 절약을 강조해 왔는데 실제 작년 1년 동안에 우리가 전력이면 전력, 기름이면 기름, 석탄이면 석탄, 이런 걸 얼마나 절약했는지 그 구체적인 통계가 지금 안 나와 있나요?

작년에 에너지 10% 절약을 했고, 금년에도 10% 절약한다는데 우리들이 좀 더 노력하면 더 절감할 수 있는 분야가 있지 않느냐 생각됩니다. 기름 문제, 전력 문제에 대해서는 요전에도 얘기했는데 일본사람들도 지금 일요일 날이면 자동차 기름 파는 데가 없다고 그래요, 물론 기업체에 따라서는 10%가 아니라 15%까지도 절감할 수 있는 데가 있을 것이고, 과거부터 에너지절약을 해 온 기업체는 더 이상, 또는 15%까지 하기는 어렵다고 하는 데도 있겠지만 종합적으로 적어도 10%~15% 그런 정도의 절약 노력을 계속 해나가야 되겠다는 것입니다.

양(量) 자체를 우리가 애껴서 외화를 줄인다는 것도 중요하지만 특히 기업하는 사람은 자기 기업체의 생산원가를 줄이기 위해서 에너지라든지 기름이라든지 이런 것을 줄인다는 평소의 노력 그 자체가 더 중요하다고 생각합니다.

그것이 전종업원들한테 침투가 되어서 전력도 필요 없으면 전기를 꺼둔다든지 날씨도 따뜻한 날은 난방장치를 좀 낮춰 둔다든지, 모두가 전부 똑같이 그런 관심을 가지고 노력을 해야지 몇 사람이 뛰어다니면서 잔소리하고 나머지는 전부 남의 일처럼 구경하는 그런 분위기에서는 에너지절약이 이루어지지 않는다고 봅니다. 금년에도 그걸 좀 더 적극적으로 추진해 주기 바랍니다."

남해고속도로가 개통됨으로써 연도(沿道)의 농촌 모습도 일신하였고, 농촌이 기름져 보였다

1975년 새마을운동의 성과가 나타나지 시작하면서 농촌의 모습이 하루가 다르게 변모하고 있었고, 쌀 생산량도 3천 200만 석을 넘어섰고, 76년에는 쌀 생산량이 3천 600만 석이 될 것으로 예상되어 쌀 자급자족의 전망이 밝았다.

75년 8월 1일, 일기에서 대통령은 발전하는 우리 농촌의 모습을 바라보면서 1962년 한발과 1963년 수해로 보리농사가 흉년이 들어 농민들이 큰 타격을 입은 것을 가슴 아파했던 일을 회상했다.

'남해 고속도로의 쾌적한 기분은 비할 데 없고 불과 수년 전만 하더라도 교통사정이 극히 불량하던 이 고장에 고속도로가 개통됨으로써 연도(沿道)농촌의 모습도 일신하였고 연도농촌이 기름져 보였다.

1963년 봄, 호우와 홍수로 보리농사에 치명적인 타격을 입은 적이 있었다. 적미병이라는 맥류(麥類)에 걸린 병충해였다.

당시 이 지방을 지날 때(아마 온양 부근이라고 기억된다) 어느 농가에 들렀더니 노인 농부가 썩은 보리이삭을 만지면서 "우리는 이제 무엇을 먹고 산단 말입니까?" 하고 눈물이 글썽한 것을 보고 나는 "홍수 피해 복구에 농민들이 협력해서 열심히 노력하면 정부가 여러분을 돌봐 드릴 것이니 용기를 잃지 마시오" 하고 격려하였다.

그러나 몹시도 나는 마음이 괴롭고 가슴이 아팠었다. 1962년에는 큰 한해로 농민들이 타격을 입었는데 다음해 63년 봄에는 비가 너무 많이 와서 또 농민들이 큰 타격을 입었을 때였다. 나는 남해고속도로를 달리면서 연도 농촌의 모습을 바라보면서 그때의 일을 회상해 보기도 했다.'

새마을운동은 지난 5년 동안 우리 농촌에 큰 변화를 가져왔고 국력을 2배 증대시켰다

1975년 12월 10일, 전국새마을지도자 대회에서 대통령은 먼저 새마을운동은 이제 범국민적인 정신혁명운동으로서 또는 조국근대화의 촉진제로서 그 역할을 다 하고 있다고 천명했다.

"친애하는 전국의 새마을지도자 여러분!

그리고 오늘 이 자리에 참석하신 농촌관계 공무원 여러분!

기타 유관기관 직원 여러분!

우리가 근면·자조·협동이라는 기치를 높이 들고 새마을운동을 시작한 지 벌써 5년이 되었습니다.

처음에 이 운동이 시작될 때, 과연 얼마만큼 오래 지속이 될 것인가, 또는 얼마만한 성과를 올릴 수 있겠는가에 대해서 회의적인 생각을 가진 사람들도 없지 않아 있었다고 봅니다.

그러나, 새마을운동은 일반의 이같은 예상을 뒤엎고 그동안 꾸준히 또 착실히 추진되어 왔고, 우리 농민들의 절대적인 호응을 얻어서 해를 거듭할수록 하나하나 그 성과를 나타내기 시작하였습니다.

처음에 이 운동은 농촌에서 불이 붙어서 서서히 도시로 전파되어 가기 시작했고 또 우리 가정으로, 직장으로, 학교로, 최전방 군부대에까지도 확산되었습니다.

저 두메산골에 있는 작은 부락 또는 벽지나 낙도에서도 새마을운동은 지금 활발히 추진되고 있습니다.

그리하여, 이제 새마을운동은 범국민적인 정신혁명운동으로서 또는 조국근대화의 촉진제로서 그 역할을 다하고 있다고 믿습니다.

나는 그동안 이 운동을 통해서 이룩해 놓은 눈부신 성과에 대해서 우리 모든 국민들과 더불어 자랑스럽게 생각합니다.

또한, 그동안 이 운동에 앞장서서 불철주야 헌신적으로 일해 온 우리 새마을지도자 여러분들과 또 유관기관 직원 여러분들의 그동안의 노고에 대해서 충심으로 위로와 치하의 말씀을 보내고자 합니다."

대통령은 이어서 새마을운동은 지난 5년 동안 우리 농촌에 가장 큰 변화를 가져왔고 국력을 2배 증대시켰다는 사실을 지적했다.

"전국의 새마을지도자 여러분!

인류의 발전사라는 것은, 우리 인류가 대자연과 그들의 환경과 싸워서 이를 극복하고 개척해 온 승리의 기록이라고 말할 수 있습니다.

지난 5년 동안 새마을운동을 통해서 이룩한 이 성과는, 우리들이 역경에 도전해서 이를 극복해 온 우리들의 의지의 승리라고 생각합니다. 5년 동안에 우리나라 모습은 크게 변모했습니다. 특히 우리 농촌에 가장 큰 변화를 가져왔습니다.

우리 농촌의 생활환경이 달라졌고, 농민들의 생활태도가 달라졌고, 생각하는 사고방식이 달라졌고, 또 의식구조가 달라졌습니다.

지난날 가난을 하나의 숙명처럼 생각하고 체념 속에서 살아오던 우리 농민들이 이제 와서는 왜 지금까지 우리가 가난하게만 살아야 했는가에 대한 이유를 알게 되었습니다. 그리고, 어떻게 하면 우리가 가난에서 벗어나서 잘살 수 있느냐 하는 것도 깨닫게 되었습니다.

우리가 부지런히 일하고 남에게 기대거나 의지하겠다는 생각을 버리고, 자조자립의 정신을 가지고 이웃끼리 서로 협동하고 단결만 한다면 우리는 반드시 잘살 수 있다는 것을 알게 되었습니다. 알기만 해서도 안 되며, 실천을 해야 하고 땀을 흘려서 일을 해야 합니다. 새마을운동은 하나의 행동철학입니다. 말이나 이론만 가지고 되는 것이 아니라, 여기에는 반드시 실천과 행동이 따라야만 하는 것입니다. 피와 땀이 필요한 것입니다.

지난 5년 동안 새마을운동의 실천을 통해 땀흘려 가면서 열심히 일한 결과 오늘날 우리 농가의 소득은 급속히 늘어났습니다.

그리하여, 80년대 초 우리의 전국 농가 평균소득 목표인 140만원을 훨씬 초과한 마을들이 해마다 늘어나고 있는 실정입니다.

과거 우리나라에서는 도시는 잘살고 농촌은 못산다, 도시와 농촌의 소득의 격차가 크다는 말이 많이 있었습니다.

그러나 작년 말 통계를 보면 도시근로자의 소득을 100으로 했을 때 우리 농촌의 농가소득은 104퍼센트로서 도시를 4퍼센트나 더 앞질렀습니다. 이것은 불과 몇 년 전만 하더라도 도시를 100으로 했을 때 우리 농가소득은 불과 60~65 정도였는데, 이제는 꾸준히 따라와서 오히려 도시를 앞지르게 된 것입니다.

농가소득이 도시근로자의 소득을 앞지른 것은 아시아 지역에서는 일본을 위시해서 한두 개 나라가 있을까 말까한 정도인 것입니다. 그뿐만 아니라, 지난 5년 동안에 우리나라의 국력은 5년 전에 비해서 약 배 이상으로 늘어났습니다.

이것은 경제분야뿐 아니라 모든 분야를 종합해서 평가할 때, 나는 우리 국력이 5년 전에 비해서 배 이상으로 늘어났다고 평가합니다.

솔직히 말해서 지난 5년은 우리나라로서는 가장 어려운 시기였습니다. 우선 석유파동이나 경제불황, 또는 금년 봄 인도차이나 반도가 공산주의자들 수중에 떨어진 그 무렵만 하더라도, 우리나라로서는 주변정세의 급변과 국가안보면에서 여러 가지로 큰 충격을 받았던 시기였습니다.

그러나 우리는 이 어려운 시기를 단결된 힘으로 슬기롭게 극복을 해 나왔습니다. 공산분자들의 무모한 불장난을 미연에 막기 위해서 우리는 나라의 울타리를 더욱 더 튼튼하게 다져 놓았고, 국력을 배 이상으로 증대시킬 수 있었습니다.

그렇다면, 이 어려운 시기에 우리가 이처럼 국력을 증대하고 나라의 기틀을 보다 더 튼튼하게 만든 힘의 근원이 어디에 있었겠느냐, 이러한 저력이 어디서 나왔겠느냐 하는 것을 다시 한번 생각해 볼 필요가 있습니다.

그것은 다름이 아니라, 유신체제하에서 우리 국민들이 총화단결로써 또 새마을정신으로써 모든 도전과 시련을 극복해 나왔다고 나는 생각합니다. 즉, 새마을정신이 있었기 때문에 우리가 이러한 여러 가지 어려움을 극복하고 나라의 힘을 키우고, 나라의 기틀을 보다 더 튼튼히 만들 수 있었던 것입니다."

대통령은 이어서 새마을정신의 여러 가지 의미를 설명했다.

"우리는 새마을정신을 여러 가지로 해석을 합니다. 새마을운동이 무어냐, 잘살기 운동입니다. 어떻게 하면 잘사느냐, 부지런해야 하고, 자조자립 정신이 강해야 하고, 협동단결을 해야 됩니다. 이것이 새마을정신입니다.

그러나 또 우리가 다른 각도에서 새마을정신을 풀이를 한다면, 새마을정신이란 나라를 사랑하고 민족을 사랑하는 정신입니다. 애국애족의 정신이 곧 새마을정신입니다.

또, 내 고장과 내 이웃을 사랑하는 애향정신, 나와 내 가족을 사랑하는 자조자립의 정신이 새마을정신입니다.

나라가 위기에 처했을 때 나라를 구할 생각은 하지 않고 자기만 살겠다는 그러한 정신은 새마을정신이 아닙니다.

나라가 위급해졌을 때에는 목숨을 바쳐서라도 나라를 지키겠다는 애국정신, 이것이 바로 새마을정신입니다.

또한, 우리 주변에 불우한 이웃이 있는 것을 보고도 모른 체하는 것은 새마을정신이 아닙니다. 어려운 이웃이 있을 때에는 이것을 남의 일처럼 생각하지 말고 자기 일로 생각하고 이웃끼리 힘을 모아서 도와주고 보살펴 주는 인보(隣保)의 정신, 이것이 새마을정신입니다.

나 자신을 사랑하는 정신이란 무어냐? 결국은 부지런해야 하고 성실해야 하고 자기가 맡은 일에 충실해야 합니다. 그래서 이웃끼리 서로 협동하고 단결해서 나도 잘살고, 우리 이웃도 잘살고, 우리 고장이 모두 다 잘살 수 있도록 하는 자조자립의 정신, 이것이 즉 나 스스로를 사랑하는 정신입니다. 이것이 새마을정신입니다. 이러한 정신이 하나의 원동력이 되어서 지난 5년 동안 우리나라는 국내외적으로 여러 가지 어려운 상황 속에서도 꾸준히 국력을 신장해 왔고, 나라의 기초를 튼튼히 다져 놓았습니다. 그 힘의 원천이 즉 새마을정신입니다."

대통령은 이어서 잘사는 부자마을에 뒤떨어진 낙후된 마을은 실망하거나 좌절하지 말고 실패한 원인을 분석해서 이를 시정하고 성공한 부락의 경험을 교훈삼아 노력하면 반드시 성공할 수 있다는 확신과 용기를 가지고 일을 추진해야 한다는 점을 강조했다.

"오늘 전국의 새마을지도자 여러분들이 이 자리에 모인 것은, 지난 1년 동안 우리들이 해 온 일과 또 지난 5년 동안의 새마을운동에 대한 성과를 평가하고 반성을 해 보자는 데 그 목적이 있다고 생각합니다.

지난 1년 동안도 우리는 많은 일을 했고 훌륭한 성과를 올렸습니다. 우리가 땀 흘려 일하고 노력한 결과, 하늘도 우리를 도와서 금년은 예년에 없는 큰 풍작을 이룩했습니다. '하늘은 스스로 돕는 자를 돕는다'는 격언이 있습니다. 이것은 동서고금을 막론하고 만고의 진리입니다. 하늘은 땀 흘려 노력하는 사람을 도와 주지, 노력하지 않고 게으른 사람을 도와 주는 법은 없습니다.

그러나, 오늘의 이 시점에서 우리가 추진하고 있는 새마을운동에 대해 평가를 할 때 앞으로 여러 가지 고쳐 나가야 하고 더욱 노력해야 될 점, 반성해야 될 점이 많다고 생각합니다.

그동안 나는 국도변과 고속도로변, 그리고 어제는 서울에서 대구까지 기차를 타고 오면서 연도에 있는 우리 농촌을 유심히 보았습니다.

그런데, 새마을운동을 열심히 잘한 부락은 불과 몇 년 동안에 부락의 모습이 완전히 탈바꿈을 했습니다.

지나가면서 먼빛으로 보기만 해도 그 동네에 윤기가 흐를 정도로 살기 좋은 마을이 되었는가 하면, 또 어떤 부락은 아직까지도 개발이 되어 있지 않고 뒤떨어져 있는 부락도 많이 눈에 띄었습니다.

앞으로 시간이 가면 갈수록 잘사는 부락과 뒤떨어진 부락의 차이가 크게 벌어질 것입니다. 다시 말해서, 잘사는 부자마을이 자꾸 늘어나는가 하면, 그 반면에 노력하지 않고 낙후된 부락은 자꾸만 뒤떨어지게 된다는 얘기입니다.

물론, 뒤떨어진 부락도 그동안에 노력을 하기는 했을 것이나 그 방법이 잘못되었거나 또는 실패를 했을 것입니다.

따라서, 이런 부락들은 왜 자기 부락이 이웃에 있는 다른 부락에 뒤떨어져 있느냐 하는 데 대해서 다시 한번 그 사업 내용을 분석해 보고 반성해 볼 필요가 있습니다. 실패를 했다고 해서 결코 실망을 하거나 사업을 포기해서는 안 됩니다.

조금 전에 성공한 부자마을의 지도자들이 나와서 성공담을 이야기했습니다만, 성공한 부락을 보더라도 한두 번의 실패는 있을 수 있는 것입니다.

문제는 실패를 하더라도 절대로 실망하거나 좌절하지 않고 다시 용기를 내어서 재기한 부락들은 성공을 하는 법입니다.

한 번 실패를 했다고 실망을 하거나 좌절감에 빠져서 사업을 포기해 버린다면, 그런 부락은 다시 일어날 수 없습니다.

왜 실패를 했느냐 하는 것을 따지고 보면 거기에는 반드시 원인이 있을 것입니다.

부락에 훌륭한 지도자가 없었다든지, 또는 지도자가 앞장서서 열심히 일했는데도 부락민들의 단결심이 약해서 일을 추진하지 못했다거나, 또는 처음부터 그 부락의 실정과 능력을 무시한 사업계획을 세웠기 때문에 실패했을 것입니다.

또는, 기술적인 문제를 충분히 검토하지 않고 했기 때문에 사업을 성공시키지 못했다든가, 일을 추진해 놓고 보니까 경제적으로 채산이 맞지 않았다는 등 여러 가지 원인이 있을 것입니다.

때로는 그야말로 인력으로는 불가항력적인 천재가 있어서 실패를 거듭한 일도 있을 것입니다.

이런 것을 우리가 세밀히 분석해서 어떻게 하면 앞으로 이를 시정하고 부락민들이 단합할 수 있느냐 하는 것을 연구해서 부락민들의 적극적인 동의와 협조를 얻어 밀고 나가면 반드시 성공할 수 있다고 나는 믿습니다.

또, 자기 이웃의 성공한 부락에 가서 그 부락이 어떻게 해서 성공을 했는가 하는 경험담을 듣고 그것을 교훈삼아 자기 부락도 반드시 성공할 수 있다는 확신과 용기를 가지고 일을 추진해 나가야만 합니다."

대통령은 이어서 도시새마을운동, 직장과 공장의 새마을운동도 활발하게 전개되고 있다는 사실을 설명했다.

"다음에는 도시새마을운동입니다.

전반적으로 도시가 농촌에 비해서 새마을운동이 부진한 것은 사실이지만, 도시에서도 그동안 상당히 활발하게 전개되고 있으며, 성공한 예도 많이 있습니다.

오늘 이 자리에 나와서 훈장을 받거나 표창을 받은 지도자들 중에도 도시새마을지도자들이 여러 분 있다는 것을 나는 알고 있습니다.

확실히 도시는 농촌보다도 그 여건으로 보아 새마을운동을 추진하기가 어렵다는 것은 사실이지만, 그렇다고 해서 도시새마을운동이 불가능하냐 하면 그렇지는 않습니다.

며칠 전에도 경제동향보고회에서 서울시 관악구에 있는 어느 새마을지도자의 성공사례담을 들었는데, 역시 도시의 새마을운동도 농촌이나 그 이치는 마찬가지라고 나는 생각합니다.

왜냐 하면, 도시에서도 그 마을에 발벗고 앞장서서 뛰는 헌신적인 지도자가 있어야 된다는 것입니다.

또한, 도시부락민들이 그 지도자를 중심으로 해서 단결하고 뭉칠 줄 알아야 되고, 사업을 추진하는 데 있어서도 손쉬운 일부터 시작해야 성공할 수 있다는 것이 그 새마을지도자의 경험담입니다.

확실히 옳은 얘기라고 생각합니다.

그리고, 마을주민 전체의 공동관심사인 사업을 택해야 되며, 만일 몇몇 사람들만 관심 있는 사업을 하면 전주민들이 호응을 하지 않게 될 것입니다.

그 부락 전주민들이 모두 관심을 가지고 있는 사업, 모두에게 혜택이 돌아갈 수 있는 사업을 선택해서 쉬운 사업부터 하나하나 추진해 나간다면 도시도 반드시 성공할 수 있고, 또 성공한 사례도 얼마든지 있습니다.

새마을운동은 곧 '잘살기운동'이라고 했습니다. 도시사람이라고 해서 잘살자는 데 그것을 외면할 이유가 없을 것입니다.

다만, 그 주민들을 이끌어갈 수 있는 헌신적인 지도자가 있느냐, 지도자를 중심으로 그 부락민들이 단결할 수 있느냐 없느냐, 그리고 적정한 사업을 선택해서 주민들이 그 사업을 통해서 뭉칠 수 있느냐 없느냐 하는 것이 문제가 된다고 생각합니다.

그다음 일반직장이나 공장에 있어서도 지금 새마을운동이 활발히 전개되고 있습니다.
오늘 이 자리에도 직장새마을운동에 성공한 지도자들이 여러 분 나와서 수상한 것으로 알고 있습니다.
특히 공장의 경우 새마을운동이 잘 추진되면, 첫째 그 직장의 분위기가 아주 명랑해지고 능률도 올라가고 생산성이 높아집니다.
자연적으로 거기에 있는 근로자들에 대한 처우와 복지도 향상이 될 것입니다.
이렇게 되면 노사 간의 문제도 모든 것이 원만하게 잘 처리가 될 것이며, 이렇게 해서 성공한 직장이 여러 군데 있습니다.
따라서, 아직까지 새마을운동을 하지 않고 있는 직장이나 부진한 직장은 앞으로 더 분발해야 된다고 생각합니다."

대통령은 이어서 정부는 앞으로도 잘살아 보겠다는 의지가 강렬하고 부락민의 단결심이 강하고 근면한 부락에 대해서는 우선적으로 지원하겠다는 '우선지원 원칙'을 밝히고 뒤떨어져 있는 마을은 보다 더 분발할 것을 거듭 강조했다.
"전에도 여러분께 말씀드린 바와 마찬가지로, 앞으로도 정부는 잘살아 보겠다는 의지가 강렬하고 부락민들의 단결심이 강하고 근면한 부락에 대해서는 우선적으로 지원을 하겠습니다.
1980년대 초에 우리나라는 중화학공업국가가 될 것입니다.
지금 추진하고 있는 모든 중화학공업계획이 80년대 초에 가면 거의 완성이 됩니다.
우리 농촌도 그때는 대부분 자립마을이 되어서 잘사는 농촌이 될 것이며, 국민소득은 1,000달러를 훨씬 넘을 것으로 내다봅니다.
이렇게 되면 우리도 남부럽지 않게 잘사는 나라가 될 수 있을 것입니다. 다만, 이 대열에는 근면하고 자조하고 협동하는 농민, 그러한 농촌만이 낄 수 있는 것입니다.

80년대 초에 가서 농가소득 평균 140만 원이란 것은 전국을 평균했을 때 140만 원이 된다는 얘기입니다.

그렇다면, 그때 가서 잘사는 부락은 200만 원, 300만 원 또는 그 이상의 소득을 올리는 부락이 많이 나올 것이고, 반면에 100만 원도 못 올리는 뒤떨어진 부락도 있을 것입니다.

이처럼 낙오된 부락이 있어서는 안 되겠으며, 우리 모두가 골고루 잘사는 농촌이 되어야 하겠습니다.

그러기 위해서는 특히 지금 부진한 마을, 뒤떨어진 마을, 한 번 하다가 실패해서 실의에 차있는 마을들이 보다 더 분발해야 할 것입니다.

외국에서도 우리나라의 새마을운동에 대해서 비상한 관심을 가지고 있고, 우리나라에 와서 새마을운동을 배우겠다는 사람들이 계속 늘어나고 있습니다.

앞으로 이 같은 외국사람들이 많이 찾아올 것이고, 또 농촌에 가서 여러분들하고도 자주 만나게 될 것입니다.

후진국가에 있어서 농촌이 불과 몇 년 사이에 이처럼 획기적인 발전을 가져왔다는 사실에 대해서 이 분야를 연구하는 외국학자들이나 전문가들은 우리나라 농촌, 특히 새마을운동에 대해서 비상한 관심을 가지고 있는 것입니다. 외국사람들도 우리나라의 새마을운동에 대해 이처럼 관심을 가지고 있는데도 불구하고, 우리 농촌에서 불과 몇 년 전만 하더라도 자기들과 마찬가지로 못살던 이웃마을이 몇 년 사이에 부자가 된 것을 보고도 분발해서 따라가겠다는 의욕을 갖지 않는 마을이 있다면, 아무도 그 마을을 부자마을로 만들어 줄 수는 없을 것입니다."

대통령은 끝으로, 새마을운동은 우리 후손들에게 기필코 잘사는 사회를 물려주겠다는 굳은 신념과 철학이 확립되어야만 오래 지속될 수 있다는 점을 강조했다.

"지금 우리 농촌에는 새로운 역사가 하나씩 펼쳐져 나가고 있습니다. 이것을 우리는 흔히 새역사의 창조라고 합니다.

이 자리에 모인 새마을지도자 여러분들은 우리 농촌의 새역사 창조의 기수들입니다.

여러분들은 드높은 긍지와 사명감과 보람을 가지고 지금 하고 있는 일이 아무리 고되고 힘들더라도 절대로 용기를 잃거나 좌절됨이 없이 분발해서 하루속히 선진국가 농촌보다 더 잘사는 우리 농촌을 만들어 보겠다는 우리의 목표 달성을 위해 계속 매진해 줄 것을 당부합니다.

그리하여, 살기 좋은 내 고장을 만들고 부강한 새 조국을 건설해서 사랑하는 우리 후손들에게 떳떳한 유산으로 물려줍시다.

거듭 강조하거니와 새마을운동은 우리 모두가 잘살자는 운동입니다. 그러나 반드시 우리 당대에 잘살기 위한 운동만은 아닙니다.

우리들 세대에 목표달성이 안 되면 우리 다음 세대, 우리들 후손의 대에는 기필코 잘사는 사회를 물려주겠다는 굳은 신념과 철학이 확립되지 않으면 새마을운동이 오래 지속될 수 없는 것입니다.

우리 후손들에게 떳떳한 유산을, 자랑스러운 조국을 물려주기 위해서 우리는 앞으로도 이 새마을운동에 보다 더 분발합시다.

그동안 새마을운동의 선봉에 서서 애쓰신 새마을지도자 여러분과 이 운동을 측면에서 지도해 주신 관계공무원, 유관기관 직원 여러분들의 그동안의 노고에 대해서 다시 한 번 치하의 말씀을 드리면서, 새해에도 보다 더 분발해서 훌륭한 성과를 올려 주실 것을 당부합니다. 새해에 여러분과 여러분의 가정에 건강과 행복이 있기를 빌어

마지않습니다."

새마을운동은 괄목할 만한 농가 소득증대 성과를 거두고 있다

1976년 1월 15일, 연두기자회견에서 대통령은 새마을운동은 농가의 소득증대에 있어서 괄목할 만한 성과를 거두고 있다는 사실을 자세히 설명했다.

"지난 5년 동안 추진해 온 새마을운동의 성과는 괄목할 만한 것이었다고 우리는 보고 있습니다.

우선 국민의 의식구조면에 있어서 큰 변화가 있었습니다. 우리도 남과 같이 잘살 수 있다고 하는 자신과 용기를 우리 농민은 물론 모든 국민들의 가슴 속에 불어넣어 주었고, 또 협동하는 방법과 어떻게 하면 소득을 높일 수 있느냐 하는 방법도 터득하게 되었으며, 근면·자조·협동의 새로운 생활질서가 점차 확립되어 나가고 있고 땀 흘려서 부지런히 일하는 사회 풍토가 점차 조성되어 나가고 있다고 봅니다.

또, 생활환경면에 있어서의 성과로는 우리가 직접 눈으로 볼 수 있는 바와 같이 농촌의 농가 지붕이나 담장, 그리고 마을 안길이나 소하천 등이 잘 정비되어 가고 있습니다.

그밖에 농촌에 전기·전화가 들어가고 급수시설이 개선되어 나가고 있으며 또 공동작업장이 자꾸 늘어나고, 이렇게 해서 우리 농민들도 이제 점차 문화생활을 할 수 있게 되어 가고 있습니다. 또, 이 운동을 생산과 소득에 직결시켜 우리 농촌의 생활수준이 매년 크게 향상되어 가고 있습니다.

재작년인 74년 말에 우리 농가소득이 4년 전인 70년의 농가소득의 배 이상으로 늘어났다 하는 것이 통계숫자로 나와 있습니다. 또, 작년 말 통계는 앞으로 몇 개월 후에 나오리라고 봅니다만, 74년 말 통계로 보아서 우리 농촌의 농가 호당 소득이 도시근로자의 소득을 앞지르게 되었습니다.

과거에는 농촌이 도시근로자 소득보다 훨씬 뒤떨어져 있었습니다. 60년대 후반기만 하더라도 도시를 100으로 했을 때 농촌이 약 60, 또는 65퍼센트 정도였고 73년만 하더라도 농가소득이 87퍼센트밖에 되지 않았는데 74년 말에는 이것이 역전되어 농가소득이 104.6퍼센트로 도시근로자의 소득을 앞지르게 되었는데 이것은 대단히 중요한 의미를 가진다고 봅니다.

그뿐만 아니라, 지금 농촌에 가보면 우리가 80년대 초에 농가소득 목표를 전국 평균 140만 원 정도로 보고 있는데, 벌써 140만 원을 훨씬 초과하는 마을들이 지금 우리 농촌에는 도처에 늘어나고 있는 실정입니다.

그리고 정부가 지금까지 새마을운동에 지원한 돈은 약 2천 2백 50억 원 정도인데 이 지원을 받아서 농민들이 사업을 한 그 성과는 얼마나 되느냐, 이것은 아마 금액으로 따진다는 것은 어려울지 모르지만 대충 약 2.5배에 달하는 5천 7백여억 원으로 보고 있습니다.

이것은 정부가 지원해 준 것보다도 몇 배나 훨씬 더 많은 성과를 올린 결과가 되겠습니다. 정부는 금년도에도 이 새마을사업을 지원하기 위해 1천 7백억 원을 투입할 것입니다.

이처럼 새마을운동은 그동안 많은 성과를 거두었고 앞으로도 이 운동은 계속 꾸준히 추진되어 좋은 성과를 올릴 것으로 우리는 확신하고 있습니다.

그래서 지금 이 운동은 명실상부한 잘살기운동이라는 것이 우리나라뿐만 아니라 세계 여러 나라에 알려져서 크게 관심을 모으고 있는 것도 사실입니다.

앞으로 이 새마을운동의 방향은 궁극적으로 소득증대에 두고 우리는 박차를 가해 나가야 되겠습니다. 그래서 80년대 초에는 농가 호당 소득 전국 평균 140만 원의 목표를 우리는 기어코 달성해야 되겠다는 것이 1단계 목표가 되겠습니다.

그리고 앞으로는 지금까지 해 오던 마을 단위의 소득사업의 폭을 점차 넓혀서 인근에 있는 두 개 마을, 세 개 마을을 합친 소위 협동권 단위로 이 사업을 지도해 나갈 방침이고, 또 아주 열심히 잘 하는 부락에 대해서는 정부가 우선적으로 지원하겠다고 하는 방침은 앞으로도 변함없이 그대로 밀고 나가겠습니다. 따라서, 지금 현재 좀 뒤떨어져 있는 부락들은 앞으로 더욱더 분발해 주기 바랍니다."

대통령은 이어서 도시새마을운동을 강력히 추진해야 되겠다는 점을 역설했다.

"그리고, 또 한 가지 앞으로 우리가 생각할 중요한 방향의 하나는 도시새마을운동을 강력히 추진해 나가야 하겠다는 것입니다. 도시라고 해서 새마을운동이 안 될 리는 결코 없습니다. 도시의 가정과 직장에서 근검절약을 생활화하고 협동정신을 발휘하여 우리 생활 주변에서 아주 손쉬운 일부터 하나하나 실천해 나가는 것이 곧 새마을운동입니다.

새마을운동이라는 것은 우리나라에 있어서 하나의 사회운동이요, 국민의식혁명운동이라고 볼 수 있습니다. 따라서, 이 운동은 결코 농촌에만 적용될 것이 아니라 도시인이나 지식인들이나 우리 사회 각계각층 지도층에 속하는 사람들이 모두 적극적으로 여기에 호응하고 참여해서 건전하고 명랑한 사회기풍을 진작하는 데에 우리가 다 같이 힘써야 될 줄 압니다. 그래서, 이것이 하나의 범국민운동화되어 나가야 하겠습니다.

새마을운동의 가장 중요한 요소는 역시 근면·자조·협동의 정신입니다. 따라서, 새마을운동이라면 반드시 소득증대나 물질만을 생각하는 사람이 있을지 모르지만, 물론 그것도 우리가 새마을운동을 해 나가는 데에 하나의 중요한 목표임에는 틀림없습니다. 그러나 물질만이 새마을운동의 전부가 아니라는 것을 우리는 확실히 알아야 할 것입니다.

오늘날 선진 여러 나라의 경우를 보더라도 물질적으로는 대단한 풍요 속에 살고 있으면서도 정신적인 타락과 사회기강의 해이 등으로 여러 가지 고민하고 있는 경우를 우리는 많이 보고 있습니다. 그러한 사회를 우리가 볼 때 그들의 사회는 오늘날 그들 자신들이 피땀 흘려서 이룩한 사회가 아니고 과거에 그들의 조상들이 피땀 흘려서 이룩한 풍요한 사회 속에 살고 있으면서 이러한 타락과 해이에 다시 빠져들어가고 있다고 봅니다. 그러한 사회는 오늘 현재는 대단히 풍요한 사회라고 볼 수 있을지 모르지만, 장래를 내다볼 때는 희망과 발전을 크게 기대하기는 어려울 것입니다.

따라서, 우리가 우리들 후손들에게 물려줄 수 있는 가장 값진 유산은 곧 근면·자조·협동의 이 새마을운동 정신입니다.

우리는 이 정신을 후손들에게 물려줘야 합니다. 앞으로도 이 새마을운동은 조국근대화의 하나의 촉진제가 되는 동시에 범국민적인 정신계발운동으로서 계속 강력히 밀고나가야 하리라 생각합니다."

새마을운동은 도시에서도 성공할 수 있다

1976년 1월 23일, 내무부 연두순시에서 대통령은 새마을운동은 도시에서도 성공할 수 있다는 사실을 강조했다.

"새마을운동이 그동안에 성과를 올린 게 사실인데 요전에 기자회견 때도 몇 가지 말했습니다만, 새마을운동은 농촌에서만 하는 것이다 하는 그런 관념을 가진 사람이 혹시 있을지 모르지만 절대 그것이 아니고 생활여건이 같고 환경이 같은 농촌사회에서 시작하는 것이 가장 빨리 성과를 올릴 것 같다고 해서 농촌에서 시작한 것 뿐이지 하나의 범국민적인 운동이다, 정신혁명운동이고 사회운동이라고 본다면 도시사람이 농촌에서 일어난 새마을운동에 대해 남의 일 구경하듯이 방관적인 자세를 가져서는 안 되겠다, 도시에는 여러 가지 실제 하기 힘든 여건이 있다는 것은 우리가 이해는 하지만 도시사람들도 새마을운동은 하나의 범국민적 운동이고 우리 국력을 키워 나가고 우리 사회를 보다 더 명랑하고 밝고 잘사는 사회로 만드는 길이라고 생각하고 전부 참여해야 될 것입니다.

도시는 농촌하고는 달라서, 도시새마을운동이란 것은 대략 어떠한 분야부터 시작해야 되겠느냐? 그것도 환경에 따라 모두 다를 텐데 내가 얘기하는 것은 자기 생활주변에서부터, 쉬운 것부터 해 나가자는 것입니다.

부락사람들이 관심을 가지고 있는 일, 같은 이해관계가 있는 누군가가 앞장을 서서 부락사람을 한데 묶어가지고 마을을 위해 하나 해냈다, 하고 나서 보니까 그동안에 늘 우리가 저것이 어떻게 고쳐졌으면 했는데 동네사람들이 모두 한 마음이 되어서 모두 나가서 행동을 하니까 불과 며칠 사이에 큰 힘 안 들이고 대견할 정도로 간단히 해결이 되었다, 이런 분위기를 만들어 나가면 그 다음부터 조금 더 큰 일, 조금 더 힘든 일 이런 것이 하나둘 되어 나가지 않겠느냐. 그래서 서울 같으면 여기에 구(區)가 몇 개가 있는지 잘 모르겠습니다만, 금년엔 한 구에서 가장 분위기가 좋고 똑똑한 지도자가 있는 그런 동은 서울시가 중점적으로 지도를 해서 도시 안에서도 동네사람들의 마음가짐과 단결심 협동심 여하에 따라서는 1년 동안에 몰라볼 정도로 다른 마을이 되고, 동네가 아름다워지고 부락사람들의 생활수준이 높아지고 살기 좋은 마을이 된다는 것을 시범으로 보이면 점차 옆으로 확장되어 나가지 않겠느냐.

도시의 많은 부락들이 한목에 너도나도 해 봤자 성과가 안 날 것입니다. 하나 아니면 둘, 큰 도시는 그런 식으로 하고 중간도시는 중간도시 대로 그 실정에 맞게끔 단계적으로 밀고 나가면 도시도 반드시 성공할 수 있다, 나는 이렇게 믿고 있습니다."

세계은행 차관을 사용하는 새마을사업에 대해서는 사후관리와 감독을 철저히 해야 한다

1976년 1월 29일, 농수산부 연두순시에서 대통령은 새마을사업을 추진하는 데 세계은행 차관을 사용하려면 사업의 당위성이 있어야 하고, 사후관리와 감독을 철저히 해야 한다는 점을 강조했다.

"새마을사업 목적으로 세계은행에서 차관을 들여왔는데, 그 차관으로 소규모 수리시설, 간이상수도, 농촌전화(電化)사업을 한다는 것은 이해가 가는데 농로개설이다, 연료림조성이다 하는 것에 외국 차관을 쓸 필요가 있나요? 오히려 다른 데로 돌리는 것이 좋겠습니다. 새마을사업을 추진하는 데 세계은행 차관을 쓰자면 어느 정도 당위성이 있어야 되겠고 사후관리와 감독을 철저히 해야 되겠습니다. 앞으로 차관을 얻어 새마을사업을 하더라도 연료림이다, 야산개발이다 하는 것을 해서는 안 돼요. 연료림 같은 것은 자칫 잘못 하면 돈만 집어넣고 흐지부지됩니다. 정부가 연료림조성을 위해서 지난 15년 동안 돈을 얼마나 썼습니까? 전부 사후관리가 안 되고 흐리멍텅하게 해가지고 모두 관심이 없었어요. 더군다나 외국차관까지 해 와서 잘못 되면 돈을 낭비했다는 것도 손해지만 외국사람들이 와서 차관까지 해 와서 사후관리가 형편없다는 것을 알면 우리를 어떻게 보겠습니까? 그런 것은 차라리 우리의 내자를 가지고 하라는 말입니다. 내가 관심을 갖고 있는 것은 간이상수도라든지, 소규모 수리시설에 집중적으로 투자하는 것입니다.

농로개설도 마찬가지입니다. 농민들이 새마을사업을 하고 노력봉사를 하고 정부가 자재대(資材代)를 도와주면서 해 나가면 농로는 점차 개설되어 나갈 수 있습니다. 그런 것까지 차라리 우리의 내자를 가지고 하라는 말입니다. 야산개발도 그래요, 작년에 몇 번 회의를 해 가지고 대단위 야산개발을 한다고 하기에 내가 사전에 기술훈련과 사전교육을 철저히 해서 과거에 여러 번 실패했던 그런 전철을 밟지 않도록 하라고 했는데, 솔직히 과거에 야산개발해서 성공한 데가 어디 있나요? 야산개발하는 데 세계은행의 어떤 사람이 와서 감독하는지 모르지만 우리나라는 더 많이 해 봤어요. 즉, 경험도 더 많이 가지고 있다고 봐요. 문제는 관계공무원들이 사전에 위치선정과 사업계획, 사후관리와 감독을 어느 정도 철저하게 하느냐, 이것만 잘 하면 우리나라는 충분히 성공할 수 있어요. 과거에는 그것이 잘못되어 안 됐다는 말입니다. 세계은행에서 나오는 학자니 뭐니 하는 사람들이 야산개발을 얼마나 해봤겠어요? 그런 경험은 우리가 더 많이 가지고 있다고 봅니다. 며칠 전에 했지 않아요. 여주 어디에 대단위 한 곳. 전라북도 익산 어디 한 곳, 고창군에 하나 있는데 요다음 보고 때 그 뒤에 어떻게 됐는가 보고 해보세요."

새마을사업은 외자사용 사업과 내자사용 사업을 구분해서 추진해야 한다

1976년 6월 8일, 월간경제동향보고회의 때 대통령은 농촌의 새마을사업을 위해 세계은행에서 얻어온 차관의 사용문제에 대해 구체적으로 지시를 했다.

즉, 외국의 장기자본도 큰 효과를 기대할 수 있고, 또 가장 시급한 사업인 수리시설과 간이상수도, 보건위생 시설을 만드는 데 사용하고, 농로개설, 연료림조성, 야산개발 같은 사업을 우리의 내자로 서서히 해도 된다는 것이다.

“농촌 새마을사업을 위해서 세계은행에서 차관을 얻어온 것 같은데 차관을 얻어온 목적이 소규모 수리시설, 간이상수도, 농어촌 전화사업 등은 이해가 가는 데 농로개설이나 연료림조성을 위해서 외국차관을 쓸 필요가 있습니까? 연료림 같은 것은 자칫 잘못하면 흐지부지해서 돈만 집어넣어 놓고 성과가 없습니다. 정부가 연료림조성을 위해서 지난 15년 동안 돈을 얼마나 썼습니까? 전부 사후관리와 감독을 철저히 하지 못하여 실패했습니다. 이런 연료림조성을 위해서 외국차관까지 썼다가 잘못 되면 외자를 낭비하고 손해를 본 것은 문제지만 차관까지 해 와서 사후관리가 안 되어 성과가 없으면 외국인들이 우리를 어떻게 보겠습니까? 연료림조성 같은 사업은 내자를 가지고 해야 할 것입니다. 농로개설도 마찬가지입니다. 그런 것까지 외국차관 얻어 와서 할 필요가 없습니다. 야산개발도 마찬가지입니다. 세계은행의 어떤 사람이 와서 감독하는지 모르지만 야산개발은 우리가 더 많이 해 봤고 경험도 더 많이 가지고 있습니다. 그 사람들이 야산개발을 얼마나 해봤겠습니까?

농로 뚫는다, 연료림 만든다, 야산개발한다 하는 것은 우리 내자로 서서히 해나가도 된다고 생각합니다. 이자를 주어야 하는 장기차관은 큰 효과를 기대할 수 있는 사업에 집중적으로 써야 합니다.

지금 우리 농촌에서는 수리시설과 간이상수도, 보건위생 등이 제일 시급한 사업입니다. 외국자본은 간이상수도나 소규모 수리시설이나 보건시설을 만드는 데 집중적으로 사용하는 것이 좋겠습니다.”

근면·자조·협동의 새마을정신은 나 자신과 나라를 부강하게 만드는 길이다

대통령은 76년 7월 9일 일기에서 오랜 한발 끝에 장마전선이 북상하여 전국이 해갈되고 석유파동으로 타격을 받았던 우리 경제가 회복되기 시작했다고 기술하고, 근면·자조·협동의 새마을정신은 나 자신을 살찌게 하고 나라를 부강하게 만드는 길이라고 강조하고 있다.

'오랫동안 한발이 계속되어 일부 모내기가 늦어지거나 이미 모내기를 마친 논(旣植畓)의 일부가 말라들어간다고 농민들이 비를 몹시 기다리는 중에 어젯밤부터 비가 내리기 시작하고 장마전선이 북상하여 전국적으로 비가 내리다.

이 비는 내일도 계속될 듯하다니 이것으로 완전히 해갈이 되고, 금년도 풍년을 바라볼 수 있게 되었다.

석유파동으로 심대한 타격을 받던 우리 경제가 금년 봄부터 서서히 회복을 하기 시작, 이제 완전 정상화되고 생산과 유통, 수출 모든 부분이 급격한 성장을 지속하고 있다. 수출도 작년 동기(同期) 대비 약 57%의 성장을 하였고, 정부보유 외화도 20억 달러를 초과, 기초 수지면에서도 흑자를 시현하기 시작했다.

국민이 단합하고 근면하고 노력하면 국력은 매일매일 자라기 마련이다. 근면·자조·협동은 나 자신을 잘살게 하고 나라를 부강하게 만드는 길이다.'

새마을운동은 우리의 생활과 밀착된 참다운 민주주의의 실천도장이다

1976년 7월 17일, 제28주년 제헌절 경축식에서 대통령은 먼저 새마을운동은 우리의 생활과 밀착된 참다운 민주주의의 실천도장이며 민족중흥의 추진력이라는 점을 역설했다.

"돌이켜보면, 광복 후 오늘에 이르기까지 한 세대 동안 우리는 이 땅에 민주주의의 굳건한 기틀을 다지고 헌정의 길을 밝혀 나가기 위하여 무한한 노력을 기울여 왔습니다. 그러나, 민주헌정을 추구해 온 우리의 도정은 결코 순탄한 것은 아니었습니다.

경제·사회적 여건의 불비 속에서 이른바 서구식 자유민주주의를 시행해 보았던 우리에게는 적지 않는 시행착오가 있었으며, 또한 거기에 수반하는 국력의 낭비와 비능률의 폐단이 적지 않았습니다.

아무리 좋은 헌법이나 제도라 해도 그것이 그 나라 현실에 맞지 않을 때에는 국민생활의 규범으로서의 생산적 기능을 다할 수 없기 때문입니다.

설상가상으로 북한 공산집단의 불법남침으로 인한 6·25전쟁의 전화는 우리의 민주헌정이 겪어야 했던 최악의 도전이자 위협이었다고 아니할 수 없습니다.

이처럼 험난한 역정을 우리가 의연히 극복해 올 수 있었던 것은 오직 민주헌정의 드높은 이상을 추구해 마지않는 굳은 신념과 국가건설에 바쳐온 피나는 노력이 우리에게 있었기 때문입니다.

마침내 우리는 국력을 키우는 데 보람찬 성과를 낳았고, 자기성찰을 통한 민족의 자각과 전통적 가치관의 재발견으로 오늘의 시대적 여건에 알맞는 자주적이고 창의적인 민족자활의 길을 찾았습니다.

이것이 곧 근면·자조·협동의 새마을정신입니다.

새마을정신이야말로 우리가 조상으로부터 연면히 물려받은 민족의 얼이며, 인간 존중과 자조·자치·자활의 민주주의 이념을 창조적으로 이 시대, 이 나라에 재정립한 우리 국민정신의 기조입니다.

또한, 민주복지사회 실현을 위하여 우리의 슬기와 힘으로 국가건

새마을운동은 한국적 민주주의의 토착화를 위한 실천도장이다(1973. 11. 22 새마을운동지도자대회 유시 중에서).

설을 촉진해 나가는 데 있어 가장 생산적이고 효과적인 우리의 행동철학인 새마을운동이야말로 우리의 생활과 밀착된 참다운 민주주의의 실천도장이며, 민족중흥의 추진력이라고 확신합니다."

대통령은 이어서 막강한 국력은 민주주의를 뿌리내리게 할 수 있는 토양이며, 전쟁을 예방할 수 있는 평화의 방파제이며, 번영과 통일을 앞당길 수 있는 자주역량이라는 점을 강조했다.

"오늘의 국제사회는 나라마다 국가이익을 다투어 추구하는 치열한 경쟁장이며 여기서 뒤떨어지는 것은 곧 국가 간의 생존경쟁에서 낙오하는 것을 의미하는 것입니다.

주변정세의 그 어떤 풍랑 속에서도 이를 헤치고 살아남아 도리어 역경을 약진의 발판으로 삼을 수 있는 민족만이 국제협조와 세계평화에도 참되게 기여할 수 있을 것입니다.

그렇기 때문에 오늘날 우리에게 무엇보다도 절실히 요청되는 것은, 우리가 흘린 땀의 성과에 스스로 보람을 느끼고 국력배양에 더욱더 헌신하려는 불퇴전의 신념과 용기입니다.

또한, 이 길만이 민족의 전통을 파괴하고 있는 이질적 북한 공산집단으로부터 우리가 민족사적 정통성을 굳게 지키고 마침내는 조국의 평화적 통일을 달성하는 첩경이 되는 것입니다.

한 마디로 막강한 극력만이 우리의 민주주의를 알차게 뿌리내리게 할 수 있는 토양이며, 전쟁을 미연에 방지하는 평화의 방파제이며, 번영과 통일을 앞당길 수 있는 자주 역량입니다.

그런 뜻에서, 우리 모두가 28년 전 제헌 당시에 다짐했던 민주헌정의 결의는 오늘날 국민적 구국의지의 결단이라 할 유신헌정으로 비로소 구체적 실천의 단계로 내실화된 것이라고 나는 확신합니다.

어떤 일이 있더라도 우리는 총화유신을 생활화하여 이 땅에 평화를 정착시키고 안정과 번영의 터전 위에 떳떳이 자랑할 수 있는 민주헌정의 유산을 후손들에게 물려주어야 하겠습니다.

이 뜻깊은 식전에 즈음하여, 국민 한 사람 한 사람은 바야흐로 조국의 영광을 창조하고 있는 역군이라는 드높은 긍지를 가지고 각기 맡은 바 직분에 온갖 정성을 다 바쳐나갈 것을 다시 한 번 굳게 다짐합시다."

새마을지도자들이 주민들과 해 온 일과 그 과정은 새역사 창조의 모습이다

1976년 12월 10일, 전국새마을지도자대회에서 대통령은 먼저 먼 훗날 역사가들은 한국의 농촌근대화를 촉진시킨 원동력과 정신적인 지주는 새마을정신이었다고 평가하리라는 확신을 피력했다.

금년에 우리는 우심한 한해와 수해를 극복하고 유례없는 풍작을 거두었다. 이제 우리 농민은 한발이 왔다고 하늘만 쳐다보고 한탄하거나 수해를 입었다고 정부의 구호만을 바라는 무기력한 농민이 아니다. 스스로의 힘으로 천재를 극복하고 흉년을 풍년으로 만들어 놓겠다는 의욕과 슬기를 가진 농민이다.

이제 새마을운동은 범국민적인 정신혁명운동으로서 우리 사회에 새로운 활력소를 불어넣고 청신한 바람을 일으키고 있다.

이 운동은 농촌에서 도시로, 공장으로, 직장으로, 학교로, 군대까지 확산되고 있다. 이제 우리 생활주변에는 5천 년 묵은 가난의 때가 서서히 그 자취를 감추어 가고 있다. 우리 농촌에서는 나태와 침체와 무기력이 사라지고 근면과 의욕과 활기가 넘치고 있다, 지금 외국인들은 우리 농촌을 보고 찬사를 보내고 있다는 것이다.

"그동안 새마을운동의 선봉에 서서 새역사 창조의 기수로서 밤낮을 가리지 않고 헌신적인 노력을 해 오신 전국의 새마을지도자 여러분! 그리고 관계 공무원과 유관기관 직원 여러분! 그 밖에 이 운동에 적극적으로 참여하고 협조해 주신 각계 인사 여러분의 그동안의 노고에 대해서 충심으로 위로와 치하의 말씀을 드리는 바입니다.

이제 병진년도 서서히 저물어 가고 있습니다.

지난 1년을 돌이켜볼 때, 금년에도 국내외적으로 여러 가지 어려운 일이 많은 해였습니다.

특히 우리들은 금년 여름에 우심한 한해를 겪었고, 여러 번 수해와 홍수의 피해를 입었습니다마는, 우리 농민들과 모든 국민의 노력으로써 이 천재를 극복하고 과거에 유례없는 대풍작을 거두었습니다. 이제 우리 농민들은 한발이 왔다고 해서 하늘만 쳐다보고 한탄하는 그러한 농민은 아닙니다.

또, 홍수가 나고 수해를 입었다고 해서 정부만 쳐다보고 정부의 지원이나 구호만을 바라고 있는 그러한 무기력한 농민도 아닙니다.

우리 농민 스스로가 자기들의 힘으로 천재에 도전해서 이를 극복하고 흉년을 풍년으로 만들어 놓겠다는 의욕과 슬기를 가진 농민이 되었습니다.

금년 정도의 한해나 수해는 우리 농민 스스로의 힘으로 극복을 할 수 있다는 자신을 가지게 되었습니다.

이제 새마을운동은 우리 사회에 서서히 그리고 줄기차게 새로운 활력소를 불어넣고 청신한 새바람을 일으키고 있습니다.

범국민적인 정신혁명운동으로서 전국에 파급이 되고 승화되어 가고 있습니다.

시간이 흐름에 따라 이 운동은 전국 방방곡곡까지 침투되고 농촌에서 도시로 공장으로 직장으로 학교로 군대에까지 파급 확산되어 가고 있습니다.

먼 훗날 역사가들이 우리나라의 농촌근대화에 대한 역사를 기록할 때 이 농촌근대화를 촉진시킨 원동력과 정신적인 지주가 무엇이냐 하는 문제를 따지게 될 것입니다. 그때 후세의 사가들은 반드시 그것은 새마을정신이었다고 평가하리라고 나는 확신합니다.

이와 동시에 10월유신의 지도이념이 무엇이냐, 또는 그것을 실천에 옮긴 행동철학이 무엇이냐 할 때에도 그것은 곧 새마을정신이요, 새마을운동이었다고 평가하리라고 나는 믿고 있습니다.

이제 우리 생활 주변에서는 5천 년 묵은 가난의 때가 서서히 그 자취를 감추어 가고 있습니다. 침체와 나태와 무기력했던 우리 농촌은 이제 근면과 의욕과 활기에 넘친 농촌으로 변모해 가고 있습니다.

최근 우리나라를 방문하고 돌아간 외국사람들은 모두가 이구동성으로 우리 농촌의 활기에 넘쳐 있는 모습에 대해서 찬사를 보내고 있습니다."

대통령은 이어서 지난 6년 동안 새마을지도자들이 흘린 땀의 대가로 이룩한 새마을운동의 성과는 참으로 엄청난 것이라고 몇 가지 예를 들어서 설명했다.

농민들이 농촌에 건설한 농로는 그 총연장 길이가 경부고속도로 길이의 100배가 넘는다. 이것도 최신장비가 아니라 삽과 괭이와 손과 머리로, 등으로 지고 나르고 해서 건설한 것이다. 교량도 약 57,500여 개를 정부가 지원한 시멘트와 철근을 가지고 농민들이 자신들의 힘으로 건설했다. 농어촌 생활환경도 크게 변모했다. 78년에는 농촌 벽지에도 전기와 전화가 들어가고 지붕이 개량될 것이며, 81년도까지는 모든 부락에 상수도 시설이 될 것이다. 새마을운동에 있어서 자랑스러운 일은 농민들이 영농방법을 개선해서 쌀 3,600만 석을 생산하는 식량증산의 성과를 거두었다는 것이다.

"오늘 이 자리에 모인 새마을지도자 여러분!

지난 6년 동안 새마을지도자 여러분들이 흘린 땀은 억만금을 주고도 바꿀 수 없는 값 있고 보람 있는 땀이었으며, 우리들의 땀의 대가로서 이룩한 새마을운동의 성과와 업적은 참으로 엄청난 결과를 가져왔습니다. 이것을 일일이 설명을 하게 되면 그야말로 천문학적인 수치가 됩니다.

그 중 몇 가지만 예를 들어서 말씀드린다면, 지난 6년 동안 우리 농민들이 농촌에 새로 건설한 농로만 하더라도 그 총연장 길이가 약 4만 3천킬로미터나 됩니다.

즉, 경부고속도로 길이의 100배가 넘는 농로입니다.

이것도 우리가 좋은 신장비를 가지고 건설한 것이 아니라, 우리 농민들이 가지고 있는 삽과 괭이와 또 우리들의 손과 머리로, 등으로 지고 나르고 해서 남녀노소가 힘을 합쳐서 이룩한 농로입니다. 농로라는 것은 우리 농촌에 근대화의 물결이 들어가는 하나의 혈관과 같은 역할을 합니다.

우리 정부는 지금 고속도로 건설과 국도포장에 크게 역점을 두고 있습니다.

그 목적은 도시와 농촌의 모든 격차를 하루빨리 없애고 농촌에 새로운 근대화의 물결과 문화의 혜택이 침투되어 들어가게 하기 위해서, 즉 농촌의 발전을 촉진하기 위한 것입니다.

또 한 가지 예를 든다면, 교량가설만 하더라도 지난 6년 동안 여러분들이 건설한 다리는 약 57,500여 개가 됩니다.

물론, 그 가운데는 조그만 도랑을 건너가는 작은 다리도 있겠지만, 큰 것은 200~300미터를 넘는 장대교도 있는 것입니다.

이 57,500여 개의 다리는 과거 우리나라 전국에 있던 다리의 총수보다도 더 많으리라고 믿습니다.

이것 역시 우리 농민들이 정부에서 겨우 시멘트나 약간의 철근 정도의 지원을 받아 나머지는 우리 농민 스스로의 힘으로, 농민들의 부담으로 이만한 엄청난 건설을 해냈습니다.

우리 농어촌의 생활환경도 크게 변모했습니다.

앞으로 1978년에는 우리나라 농촌의 어느 벽지에 가더라도 전기가 들어와 있고 지붕이 개량되어 있고 전화가 들어와 있게 될 것이며, 1981년까지에는 모든 부락에 간이상수도 시설이 다 되어 있는 살기 좋은 마을이 되리라고 우리는 전망하고 있습니다.

그밖에 새마을운동에 있어서 특히 우리가 자랑스럽게 얘기할 수 있는 것은, 우리 농민들의 노력으로 영농 방법을 개선해서 식량증산에 큰 성과를 올렸다는 것입니다. 금년과 같은 한해와 수해를 겪으면서도 우리는 쌀 3,600여만 석을 생산했습니다. 일제강점기에는 남북을 통틀어서 1년간 쌀의 평년작이 약 1,700만 석 내지 1,800만 석이었습니다.

1961년만 하더라도 그 해 우리나라에 풍년이 들었는데 쌀 생산이 2,400만 석이었습니다. 그런데 금년에는 우리가 한발과 수해를 겪으면서도 한반도의 절반밖에 안 되는 면적에서 3,600만 석을 생산했다는 것은 엄청난 식량증산의 성과가 아닐 수 없는 것입니다."

대통령은 이어서 새마을운동에서 이루어진 모든 성과가 집약적으로 반영되어 있는 것이 바로 우리 농민들의 소득증대라는 사실을 역설했다.

"몇 가지 예를 들었습니다만, 이러한 모든 성과를 집약적으로 표시할 수 있는 것이 바로 우리 농어민들의 소득증대입니다.

지난 6년 동안 우리 농민들의 소득은 크게 늘어났습니다.

얼마나 늘어났느냐 하면 새마을운동을 시작하기 전인 1970년 말 우리 농가 호당 소득은 25만 원을 약간 넘었습니다.

그러나 아직까지 정확한 통계는 나오지 않았습니다만, 추계에 의하면 금년 말로 우리 농가 호당 평균 소득은 100만 원을 훨씬 넘으리라고 내다보고 있습니다.

불과 6년 동안에 우리 농가의 소득이 약 4배 이상 증대되었다는 것은 역시 엄청난 성과라고 하지 않을 수 없습니다.

또 한 가지는, 과거에는 흔히 우리나라에서는 도시와 농촌의 소득 격차가 너무 크다, 도농의 격차가 크다 하는 얘기를 많이 했습니다.

그러나, 새마을운동을 시작하고 난 뒤, 지난 1974년 말로써 도시와 농촌의 소득 차이는 거꾸로 반전이 되었습니다.

농촌의 소득이 도시근로자의 소득을 앞지르게 되었습니다.

이것도 우리 농촌에 있어서는 하나의 획기적인 사실이라고 하지 않을 수 없습니다.

1981년에 농가소득을 약 140만 원 수준까지 끌어올리자는 것이 우리의 목표였습니다.

그런데 지금까지 나온 추계를 볼 것 같으면 금년 말로서 140만 원 이상의 소득을 올린 마을수가 약 8,700개 내지 9,000개가 될 것으로 보고 있습니다.

이것은 우리나라 전체 35,000개 마을 중 약 25%가 됩니다.

그 나머지 마을들도 81년보다는 4년 내지 3년을 앞당겨서 1978년이나 79년 말까지는 전부 이 수준까지 올라갈 수 있다고 보며, 원래 목표인 1981년까지는 모든 마을의 평균소득이 200만 원을 훨씬 넘을 것으로 내다보고 있습니다.

또한, 지금 우리는 새마을을 그 수준에 따라 기초마을·자조마을·자립마을로 구분하고 있습니다.

추계에 의하면, 금년 말로서 자립마을이 전체 마을 중의 45%나 되고 자조마을이 54%, 기초마을로 남는 것이 겨우 1%, 그러니까 35,000개 부락 중에 300여 개 마을이 기초마을로 남게 되며, 이것도 내년에 가면 전부 없어지게 됩니다.

이러한 모든 성과는 그 동안 새마을지도자 여러분들의 헌신적인 노력과 열성적인 지도가 오랜 잠에 젖어 있던 우리 농촌을 잠깨우게 함으로써 이룩한 결과입니다.

조금 전에 새마을성공사례담을 두 지도자가 나와서 했습니다만, 그 두 분뿐만 아니라 이 자리에 모인 모든 지도자들이 거의 그와 대동소이한 고생과 남모르는 여러 가지 어려움을 겪었을 줄 압니다.

그러나 그동안 여러분들이 흘린 땀이 결코 헛되지 않고 이만큼 훌륭한 성과와 엄청난 결과를 가져온 데 대해서 여러분들은 다시 한 번 보람과 긍지를 가져주기를 바랍니다.

여러분들의 마을이 이와 같이 소득이 늘고 풍요해진다는 것은, 즉 우리나라의 국력이 이만큼 커졌다는 것을 뜻하는 것입니다.

오늘날 세계 각국의 농촌문제를 연구하는 전문가와 학자들은, 한국농촌에서 일어나고 있는 새마을운동에 대해서 비상한 관심을 가지고 연구를 하고 있습니다.

특히, 개발도상국가의 농촌에 있어서는 한국의 새마을운동을 서로 배우고 본받으려고 연구열이 대단합니다.

오늘날 우리 사회에서 이루어지고 있는 새마을운동은 이제 비단 한국에 있어서의 새마을운동일 뿐만 아니라, 세계적인 새마을운동으로 점차 발전되어 가고 있다는 데 대해서 우리는 긍지를 가지고 앞으로 보다 더 분발해야 될 줄 압니다."

대통령은 이어서 도시새마을운동도 성공할 수 있다는 점을 강조했다. 도시는 농촌과는 여러 가지 여건이 다르고 농촌사회와 같이 협동이 잘 되기 어려워서 농촌에 비해서 도시새마을운동은 그 속도가 느리고 성과가 부진한 것은 사실이다. 그러나 도시주민들도 새마을운동의 의의를 올바로 인식하고 이웃끼리 협동심을 발휘한다면 도시새마을운동도 훌륭한 성과를 가져 올 것이다, 도시주민들도 한 달에 한 번씩 하는 반상회를 잘 활용해서 마을의 공동관심사, 공동 이익사업을 서로 상의해서 손쉬운 일부터 하나 하나 추진해 나간다면 도시마을도 지금보다는 훨씬 더 밝고 명랑하고 살기좋은 마을이 될 수 있다는 것이다.

"지금까지는 농촌새마을운동을 주로 얘기했습니다만, 다음은 도시새마을운동에 대해서 몇 가지 언급하겠습니다.

도시새마을운동은 농촌에 비해서 그 속도가 느리고 성과가 부진한 것이 사실입니다.

물론 도시는 농촌과 여러 가지 여건이나 사정이 다르다는 것을 우리는 잘 알고 있습니다.

농촌 같으면 한마을에 사는 사람들이 대부분 조상 대대로 오래 같이 살던 이웃이어서 서로 잘 알고 직업도 같은 농업이고 해서 서로 협동이 잘 되지만, 도시는 이웃끼리 살면서도 전혀 이름도 성도 모르는 사람들이 많고 직업도 제각기 다르기 때문에 농촌사회와 같이 협동이 잘 되기가 어려운 것이 사실입니다.

그러나 도시주민들도 새마을운동의 의의를 보다 더 올바로 인식하고 이웃끼리 서로 협동심을 발휘해서 이 운동을 추진한다면, 도시에 있어서도 농촌 못지않게 훌륭한 성과를 가져올 것으로 나는 확신합니다.

실제 그 좋은 산 증거로서 도시에서 새마을운동을 잘 해서 성공한 사례를 우리는 얼마든지 찾아볼 수가 있습니다.

오늘 이 자리에도 도시에서 새마을사업을 성공적으로 이룩한 새마을지도자들이 많이 참석한 것으로 나는 알고 있습니다.

특히 요즈음 우리나라에서는 농촌이나 도시나 매월 한 번씩 반상회를 하고 있습니다.

도시주민들도 이 반상회를 잘 활용해서 이 기회에 이웃끼리 도여서 우리 마을 공동의 관심사, 또는 공동이익이 되는 사업을 서로 상의하고 검토해서 손쉬운 문제부터 하나하나 추진해 나간다면, 도시마을도 지금보다는 훨씬 더 밝고 명랑하고 살기 좋은 마을이 되리라고 믿습니다."

대통령은 이어서 공장새마을운동과 학교새마을운동, 그리고 군부대새마을운동이 큰 성과를 거두고 있다는 사실을 설명했다.

"다음에는 공장과 직장 새마을운동에 대해서 몇 마디 언급하겠습니다.

공장 또는 직장새마을운동은 지금 매우 활발하게 빠른 속도로 확산되어 가고 있으며, 모범적인 공장이나 직장이 전국 도처에서 나날이 늘어가고 있다는 것은 대단히 기쁜 일이 아닐 수 없습니다.

특히 공장새마을운동에 있어서는 그동안 여러 가지 성공 사례를 많이 듣고 있습니다만, 이 운동을 추진하는 공장에서는 물자를 절약할 수 있고 생산원가를 절감할 수 있으며, 생산성이 향상되어서 회사의 이익을 그만큼 많이 올릴 수 있게 되는 등 당장에 큰 성과가 나타납니다.

그리고 기업주는 여기에서 나온 이익을 근로자와 종업원들의 처우 개선과 복지를 위해서 쓰게 되니까 노사협조가 원만하게 잘 이루어지고 있고, 모든 종업원들이 공장을 '우리 공장', '내 공장'이라는 마음을 가지고 보다 더 일을 충실히 함으로써 공장의 생산성이 더욱 제고되어 이익이 올라가게 되고 그 이익은 또 다시 종업원들을 위해서 쓰여지는 등 훌륭한 성과를 올리고 있는 예를 많이 보고 있습니다.

또 어떤 공장에 있어서는 기업주가 상급학교에 진학을 희망하지만 가정형편이 여의치 못한 종업원들을 위해서 학교를 설립하여 그들이 일하는 여가에 공부를 할 수 있는 환경을 마련해 줌으로써 종업원들은 자기 맡은 일에 대해서 보다 더 열의를 가지고 부지런히 일해서 공장도 잘 되고 자기 공부도 열심히 하는 흐뭇한 모습을 볼 수 있는데, 이것은 우리 기업의 특수한 현상으로서 아마도 다른 나라에서는 보기 드문 예라고 생각됩니다.

나는 앞으로도 우리나라의 모든 기업체와 공장에서 이와 같은 새마을운동이 더욱 활발하게 전개되기를 바라 마지않습니다.

또한 학교새마을운동에 있어서도 그동안 훌륭한 성과를 올리고 있습니다.

개중에는 저 멀리 벽지 또는 낙도에 가 있는 교사들 중에 이 운동에 앞장을 서서 헌신적인 노력으로 그 학교는 물론이요, 학교 주변에 있는 지역사회 발전에도 일대 변혁을 가져온 미담 가화를 우리는 얼마든지 들을 수가 있습니다.

나는 이분들이야말로 우리 사회가 바라는 참다운 훌륭한 교육자요, 겨레의 스승이라고 생각합니다.

그밖에 우리 국군 부대에 있어서도 국토방위의 중책을 수행하면서 새마을운동을 열심히 추진하여 군 자체의 보급경제에도 크게 기여했을 뿐만 아니라, 특히 정신전력 증강이라는 면에서 큰 성과를 올리고 있다는 보고를 나는 받고 있습니다."

대통령은 이어서 새마을운동은 우리의 당면목표인 자립경제와 자주국방과 총력안보 태세를 달성하는 첩경이라는 점을 강조했다.

"새마을지도자 여러분!

우리는 지난 수년 동안 새마을운동을 통해서 여러 가지 귀중한 교훈을 많이 얻었습니다.

근면·자조·협동하는 가운데 우리 생활주변에서 가난을 추방했고 풍요한 우리 마을을 만들 수가 있었으며, 서로 상부상조하고 협동함으로써 마을과 직장이 단결을 하게 되었고 일의 능률이 몇 배나 더 향상되었습니다.

이것은 곧 우리나라의 국력이 그만큼 커졌다는 것을 의미하는 것이며, 국력이 이만큼 커졌다는 것은 우리나라의 경제가 그만큼 빨리 성장을 했고 국방도 그만큼 더 튼튼해졌다는 것을 뜻하는 것입니다.

즉, 우리는 새마을운동을 통해서 국가안보를 보다 더 공고히 다질 수가 있었습니다.

그밖에 가난하고 불우한 이웃이 있을 때에는 동포애를 발휘하여 서로 힘을 모아서 그들을 따뜻하게 보살펴 주고 그들에게 새로운 용기와 자립 의욕을 북돋워 주며 사회에 대한 소외감을 없애게 함으로써 국민총화에도 크게 이바지하게 되었다는 것을 알 게 되었습니다.

이렇게 볼 때, 새마을정신과 새마을운동은 우리의 당면 목표인 자립경제와 자주국방과 총력안보 태세를 달성하는 가장 빠른 첩경인 것입니다."

대통령은 이어서 앞으로 새마을운동이 훌륭한 결실을 맺도록 하기 위해서 우리가 한번 더 분발해서 해야 할 일들에 관해서 당부의 말을 했다.

첫째, 마을이나 공장이나, 직장의 새마을운동이 성공하기 위해서는 지도자를 중심으로 단결해야 한다는 것이다.

둘째, 모든 사업계획은 부락이나 직장의 실정 고하 능력에 알맞도록 세워야 한다는 것이다.

셋째, 부락 공동사업은 주민의 총의를 모아서 결정해야 한다는 것이다.

넷째, 부녀회원들이 적극 참여할 수 있는 기회를 만들어야 한다는 것이다.

다섯째, 마을에 가난한 이웃이 있을 때는 1차적으로 마을사람들이 도와주어야 한다는 것이다.

여섯째, 마을금고를 만들어 저축하는 습관을 길러야 한다는 것이다.

일곱째, 모든 사업은 궁극적으로 소득증대에 직결되도록 해야 한다는 것이다.

여덟째, 모든 사업추진의 주체는 그 마을사람이 되어야 하고, 공장의 경우는 근로자가 주체가 되어야 한다는 것이다.

아홉째, 도시인들은 새마을운동에 방관적 태도를 취하지 말고 적극 참여해야 한다는 것이다.

"이제 새마을운동은 확실히 우리 사회 구석구석에 뿌리를 내리고 정착하기 시작했습니다.

그동안 우리들이 땀흘려 구축한 이 튼튼한 토대 위에 우리가 심은 '새마을'이라는 나무에 열매가 맺도록 이제부터 우리는 한번 더 분발을 해야 하겠습니다.

앞으로 새마을운동이 훌륭한 결실을 하기 위해서는 전에도 여러 번 강조한 바 있으나, 다시 한 번 이 자리에서 여러분들에게 몇 가지 사항을 당부하고자 합니다.

첫째, 마을이나 공장이나 직장에서 하는 모든 새마을운동에서 있어서 성공의 가장 기본 요건이 되는 것은, 지도자를 중심으로 굳게 단결하는 일입니다. 단결이 되지 않은 마을이나 공장이나 직장에서 새마을운동이 성공한 예는 없습니다.

둘째, 모든 사업계획을 그 부락 또는 직장의 실정과 능력에 알맞도록 세워야 합니다.

자기 부락의 실정과 능력에 맞지 않는 사업계획을 세워 사업을 추진할 때는 흔히 실패하기가 쉽습니다.

또 중요한 것은 사업상의 기술 문제, 즉 기술성 또는 경제성을 충분히 검토해서 계획을 세워야 하겠다는 것입니다.

그동안 새마을운동에 실패한 마을을 보면, 거의 대부분이 사업계획을 수립할 단계부터 그 마을의 실정과 능력, 또는 기술 문제나 경제성 등을 사전에 충분히 검토하거나 고려하지 않고 일에 착수했기 때문에 실패한 예가 많이 있습니다.

셋째, 부락 공동사업은 주민의 총의를 모아 결정하라는 것입니다.

만약에 부락의 지도자 몇 사람들이 계획을 세워 밀고 나간다면, 부락민들의 협력을 얻기가 어려워 그 일이 잘 추진이 안 되는 경우가 많습니다.

어디까지나 부락 공동의 사업은 주민의 총의를 모아서 결정을 해야만 성공할 수 있는 것입니다.

내가 새마을운동이 '한국적 민주주의의 실천도장'임을 강조한 것도 우리가 부락의 사업을 이처럼 민주적 방식으로 하나하나 실천해 나가는 것이 바로 참다운 민주주의 훈련이 되기 때문입니다.

넷째, 부녀회원들이 적극적으로 참여할 수 있는 기회를 만들자는 것입니다.

그 동안 성공한 부락을 보면, 부녀회원들이 적극적으로 참여하고 협력했을 때 반드시 성공했습니다.

새마을운동의 성공에 부녀회원들의 역할이 얼마나 크다는 것을 다시 한 번 인식해야 하겠습니다.

다섯째, 거듭 강조하거니와 우리 마을에 가난한 이웃이 있을 때에는 마을 사람들이 1차적으로 도와주어야 합니다.

물론, 마을사람들이 힘을 가지고도 도울 수 없는 것은 앞으로 정부나 국가가 돕겠지만, 우리 마을에 가난한 사람, 불우한 사람이 있을 때 이들을 도와 주는 1차적인 책임은 같은 마을 사람들이어야 한다는 것입니다.

나는 새마을운동은 잘살기운동이며, 잘산다는 것은 나 혼자만 잘사는 것이 아니라 우리 이웃, 우리 마을, 우리 사회, 우리 국가 모두가 다 잘사는 운동이라고 강조한 바 있습니다.

하물며, 조그마한 자기 마을 안에 불우하고 어려운 사람이 있을 때 이를 돕겠다는 생각과 마음이 없으면 이는 새마을정신이 아닙니다.

여섯째, 마을금고를 만들어서 저축하는 습성을 보다 더 많이 길러야 하겠습니다. 근검절약하여 저축을 한다는 것은, 새마을운동 중에서도 가장 중요한 실천 덕목 중의 하나로서 살림이나 소득이 그만큼 늘어난다는 것도 되겠지만, 내가 특히 강조하고 싶은 것은 저축을 통해서 마을사람들이 더욱 근면하고 단결할 수 있다는 점입니다.

일곱째, 모든 사업은 궁극적으로 소득증대에 직결되도록 되어야 하겠습니다.

가령, 마을회관 하나 만들더라도 그것이 무슨 소득증대와 관련이 있느냐고 생각할지 모르나 관련이 있습니다.

마을회관을 건립하여 마을의 공동사업을 추진할 때 마을사람들이 모여 앉아 회의를 하고 여러 가지 영농기술을 배우고 또 마을의 발전을 위해서 회의를 할 수 있는 장소가 된다면, 이것은 간접적으로 우리 마을의 소득증대에 도움이 되는 것입니다.

마을회관 하나를 짓더라도 이처럼 소득증대라는 견지에서 생각하고 활용을 해야 되겠습니다.

그다음 여덟째, 모든 사업 추진의 주체는 어디까지나 그 마을사람들이 되어야 한다는 것입니다. 공장의 경우는 그 공장 종업원들이 주체가 되어야 하겠습니다.

과거에는 공무원들이 앞장서서 추진했습니다만, 이제는 새마을운동도 이만큼 정착이 되었고 또 여러분들이 경험을 쌓았기 때문에, 앞으로는 마을사람들이 주체가 되어서 추진하고, 우리 공무원들은 2선에서 지도를 하고 지원을 하고 협조를 해 주는 체제로 나가는 것이 바람직한 것입니다.

아홉째, 도시인들이 새마을운동에 대해서 좀 더 깊은 인식을 가지고 방관적인 태도를 취하지 말고 적극적으로 참여를 해 주어야 하겠습니다."

대통령은 끝으로, 지난 몇 년 동안 새마을지도자들이 선두에 서서 부락주민들과 함께 해온 일과 그 과정은 바로 새 역사를 창조해 나가는 인간의 가장 거룩하고 진지한 모습이라고 평가했다.

"새마을운동은 농촌에서 농민들만이 하는 것이 아니라 범국민적인 운동이요, 역사적인 사업입니다.

역사라는 것은, 여러 사람의 의지가 한데 모아져서 하나의 같은 목표를 위해서 땀 흘려 일해 이루어진 결과가 바로 역사라고 나는 생각합니다.

그렇기 때문에, 새마을운동은 농촌의 농민들만의 운동이 결코 아니며, 전국민이 여기에 적극적으로 참여해야 하는 것입니다.

앞서 두 새마을지도자가 우리 앞에 나와서 눈물겨운 성공사례를 이야기했습니다. 듣는 사람으로 하여금 모두가 가슴이 뭉클하고 눈물겨운 감동을 느끼게 하는 것이었습니다.

지난 몇 년 동안 그분들이 선두에 서서 부락민들과 같이 해온 일과 그 과정, 이것이 바로 새역사를 창조해 나가는 인간의 가장 거룩하고 진지한 모습인 것입니다.

우리는 새마을운동에 대해서 좀 더 뚜렷한 역사의식을 가지고 보두가 적극적으로 참여하겠다는 사명감을 다시 한 번 굳게 인식해야 하겠습니다. 정부는 앞으로도 계속 새마을운동을 위해서 최대한의 지원을 하겠다는 것을 여러분 앞에 약속합니다.

내년부터 시작되는 제4차 경제개발 5개년계획 기간 중에도 농어촌 개발을 위해서 약 1조 5천 5백억 원의 막대한 투자를 할 계획을 세우고 있으며, 실천 단계에 가서는 이보다도 더 많은 투자가 이루어지리라고 생각합니다.

그리고 정부는 앞으로도 잘 단결되고 의욕이 왕성한 우수한 마을에 대해서 우선적으로 지원하겠다는 방침을 변함없이 밀고나갈 생각입니다.

끝으로, 전국의 새마을지도자와 관계공무원 및 유관기관 직원, 그리고 이 운동에 적극적으로 협조를 해 주신 각계 인사와 국민 여러분, 그동안의 노고에 대해서 다시 한 번 감사와 치하의 말씀을 드리면서 내년 새마을지도자대회에서는 우리 다 같이 보다 더 빛나는 성과를 축복할 수 있도록 새해에 더욱 건강하시고 건투하시고 여러분의 모든 사업이 성공적으로 이루어지기를 기원해 마지않습니다."

제5장 20세기 한국농촌의 새마을운동이 21세기 지구촌 새마을운동으로 학습되고 있다

새마을운동은 우리 역사상 처음으로 농촌에서 자발적으로 일어난 의식혁명이다

1977년 1월 12일, 연두기자회견에서 대통령은 먼저 새마을운동은 우리나라 역사상 처음으로 우리 농촌사회에서 자발적으로 일어난 의식혁명이라는 점을 설명했다.

"새마을운동이 처음에 시작될 때 일반에서는 큰 기대를 가지지 않았던 것 같습니다.

다소 회의적인 생각을 가지고 있었던 분도 없지 않아 있었던 것으로 압니다만, 6년이 지난 지금에 와서는 이에 대한 인식이 많이 달라진 것으로 압니다.

특히, 우리 농민들은 이 운동만이 우리 농촌이 잘살 수 있는 유일한 길이라고 확신하고 있습니다.

또, 일반 국민들이나 도시에 사는 분들도 점차 새마을운동의 성과를 눈으로 봄으로써, 이 운동에 대한 관심과 인식과 또 참여도가 높아져 가고 있다는 것은 대단히 좋은 일이라고 생각합니다.

이 운동은 우리나라 역사상 처음으로 우리 농촌사회에서 자발적으로 일어난 하나의 의식혁명이라는 점에 특징이 있다고 나는 생각합니다.

이 운동의 또 하나의 특성은, 이 운동을 통해서 우리가 흙을 사랑하고, 자연을 사랑하고, 내 고장을 사랑하고, 내 조국을 사랑하는 애국정신에까지 연결되는 운동이라고 하는 데 그 의의가 있다고 생각합니다.

우리 농촌이 지금까지 가난하고 못 사는 것은 결코 팔자소관도 아니요, 숙명도 아닙니다, 모든 것이 내 자신의 마음먹기에 달려 있습니다. 흔히 요즈음에 새마을운동을 '새마음운동'이라고 많이 합니다.

나는 그 말이 가장 적절하고도 옳은 말이라고 생각합니다. 근면하고 자조하고 협동하면 나도 잘살 수 있고 너도 잘살 수 있다는 신념, 자각, 이것이 새마음이다, 또 정직하고 성실하고 근면하고 이웃끼리 서로 협동을 잘 하면, 나도 잘살 수 있고, 우리 마을도 잘살 수 있고, 우리나라도 잘살 수 있다, 이러한 신념, 이것이 역시 새마음이다, 이것이 새마을운동의 하나의 기본철학이라고 생각합니다.

최근 FAO, 즉 세계식량농업기구라는 기관에서 발행하는 잡지에 우리나라 새마을운동에 대해서 상당히 많은 칭찬 기사를 쓴 것을 보았습니다. 또, 외국사람들이 우리나라의 새마을운동을 배우기 위해서 많이 찾아오고 있는 것도 사실입니다.

우리나라에서 일어난 이 새마을운동이, 특히 개발도상국가에 많이 보급되어서 좋은 성과를 올리게 되기를 바라지만, 그러나 새마을운동을 배운다는 것은 어떤 외형상에 나타나는 것만 가지고는 우리나라의 새마을운동을 올바로 배우기는 어렵다고 생각합니다. 다시 말하면, 농민들 마음속에서 우러나는 정신혁명, 이것 없이는 형식만 모방해 가지고서는 새마을운동은 되지 않습니다. 어떻게 하면 농민들, 또는 그 국민들의 의식구조에 변화·변혁을 가져올 수 있도록 하느냐, 즉 자기 자신에 대한 반성, 자각, 분발, 이런 데서 의식구조의 변혁을 가져와야 하고, 새마을운동이 거기에서부터 시작되어야만 성공할 수 있다고 생각합니다.

새마을정신의 생활화

1976년 12월 10일

대통령 박정희

이렇게 볼 때 이 운동은 우리 농촌의 농민들에게만 필요한 운동이 아니고, 범국민적으로 보급하고 확산시켜 나가야 될 운동이라는 것을 다시 한 번 강조하는 바입니다.

조국근대화와 민족중흥이 우리들 세대에 부하된 역사적 사명이라고 한다면, 이 역사적 과업 완수를 위해서는 농촌이나 도시나 할 것 없이, 모든 국민들이 자진해서 이 운동에 적극적으로 참여하는 것이 가장 소망스러운 일이며, 또한 당연히 그렇게 되어야 된다고 생각합니다."

우리나라 농촌에서 새마을운동이 성공적으로 추진되자 세계 각국의 농촌문제를 연구하는 전문가와 학자들은, 새마을운동에 대해서 비상한 관심을 가지고 연구하기 시작했다.

세계의 많은 학자와 언론인·정치인·정부관리들이 우리의 새마을운동을 직접 와서 보고 새마을지도자들과 애기를 나누고는 우리 민족의 근면성과 창의력에 탄복하였다. 74년을 전후한 시기에 우리나라에 와서 새마을운동을 시찰, 견학한 외국인의 수만도 70개국에서 5천 3백여 명에 달하고 있었다.

세계식량농업기구(FAO)에서 발행하는 잡지에서는 새마을운동의 성과를 높이 평가하는 기사를 실었고, 영국에서는 초등학교 교과서에 우리나라의 새마을운동을 소개하고 있다.

특히, 개발도상국가들, 그 중에서도 필리핀과 태국 등 동남아국가에 있어서는 한국의 새마을운동을 농촌근대화와 국가종합개발의 새로운 모형이라고 하면서 이를 배우고 본받으려는 연구열이 대단하였다.

대통령은 우리 농촌의 새마을운동이 국경을 넘어 지난날 우리와 비슷한 처지에 있는 다른 이웃나라들의 농촌문제 해결에 도움이 되고, 그들도 우리와 함께 번영과 발전을 이룩할 수 있게 되기를 바라고 있었다.

그러나 대통령은 우리의 새마을운동을 배우는 데 있어서는 외형이나 형식을 모방해서는 안 되며, 그 정신을 배워야 하다는 점을 강조했다. 농민들의 마음속에서 우러나는 정신혁명 없이는 새마을운동은 성공할 수 없다는 것이다.

대통령은 이어서 앞으로 새마을운동을 추진해 나갈 방향과 농가소득증대 추세, 그리고 80년초 우리 농촌의 모습에 관해 설명했다.

"앞으로 이 운동을 어떻게 추진해 나갈 것이냐 하는 질문에 대해서는, 아까도 말씀드린 바와 같이 범국민적인 운동으로 강력히 추진해 나가는 데 우리가 보다 더 노력해야 되겠다는 것과, 또 하나는 도시새마을운동을 보다 더 활발히 추진해 나가야 하겠다, 도시에 있는 분들은 새마을운동을 농촌에서나 되지 도시에서는 안 된다 하는 생각을 버려 달라는 것입니다. 농촌에서도 처음에 이것을 할 때에는 안 된다고 했습니다. 그런데 농촌에서 성공하자 요즈음 도시에서도 훌륭한 지도자들이 앞장을 서서 이 운동을 해가지고 성공을 거둔

사례가 있으며, 따라서 도시에서도 성공할 수 있다는 실증을 얻었다는 것입니다.

또 하나는, 새마을운동은 역시 훌륭한 지도자를 많이 발굴하고 양성해 내는 것이 가장 중요하다는 것을 우리는 알았습니다.

따라서, 앞으로 각계 각층의 지도급 인사들에 대한 새마을교육을 보다 더 많이 보급, 확대시켜 나가는 데 힘을 쓰겠습니다.

또 하나는 전에도 강조를 했습니다만, 이 운동은 점차 주민들이 주체가 되어야 합니다.

이 운동의 추진 주체는 역시 그 마을의 주민들입니다. 공장에서 할 때에는 그 공장의 종업원들입니다. 물론, 정부나 공무원들은 뒤에서 최대한의 지원과 뒷받침을 하겠다는 것을 확실히 다짐해 둡니다.

또 하나는 역시 잘 하는 마을을 우선적으로 지원해야 하겠습니다. 이것은 우리가 새마을운동을 추진해 오는 과정에서 가장 성공한 정책 중의 하나라고 나는 지금도 확신합니다. 잘 하고, 열심히 하고, 단결되어 있는 마을을 우선적으로 도와주어야 하겠습니다. 이러한 점에 우리가 앞으로 이 운동을 추진해 나가는 데 보다 더 힘을 기울이려고 합니다.

새마을운동이 시작된 후 지난 6년 동안 우리 농가의 소득이 약 4배 이상 늘어났습니다.

6년 동안에 농촌의 농가소득이 4배 이상 늘어났다는 것은 놀랄만한 사실이 아닐 수 없습니다.

작년 말, 즉 76년 말로 호당 소득 140만 원이 넘는 부락이 전체 3만 5천여 개 마을 중 약 4분의 1인 25% 정도가 되는 것으로 통계가 나와 있습니다.

81년에 가면 우리는 평균 농가소득을 200만 원 이상 올리려고 지금 노력하고 있고, 이것도 우리는 가능하리라고 보는 것입니다.

이렇게 해서 1981년, 즉 4차 5개년계획이 끝날 무렵에 가면 우리 농촌의 모습이 어떻게 되겠느냐 하는 것을, 국민 여러분은 한 번 머리속에 그려 보시는 것이 좋으리라고 생각합니다.

우리나라 사람들이 외국에 나가서 선진국 농촌의 모습을 그동안 많이 보았습니다. 우리는 그것을 보고 대단히 부러워하기도 하고 우리 농촌은 언제쯤 가면 저렇게 되겠느냐, 아무리 노력해도 우리 농촌은 저렇게 될 수가 없지 않겠느냐, 그러한 실의와 체념까지도 한 적이 있습니다만, 이제 80년대 초에 들어가서는 우리 농촌도 그와 비슷한 모습으로 탈바꿈하리라는 데 대해 나는 확신을 가지고 있습니다.

가난으로 헐벗었던 조국을 이어받은 우리들이, 우리 스스로의 손으로 선진된 나라를 만들어서 후손에게 물려줄 수 있다고 하는 우리의 이 기쁨과 보람을 생각한다면, 우리는 앞으로 다가올 어떠한 어려움과 시련도 극복할 수 있는 자신감을 다시 한 번 굳게 다짐해야 할 줄 믿습니다."

농협을 새마을운동과 연결시켜 빨리 자립할 수 있도록 해야겠다

1977년 1월 21일, 농수산부 연두순시에서 대통령은 농협을 새마을운동과 밀접하게 연결시켜 빨리 자립할 수 있도록 하라고 지시했다.

"지금 농협의 단위조합이라는 게 면 단위를 말하는 거지요? 전에 리·동(里洞) 단위였던 게 전부 이렇게 정리되고 있는데, 빨리 자립을 시켜 나가야 될꺼요.

과거에 리·동 단위에다가 농업협동조합이라고 갖다가 놓은 건 하나의 형식입니다, 그건 우선 면 단위에 하는 게 좋아요. 요즘 시골 사람들 애기를 들어보면 농민들이 과거에는 면사무소에 들락날락하는 게 많았는데 요즈음에는 면사무소에 출입하는 숫자보다도 농업협동조합에 드나드는 농민들 숫자가 훨씬 많다고 하는데, 그것은 농협이 그만큼 기능을 발휘하고 있다는 한 가지 증좌라고 나는 생각합니다. 그걸 빨리 자립을 시켜야 되는데, 정부에서 재정자금으로 대주는 것만 기다릴 게 아니라 자기들이 저축해서 자체기금을 어느 정도 만들고, 또 정부에서 지원해 주고, 그걸 가지고 돌려쓰는 운동을 하고, 이것이 지금 추진하고 있는 새마을운동하고도 밀접하게 연결되면 농촌도 잘 되고 농협도 빨리 커나가게 될 것 아닙니까? 그것도 어떤 기준을 세워, 소위 농촌의 자립마을·자조마을·기초마을 하듯이 몇 단계로 나누어서 잘한 데를 우선적으로 도와 빨리 자립한 조합을 많이 만들어서 다른 것은 뒤따라가도록 하는 이런 식으로 하면 돼요, 지금 자립해서 경제동향보고 때 훈장도 준 농협이 충북 장호원 어디든가 하고 전남 남원 어디하고 몇 군데 있었고, 그 수준이 되는 농협이 전국에 더 있을 겁니다.

지금 농촌에서 하고 있는 소위 농촌저축운동으로 자기자금을 많이 만들어야 돼요. 중앙의 지원만 기다려서는 안 됩니다. 지금 새마을금고니, 마을금고니 잘하는 부락을 보면 불과 한 몇십 호, 한 백 호 미만되는 그런 마을에서 몇 년 동안 노력해 몇백만 원이 아니라 몇천만 원 단위에 올라가는 마을들이 많이 있지 않아요. 그런 돈들은 농협에 들어가는 게 아니고 마을금고에 들어간 돈이라서 농민들이 꾸러 오면 꾸어 주는 거지요. 하여튼 저축운동을 하면 저축도 늘고 농민들의 자체자금도 늘어나게 돼요. 그런데 내가 보니까 이자가 조금 비싸더군. 앞으로 이자를 좀 싸게 하고 이자에 대한 그 차액을 중앙에서 좀 도와주고 나머지는 자기들이 저축해 그 돈 가지고 서로 돌려쓰도록 해요. 그리고 농민들한테 융자해주는 기한이 단기로 봄에 꾸어주고 가을에 받는 것도 있지만 사업에 따라서 상당히 장기적인 것도 있는데, 지금 보니까 우리 농협이 주는 융자는 기한이 좀 짧은 것 같아요. 농민이 갖다 쓰고 갚기 바쁘단 말입니다. 지금 현재는 자금이 절대적으로 부족하기 때문에 이런 문제를 당장 해결하기는 어려운 면도 있겠지만 자금 사정을 봐가면서 기한을 늘리는 문제도 생각했으면 합니다.

하여튼 농민 같으면 농협, 어민들 같으면 어협을 중심으로 거기에 자기들이 저축을 하고 필요할 때 그 돈을 쓰고 또 갖다가 갚고 이렇게 해서 농협이나 어협이 자립해 나가도록 해야 앞으로 농촌이 발전해 나가지 않겠느냐 이렇게 생각합니다."

새마을운동의 성공을 위해서는 주민소득을 증대시켜야 한다

1977년 1월 21일, 내무부 연두순시에서 대통령은 새마을운동이 성공하기 위해서는 이 운동을 통해서 주민의 소득을 증대시켜야 한다는 점을 강조했다.

"새마을운동은 작년 새마을지도자대회 때도 강조했습니다만 지금 현단계로서는 대단히 성공적으로 잘 되어 가고 있고, 점차 뿌리가 내려서 정착이 되어 가고 있다고 봅니다.

이것은 앞으로도 계속 잘 추진되어 가리라고 봅니다. 결국은 이 운동은 정신운동이다, 의식구조의 개혁운동이라고 하지만 결과는 역시 소득이 늘어나야 됩니다.

정신운동을 아무리 해봐도 소득이 늘지 않으면 그런 정신운동을 따라가지 않는 거죠. 결국은 이 운동을 통해서 어떻게 하든지 주민들의 소득이 늘어나도록 하는 데 모든 정책의 역점을 집중을 해야 되겠는데, 장관이 설명을 했듯이 쌀·보리 주곡에서 나오는 소득, 이것이 농촌소득의 대종을 이루고 있지만 그것만 가지고 안 되겠다, 다른 농외소득을 늘리는 방법을 연구해야 되겠다고 봅니다.

지금 현재도 농가부업·가내공업·새마을공장, 기타 여러 가지 일들을 많이 하고 있는데, 전번에 도시인구 소산 문제에 대해서 약간 언급을 하였습니다만 도시에 집중되고 있는 중소기업형 공장을 가급적 농촌지방으로 유치해 나가는 운동, 상공부나 건설부뿐만 아니라 내무부 또는 내무부 산하에 있는 도지사·시장·군수 이러한 사람들이 보다 더 관심을 가지고 그런 공장을 유치하는 노력을 계속하여 한 면에 공장을 2~3개씩 두면 상당한 인원이 거기에 고용이 되고, 그렇게 됨으로써 농외소득이 그만큼 늘어나서 농가소득이 늘어나게 됩니다.

이것은 공장의 분산, 인구의 분산, 농가의 소득증대 등 한꺼번에 여러 가지 효과가 있다는 것을 잘 알고 있으면서도 정책이 빨리 추진이 안 되고 여러 가지 문제로 고민을 하고 있는데, 내무부에서도 이런 것을 앞으로 많이 연구해야 되겠습니다."

농촌 초가집은 문화주택으로 개량해 나가야 한다

1977년 1월 24일, 건설부 연두순시에서 대통령은 먼저 지금 우리 농촌에서는 초가집 지붕을 기와나 슬레이트로 갈고 있으나 앞으로 농가소득이 증대하면 농촌주택도 지붕 개량만 하지 말고, 위생적이고 실용적이며 편리하고 문화적인 주택으로 개량해 나가야 한다는 점을 강조했다.

"주택문제에 대해서 여러 가지 브리핑이 있었습니다만, 도시의 주택도 중요하지만 농촌주택도 점차 개량해 나가야겠습니다. 그동안 여러번 농촌주택 현상모집도 해보고 여러 군데 의견도 들어보았습니다. 우리의 기후와 풍토에 가장 알맞고, 위생적이며 실용적이고 값이 싸면서 아담하고 편리한 주택을 좀 연구해 냈으면 좋겠는데 지금까지 나온 걸로 봐서는 그렇게 신통한 것이 없는 것 같애요. 지금 내무부에서도 작년부터 표준주택이라고 그래 가지고 하고 있는데, 그 결과가 어떤지 평가가 나온지 모르겠습니다만, 건설부에서는 이런 걸 한번 전문가들로 하여금 좀 더 연구를 시켜보면은 좋을 것 같아요. 지금 농촌에서는 초가집 지붕을 벗기고 기와를 올리고 스레트를 입히는 집도 있고 돈의 여유가 있는 사람은 새로 문화주택 같은 것을 짓고 하는데, 농촌주택도 지붕만 갈 것이 아니라 앞으로 농가의 소득이 늘어나는 데 따라서 아주 새로운 좀 더 문화적이고 위생적이고 아주 살기 편리한 그런 주택을 연차적으로 건설해 나가야겠다고 생각합니다. 몇 가지 모형을 만들어서 그것이 가장 알맞다는 결론이 나오면, 전에도 얘기했지만 거기에 들어가는 자재를 규격화하고 표준화하여 정부가 뒤에서 지원을 해서 대량으로 양산을 하면 값을 훨씬 싸게 하고 또 가장 아담한 주택이 되지 않겠느냐는 생각을 합니다.

우리 조상들은 다른 것은 연구를 많이 했지만, 주택에 대해서는 연구가 거의 없어 수천 년 동안 별다른 발전이 없었습니다. 물론 지금 문화재로 지정되어 있는 사찰(寺刹)이라든지, 오래 된 건축물은 한국적인 특수성도 있고 또 건축미를 갖춘 좋은 건물도 있지만, 그런 것도 과거에 우리 조상들은 어떻게 됐는지 전부 목재만 써가지고 지었기 때문에 오래 가지를 못합니다. 불과 몇백 년 가면 전부 썩어서 못 쓰게 되거나 또 그동안에 전란이 많아서 전부 불타 버리거나 해서 지금 우리나라에는 고려 때 건물이라는 것은 거의 없는 것 아닙니까?

내가 알기로는 경상북도 영주에 있는 부석사라는 절이 고려 때 건물이라는 얘기가 있고, 그 나머지는 몇 군데 있는지 모르지만 있다 하드라도 그것은 중간에 전부 다시 재목을 갈아서 보수(補修)를 했거나 한 것이지 아주 옛날 것 그대로 남아 있는 게 거의

농촌주택을 문화주택으로 개량 농촌에서 초가지붕을 없애고 근대화된 생활환경과 바람직한 주거환경을 만들고자 했던 박 대통령의 집념은 새마을운동으로 정착되어 나타났다.

없습니다.

나무라는 것은 방부제가 든 도료(塗料)를 바르지 않으면 불과 백년을 못 가는 모양입니다.

그런 것은 그렇다 하더라도, 특히 우리 일반국민이 몸담고 사는 주택에 대해서는 연구가 거의 안 되어 있어요. 문공부에서 지방의 어디 몇 군데에 조선시대 언제 때의 한국식 가옥이다고 지정을 해서 보호하고 있는데, 그런 집이 강릉에 있고 서울시내에도 몇 군데 있는 걸로 알고 있습니다. 그것은 그 시절에 고관대작이나 대감들이 살은 귀족들의 집이지, 서민대중들이 몰려 살던 부락이든지, 집이 남아 있는 건 거의 없습니다.

구라파 같은 데를 보면 몇백 년 전에 어떤 강변에 몰려 살던 부락이라든지, 집들이 남아 있는 모양입니다. 결국 우리는 주택에 대한 연구가 부족했던 것이 아니냐는 생각이 듭니다. 원체 가난하게 사니까 그런 집을 지을 여유가 없어서 그저 임시로 흙을 가지고 벽 쌓고 지붕 서까래 얹고 짚 덮어 그냥 살아서 그런지 모르지만, 지금부터 우리 농어민들의 주택은 표준형을 만들어 자재를 양산해서 튼튼하고 값이 싸게 만들어 놓으면 상당히 좋은 집을 싸게 짓고 또 오래 유지되지 않겠느냐? 그걸 한번 연구시켜 보지 않겠어요?"

도시새마을운동은 시민이 흥미를 느끼는 일부터 해 나가도록 유도해야 한다

1977년 2월 10일, 서울특별시 연두순시에서 대통령은 도시새마을운동에 있어서는 시민들이 흥미를 느끼는 일부터 서서히 해나가도록 유도해 나가야 한다는 점을 강조했다.

"도시새마을운동은 지금 열심히 하고 있는 줄 압니다. 그런데 서울과 같은 대도시에 있어서 먼저 손을 대야 될 것은 역시 직장새마을운동입니다. 이것은 도시에서도 비교적 쉽게 될 수 있다고 나는 생각합니다. 관공서·기업체·공장·학교, 기타 직장새마을운동은 모두 직업이 같고 같은 장소에 모여 있기 때문에, 또 그것이 조직화되어 있기 때문에 비교적 쉽겠다고 봅니다.

일반시민들에 대한 새마을운동은 지금 저 통계를 보니까 자립마

民族의大役事

農村住宅史創刊에즈음하여

一九七八年十二月三十日

大統領 朴正熙

을이 10% 된다는 데, 이것은 서울 같은 환경에서는 생각했던 것보다 좋은 성적이라고 봅니다. 아까도 몇 개 예가 나왔지만 역시 시민들이 흥미를 느끼고 관심을 집중시킬 수 있는 문제부터 착수를 해서 끌고 나가는 것이 좋겠는데, 새마을금고, 즉 저축운동 그것이 나는 대단히 좋다고 생각해요, 그래서 저축이 늘어나는 데 재미를 붙이고 보람을 느끼면 마을사람들이 서로 단합도 되고 또 저금을 계속 늘리기 위해서 근검절약하고, 또 그것이 어느 정도 성과가 오르면 마을사람들이 모여서 마을을 위해 또 무엇을 할 것인가 하는 아이디어가 나오는 것입니다. 그런 손쉬운 것부터 주민들의 관심이 많은 것부터 서서히 유도해 나가는 것이 좋겠다는 것입니다. 마을금고가 잘 되어 있고, 잘 되는 마을엔 저축만 잘 되는 것이 아니라, 다른 것도 잘 되어 나갈 것입니다.

농촌에서는 우선 마을 안 길을 뚫고 담장을 쌓고, 이런 것들, 소위 환경가꾸기부터 시작해서 주민들의 단합과 협동심을 불러일으켜 가지고 점차 다른 사업으로 확대해 나가는데, 도시도 그런 방법도 있겠지만, 역시 이러한 저축운동 같은 것부터 시작해 나가는 것이 도시의 실정에 알맞은 그런 운동의 전개방향이 아니겠느냐 하는 것입니다."

도시는 인간의 자유와 발전적 개화를 가져다주긴 했지만, 거기엔 인간성의 타락과 불의가 활개치고 있고, 기존의 이념이나 가치체계를 파괴함으로써 생활의 규범을 과격하게 교란시켜 버린다.

도시는 사치가 자랑스레 과시되는 방종과 낭비의 장소며, 도덕과 질서와 건강의 관점에서 재앙의 땅이라는 말도 있다.

대도시에서 생활하는 사람들은 한 지역에 뿌리를 박지 못하고 살고 있으며, 그들의 인간관계는 비인간적이고 개인주의적이다. 한 지역에서 다른 지역으로, 그리고 한 도시에서 다른 도시로 주거와 사업체가 수시로 이동함에 따라 이익공동체 의식에서 비롯되는 친밀하고 스스럼없는 개인적인 인간관계가 약화되어 있다. 많은 사람들이 사회적 유대관계와 공동체적 관계를 상실하고, 인간관계가 단절된 고독 속에 살고 있다.

사람들은 이웃사람이 누군지도 알지 못하는 아파트에서 살며, 사람 살리라고 외치는 이웃의 절박한 호소에 귀를 막는다. 수시로 사람이 바뀌는 직장이나 공장에서 일하며, 식당에서 낯선 사람들 속에서 식사를 하고, 이전에 한 번도 본 일이 없는 낯선 사람들로 꽉 찬 극장에 홀로 앉아 영화를 보면서 휴식을 취한다.

모든 도시에서 10대 청소년들, 불행한 부부, 이혼한 사람, 늙고 병든 노인들이 사회로부터 고립되어 고독의 고통 속에 살고 있다. 도시에서 연극이나 영화 등 레저산업이 성행하는 것도 고독과 깊은 관계가 있으며, 마약이 늘어나는 것도, 사람들이 패기를 잃는 것도, 생산성이 오르지 않는 것도, 고독이 그 원인인 경우가 많다.

소년범죄와 젊은 세대의 반항, 강력범과 무질서, 그리고 퇴폐적인 풍조도 고독에서 생기는 정신적인 공허를 메꾸어 보려는 몸부림일 수 있다는 것이다.

이러한 고민과 문제는 비단 선진산업사회뿐만 아니라, 산업화에 따라 어느 곳에서나 나타날 수 있다는 불가피한 현상이다. 문제는 그것을 얼마나 잘 극복해 나가느냐 하는 것이며, 그것은 결국 개인과 사회의 가치관과 정신문화에 크게 좌우된다고 할 수 있다.

1970년대 초 우리나라는 아직 선진사회의 고민과 문제를 그렇게 걱정할 처지는 아니었지만, 산업화와 도시화가 진행됨에 따라 우리 사회에서 미풍과 양속이 퇴색하고, 인간관계가 각박해지는 현상이 나타났다.

특히, 서울을 비롯한 대도시들은 여러 가지 이질적인 요소가 뒤섞여 가치관의 혼란과 그릇된 풍조나 유행이 번지기도 했다. 그래서 대통령은 우리의 도시에서도 새마을운동을 전개하여 가정과 직장과 이웃에서 손쉬운 일부터 함께 실천하는 가운데, 건전하고 인정있고, 명랑한 사회기풍을 조성할 필요가 있다고 생각했다.

낭비와 불신과 불화의 누습을 털어 버리고, 절약하고 근면하고 단합하는 생활을 몸에 익히고, 지나친 개인주의를 경계하면서, 이웃간에 격의 없는 마음의 문을 열고, 서로 믿고 서로 도우면서 살아가려는 새마을운동은 농촌뿐만 아니라 도시와 공장과 회사, 그리고 학교 등 사람이 함께 모여 사는 곳이면 어디서나 가능한 일이라고 믿었다. 개인들이 건전한 가치관과 정신자세를 확립하고, 이웃 또는 지역사회 안에서 친목과 대화와 협동을 중하게 생각하며 이를 실천함으로써 따스한 인간관계를 회복하는 일은 도시에서도 충분히 가능하다고 본 것이다.

대통령이 도시새마을운동을 통해 구현하려는 사회는 갈등과 투쟁으로 자기만의 이익을 좇는 이기적인 사회가 아니라, 안정과 협력을 통해 서로의 발전을 이룩하는 협동적인 사회이며, 물실직인 가치만을 추구하는 퇴폐적인 사회가 아니라, 정직과 성실과 근면을 숭상하는 생산적인 사회이며, 각박한 경쟁과 긴장과 고독 대신, 이웃과 함께 화목하고 행복한 생활을 누릴 수 있는 인정있는 사회였다.

대통령은 많은 사람들이 도시는 농촌과 달라서 새마을운동이 안 된다고 생각하고 있다는 것을 잘 알고 있었다. 그러나 농촌에서의 새마을운동도 하루아침에 갑자기 불타 오른 것이 아니었다.

10여년 동안 정부가 농촌근대화를 위해 여러 가지 사업을 추진하는 과정에서 근면·자조·협동의 정신이 왕성한 농촌마을의 지도자가 자기 마을을 일으키는 데 성공하면서, 이러한 새로운 기풍이 농촌에 서서히 퍼져 나갔고, 처음에 주저하던 농민들이 적극 참여함에 따라 전국의 농촌마을에서 이 운동이 전개되고 있는 것이다. 도시 새마을운동도 사업 내용은 농촌과 다르겠지만 초기에는 어렵더라도 마을 지도자가 앞장서서 시작한다면 점차 탄력을 받게 되어 성공적으로 전개될 수 있다고 생각했다.

특히, 도시의 지도층인사들이 자기가 사는 이웃과 마을을 서로 아끼고 사랑하고 물질적인 욕망이나 개인적인 명리를 떠나 마을의 발전을 위해 솔선수범한다면 도시 새마을운동도 쉽고 빠르게 전개되고 성공할 수 있다고 믿고 있었다.

그 당시에 우리나라 도시주민들의 대부분은 지난 날에 농촌에서 태어나 농촌에서 살다가 60년대 공업화와 도시화의 물결을 따라 도시로 이주해 온 이농민이었다. 따라서 그들은 고향에 부모나 친척을 두고 있었으며, 고향에 남아 있는 부모나 친척들에게 깊은 관심을 가지고 있었다.

농촌에서 새마을운동이 전개되면서, 이들 도시주민들에게는 자기 고향에 관한 기쁜 소식들이 전달되기 시작했다. 가장 기쁜 소식은 고향에 있는 부모님 집의 지붕이 개량되었다는 것, 자동차가 드나들 수 있도록 마을 안길이 넓어졌다는 것, 등잔불 대신 전등을 켤 수 있게 되었다는 것, 노부모님 안방에 텔레비전이 설치되었다는 것 등이었다. 그들은 고향의 새마을운동을 돕기 위해 성금을 보냈고 생활물자를 보내기도 하였다.

그들은 농촌의 새마을운동으로 마을의 모습만 바뀌진 것이 아니라, 가난의 악순환을 숙명으로 받아들여 왔던 우리 농민들이 짧은 기간에 자신감과 자부심을 가지는 농민으로 탈바꿈하여 농민들의 태도나 마음가짐이 변화한 사실에 더욱 깊은 감명을 받았다.

그러나 도시주민들은 대통령이 도시에서도 새마을운동을 해야 하며, 또 할 수 있다고 호소를 했을 때, 이에 선뜻 호응하지 않았다. 도시에서는 새마을운동이 될 수 없다는 생각이 지배적이었다. 이러한 여건 속에서 대통령은 도시에서도 새마을운동이 성공할 수 있다는 확신을 가지고 도시새마을운동이 성공적으로 추진될 수 있는 방법을 제시하면서 도시주민들의 참여를 촉구했다.

대통령은 도시새마을운동에 있어서는 반상회를 농촌마을의 마을회관처럼 도시주민들의 대화의 광장으로 활용하는 것이 좋겠다는 뜻을 밝혔다.

반상회의 명칭은 더 좋은 용어가 나오면 그때 고치고 당분간은 그대로 두고 그 운영을 올바로 하는 데 힘써야 하겠다는 것이다. 먼저 사회지도급 인사들이 솔선수범하여 참가하도록 해야 하겠다는 것이다.

그 다음에는 정부시책을 전달하는 일은 지양하고 마을일에 관해서 자발적인 대화가 이루어지도록 하는 것이 바람직하다, 예컨대 마을의 쓰레기를 깨끗이 치운다든지, 불우이웃돕기를 협의한다든지, 그 마을에서 함께 걱정하고 상의해서 할 수 있는 일을 논의하는 것이 좋겠다는 것이다.

그리고 날짜와 시간을 획일적으로 정하지 말고 매달 25일과 30일 사이에 지역의 사정에 따라서 융통성 있게 정할 수 있도록 해야 하겠다는 것이다. 그리하여 새마을운동은 도시에서도 이 마을에서 저 마을로 확산되어 나갔다.

근면·자조·협동의 새마을정신은 국가발전의 자원이며 우리 후손들에게 물려줄 가장 값진 유산이다

1977년 12월 9일, 전국새마을지도자대회에서 대통령은 먼저 우리가 새마을정신을 생활화해 나간다면 어떠한 재난이나 사고도 두려울 것이 없으며 알뜰하고 살기 좋은 복지사회 실현은 시간문제라는 확신을 피력했다.

"친애하는 새마을지도자 여러분!

그리고 이 운동에 적극 참여해 주신 각계 인사와 관계공무원, 유관기관 직원 여러분!

오늘 우리가 1년 만에 다시 한자리에 모여, 새마을운동의 성과를 자랑스럽게 돌이켜보며, 부강한 조국을 건설하고 있는 우리 모두의 보람과 기쁨을 함께하게 된 것을 매우 뜻깊게 생각합니다. 그리고, 범국민적인 이 운동을 앞장서 이끌어 오고 뒤에서 밀어 주신 여러분의 그 간의 노고에 대해 충심으로 치하와 격려를 보내는 바입니다.

금년에도 우리는 안팎으로 여러 가지 도전과 시련을 겪었으나, 근면·자조·협동의 새마을정신으로 이를 훌륭히 극복한 보람찬 한해였다고 나는 회고합니다.

수십 년 만에 닥쳐왔던 극심한 가뭄 속에서도, 우리 농민들은 피땀어린 노력을 다해 작년보다도 5백 50만 석 가량이 더 많은 4천 1백 70여만 석의 쌀을 생산하여 기록적 대풍작을 거두었고, 우리 모든 기업인과 산업역군들이 땀흘려 부지런히 일한 결과, 날로 치열해지는 국제경쟁을 뚫고 대망의 100억 달러 수출을 달성할 수 있게 된 것은, 조국근대화와 민족중흥의 역사창조에 특기할 만한 새마을운동의 빛나는 금자탑이 아닐 수 없습니다.

그뿐만 아니라, 지난 여름에는 집중호우로 일부 지방에 많은 피해가 있었고, 최근에는 돌발적인 이리역 참사와 장성탄광의 사고가 잇따라 일어나 우리에게 큰 충격을 안겨 주었으나, 우리는 기민하게 사태를 수습했고 일사불란하게 복구작업에 임하고 있습니다.

이같이 엄청난 불의의 사고를 당해서도 조금도 당황하거나 좌절하지 않고 향토 재건에 전력을 다하는 이리시민들의 의연한 모습과, 온국민이 너도 나도 이재민 돕기에 앞장서는 훈훈한 인정의 물결을 대할 때, 나는 새삼 우리 민족의 위대한 저력과 문화국민으로서의 긍지를 느낍니다. 이 자리를 빌려, 다시 한 번 이재민들에게 따뜻한 위로와 격려를 보내면서, 국민 여러분의 협조에 감사를 드리는 바입니다.

극심한 가뭄을 이겨 내기 위해 남녀노소 할 것 없이 밤중에도 횃불을 밝히고 지하의 물줄기를 찾기에 안간힘을 다한 우리 농민들의 눈물겨운 근면·자조정신과 밤낮을 가리지 않고 농민들의 한해 극복을 지원한 일선공무원들의 봉사정신, 또한 홍수가 휩쓸고 간 공장을 하루빨리 재건하기 위해 내 집보다 우리 공장의 복구작업에 헌신한 종업원들의 애사정신과, 이재(罹災) 종업원들을 내 식구처럼 보살펴 준 기업인들의 따뜻한 사랑, 그리고 이웃의 불행을 내 불행으로 알고 앞장서 돕는 우리 국민의 인보정신과 뜨거운 동포애, 이것이 모두 새마을정신입니다.

우리가 계속 이와 같은 새마을정신을 생활화해 나간다면, 어떤 재난이나 도전도 결코 두려울 것이 없으며, 알뜰하고 살기 좋은 복시

사회 실현은 시간문제라고 확신합니다."

대통령은 이어서 새마을운동은 정치·경제·사회 등 모든 면에서 정신혁명의 세찬 바람을 불러일으키며 급격한 변화와 놀라운 발전의 원동력이 되고 있다는 사실을 설명했다.

먼저 농촌에 있어서는 지난 7년 동안 우리 농민들은 새마을운동을 통해 격세지감을 금할 수 없는 많은 사업들을 해냈다는 것이다.

첫째, 농촌 생활환경 개선사업의 성과이다. 둘째, 지난 몇 년 동안 이룩된 식량증산 실적이다. 셋째, 농가 소득수준의 획기적인 증대다.

"새마을지도자 여러분!

새마을운동이 우리 농촌에서 불붙기 시작한 지도 7년, 이 불길은 해를 거듭할수록 거세게 타올라 전국 방방곡곡에 번지고, 이제 범국민운동으로 뿌리를 내리게 되었습니다.

우리 국민정신에 일대 혁신을 가져온 것은 말할 것도 없고, 정치·경제·사회 등 모든 면에서 정신혁명의 세찬 바람을 불러일으켜, 오늘날 우리가 보는 바와 같이 급속한 변화와 놀라운 발전의 원동력이 되고 있는 것입니다.

그 중에서도 농촌의 경우, 새마을운동 이전과 오늘을 비교할 때 그야말로 격세지감을 금할 수 없는 것은 우리들만의 소감이 아니라, 세계의 많은 나라에서도 모두 부러워할 정도입니다.

그러면, 지난 7년 동안 새마을운동을 통해 과연 얼마나 많은 일을 해 냈고, 또 얼마나 큰 성과를 거두었는가를 잠시 살펴봅시다.

우선, 그동안 전국의 새마을에서 연인원 5억 8천 6백 93만여 명의 주민들이 새마을사업에 참여하여, 마을당 평균 2백 15건, 총 7백 84만 5천 건의 사업을 해냈습니다.

이리역 폭발사고로 이재민이 수용되어 있는 천막촌을 둘러보는 박 대통령(1977. 12. 9)

그 사업내용을 대충 간추려 보면, 우리 농민들이 새마을사업으로 개설한 농로가 4만 3천 60킬로미터, 즉 경부고속도로 길이의 100배가 넘고, 마을 안길을 새로 내거나 넓힌 길이가 4만 2천 2백 20킬로미터나 되며, 또 농민의 자력으로 건설한 대소 교량의 수만도 6만 3천 9백 27개나 됩니다.

이제는 대형 자동차와 농기계가 농가 앞마당에까지 마음대로 드나들 수 있게 되었을 뿐만 아니라, 마을과 마을, 지방도와 국도는 물론, 고속도로에까지 연결됨으로써 농업 자재의 공급과 농산물의 유통이 원활하게 되었습니다.

또한, 집집마다 낡은 초가지붕을 없애고 간이상수도와 하수도를 설치하였는가 하면, 모든 농어촌에 전기가 들어가고 통신시설이 갖추어짐으로써 우리 농민들도 도시인과 다를 바 없는 문화생활을 영위할 수 있게 되었습니다.

앞으로 계속 우리 농민들이 늘어나는 소득에 맞추어, 본격적으로 주택을 개량하고 아울러 취락구조 개선사업을 추진해 나간다면, 몇 년 안 가서 우리 농촌은 선진국의 농촌 부럽지 않은 새 모습으로 다시 한 번 크게 탈바꿈하게 될 것입니다.

또한 소류지·보·도수로 등 수리시설을 확충하는 한편, 마을 주변 소하천을 말끔히 정비하여 이제는 한해나 수해 걱정 없이 마음 놓고 농사를 지을 수 있을 만큼 우리의 농업생산기반은 다져졌습니다.

우리는 지난 몇 년 동안 극심한 자연재해를 극복하고 연년세세 대풍을 이루어 획기적인 증산 실적을 올릴 수 있었습니다.

특히, 금년에는 단보당 수확면에서 평균 4백 94킬로그램의 세계 최고기록을 세웠습니다.

우리가 남의 원조에 의존하며 매년 많은 외화를 주고 쌀을 수입하던 때가 엊그제 같은데, 그리고 세계적으로 식량난이 가중되고 있는 이때에, 이미 주곡의 자급을 실현하고 이제는 쌀이 남아돌아서 걱정을 하게끔 되었다는 것은 참으로 기쁘고 자랑스러운 일이 아닐 수 없습니다.

그동안 우리는 쌀을 절약하기 위해 떡을 만드는 데도 잡곡을 섞고 쌀로 술을 빚지 못하게 하는 등, 허리띠를 졸라매고 식성을 달래가며 꾸준히 노력해 왔는데, 그런 지 불과 몇 년 만에 이제는 쌀을 먹고 남을 만큼 되었으니, 이것이야말로 '하면 된다', '우리도 잘살 수 있다'는 새마을운동의 행동철학을 입증한 것입니다.

그뿐만 아니라, 우리 농민들은 생활환경이 나아졌다고 해서 낭비하지 않고 오히려 근검절약을 생활화함으로써 집집마다 저금통장을 가지게 되었고, 마을마다 새마을금고를 설치하여 알차게 운영하고 있는 것은 우리 농촌의 밝은 내일을 위해 참으로 마음 든든한 일입니다.

새마을運動과 自然保護

一九七七年十二月九日

大統領 朴正熙

이 자리를 빌려, 특히 마을부녀회를 조직하여 저축과 소비절약에 앞장서고 있는 새마을부녀지도자 여러분의 노고를 높이 치하하는 바입니다.

이처럼, 그동안 우리 농민들이 새마을정신으로 부지런히 땀흘려 일하고 근검절약에 힘쓴 결과, 해마다 우리 농가의 소득수준은 획기적으로 증대되었으며, 자립마을의 수가 부쩍 늘어나고 있습니다.

금년 말이면 기초마을은 전부 없어지고 호당 140만 원 이상 소득을 올린 자립마을의 수가 전체 3만 5천여 농촌 마을 중에 약 65%, 그 중 200만 원 이상이 2천 8백 개 마을에 이를 것입니다.

새마을운동이 시작될 무렵인 1970년 말, 우리나라 농가의 평균 호당 소득은 25만 6천 원으로서 도시근로자 소득의 67%에 불과했었습니다.

그러던 것이, 이미 74년부터는 도시근로자 소득을 앞지르기 시작했을 뿐만 아니라, 금년 말 평균 농가 호당 소득은 140만 원이 약간 초과될 것으로 추정됩니다. 이는 당초 목표를 4년이나 앞당긴 것이며, 이 추세로 간다면 80년대 초에는 배가 넘게 될 것으로 전망됩니다.

우리 농촌은 선진국의 농촌을 부러워할 것 없이 오히려 그들보다도 더욱 건전하고 알차며 인정이 넘치는 생활권으로 발전될 수 있다고 나는 믿습니다."

대통령은 이어서 우리 농민들은 새마을운동을 추진하는 과정에서 민주주의가 무엇이며 어떻게 하는 것이 민주주의를 올바로 실천하는 길인가를 체험을 통해 알게 되었다는 사실을 설명했다.

"새마을운동이 이룩한 성과 가운데 내가 또 하나 자랑스럽게 생각하는 것은 새마을운동을 추진하는 과정에서 우리 농민들이 민주주의가 무엇이며, 또 어떻게 하는 것이 민주주의를 올바로 실천하는 길인가를 체험을 통해 알게 되었다는 사실입니다.

잘 아시는 바와 같이 새마을운동은 마을주민들이 자율적으로 합심해서 전개하는 잘살기 운동이기 때문에, 우선 회의장에 모여야 하고 스스로 지도자를 뽑아야 하며, 수많은 토론을 거쳐 사업계획을 세워야 하고 이를 공동으로 추진해 나가야 합니다.

또한, 새마을지도자는 마을사람의 중의를 모아서 확정된 사업의 추진 현황과 결산을 마을주민에게 그때그때 보고해야 합니다.

충청남도 대덕군에 있는 어느 자립마을은 지난 7년 동안 전주민이 참여하여 매달 2회 이상, 총 200여 회 회의를 열었고, 147건의 사업을 성공적으로 완수한 기록이 남아 있습니다.

이처럼, 마을 전체의 공동이익과 발전을 위해 지도자를 중심으로 마을주민이 하나로 굳게 뭉쳐서 창의와 정성을 다해 다 같이 일해야만 새마을운동은 소기의 성과를 거둘 수 있으며, 이 마을은 번영할 수 있는 것입니다.

이것이 곧 애농·애향의 정신이요, 참다운 애국심이며, 그 바탕 위에서 우리 국민의 민주주의는 무럭무럭 자라고 있습니다.

지금 우리 농민들은 민주주의를 책이나 말로써가 아니라, 새마을운동이라는 피나는 실천을 통해 직접 행동으로 배우며 익히고 있는 것입니다.

그렇기 때문에, 나는 전국 농촌의 마을회관에 비치되어 있는 수많은 회의록과 장부, 그리고 각종 통계표와 개발계획 등, 모든 자료는 바로 우리나라 민주주의 발전의 산 증거요, 길이 후손들에게 물려줄 역사적인 기록이라고 확신합니다."

대통령은 이어서 공장새마을운동은 다른 나라에서는 볼 수 없는 우리나라 특유의 노사협조운동으로서 국력배양을 가속화하는 원동력이라는 사실을 설명했다.

"다음, 공장새마을운동에 대해서 몇 가지 강조해 두고자 합니다.

우리는 금년에 대망의 '100억 달러 수출'을 달성함으로써, 공업입국의 의지를 선양하고 바야흐로 고도산업국가 건설과 자립경제 실현을 눈앞에 바라보게 되었습니다.

자원이라고는 보잘 것 없는 우리나라가 짧은 기간에, 이처럼 비약적인 발전을 이룩한 데 대해서 세계는 놀라움과 부러움, 그리고 일부에서는 시기의 눈길마저 보내고 있습니다.

나는 오늘의 이 보람찬 성과는 그동안 우리 근로자들과 기업인들이 혼연일체가 되어 증산에 힘쓴 피나는 노력의 결실이라 믿고, 여러분의 그 간의 노고에 대해 다시 한 번 치하를 보냅니다.

돌이켜보면, 우리는 제3차 경제개발 5개년계획을 추진하는 과정에서, 1973년 석유파동으로 인한 세계적인 경제불황 때문에 많은 어려움을 겪었으나, 공장새마을운동으로 이 난국을 슬기롭게 극복하면서, 획기적인 수출증대와 고도 경제성장을 지속할 수 있었습니다. 공장새마을운동이란, 한 마디로 기업인과 근로자가 서로 믿고 도우며 한마음으로 일해서 다 함께 잘살기 위한 운동입니다.

하나의 기업이 발전하는 데에는 여러 가지 조건이 있겠으나, 가장 중요한 것은 근로자가 마음으로부터 열심히 일할 수 있는 여건과 분위기를 만들어 주는 일입니다. 따라서, 기업인들은 근로자들의 처우개선에 계속 힘쓰고 후생복지시설을 확충하는 등, 그들로 하여금 인간다운 생활을 할 수 있고 미래에 대한 희망을 가질 수 있도록 따뜻한 배려와 협조를 아끼지 말아야 합니다.

다시 말해서 기업인이 종업원을 내 가족처럼 아끼고 사랑할 때, 그들은 '내 공장' '우리 기업'이라는 마음이 우러나서 더욱 열심히 일하게 되며, 또 여기에서 나온 이익을 다시 종업원의 처우와 복지향상에 환원할 때, 기업인과 종업원 간에 총화가 이루어지고 능률과 생산성이 높아져서 그 기업은 더욱 발전할 수 있게 되는 것입니다.

근래 우리 주변의 많은 공장과 직장에서 새마을운동을 활발하게 전개하여, 인정이 흐르는 노사협조의 바탕 위에 큰 성과를 올린 사례를 많이 볼 수 있게 된 것은, 참으로 자랑스럽고 흐뭇한 일이 아닐 수 없습니다.

예를 들면, 인천제철의 경우 96개 새마을분임토의반이 매주 생산성 제고를 위한 토의를 거듭하며 공장새마을운동을 전개한 결과, 불과 1년 반 만에 만성적인 적자회사를 흑자기업으로 전환시켰습니다. 또한, 지난 여름 안양지구의 홍수로 200여 개 공장이 큰 피해를 입었을 때, 모든 종업원과 기업인이 하나로 뭉쳐 불철주야 복구작업에 힘써서 불과 3개월 만에 공장을 완전 재가동시킨 것은 그 좋은 실례가 되겠습니다.

나는 매월 경제동향보고회의에서 농촌새마을운동과 공장새마을운동의 성공사례를 듣고 있습니다.

기업인들이 종업원들을 위해 통근버스를 내고, 기숙사·식당·휴게 시설을 갖추는 것은 물론, 종업원들의 소원인 상급학교 공부를 할 수 있도록 중·고등학교까지 세워서 장학금을 지급하고, 의료시혜를 종업원의 가족들에게까지 확대해 나가는 예도 있습니다.

또, 종업원들이 장래에 대한 희망을 가지고 밝은 얼굴로 일하며 공부하는 모습을 볼 때마다 조국의 무궁한 발전을 확신하게 됩니다.

이처럼 공장새마을운동은 다른 나라에서는 볼 수 없는 우리나라 특유의 노사협조운동으로서 국력배양을 가속화하는 원동력이 되고 있는 것입니다.

아무쪼록, 기업인 여러분은 투철한 사명감과 기업의 사회성을 다시 한번 깊이 인식하고, 새마을운동에 앞장서 헌신해 줄 것을 당부하는 바입니다."

대통령은 도시는 생활환경과 여건이 농촌과 달라서 새마을운동을 하기가 어렵다고 말하나, 새마을정신이나 이 운동을 추진하는 기본원리에 있어서는 다를 것이 없다고 말하고, 도시에서도 이 운동이 점차 뿌리를 내려가고 있다고 평가했다.

"다음, 도시에서도 이제는 점차 새마을운동이 뿌리를 내려가고 있습니다. 흔히, 도시는 농촌과 달라서 새마을운동을 하기가 어렵다는 말들을 하는데, 비록 도시의 생활환경과 여건이 농촌과 다르다 해도 새마을정신이나 이 운동을 추진하는 기본원리에 있어서는 조금도 다를 것이 없다고 나는 생각합니다.

요컨대, 근면·자조·협동의 정신을 어떻게 처지에 알맞게 실천하느냐가 중요한 것이며, 지식층과 부유층이 이 운동에 얼마만큼 솔선수범하고 협조하느냐에 성패가 달려 있는 것입니다.

그동안 수원에 있는 새마을지도자연수원을 비롯하여 각종 새마을

교육기관을 거쳐 나간 사회 모든 부문의 지도층이 가정과 직장에서 손쉬운 일부터 하나하나 실천하는 가운데 건전한 사회기풍이 서서히 조성되어 가고 있는 것은 매우 흐뭇한 일입니다.

깨끗하고 질서 있고 명랑한 도시사회를 만들기 위해 내 집 안팎을 청소하고 공중도덕을 지키며 근검절약하는 습성을 익히는 일로부터 시작해서, 복잡하고 변화의 속도가 빠른 도시사회에서 자칫 잃어버리기 쉬운 인간성을 보전하기 위해 부모에게 효도하며, 어른을 공경하는 우리나라의 전통적 충효정신을 되살리는 등 도시 특성에 맞는 새마을·새마을운동이 활발하게 전개되고 있습니다.

특히 매월 열리는 반상회를 통해 이웃끼리 대화의 광장을 마련하여 공동 관심사를 논의하며, 불우 이웃을 돕고 자연보호운동을 함께 벌이는 것은 도시새마을운동의 좋은 본보기라고 나는 믿습니다.

앞으로도 모든 시민이 반상회 운영에 적극적으로 참여하고, 특히 지도층과 지식층이 여기에 앞장서서 도시새마을운동이 더욱 알찬 성과를 낳게 되기를 당부하는 바입니다."

대통령은 끝으로 근면·자조·협동의 새마을정신은 억만금을 주고도 살 수 없는 국가발전의 자원이며, 후손들에게 길이 물려줄 가장 값지고 보배로운 유산이라는 점을 강조했다.

"새마을지도자 여러분!

이처럼 새마을운동은 우리의 정신혁명운동으로서, 잘살기 운동으로서, 그리고 참다운 민주이념의 실천도장으로서, 농촌과 도시, 가정과 직장, 그리고 학교와 군대에 이르기까지 범국민운동으로 정착되어 가고 있습니다.

또한, 우리는 새마을운동이 왜 필요하고 어떤 방법으로 실천해야 성공할 수 있는가를 체험을 통해 터득하였습니다.

'협동'은 새마을운동의 기본정신 중의 하나 이전까지는 배타심이나 산발적 협동이었다면, 새마을운동 이후에는 마을의 모든 일이 협동으로 이루어졌다. 이 중에는 조림산업을 위한 양묘사업이 큰 역할을 했다.

그뿐만 아니라, 외국에까지 전파되어 새마을운동이 농촌근대화와 국가종합개발 방법의 새로운 유형으로 크게 각광을 받고 있는 실정입니다.

세계의 많은 학자와 언론인·정치인·정부관리들이 우리의 새마을운동을 직접 와서 보고 지도자들과 얘기를 나누고는 새삼 우리 민족의 근면성과 창의력에 탄복하고 있습니다.

그동안 우리나라에 와서 새마을운동을 시찰, 견학한 외국인의 수만도 70개 국에서 5천 3백여 명에 달하고 있습니다.

우리는 오늘의 성과에 결코 만족하지 말고 앞으로 더욱 새마을정신을 생활화하고 이 운동을 민족중흥운동으로 알차게 추진해 나가야 하겠습니다.

나는 기회 있을 때마다 새마을운동은 잘살기 운동이며, '잘산다'

는 것은 나 혼자만이 잘사는 것이 아니라, 이웃과 우리 마을이 다 같이 잘살아야 하고 우리 국민 모두가 잘살아야 한다고 강조한 바 있습니다.

그런데 우리가 잘살기 위해서는 물질적인 번영을 이룩하는 것도 대단히 중요하지만, 무엇보다도 정신적으로 건강해야 합니다.

근면·자조·협동의 새마을정신은 우리가 억만금을 주고도 살 수 없는 국가발전의 자원이며, 후손들에게 길이 들려 줄 가장 값지고 보배로운 유산입니다.

물질적 자원은 개발할 수도 있고 외국에서 사들여 그 부족을 메울 수도 있지만, 정신자원은 그럴 수가 없는 것입니다.

고금의 역사가 말해 주듯이, 국민정신이 병들고 타락한 사회는 한때 물질적 번영을 이룩했다 해도 이를 오래 지탱할 수가 없는 것입니다.

새마을운동을 통해 우리가 민족의 자주정신과 건전한 국민윤리를 확립하고 국가관과 사회기강을 올바로 세워 나가야만, 자립경제와 자주국방을 위한 피땀어린 노력도 알찬 결실을 볼 수 있는 것입니다.

아무쪼록 새마을지도자 여러분은 새 역사 창조의 선봉이요, 새 시대 지도자들이라는 드높은 긍지와 사명감을 견지하고, 더욱 더 분발, 정진해 줄 것을 당부하는 바 입니다.

그리하여 세계에서 으뜸가는 부지런하고 협동 잘 하는 국민, 남들이 모두 부러워하고 세계 어디를 가나 떳떳하게 가슴을 펴고 사는 자랑스러운 국민, 위대한 국가를 이룩합시다."

공장새마을운동도 그 이념이나 목적은 농촌새마을운동과 다를 것이 없다

1978년 1월 18일, 연두기자회견에서 대통령은 먼저 공장새마을운동도 그 이념이나 목적은 농촌새마을운동과 다를 것이 없다는 점을 설명했다.

"우리나라 새마을운동은 농촌에서부터 시작했습니다만 지난 7년 동안 이 운동이 아주 성공적으로 추진되어 우리나라 농촌의 모습은 옛날과는 거의 못 알아 볼 정도로 많이 달라졌습니다.

이 운동을 통해서 물질적으로도 농촌의 소득이 훨씬 올라가고 생활수준이 높아졌다는 것도 사실이지만 정신적인 소득도 물질적인 소득 못지않게 더 컸습니다. 근면·자조·협동정신을 우리 농민들이 모두 터득하게 되었고, 근검·절약하고 저축하는 기풍이 생겼고, 또 '하면 된다'는 자신감과 의욕이 생겼습니다. 그래서 우리나라 농촌의 새마을운동은 물질적인 성장과 더불어 정신계발이 병행되었다는 것이 하나의 특징이라고 생각합니다.

지금 질문하신 공장새마을운동도 마찬가지입니다. 이것도 전국적으로 상당히 파급되어서 활발히 전개되고 있고, 또 그동안 좋은 성과를 올리고 있는 것으로 알고 있습니다.

공장새마을운동도 그 이념이나 목적은 농촌새마을운동과 하나도 다를 것이 없습니다.

결국은 근면·자조·협동의 정신과 실천을 통해서 공장새마을운동에 있어서는 기업의 능률을 올리고 생산성을 더 향상시키자는 것이며, 동시에 종업원들의 처우를 잘해 주고 복지후생 문제를 더욱 더 잘해 줌으로써 기업과 종업원이 한가족과 같은 분위기에서 노사가 서로 덕을 보고 또 공존해 가는 분위기를 만들자는 것입니다. 이러한 분위기가 되기만 하면 그런 기업이나 회사는 반드시 성공한다고 봅니다.

공장새마을운동이 잘된 공장은 확실히 모든 면에서 잘 되어 가고 있습니다. 회사가 잘 되면 이익이 많이 나고, 회사에서는 그것으로 종업원들의 처우를 잘해 주고 복지문제를 더 개선해 준다면 종업원들은 사기가 올라가고, 또 그 회사를 마치 자기 회사처럼 생각하고 일을 더욱 열심히 해서 회사의 이익이 더 나게 되는 것입니다. 그러면, 그것이 또 다시 자기들한테 혜택으로 돌아오게 되므로 회사도 잘 되고 종업원들도 덕을 보게 되는 것입니다. 이것이 즉 노사의 공존입니다. 이것이 공장새마을운동의 기본방향이요, 기본정신이라고 하겠습니다.

이 운동은 그동안 우리 기업에도 많이 확산되어서 우리 경제의 국제경쟁력을 크게 강화하는 데 많은 기여를 했고, 또 70년대 초의 석유파동이라든지, 자원난이라든지, 또는 국제경제의 불황을 극복해 나가는 데도 크게 기여를 했습니다. 그렇게 해서 우리나라의 수출이 계속 늘고 경제의 고도성장을 가져오는 추진력이 되었다고 믿습니다."

대통령은 이어서 공장새마을운동을 모범적으로 잘 하고 있는 기업들의 성공사례를 설명했다.

"공장새마을운동을 대단히 모범적으로 잘 하고 있는 기업도 많이 있습니다.

어떤 회사에 가 보면 종업원들을 위해서 통근버스를 내준다든지, 기숙사를 잘 지어서 기거하는 데 조금도 불편이 없게 한다든지, 식당과 체육, 오락시설 또는 종업원뿐만 아니라 그 가족까지도 의료혜택을 받게 해준다든지, 또는 학교를 세우거나, 학교를 못 세우면 인근 학교에 야간에 가서 공부할 수 있는 교육기회를 제공해 주는 등 종업원들의 처우와 후생복지문제를 위해서 애쓰고 있는 기업들이 많이 있습니다.

그러한 기업에 가 보면 완전히 하나의 가족과 같은 분위기를 느끼게 됩니다. 그러한 회사에서는 노사쟁의라든가 하는 것은 찾아볼 수 없고 기업의 생산성과 능률은 계속 올라가고, 처우는 점점 더 좋아지고 있습니다. 공장새마을운동이 모두 이러한 방향으로 추진되어야 하는 것입니다.

작년 가을에 안양 부근에 큰 수해가 나서 수백 개의 공장들이 물에 잠기게 되었습니다.

갑자기 침수되어 공장의 중요한 기계가 물속에 잠기거나 떠내려가게 되었을 때 대부분의 공장종업원들은 누가 시키지도 않았는데 모두가 위험한 물결 속에 뛰어들어가서 기계를 들고 나오거나 물건을 운반해 나오고, 어떤 곳에서는 생명의 위험까지 느끼면서 그런 일을 자진해서 했다고 하는 이야기를 뒤에 들었습니다.

또, 어떤 사람은 공장 근처에 있는 자기 집이 물에 떠내려가고 수해를 입었는데도 불구하고 집에는 돌아가지 않고 공장일에 밤낮을 가리지 않고 몰두하니까 회사에서는 종업원들의 회사를 아끼는 애사심에 감동해서 특별보너스를 주거나 수해가 지나가고 난 뒤에 종업원들의 주택을 다시 복구하는 데 여러 가지면에서 지원을 많이 해 주었다는 흐뭇한 이야기를 들었습니다.

공장새마을운동을 나는 그런 분위기에까지 끌고 가자는 것입니다."

대통령은 이어서 서울에 있는 91개 버스회사 중에서 3, 4개 회사를 제외하고는 대부분이 공장새마을운동에 무성의하다고 지적하고, 버스회사 사장과 경영주들에게 직원들을 가족처럼 생각하고 따뜻하게 보살펴 줄 것을 당부했다.

"그러나, 잘 하는 기업이 있는가 하면 그 반면에는 아직까지 대단히 불만족스러운 기업도 상당수가 있다는 것도 사실입니다.

서울에 있는 91개 사의 버스회사들을 청와대와 감사원에서 작년 연말에 감사를 해 보았습니다.

내가 지시한 것은 주로 거기에 있는 종업원, 특히 안내양들에 대한 처우와 후생복지 실태를 파악해 보라고 한 것인데, 감사한 결과 90여 회사 중에서 몇몇 회사는 대단히 잘 하고 있다고 합니다.

그것은 앞에서 내가 지적했듯이 안내양들의 기숙사·식당·목욕탕 또 기숙사는 겨울에도 춥지 않게 불을 잘 때 준다든지, 심지어 어떤 회사에서는 공부할 수 있는 교육기회까지 주어서 대학예비고사에 합격시키고 있다는 좋은 이야기를 들었습니다만, 그러한 회사는 불과 너덧 회사 정도이고 나머지 버스회사는 대부분이 잘 안 되어 있다는 것입니다. 사주나 경영주가 여기에 대해서 관심이 적고 무성의하다는 보고였습니다.

서울시 당국과 노동청으로 하여금 강력한 행정지도를 하고 금년 여름까지는 잘못된 것이 모두 시정되도록 해서 여름에 다시 한 번 감사를 하겠다는 것을 통보했습니다만, 이 기회에 버스회사 사장이나 경영주들에게 한 가지 당부하고 싶은 것은 버스회사를 예로 들었지만 다른 일반기업들도 마찬가지입니다. 새마을운동이 잘 되지 않은 회사의 기업주에 대해서 하는 이야기라고 들어 주시면 좋겠습니다. 그곳에서 일하는 안내양들을 좀 더 자기 가족처럼 생각하고 따뜻하게 보살펴 줄 수 없느냐 하는 것입니다.

그런 따뜻한 생각이 있으면 그렇게 추운 냉방에서 얼고 앉아 있는 것을 그대로 본체만체한다든지, 기숙사가 낡아서 바람이 술술 들어온다든지, 목욕탕도 없거나 있어도 더운물도 나오지 않는다든지 하는 무성의한 일을 하지는 않을 것이 아니냐 하는 것입니다.

만약에 자기 가족 중에 딸이나 누이동생이 그런 직장에 나가서 일을 하고 있고, 그런 대우를 받는다고 하면 자기 마음이 어떻겠느냐 하는 것을 한번 반성해 보면 그들을 위해서 사주로서, 경영주로서 어떤 정도로 복지문제나 후생문제를 해결해 주어야 되겠다고 하는 방법이 나오리라고 생각합니다."

대통령은 이어서 버스를 이용하는 서울시민들도 버스 안내양을 딸이나 누이처럼 생각하고 고운말과 웃음을 주고받는 아량을 베풀어 줄 것을 당부했다.

"또 한 가지 이 기회에 버스를 이용하는 우리 서울시민들에게도 당부하고 싶은 이야기가 있습니다.

요즘 서울에는 교통사정이 대단히 나쁘고 버스 한 번 타기가 대단히 힘이 든다고 합니다.

불편하고 혼잡해서 버스를 타면 짜증이 나고 신경질이 나는 것도 충분히 이해가 갑니다.

그렇다고 해서 버스에 근무하는 안내양들에게 큰소리를 친다든지, 거친 말을 쓴다든지, 때로는 욕설을 한다든지 그런 점잖치 못한 행동을 하는 것은 시정되어야 한다고 생각합니다. 버스가 혼잡하고 불편한 것이 결코 안내양 책임이 아닙니다.

책임이 있다면 버스회사에 책임이 있고, 더 위로 추궁을 하면 서울시에 책임이 있고, 또 더 추궁하면 정부의 책임이라고 할 수 있을는지 모르지만, 버스가 혼잡한 것이 안내양에게 무슨 책임이 있으며, 왜 안내양들에게 화풀이하고, 짜증을 내고, 신경질을 내고, 큰소리를 하느냐 하는 것입니다.

버스를 이용하는 시민들도 앞에서 사주들에게 당부한 것과 같이 그들을 남처럼 생각지 말고 내 딸이나 내 누이동생이 저런 직장에 나가서 새벽부터 밤늦게까지 하루종일 고된 일을 하고 있다고 생각하면 불편하고 짜증이 나더라도 절대로 신경질을 부리지 않고 거친 말도 쓰지 않을 것 아니겠느냐 하는 것입니다. 소녀들의 여러 가지

딱한 사정을 잘 이해하고 아량을 가지고, 버스에서 서로 고운 말을 주고받고 서로 웃음을 주고받고, 또 노약자들이 들어오면 아무리 복잡한 속에서도 서로 자리를 양보하는 이런 인정이 오고 가는 명랑한 버스, 그런 버스를 타면 훨씬 편리하고 버스도 빨리 갈 것이며, 다소 복잡하더라도 기분이 나쁘지는 않을 것입니다.

버스를 이용하는 우리 서울시민들도 이런 점에 앞으로 특별히 관심을 가지고 금년에는 보다 더 명랑하고 기분 좋은 버스가 되도록 회사도 노력해야 되겠고, 거기서 근무하는 안내양들도 보다 더 친절한 봉사를 잘 해야 되겠고, 또 이용하는 시민들도 명랑하고 좋은 분위기를 만드는 데 다 같이 노력하자는 것을 당부하고 싶습니다."

대통령은 이어서 도시새마을운동도 결코 어렵거나 안 되는 것이 아니며 농촌새마을운동과 마찬가지라는 점을 설명했다.

"도시새마을운동도 마찬가지입니다.

결국은 도시에 사는 마을사람들이 같이 협동하고 서로 상부상조해서 보다 더 살기 좋은 우리 마을을 만들자고 하는 데 대해서 서로 협동하고 힘을 모으자고 하는 것이 도시새마을운동입니다. 여러분들이 사는 동네의 일을 생각해 보면 고쳐야 될 것이나 시정해야 될 것 등 할 일이 얼마든지 있을 것입니다.

물론, 그 가운데는 동민들의 힘만으로는 안 되는 일들도 있을 것입니다. 예산이 많이 든다든지 어려운 문제는 시청이나 구청에서 장차 해 나갈 것이지만 동민들의 힘으로나 돈도 들이지 않고 할 수 있는 일도 우리가 찾아보면 얼마든지 있을 것입니다.

또, 어떤 것은 돈이 약간 들지만 동민들이 조금만 협조하고 시당국에 건의해서 지원받으면 할 수 있는 일도 있습니다. 이런 일을 동민들이 우리가 사는 우리 동네니까 우리들이 서로 의논하고 협의하고, 계획을 세우고, 협동해서 하나하나 해결해 나가자는 그런 마음가짐을 가지면 도시새마을운동도 결코 어렵거나 안 되는 것은 아닙니다.

그래서 우리가 사는 마을을 아주 깨끗하고 질서가 있고 명랑하고 이웃끼리 서로 인정이 오가고 하는 살기 좋은 도시새마을을 만드는 데 우리는 앞으로 더욱 힘을 기울이자는 것입니다."

농촌 초가집은 우리 세대에 반드시 뜯어고쳐야 한다

1978년 1월 25일, 내무부 연두순시에서 대통령은 우리나라 농촌에 있는 다 찌그러져 가는 초가집은 우리 세대에 반드시 뜯어고쳐야 한다는 점을 거듭 강조했다.

"내무부에서 특별히 금년 시책 중에 역점을 두고 있는 취락구조 개선, 취락구조 개선이라기보다는 농촌주택 개량사업이라고 나는 이야기하고 싶은데 금년에는 약 5만 동, 이건 국가재정문제와 관계가 있기 때문에 연차적으로 숫자를 좀 더 늘려 나갈려고 생각합니다. 5천년 동안 우리 조상들이 이 땅에 살아오면서 잘살아 보려고 애도 많이 쓰고 조상들이 우리한테 남겨준 유산도 많습니다만 우리와 우리 세대에 뜯어고쳐야 할 것은 다 찌그러져 가는 저 초가집입니다.

최근에 와서는 지붕개량을 해서 모양은 옛날보다 많이 좋아졌는데 지붕에 짚만 홀랑 벗기고 슬레이트만 갈아입혀 놓으니까 속된 말로 시골사람 바지저고리에 신사모자 쓴 것 같은 그런 형태도 없지 않기 때문에 앞으로 몇 년 내에 나는 이것을 선진국가 농촌형으로 뜯어고치고자 합니다. 작년에 조금 했지만 금년부터 시작이라고 보아도 좋겠습니다.

5만 동, 내 욕심 같으면 더 많이 했으면 합니다만 실제도 예산이 있다고 해도 이 5만 동이라는 작업량이 절대 적은 숫자가 아닐 것입니다.

내무부 자체에서 직접 해보아서 실감을 하실 것입니다. 막대한 자재가 들어가고 또 만드는 사람의 기술, 자재를 운반하는 데 대한 수송 등 실제 일을 착수하면 여러 가지 어려운 문제가 많은 것 같은데 관계부처하고 상호협조 또 중앙에서부터 일선 행정단위까지 여러 가지 일들을 조직적으로 짜임새 있게 계속적으로 잘하지 않으면 상당히 어렵지 않겠습니까?

5만 동을 소화하기 위하여는 상당히 어렵지 않을까, 나는 이렇게 보는 데 자재 문제에 대해서는 큰 문제는 없나요? 기술적으로 지도도 잘 해서 지어놓은 집이 전부가 단단하고 야무지고 쓸모있게 되어야지, 조금이라도 허술하다든지 뒤에 잘못 되었다든지 이런 것이 없도록 금년부터 잘 지도하여야 앞으로 하는 것도 잘 지어나갈 것입니다."

기업들의 공장새마을운동을 독려하고 지도해야겠다

1978년 1월 26일, 상공부 연두순시에서 우리 기업들이 공장새마을운동을 보다 적극적으로 알맹이 있게 해 나가도록 독려하고 지도하라고 지시했다.

"작년 100억 달러 수출목표 달성을 위해서 그동안 여러 가지 수고를 많이 하고, 애를 많이 쓴 상공부 산하 직원 여러분들의 노고를 치하합니다.

앞으로 100억 달러 이후에 있어서의 정부정책 방향이 제시가 되어 있는데 이것은 전부 다 타당한 정책이라 생각합니다.

100억 달러라는 것은 우리가 앞으로 우리 경제를 크게 발전시키는 과정에 있어서 하나의 중간 목표일 뿐 아니라 이것을 계기로 해서 우

예고 없이 김치열 내무장관을 대동하고 경기도 내 용인, 양지, 수원의 농촌주택 개량사업 현장을 시찰하는 박 대통령(1978. 5. 2)

리나라 경제 특히 수출이 더욱 더 활발히 신장되어 나갈 수 있는 하나의 계기가 되었다고 생각합니다. 더욱 분발해 주기 바랍니다.

특히 오늘 여기서 한 가지 당부하고 싶은 것은 요전에 연초 기자회견 때도 강조를 하였습니다만, 우리가 앞으로 국제시장에 나가서 다른 나라 상품과 경쟁을 하고 또 우리나라 수출을 더욱 키워 나가는 데 있어서도 가장 중요한 것은 결국은 국제경쟁력을 우리가 더욱 더 키워 나가는 것인데, 이를 위해서는 여러 가지 시책이 많이 있겠습니다만, 특히 우리나라 기업들이 지금 하고 있는 공장새마을운동 이것을 보다 더 적극적으로 알맹이 있게끔 꾸준히 해 나가면, 우리나라의 국제경쟁력도 커질 뿐 아니라 특히 기업 내에 있어서 노사 간의 여러 가지 문제도 가장 원만한 방법으로 해결되고 아주 가족적인 분위기하에서 모두 일할 수 있고, 또 우리 경제가 더욱 발전해 나갈 수 있는 밑바탕이 튼튼해진다, 나는 이렇게 확신하고 있습니다.

현재 상당히 잘하고 있는 그런 기업들이 많이 있는가 하면, 아직도 여기에 대해 그다지 관심이 없거나 또 해도 아주 형식적으로 하는 그런 기업들이 상당히 있다고 봅니다. 금년에 우리 기업인들을 좀 더 독려를 해서 이 운동은 남을 위해서 하는 일이 아니라, 자기 회사를 위해서, 자기 공장을 위해서 하는 일이고, 또 자기 공장에서 일하는 종업원들의 처우개선이라든지 복지를 위해서 하는 일이다, 그렇게 함으로써 자기 회사도 더 잘되고 종업원에 대한 혜택도 그만큼 많이 나오고, 나아가서는 이것은 국가를 위해서 대단히 좋은 일이다, 그렇기 때문에 여기에 대해 좀 더 모든 관심과 성의를 가지고 적극적으로 해 나가기 바란다고 독려해야 되겠다. 잘 하는 그런 기업은 자꾸 표창을 하고 사기를 올려주고, 못하는 기업이 모두 따라갈 수 있도록 그 분야에 각별히 지도해 주기를 바랍니다."

대통령은 우리의 공장새마을운동은 다른 나라에서는 볼 수 없는 우리나라 특유의 노사협조운동으로서 국력배양을 가속화하는 원동력이라고 생각하고 있었다.

대망의 100억 달러 수출은 그동안 우리 근로자들과 기업인들이 혼연일체가 되어 증산에 힘쓴 피나는 노력의 결실이다, 제3차 5개년계획을 추진하는 과정에서 73년 석유파동으로 인한 세계적인 경제불황 때문에 어려움을 겪었으나 공장새마을운동으로 이 난국을 슬기롭게 극복하면서 획기적인 수출증대와 고도의 경제성장을 지속할 수 있었다.

공장새마을운동이란 기업인과 근로자가 서로 믿고 도우며 한 마음으로 일해서 다 함께 잘살기 위한 운동이다. 기업인들이 근로자들을 내 가족처럼 아끼고 사랑할 때 그들은 '내 공장' '우리 기업'이라는 마음이 우러나서 열심히 일하게 되며, 또 여기서 나온 이익을 다시 근로자들의 처우와 복지향상에 돌릴 때, 노사 간에 총화가 이루어지고 능률과 생산성이 높아져 그 기업은 더욱 발전할 수 있게 된다. 적자 회사에서 흑자 회사로 재기한 인천제철의 경우나 지난 여름 홍수 피해가 컸던 안양지구 200여 개 공장들이 불과 3개월 만에 완전 재가동된 것은 바로 공장새마을운동의 자랑스러운 사례다. 매월 경제동향보고회의에서 농촌새마을운동과 공장새마을운동의 성공사례를 듣고 있는데, 기업인들은 근로자들을 위해 통근버스를 내고, 기숙사·식당·휴게시설을 갖추고, 근로자들이 상급학교 공부를 할 수 있도록 중·고등학교를 세워 장학금을 지원하고, 근로자들의 가족들에게까지 의료시혜를 확대해 가는 예도 있었다. 근로자들이 장래에 대한 희망을 가지고 밝은 얼굴로 일하면서 공부하는 모습을 볼 때마다 조국의 무궁한 발전을 확신하게 된다는 것이다.

노·사 공존의 풍토를 만들어 나가는 공장새마을운동이 우리 사회에는 절대 필요하다

1978년 1월 30일, 보건사회부 연두순시에서 대통령은 기업주와 근로자가 공존의 풍토를 만들어 나가는 공장새마을운동이 우리 사회에는 절대 필요하다는 점을 강조했다.

"노사 문제는, 이건 노사 문제라고 표현하기보다는, 직장, 공장새마을운동이라고 할까, 이것도 잘 되어가고 있는데 아직도 잘 안되어 가고 있는 곳도 상당히 있습니다.

이것도 보사부나 노동청서만 하는 게 아니라 상공부나 다른 기관에서 많이 협조하고 있지만 이것을 잘 해서 노사가 서로 다 같이 덕을 본다, 같이 공존을 한다, 그러한 풍토를 만들어 나가는 것이 우리 사회에는 절대 필요합니다.

서구라파식으로 걸핏하면 투쟁이니 뭐니 해서 모든 문제를 투쟁을 해가지고 해결하겠다 하는 그런 식은 나는 그렇게 좋은 방법이 아니라고 생각합니다. 구라파에서는 그런 제도가 처음에 생길 때 어떤 역사적인 배경으로 생겼는지는 모르지만 그것도 한 가지 방법일지 모르지만 반드시 최상의 방법은 아니다, 오히려 노사가 서로 상대방의 사정을 이해하고 서로 협조하고 서로 노력해서 회사도 잘 되고 종업원도 잘 되고, 이래 가지고 모두 같이 마음을 합쳐 일해 나가는 그런 것이 바람직한 것이지 무슨 투쟁, 무슨 투쟁해가지고 노동자와 기업주 간에 감정의 대립이 된 그러 회사는 잘 되어 나갈 리가 만무합니다.

그런데 요즘 우리나라의 노동운동이라는 것이 서구식이 아니고 조금 다르다고 해서 노동자들에 대한 권익을 박탈하고 노동자들의 권리를 억압한다 하는 엉뚱한 소리를 하고 있는 사람들이 있는데 그건 잘못이라고 나는 생각합니다. 우리 정책의 근본정신을 제대로 파악하지 못한 사람들이 구라파식을 그저 수박 겉핥기로 알아가지고 엉뚱한 소리나 하고 있다 이겁니다.

우리나라는 공장새마을운동을 아주 적극적으로 장려해 나가야 되겠는데 이것은 물론 기업주가 앞장서야 됩니다.

노동자들 보고 너희들이 해라, 그러면 내가 혜택을 주마, 그런 식으로 해서는 안 됩니다.

물론 노동자들 측에서 먼저 그런 운동이 일어나는 것이 있을 수도 있겠지만 기업주가 먼저 앞장을 서서 분위기를 유도해 나가고 종업원들이 따라 와야 합니다. 지금 물론 잘 하고 있는 기업체들이 많은데 매달 한 번씩 경제동향보고 때 표창받는 데도 얘기 들어보면 아주 모범적인 데가 많은가 하면 아직도 형편없는 데가 많습니다.

요전에 기자회견 때 서울의 버스회사 얘기를 잠깐 했습니다만, 비단 버스뿐만 아니라 그밖에 다른 업종의 기업체에서도 아주 모범적으로 잘 하는 데가 있는가 하면 아주 형편없는 데가 있습니다. 아주 극단적인 예가 있는데 그걸 앞으로 잘 지도해 나갔으면 좋겠습니다.”

대통령은 이어서 우리의 임금정책에 있어서는 저임금지대의 임금을 어느 수준까지 빨리 끌어올리는 것을 목표로 삼아야 한다는 점을 강조했다.

“그 다음에, 저임금지대에 대한 처우개선 문제인데 금년에는 최하 3만 원까지 그 이하는 없애겠다고 하니까 우선 단계적으로 그렇게 해 봅시다. 이것도 연말에 가서 겨우 되었다 하지 말고 가급적이면 연초에 이런 것들이 전부 해결되도록 해봅시다.

그런데 장관보고에 작년에 노동생산성은 3.5% 향상되었는데 실질임금은 15.1% 올랐다고 했는데 그 숫자가 정확한 겁니까?

작년에 임금이 재작년에 비해서 평균 26% 올랐다고 했는데 26%라는 것은 상당히 많이 오른 것 아닙니까? 앞으로는 그렇게 안 되겠지만 내가 늘 강조하는 것은 밑의 저임금지대, 이것을 빨리 끌어올리자는 겁니다. 위에는 어느 정도 되어 있는 것 아닙니까? 우리나라 국민소득, 1,000달러 될까 말까하는 수준에서는 어떻게 보면 난 너무 올랐다고 봅니다. 위는 좀 눌러두고 밑에, 아주 저변에 있는 것을 어느 수준까지 빨리 끌어올리자는 것이 우리들의 하나의 목표입니다. 26%라는 것이 전부 평준화된 것은 아니니 많이 오를 수도 있고 적게 오를 수도 있는데, 저임금지대에 있는 사람들은 가령 30%든지 40%든지 올리고 위에는 10%정도 올려가는 것이 우리 임금문제가 올바르게 가고 있는 방향이라고 나는 봅니다."

대통령은 끝으로 내 돈 벌어서 내 맘대로 쓰는데 무슨 잔소리냐고 하는 사고방식이 우리 사회에서 통용되어서는 안 된다는 점을 강조했다.

"가정의례준칙이 상당히 보급이 되어가고 있는 것도 사실인데 아직도 결혼식을 호화롭게 해서 빈축을 사는 사람들을 보면 우리 사회에 상당히 지도급에 있는 사람들입니다. 저 가난한 농민들이나 서민들이 화려하게 했다고 해서 욕들을 하는 예는 거의 없습니다.

돈이 있고 사회적 지위가 있는 사람들이 뻔히 알면서, 욕을 먹으면 어때 하는 식으로, 또 처벌하려면 해라, 벌금 몇 푼 내면 되지 않느냐고 하는 생각으로 그러는 모양인데 그런 사람들은 언론기관과 협조해서 대대적으로 보도하든지 사진을 크게 실어 사회에서 매장시키는 것이 좋겠습니다. 내 돈 벌어서 내 맘대로 쓰는데 무슨 잔소리냐고 하는 사고방식은 우리 사회에서 통용되어서는 안 됩니다."

후세의 역사는 새마을지도자의 공적을 길이 전할 것이다

1978년 12월 6일, 전국새마을지도자대회에서 대통령은 먼저 새마을운동 8년 동안에 여러 가지면에서 이루어진 성과에 대해 설명하고 이것은 크게 평가되어야 한다고 천명했다.

"친애하는 전국의 새마을지도자 여러분!

농촌 도처에서 한창 벌어지고 있는 주택개량사업으로 우리 농촌의 모습이 하루가 다르게 탈바꿈해 가고 있는 이때, 금년 추수를 모두 마치고 우리가 1년만에 다시 한자리에 모이게 된 것을 매우 기쁘게 생각합니다.

금년에도 한발과 수해가 있었고, 특히 병충해의 피해가 많았음에도 불구하고 우리는 힘을 합쳐 이를 잘 극복해 냈습니다.

나는 그동안 새마을운동에 앞장서 온 새마을지도자 여러분과 이 운동을 음으로 양으로 지원해 준 각계 인사와 관계공무원, 그리고 유관기관 직원 여러분의 노고를 높이 치하하는 바입니다.

지난 8년 동안 눈물겨운 미담 가화들을 수없이 남기면서 여러분이 추진해 온 각종 사업 성과를 자랑스러이 되돌아보고 중단없는 전진, 더욱 활기찬 새출발을 다짐하고자 우리는 이 자리에 모인 것입니다.

이제 새마을운동은 우리 국민 생활 속에 깊숙이 뿌리를 내려 지역사회 발전은 물론 국가건설과 민족중흥의 강력한 추진력이 되고 있습니다.

지난 8년 동안 성공적으로 마무리된 1천만 건 이상의 새마을사업을 위하여 정부는 무려 9천 700억 원 이상을 투입했으며, 3천 600백만 우리 국민 모두가 적어도 평균 스물네 번 이상 사업장에 나가서 일한 셈입니다.

이 통계숫자는 새마을운동이 문자 그대로 요원의 불길같이 범국민적으로 추진되어 왔음을 말해 주고 있습니다.

오늘의 우리 농촌은 영농의 기계화·동력화·생활문화정보의 신속한 전파, 도로망과 교통수단 발달 등으로 근대화의 물결을 타고 도시 못지않게 밝은 생활권으로 변모하고 있습니다.

호당 농가소득은 80년대 초의 목표 140만 원을 이미 작년에 넘어섰고, 금년에는 178만 원 이상이 될 것으로 예상되고 있습니다.

전남 고흥군 봉래면 선창마을의 경우는 놀랍게도 이미 작년에 호당 소득 1천 150만 원을 돌파했습니다.

우리가 이토록 귀중한 체험을 통하여 터득한 바와 같이 새마을운동은 정신혁명운동이요 잘살기 운동입니다.

억척스럽게 분발하여 지난날의 가난과 무기력을 청산한 우리들이 '하면 된다'는 신념과 보람으로 일하고 또 일하여 이룩해 낸 오늘의 이 경이적 발전이야말로 새마을정신의 정화라 할 것입니다.

또한, 우리도 노력만 하면 잘살 수 있다는 자신과 용기, 이웃과 더불어 협동하는 행동양식을 실천과 체험으로 터득하게 되었고, 새마을운동을 통하여 우리 스스로 착안하고 실천해 온 한국적 민주주의의 생활질서 속에서 합리적인 사고력과 능동적인 참여, 그리고 건전한 가치관을 키워왔다는 점에서도 새마을운동 8년의 성과는 크게 평가되어야 할 것입니다."

대통령은 이어서 우리는 어느 선진국 부럽지 않은 고도의 복지문화사회를 이룩하겠다는 더 크고 웅대한 이상을 실현하기 위해서 우리의 슬기와 무궁무진한 잠재력을 발휘하여 새마을운동을 계속 밀고 나가야 한다는 점을 강조했다.

"남녀 새마을지도자 여러분!

그동안 이룩한 새마을운동의 큰 성과에도 불구하고 우리가 지향하는 밝고 윤택한 복지농촌 건설에의 길은 아직도 멉니다.

초가집을 헐고 기와집에서 살 만큼 된 것도 좋은 일이지만, 우리에게는 어느 선진국 부럽지 않은 고도의 복지문화사회를 기필코 이룩하겠다는 더 크고 더 웅대한 이상이 있습니다. 또, 이 이상을 실현할 수 있는 무궁무진한 슬기와 잠재력도 가지고 있습니다.

이 힘과 슬기를 다하여 우리는 새마을운동을 더욱 힘차게 계속 밀고 나가야 합니다. 우리는 농촌생활환경의 획기적 개선과 농촌경제의 자율성장기반 구축, 그리고 공장새마을운동의 대대적인 확산과 도시새마을운동의 활성화 등에 온 국민이 더 욱 힘을 기울여 활력찬 전진을 계속해 나가야 하겠습니다.

앞으로 농촌새마을사업은 우리가 적극 추진하고 있는 취락구조 개선 사업과 영농기계화, 그리고 녹색혁명의 완수 등이 그 대표적인 것이라 할 수 있습니다.

정부가 시정면에서 서둘러야 할 분야가 많이 있음에도 불구하고 6천 143억 원이라는 막대한 국가예산으로 81년까지 50만 동의 농촌 주택을 개량하고자 우선적으로 지원하고 있는 까닭도, 가난에 찌들었던 구각에서 과감히 벗어나 새시대의 새역사를 창조해 나가는 주인답게 우선 자신의 생활환경부터 능률적이고 문화적으로 가꾸어 나가자는 데 그 참뜻이 있는 것입니다.

우리 농촌경제의 자율적인 성장기반을 다지기 위해서는 농민의 지속적인 소득증대가 무엇보다 중요하며, 획기적인 창의와 노력이 요청됩니다.

우리 나라 농촌과 도시의 평균소득 비교에 있어서는 이미 74년을 고비로 농가소득이 앞지르고 있으며, 작년의 경우만 보더라도 도시 근로자 소득 140만 원에 비하여 농촌이 143만 원으로 앞서고 있는 실정입니다.

새마을공장의 유치, 부업단지 조성을 비롯하여 농외소득원의 개발과 육성에도 더욱 힘을 기울여 농가의 잠재노동력과 기능을 최대한 활용하는 데 머리를 써야 하겠습니다.

이와 같은 노력을 효과적으로 뒷받침하기 위해서는 새지식, 새기술을 습득한 농촌기술인력을 확보하고 더 많은 젊은이들이 기꺼이 농촌건설에 투신할 수 있도록 모든 여건을 개선해 나가야 하겠습니다.

정부는 지역사회 개발을 선도해 나갈 영농후계자 양성을 위하여 다각적인 지원책을 마련하고 농촌진흥에 활력을 불어넣는 시책을 강화해 나갈 것입니다.”

대통령은 이어서 우리는 공장새마을운동을 통해 가족적 분위기의 기업풍토를 확립시켜 나가고 도시새마을운동을 통해 나라를 사랑하는 애국심을 함양해 나가야 되겠다는 점을 역설했다.

“다음에는 경제건설의 제일선에서 분발하고 있는 산업역군들의 공장새마을운동에 대해서 언급하고자 합니다.

며칠 전 수출의 날 행사에서 밝혀진 바와 같이 금년에도 우리나라는 수출목표 125억 달러를 초과 달성하는 훌륭한 성과를 거두게 되었습니다.

우리가 세계시장의 여러 가지 어려운 여건 속에서도 수출의 급신장을 거듭하고 있는 것은, 여러 가지 요인과 많은 사람의 노력이 집대성된 결과라고 보아야 하겠지만, 그 중에서도 특히 내가 지적하고 싶은 것은 우리나라 공장들에서는 다른 나라에서 찾아볼 수 없는 새마을운동이 활발하게 벌어지고 있다는 사실입니다.

공장마다 새마을운동을 활발히 전개하여 종업원은 공장을 내 살림처럼 아끼고 돌보며 생산성을 높이기 위해 헌신적으로 일하고, 기업주는 종업원을 자신의 혈육처럼 아끼며 처우와 복지문제 등에 세심한 배려를 기울여 가족적 분위기의 기업풍토를 꾸준히 확립시켜 나가야 합니다.

슬기와 우애가 넘치는 기업풍토는 비단 기업주나 종업원 한사람 한사람의 이익을 가져올 뿐만 아니라, 복지사회 건설과 국가발전에도 크게 이바지하게 될 것입니다.

우리는 앞으로도 공장새마을운동을 더욱 활발하게 추진하면서 이 운동이 전국의 모든 중소기업체에까지 확산되어 나가도록 노력해야 하겠습니다.

도시새마을운동도 이제 농촌이나 공장새마을운동과 더불어 점차 뿌리를 내리고 성과를 보이기 시작했습니다.

각기 직업이 다르고 다양한 계층의 사람들이 밀집해서 살고 있는 도시 특유의 생리 때문에 농촌에서와 같은 즉각적인 성과는 기대하지 못할지라도 꾸준하고 줄기차게 밀고 나간다면 틀림없이 큰 성과를 거둘 수 있다고 믿습니다.

도시새마을운동은 매월 열리고 있는 반상회를 뜻있게 활용하고, 이 모임을 대화의 광장으로 삼아 이웃끼리 마을의 공동관심사나 공동이익이 되는 사업 등을 서로 상의하고 검토해서 하나하나 해결해 나가는 것이 바람직합니다.

또, 마을사람들이 아침에 일찍 일어나 내 집 안팎을 깨끗이 청소하고, 근검절약하고 공중도덕을 잘 지키며 충효사상을 북돋아 나가는 일이나, 불우한 이웃을 돕고 자연보호운동으로 생활환경을 알뜰히 가꾸는 일이야말로 자칫 각박해지기 쉬운 도시생활을 훈훈하게 녹여 주고 인간성을 순화하는 길인 동시에, 이것이 곧 나라를 사랑하는 애국심입니다.

도시새마을운동의 성패는 지도층과 지식층 인사들이 적극적인 자세로 앞장서 참여하느냐에 따라 크게 좌우되기 때문에 솔선수범을 당부하는 바입니다."

대통령은 끝으로 후세의 역사는 민족중흥의 도정에서 새마을지도자로 한 시대를 살면서 헌신보국한 새마을지도자 여러분의 공적을 길이 전할 것이라는 확신을 피력했다.

"친애하는 새마을지도자 여러분!

우리는 내외의 시련과 역경을 딛고 일어나 잠시도 쉬지 않고 전진에 전진을 거듭하여 왔습니다.

자주국방과 자립경제의 터전을 굳게 다지면서 세계 속의 한국으로 등장하고 있습니다.

땀으로 얼룩진 이 발자취야말로 우리 온국민이 근면·자조·협동의 새마을정신으로 굳게 뭉쳐서 지칠 줄 모르는 정열과 피나는 노력으로 엮어 온 소중한 역사입니다.

번영과 중흥을 향한 거국적 대행진에 앞장선 새마을지도자 여러분에 대한 국민의 신뢰와 기대를 잠시도 잊지 말고 지역사회 발전에 더욱 분발해 줄 것을 거듭 당부합니다.

후세의 역사는 민족중흥의 도정에서 새마을지도자로 한 시대를 살면서 헌신보국한 여러분의 빛나는 공적을 길이 전할 것임을 나는 믿어 의심치 않습니다.

새마을지도자와 부녀지도자 여러분의 노고를 다시 한 번 치하하면서, 새해에도 여러분의 가정마다 행운이 깃들고 건투 있기를 기원합니다."

가난으로 헐벗었던 조국을 우리 스스로의 손으로 선진된 나라를 만들어 후손에게 물려줄 수 있게 되었다

1979년 1월 19일, 연두기자회견에서 대통령은 농촌새마을운동에 있어서는 농민들이 주택개량 사업에 열중하고 있다는 사실에 관해 설명했다.

"농촌의 새마을운동에서는 취락구조 개선 즉 농가주택 개량 분야에 우리 농민들이 상당히 열을 올리고 있습니다.

내무부에서 조사한 재작년 통계에 의하면 우리 농촌에서 주택 개량을 해야 될 가옥은 약 54만 동이 된다고 합니다. 그래서 나는 앞으로 한 4~5년 동안에 이것을 전부 문화적인 주택으로 개량해 나갈 생각입니다. 이 사업을 시작한 것이 76년입니다.

1976년에 내무부에서 한 도에 5~60동 정도씩 배당해서 한 6백 동을 시범적으로 개량해 보았으며, 다시 이에 필요한 재원도 만들고 경험도 얻고 해서 77년에는 약 1만 동, 78년에는 본격적으로 추진해서 5만 동을 개량했습니다.

이것은 전부 정부지원에 의해서 한 사업입니다. 이것 이외에도 농민들 중에 여력이 있는 사람들은 자력으로 개량하는 것도 상당수가 있어서 작년 연말까지 정부지원과 농민자력으로 한 것이 약 12만 2천 동이 됩니다. 요즘도 농촌에 다녀보면 추운 겨울인데도 여기저기에서 집을 고치고 있는 것을 많이 볼 수 있는데 그런 것까지 전부 합치면 더 늘어나지 않을까 생각됩니다. 그렇게 되면 54만 동 중에 40만 동 정도가 남아 있는데, 이러한 추세로 밀고 나가면 앞으로 한 4~5년 가면 우리나라의 50몇만 동이라는 농가는 대부분이 개량되고 문화주택으로 탈바꿈할 것으로 봅니다.

그래서 우리 농촌에 요즘 개량되어 나가는 농가의 모습을 보고 우리 농촌도 몇 해 후에는 구라파 농촌 못지않게 아름답고, 부유하고 문화생활을 누릴 수 있는 농촌으로 면모를 일신할 것이라는 큰 희망과 기대를 걸어봅니다.

농촌의 취락구조 개선, 즉 농촌주택 개량사업은 일선 공무원들이 과잉의욕으로 무리를 해서 잡음이 있었고, 또 초기에는 집을 고치지 않아도 충분히 살만한 집을 왜 고치느냐고 반대하는 사람들도 상당히 많았습니다.

그러나 부락 유지들이 앞장서서 설득하고 이해시켜서 개량하고 난 뒤에는 모두 찬성하고 있으며 불평하거나 후회하는 사람이 거의 없는 것으로 알고 있습니다, 왜냐하면 18평, 20평, 25평 등 평수에 따라 정부의 지원융자액수가 달라지는데, 융자 얻을 때 부금(賦金)을 낼만한 능력이 있는 사람들이 하는 것이지 그런 능력이 없는 사람이 하는 것이 아니기 때문입니다. 그리고 일단 이것을 해놓고 나면 20평짜리 집을 짓는 데 340만 원이 드는데, 처음에 부금 등으로 일부 내고 나머지는 한 20년 동안 연부로 내는 것이므로 20년 후에 연부로 3백만 원 내면 그것은 거의 공짜로 집이 생기는 것과 마찬가지일 것입니다, 그리고 지금 당장 내놓고 팔려고 하면 3백만 원에 지은 집을 4백만 원, 5백만 원 받는 것은 아마 문제가 없을 것입니다. 그러니까 농민들은 가만히 앉아서 자기 재산이 그만큼 늘어났다는 것을 누구보다도 더 잘 알고 있습니다."

대통령은 이어서 가난으로 헐벗었던 조국을 우리 스스로의 손으로 선진된 나라를 만들어 후손에게 물려줄 수 있게 되어 기쁘고 보람이 있다는 소회를 피력했다.

"우리 농촌의 농외소득도 많이 늘어서 작년 말 통계로 우리 농가의 전국 호당 평균소득이 178만 원에 달했고, 금년 말이되면 2백만 원대에 육박하거나 잘 하면 그것을 돌파하지 않을까 생각합니다.

원래 1981년 말에 가면 농가소득 140만 원이 될 것이라는 것이 4차 5개년계획 초기의 목표였는데, 이미 77년 말에 143만 원을 돌파함으로써 4년 앞당겨서 목표를 달성했습니다.

작년 연말 통계로 보면 마을의 호당 평균소득이 140만 원이 넘는 마을은 전체 마을에서 98%가 넘습니다.

우리나라의 마을이 3만 5천여 개가 되는데 그 98%면 거의 대부분인 것입니다. 우리는 새마을을 그 수준에 따라 기초마을·자조마을·자립마을로 구분하고 있는데, 지금은 기초마을은 없고 자립마을이 작년 연말로 82%, 자조마을이 18%, 금년 연말에 가면 이 자조마을은 없어지고 전부 자립마을 단계로 올라설 것입니다. 대단히 고무적인 이야기입니다.

전남 고흥군 봉래면에 선창 마을이 있습니다. 경제동향보고회의 때 표창도 했지만, 이 마을은 농업과 어업을 겸하고 있는 부락인데, 작년 연말 현재로 호당 소득이 1천 1백 53만 원이었습니다. 과거에는 아주 가난한 한촌이고 아주 살기 어려운 마을이었는데, 불과 몇 년 동안에 주민들의 노력과 정부의 여러가지 지원으로 살기 좋은 마을이 되었습니다.

호당 소득이 1천 1백 53만 원이면 5인 가족으로 계산해서 1인당 약 4천 6, 7백 달러가 됩니다. 이것은 대단한 것입니다.

또, 몇 년 전에 농수산부가 수립한 농어촌저축 1조 원 목표를 그동안 꾸준히 밀고 온 결과, 금년에는 저축잔고 기준으로 이를 초과 달성할 전망이라고 합니다. 이처럼 농어촌의 새마을운동은 일취월장 정착되어 가고 있습니다.

새마을운동을 처음 시작하였을 때 얼마 안 가면 그 열이 식을 것이 아니냐고 염려하는 사람들이 있었지만, 내가 볼 때는 열이 식을 염려는 없었습니다.

왜냐하면, 우리 농촌에서는 이 운동을 통해 소득이 급속히 늘고 주민 모두가 새마을운동을 하기 전보다 훨씬 더 잘살게 되었다는 것을 알게 되었기 때문입니다.

이 운동을 아무리 해 봐도 소득이 느는 것도 없었고 생활이 하나도 달라진 것이 없었다면 얼마 안 가서 열의가 식었겠지만, 우리의 새마을운동은 그렇지 않습니다. 그러한 의미에서 새마을운동은 이제 우리 농촌에 완전히 뿌리가 내린 것이라고 봅니다.

1981년, 즉 4차 5개년계획이 끝날 무렵에 가면 우리 농촌의 모습이 어떻게 되겠느냐 하는 것을, 국민 여러분은 한번 머리 속에 그려 보시는 것이 좋으리라고 생각합니다.

우리나라 사람들이 외국에 나가서 선진국 농촌의 모습을 그동안 많이 보았습니다. 우리는 그것을 보고 대단히 부러워하기도 하고 우리 농촌은 언제쯤 가면 저렇게 되겠느냐, 아무리 노력해도 우리 농촌은 저렇게 될 수가 없지 않겠느냐, 그러한 실의와 체념까지도 한 적이 있었습니다만, 이제 80년대 초에 들어가서는 우리 농촌도 그와 비슷한 모습으로 탈바꿈하리라는 데 대해 나는 확신을 가지고 있습니다.

가난으로 헐벗었던 조국을 이어받은 우리들이, 우리 스스로의 손으로 선진된 나라를 만들어서 후손에게 물려줄 수 있다고 하는 우리의 이 기쁨과 보람을 생각한다면, 우리는 앞으로 다가올 어떠한 어려움과 시련도 극복할 수 있는 자신감을 다시 한 번 굳게 다짐해야 할 줄 믿습니다."

대통령은 이어서 공장새마을운동도 생산능률의 향상, 근로자들의 처우와 복지개선, 원만한 노사협조 관계강화 등 많은 성과를 거두고 있다는 점을 강조했다.

"공장새마을운동은 전국적으로 확산되어서 그동안 많은 성과를 올리고 있고 또 이 운동을 통해서 생산 능률이 크게 향상되고 근로자들의 처우 개선과 복지시설도 많이 향상되었고 노사 협조관계도 상당히 원만하게 되어 가고 있습니다.

특히 공장새마을운동은 새로운 노사협조 분위기를 조성하는 데 좋은 계기를 마련해 줌으로써 산업화 과정에 있어서 흔히 진통을 겪고 있는 노사문제를 한국적인 독특한 방법에 의해서 원만히 해결해 나가고 있다는 사실은 매우 흐뭇한 일이 아닐 수 없습니다.

공장새마을운동이 전국적으로 확산되어 대부분의 공장들이 잘 하고 있지만, 일부 기업인들 가운데에는 아직도 공장새마을운동의 참뜻을 이해하지 못하고 열의가 부족한 곳이 있는 것 같습니다.

기업인들이 종업원들의 처우를 개선주거나, 또는 복지를 위해서 돈을 쓴다는 것이 마치 생돈이 들어가거나 손해를 본다는 생각을 가진다면 그것은 대단한 인식부족이라고 하겠습니다.

이 운동을 해서 성공한 사람들 이야기를 여러 사람한테 들어 보았는데 그것이 절대로 기업으로서는 손해가 아니라고 합니다. 종업원들의 처우를 개선해 줌으로써 그들의 사기가 올라가서 생산성이 훨씬 향상되고, 또 회사는 그만큼 경영이 좋아지고 수익이 올라 그것으로 종업원들의 월급을 올리고, 그러니까 종업원들은 또 사기가 올라가고 고마워서 더 열심히 일하고, 그렇게 되면 더 능률이 오르고, 노사협조관계도 잘 되고 기업이나 근로자들이 다 같이 덕을 보는 것이지, 기업이 손해 보는 것이 아니라는 것입니다.

원래 공장새마을운동은 기업주나 근로자, 어느 한쪽만 일방적으로 희생을 당하거나 봉사하는 것이 되면 오래 지속될 수 없습니다. 노사가 다같이 혜택을 본다는 인식을 가져야만 이 운동은 오래 지속될 수 있습니다. 공장새마을운동이 정착되어서 앞으로 성공을 거둔다면 우리나라는 새로운 유형의 노사협조관계의 모범을 보일 수 있다고 믿습니다."

대통령은 이어서 도시새마을운동도 그동안에 반상회를 통해 꾸준히 추진하여 성공한 예가 매년 늘어나고 있다는 사실을 지적했다.

"도시새마을운동도 그동안에 반상회 같은 것을 통해서 꾸준히 추진해서 많은 성과를 올렸고, 성공한 예가 매년 늘어나고 있습니다.

도시의 특수한 생리 때문에 이 운동이 농촌처럼 그렇게 빨리 뿌리를 내린다든지 확산되기는 대단히 힘든 것이 사실입니다.

그러나, 이 운동을 통해서 우리 마을의 생활환경이 더 깨끗해졌고 주민들이 공중도덕을 잘 지키게 되었고 실서가 그진보다도 더 바로

서게 되었고, 그전에는 앞뒷집에 살며 인사도 없이 지내던 이웃끼리 훨씬 더 따뜻하고 인정이 오고 가는 살기 좋은 마을이 되었다는 인식을 주민들에게 심어 주기만 한다면 도시에 있어서도 이 운동은 절대 어려운 운동이 아니라고 생각합니다. 주민들이 그런 의식을 가지게 되고, 또한 그러한 분위기를 조성하는 데까지만 이끌고 간다면 그 마을은 성공한 마을이라고 생각합니다.

그 다음 단계로 환경정리나 질서보다도 공동이익을 위해서 공동사업을 하자는 단계에까지 발전되어 나가면 도시새마을운동은 반드시 성공한다고 봅니다. 거기까지 지도자가 앞장서서 이끌고 나가는 것이 대단히 힘들 일이라고 생각합니다."

20세기 한국농촌의 새마을운동이 21세기 지구촌의 새마을운동으로 학습되고 있다

새마을운동은 농촌근대화 과정에서 대통령의 탐구적이며 창조적인 정신이 낳은 가장 원대한 구상의 산물이었고, 그 독창성에 있어서 비길 데 없는 걸작이었다.

그것은 농촌의 마을 단위에서 잘살기운동과 정신계발운동으로 시작되었으나 곧바로 국가의 발전과 국민의 정신혁명을 이룩하는 거대한 국민운동으로 승화되었다.

그것은 인간의 지혜와 의지로 절망과 좌절에 도전한 대담한 실험이었고, 그것은 바로 대통령이 우리 국민들, 특히 우리 농민들의 정신자세와 생활태도에 혁명적인 변화를 가져온 정신혁명운동이었고 의식혁명운동이었으며, 행동철학이었다.

새마을운동은 그 목적과 그것을 성취할 수 있는 방법들을 분명히 하고 전통적인 농촌의 대안이 될 수 있는 농촌 근대화의 청사진을 제시했다.

대통령은 새마을운동의 교사로서 근면·자조·협동의 정신을 계발하기 위해서 끈질기게 농민을 계몽하고 지도하고 훈련시켰다. 드디어 우리 농촌에는 정신혁명의 불길이 일어났고 그 힘은 대통령이 그토록 심혈을 기울여 온 농촌근대화를 이룩하는 원동력이 되었다.

새마을운동은 전국 방방곡곡에서 많은 성과를 거두고 있었다. 1960년대 초만 해도 우리나라 농촌마을들은 낮은 초가지붕이 군데군데 엉성하게 부락을 이루고, 좁고 비뚤어진 길이 희미하게 이어진 초라한 마을이었으며 그 찌그러진 초가집에서 가난에 찌든 농어민들의 한숨이 새어나오고 있었다.

그러나 새마을운동이 시작된 지 6, 7년도 안 되는 짧은 기간 안에, 이러한 옛 마을의 모습은 그 자취를 감추고 있었다. 농촌의 농가 지붕이나 담장, 그리고 마을 안길이나 소하천 등이 잘 정비되어 가고 있었고, 농가마다 전기·전화가 들어가고 급수시설이 개선되어 나가고 있으며, 또 공동작업장이 늘어나고 있었다.

그리하여 우리 농촌은 영농의 기계화, 동력화, 생활문화정보의 신속한 전파, 도로망과 교통수단 발달 등으로 도시 못지않게 밝은 생활권으로 변모하고 있었으며, 우리 농민들도 점차 문화생활을 할 수 있게 되어 가고 있었다.

마을의 농민들은 그 옛날의 농민들과는 다른 새로운 농민이라는 긍지를 지니게 되었고, 과거 농촌사회가 직면하였던 운명과는 전혀 다른 운명 속에 살고 있다는 믿음을 간직하게 되었다.

그들은 끊임없이 무엇인가를 생산하고 건설해 나가야 한다고 생각하게 되었고, 그토록 바라던 잘사는 농촌이 눈앞에 임박해 있다는 확신을 가지게 되었다.

비록 우리 조상들의 시대에는 가난과 전란의 광풍이 불었지만, 우리와 우리들 후손의 시대에는 번영과 평화의 훈풍이 불어오리라는 것을 굳게 믿고 있었다.

70년대 초반부터 전세계의 개발도상국가에서는 그들의 농촌개발의 새로운 모델로 우리나라의 새마을운동을 벤치마킹했다. 한 세기가 바뀌어 21세기에 들어와서는 중국공산당이 사회주의 신농촌 건설의 '최적 모델'로 대한민국의 새마을운동을 선택했다. 대통령 서거 후 후임정권들이 장기집권의 수단이었다고 헌신짝 버리듯 했던 새마을운동이 30여 년이 지난 2006년에 중국 공산주의자들에 의해 중국 농촌문제의 해결 수단으로 부활한 것이다. 중국은 덩샤오핑이 이른바 선부론(先富論)을 앞세워 30여 년 가까이 경제성장에 주력해 왔는데, 이러한 급속한 경제발전 결과로 도시와 농촌 간에 소득과 발전상의 격차가 커짐에 따라 낙후된 농촌 문제가 방관할 수 없는 상태에 이르러 큰 사회문제를 야기했다. 그래서 중국공산당은 경제기조를 도시와 농촌이 함께 잘사는 균부론(均富論)으로 선회했다. 2006년 2월 14일, 후진타오 중국국가주석이 당·정·군 주요 간부들이 참석한 중국공산당 중앙당의 사회주의 신농촌 건설을 위한 세미나에서 농업과 농민 그리고 농촌의 3농(農) 문제 해결을 강조했다. 그러자 중국언론들은 '후진타오 주석이 한국의 새마을운동을 농촌살리기의 최적모델로 평가하고 이것을 배워서 실천에 옮길 것을 독려한 것이다'라고 보도했다.

2006년이라면 중국정부가 국민경제 및 사회발전 11차 5개년계획을 시작하여 농촌개발에 본격적으로 나서기로 한 해였다. 중국은 2004년부터 중국 곳곳에서 농민시위가 발생하자 농촌문제 해결을 위한 방안으로 새마을운동에 착안하고 전문가들을 한국에 파견하여 새마을운동을 벤치마킹하고 있었다.

2006년 5월, 시찰단을 이끌고 방한한 공산당 중앙정책연구실의 정신립 부주임은 우리 농촌을 견학한 뒤 한국 새마을운동의 성과와 경험을 거울삼아 '중국사회주의 신농촌 건설을 위한 건의서'를 작성하여 중앙당에 제출했다.

그는 이 건의서에서 '한국은 70년대 새마을운동을 통해 시멘트와 철강을 농촌에 지원해 기반시설을 건설하는 등 30여 년간의 꾸준한 노력으로 도농 균형발전과 도농 소득의 동반향상을 이룩할 수 있었다'고 설명하고 '새마을운동을 시찰한 후 도시화 및 공업화과정에서도 도농의 동반발전이 가능하고, 농촌발전이 도시발전의 제약 요인이 아니라 도시발전의 추진력이 된다는 점을 깨달았다'고 보고했다. 중국공산당은 이 건의서를 채택하고 새마을운동을 본격적으로 벤치마킹한 것이다.

새마을운동을 학습하는 나라는 비단 중국만이 아니다. 전세계의 많은 개발도상국들이 자국의 농촌개발의 모형으로 새마을운동을 선정하여 그들의 농촌전문가들을 우리나라에 파견하여 우리나라 새마을운동의 성공사례를 연구하도록 독려하고 있다.

20세기 말에 박정희 대통령이 창안한 새마을운동이 21세기에 이르러서는 마침내 지구촌의 새마을운동으로 학습되고 있는 것이다.

심융택(沈瀜澤)

고려대학교 법과대학 졸업. 고려대학교 대학원(법학석사). 미국 덴버대학 대학원 수학. 대통령 공보비서관(1963~71). 대통령 정무비서관(1972~79) 역임. 제10대 국회의원. 월간『한국인』편집인 및 발행인 역임. 저서『자립에의 의지—박정희 대통령 어록』

崛起

박정희 경제강국 굴기18년

8 새마을운동

심융택 지음

1판 1쇄 발행/2015. 8. 31

발행인 고정일/발행처 동서문화사

창업 1956. 12. 12. 등록 16-3799

서울 중구 다산로12길 6(신당동, 4층)

☎546-0331~6 (FAX) 545-0331

www.dongsuhbook.com

*

사업자등록번호 211-87-75330

ISBN 978-89-497-1366-3 04350

ISBN 978-89-497-1358-8 (총10권)